비폭력 평화활동가의 눈으로 본
마가복음의 급진적 평화실천 제자도

악마화된 현실에서 길 가기에로의 초대

박성용

비폭력 평화활동가의 눈으로 본

마가복음의 급진적 평화실천 제자도

지은이	박 성 용
초판발행	2024년 3월 31일
펴낸이	배용하
책임편집	배용하
등록	제364-2008-000013호
펴낸 곳	도서출판 대장간
	www.daejanggan.org
등록한 곳	충청남도 논산시 가야곡면 매죽헌로1176번길 8-54
편집부	전화 (041) 742-1424
영업부	전화 (041) 742-1424 · 전송 0303-0959-1424
분류	묵상 | 마가복음 | 영성 | 평화
ISBN	978-89-7071-667-1 03230

 값 25,000원

일러두기

이 책의 내용은 원래 9개월간 매주 주일 아침 2시간에 걸쳐 주일 예배 형식으로 설교자의 메시지 대신에 공동으로 성서묵상과 그 나눔을 위한 자료로 사용된 것들이다. 전국에서 회복적 생활교육 교사, 평화활동가, 시민사회 실무자 및 일부 목회자와 타종교인들로 다양하게 구성된 삼십여 명의 참여자들이-이들 대부분이 서클대화를 일상에서 실천하는 전국 네트워크 활동가들이며 일부는 교우들이다- 주일 아침에 비대면의 사이버 모임 방식으로 함께 하였다. 전국 네트워크 활동으로 알게된 이들은 퀘이커의 영성과 선주민의 존중과 경청의 서클 대화 방식에 관심 두고서 필자가 호스트로 진행하는 "길을 가는 자로서의 실존 개명開明과 혁명적 실천- 마가복음 공동묵상과 나눔에로의 초대" 제목의 온라인 모임에 등록하여 함께 하였다.

필자는 감리교 목회자로서 고등학교시절부터 그 당시 교회 담임자였던 고 최완택 목사님과 동료 이현주 목사, 김영운 목사 등의 소장파 목회자들이 이끄는 '공동성서 연구모임'을 경험하였다. 그 인연은 계속해서 유학후 귀국하여 최완택 목사께서 감리교 목회자들과 함께 하였던 '민들레공동성서모임'에 참여하거나 진행하였던 기회와 연결되었다. 미국유학시절에 함석헌 선생의 제자이자 퀘이커 교도이신 고 이행우 선생님과의 인연으로 퀘이커 영성과 그들의 평화증언 활동을 목격하면서 자연스럽게 존중과 경청의 서클 대화방식에 대한 활동이 나의 소명으로 바뀌게 되었다.

이러한 인연들의 축적으로 인해 그리고 퀘이커 영성센터인 펜들힐에서의 경험을 토대로 설교 대신에 경청과 나눔의 공간을 유지하고 침묵과 열린 질문들에 따른 개인 성찰과 소그룹 성찰 그리고 전체 성찰로 진행하는 영혼의 내면 작업과 예배에서 '거룩한 현존' 방식을 선호하게 되었다. 뜻밖에도 이런 낯선 방식이 점차 아는 활동가들, 특히 기존의 교회생활에서 지치거나 더 이상 교회생활을 하지 않은 활동가들의 관심을 얻게 되었다. 서클 모임이 갖는 '안전한 공간'에서 오직 존중과 경청의 태도로 가슴으로 듣고 가슴으로 말하는 공동의 책임방식에 점차 매료되었다. 거기서 진실의 울림을 각자가 자기 영혼의 정도에 따라 서로 주고받는 자발적인 공동묵상이 효과가 있었기 때문이다.

필자는 주일 주제에 따른 특정 본문의 새김 못지않게 아니 오히려 더 중요한 것은 복음서를 처음부터 끝까지 공동으로 묵상하고 함께 가는 것이 주는 영혼의 변화에 주목하게 되었다. 이는 그동안 요한복음과 누가복음을 각각 일 년 넘게 함께 묵상해 오고, 창세기도 20회에 걸쳐 묵상해온 결과가 나 자신과 참여한 모두에게 의미 있는 성장과 변화를 가져왔다는 평가를 갖게 되었기에 이번에도 마가복음을 함께 묵상해 나가는 기회를 갖게 된 것이다.

이 책은 먼저 나온 필자의 『누가복음의 평화영성과 그 실천』의 경험을 고려하여 펴낸 책이다. 누가복음은 공동묵상의 가이드와 질문을 빼고 필자의 매주 본문에 대한 개인 성찰을 묶어낸 책이다. 가독성을 생각하고 기독교 평화 활동가들로 하여금 폭력과 갈등 현장에서 영적인 지원을 위해 그리고 필자도 필요한 영적 샘의 공급을 위해 출판한 책이었다.

이는 서두에서 말한 것처럼 명상을 활동보다 크게 두는 기존 영성가들의 경향성에 대해 폭력과 고통의 현장을 떠날 수 없는 활동가들을 직접 지원하는 활동 영성의 일관성에 대한 필요에 의해 저술된 것이었다.

이번 책도 비극적 현실에 개입하여 활동하는 기독교 활동가들이나 실무자들로 하여금 복음서가 지닌 비폭력 실천 영성의 깊이와 넓이 그리고 높이를 맛보고 그 활동 중심을 잃지 않고, 활동을 통해 그리스도 마음에 다가가는 지혜와 힘을 얻을 수 있도록 최초의 복음서인 마가복음의 평화영성을 다루게 되었다. 단순히 필자의 사색인 필자의 본문 노트를 넘어, 사용된 공동묵상을 위한 본문 가이드와 그에 따른 성찰 질문을 넣었다. 책의 부피가 매우 커지게 되었지만 개인 묵상을 넘어 동료들이나 작은 교회에서 혹은 같은 활동을 하는 지역 활동가들과 영적 나눔의 기회를 제공하기 위해 그 세 가지를 포함하였다.

필자가 진행한 예배 진행 예시는 개신교 예배 순서를 기초로 침묵과 영적 안내 간구, 일주일 생활에서 영의 안내 증언과 중보기도 요청, 송영, 주기도 묵상, 본문 공동으로 읽기와 가이드 안내와 성찰질문 제공, 개인 성찰 시간, 소그룹2~3명씩 경청동반자 나눔, 전체에서 증언, 결단을 위한 침묵, 소식나눔, 블레싱 등으로 통상 진행되었다. 이 중에 개인 성찰 묵상 20~30분, 소그룹 나눔 20, 전체 증언 20분 정도로 거의 1시간의 과정이 배당된다.

이 책을 이용하여 마가복음의 평화영성에 대해 내면 작업을 하고자 원하는 이를 위해 몇 가지 안내를 드리면 다음과 같다.

– 이 책은 기독교인 모두를 위한 책은 아니다. 적어도 기존의 교회 생활에 익숙해지고 현재도 열의와 헌신이 느껴지는 분들에게는 추천하지 않는다. 그러므로 먼저 목차와 첫 서론 부분을 읽어보고 자기에게 맞는지를 결정하면 아쉬움이 없을 것이다. 이 책의 목적은 혼란, 갈등, 폭력의 세상에서 기독자로서 사회복지, 평화실천, 혁신교육, 시민사회활동, 풀뿌리민주주의 등에 일과 소명을 갖고자 하는 일들을 위한 자기 성장과 사회 변화를 꿈꾸는 이들을 위함이다. 혹은 세상의 변화를 꿈꾸지만 교회의 신앙생활에는 주저하거나 절망의 이유가 있는, 교회생활을 했었던 이들에게도 도움이 될 수도 있다.

– 이 책을 통해 성과를 얻고자 한다면 처음부터 끝까지 단번에 읽어가기보다는 주어진 마가복음의 본문을 읽되 여러분의 지성과 이해를 통해 본문을 보지 말고 오히려 본문이 여러분의 마음과 여러분의 생활을 비추어 읽도록 한다. 즉, 내가 성서를 읽는 것이 아니라 성서가 나를 읽게 허용한다. 이를 위해 본문과 가이드를 읽고 성찰 질문들 중 다가오는 것을 품고 심장의 목소리를 듣는다. 자기 정리가 되고서 다시 진행자 노트를 읽도록 한다. 이는 내용을 파악하는 이해하기보다는 경험과 도전이 일어나도록 허락하는 것이 자신의 성장이나 변화에 도움이 되기 때문이다.

– 대화는 세 주체가 연결되어 공명을 일으킬 때 가장 큰 잠재적 가능성을 현실화할 수 있게 된다. 그것은 나의 중심의 목소리, 동료 타자의 내면의 목소리, 그리고 성서 본문이 지닌 내면의 목소리가 서로 연결되어 공명을 할 때, 자기 이해를 넘어선 삶의 진실에 대한 자각/계시/깨달음/영적 안내를 만나게 된다. 이를 위해 나의 에고ego가 지닌 판단을 보류한다. 동료 타자의 이야기에 경청과 공감으로 연결하여 내용을 넘어 그의 마음을 듣는다. 본문text이 지닌 진리나 실존적 의미가 나를 안내하도록 자신을 허락한다.

– 소그룹 나눔"경청동반자시간"이라고도 함에 있어 각자 이야기 시간을 균등히 나누어 각자의 시간 몫을 충분히 사용한다. 설명해주기보다는 화자의 역할에 있을 때 자기 심장에서 울린 것을 중심으로 자기 경험을 나-진술어로 내어 놓는다. 시간이 끝나지 않았으면 침묵으로 그 사람의 시간을 함께 하고 다른 사람은 자기 시간을 쓴다. 소그룹에서 돌아와 전체가 함께 있을 때는 자신에게 무언가 울려진 것을 경험한 사람은 자발적으로 전체와 나눈다. 그럴 때 순서를 기다리는 사람이 있을 수 있기에 자기-증언의 방식으로 적절히 그 경험을 나눈다.

– 이 책의 내용 중 어떤 부분은 그 단어나 문장이 이해하기에 낯설거나, 도전적이거나, 심지어 기존의 이해에 대한 충돌로 인해 혼란스러운 곳도 있을 것이다. 필자의 이야기를 다 이해하고 알아야 한다고 생각하지 않기를 권한다. 어떤 면은 필자가 훈련받아 온 교육과 경험의 차이에서 올 수도 있다. 이를테면, 필자는 목회학이 아니라 조직신학과 평화학의 영역에서 아카데미 훈련을 받았고, 갈등해결과 평화감수성의 현장 영역에서 오랜 경험을 쌓았기에, 사용하는 용어나 관점 그리고 신념이 일반 기독교인에게는 낯설거나 도전적일 수도 있다. 그러나 그것은 일시적이고 시간이 지나면서 점차 익숙해질 것이다. 그러니 소화가 안 되는 부분은 억지로 이해하고자 하지 말고 넘어가고 다른 기회에 이해와 연결이 있기를 기대한다. 중요한 것은 제공되는 책의 내용이 마중물

이 되어서 삶의 궁극 의미에 관해 어떤 '살아있는 경험'이 자신에게 촉발되어 일어나는가이다.

– 기독교인으로서 결코 복음서의 지혜와 그 힘을 가볍게 여기지 말라. 특히 포스트 코로나 시대를 살아가면서 모든 것이 모호함과 연약함 그리고 복잡함의 위기로 자신이 흔들릴 때, 고전의 힘은 그 빛을 발한다. 특히 마가복음은 복음서 중 가장 짧고, 다른 복음서에 많이 인용된 공통적인 것이 중첩되어 있지만 첫 복음서로서 가장 원초적인 지혜의 보고를 담고 있다. 각 문장이 생생하게 지금도 말을 건다는 문자적인 의미에서가 아니다. 마가가 지닌 일관된 관점과 시대를 해석하는 그 패러다임이 지금도 혁명적이고 여전히 기존의 주석가들이 드러내지 않은 영역이 지금의 한국 현실과 내 삶의 맥락context에서도 유효성이 존재한다는 뜻이다.

– 마지막으로, 자신의 견해나 이해를 방어하지 말라. 그리고 영의 안내를 신뢰하라. 필자가 최근에 서클 대화 워크숍에서 가장 반복적으로 훈련하는 것이 '비방어적 경청non-defensive listening이다. 이는 예수, 사도 바울, 성 프란체스코, 마더 테레사, 조지 폭스, 도로시 데이, 마틴 루터 킹 등의 삶에서 일관되게 흐르는 기독교 평화영성의 근본적 태도이다. 자기 주장의 독백이나 판단없이 고통의 현장에 있는 이들에 대한 주의깊고 겸손어린 존중의 경청을 말한다. 그대는 기존의 자기 신념을 강화하기 위해 이 책을 만난 게 아니다. 온전한 삶을 위한 성장과 변화를 위해 인연이 닿게 된 것이다. 만일 그대가 활동가라면 더욱 뜻깊은 기회가 될 것이다. 방어는 그대가 아니라 진리가 그대 삶을 방어해 준다. 그러니 그대 삶이 꺾이지 않은 한 이 책의 통찰이 그대를 뒤흔드는 것을 즐기기를 기대한다. 또한 필자의 목적도 그대의 성장이지 주저앉게 하거나 내 자신의 지성을 뽐내며 이를 알지 못하는 것에 혼란을 주려는 것이 아니다. 필자가 마가복음에서 깊은 위로를 받았듯이 그대에게도 일어나길 바라는 마음이

있어서 긴 시간을 이 책에 쏟게 된 것이다. 게다가 우리가 신뢰할 수 있는 근본적인 근거는 영의 안내가 있다는 사실이다.

이 마가복음 공동 묵상 내용이 혼탁한 이 시대에 그대에게 빛과 위로가 되기를 진심으로 마음모아 기도드리며 진리의 영이 그대를 평화의 길로 안내하기를 간구한다.

차_례

"
27번의
만남
성찰
공동묵상
"

비폭력 평화활동가의 눈으로 본
마가복음의 급진적 평화실천 제자도

악마화된 현실에서 길 가기에로의 초대

01

길을 가는 급진적 제자도의 실천

혁명적인 마가복음과의 내적 여행 떠나기

비폭력 평화훈련가이자 조직가로서 점차적인 자기 정체성과 자기 가능성을 실험해 오던 나는 코로나의 전례없는 출현에 대해 이전과는 무언가 달라야 할 필요를 느끼는 깊은 사색의 시기에 들어섰었다. 이 시기는 불안과 모호함의 현실속에서 좀더 근원적인 것에로 초점을 돌리는 기회가 되었다.

돌이켜 보면 나에게는 우연의 전환점들이 여러 차례 있었다. 미국 유학에 들어서자마자 92년에 터진 LA사건(백인 경찰의 흑인 로드니킹 구타사건으로 일어난 소요사태)과 함께 미국에서 함석헌선생의 제자이자 퀘이커교도이셨던 고 이행우 선생님이 이끄는 미주자주통일연합에서의 활동시작, 97년 국가부도사태로 인해 종교학부에서 잠시 이탈하여 여성학부에서 에코페미니즘을 통한 권력과 공간에 대한 새로운 사색, 마지막 유학기인 2001년 퀘이커영성센터인 펜들힐에 체류하면서 뉴욕 쌍둥이빌딩 붕괴 사건에 대한 퀘이커 평화증언 활동과 탈지배체제에 대한 성경읽기의 매료됨 등의 예기치 못한 경험들이 있었다.

귀국하여 아시아태평양국제이해교육원에 잠시 있다가 2005년부터 비폭력평화물결에서부터 비폭력평화훈련에 대한 가보지 않은 길을 더듬으며 서서히 평화활동을 본격적으로 시작하게 되었다. 2007년 퀘이커의 '삶을 변혁시키는 평화훈련AVP' 시작과 촛불집회가 만나져 존중과 협력의 대화방식인 서클 프로세스를 운동으로 승화할 필요가 있다는 직감도 생기게 되었다. 마침 2011년 회복적서클을 만나면서 이른바 '학교폭력'이 언론이슈가 되면서 단체활동이 급물살을 타게 되었다. 학교 현장과 시민사회에서 갈등해결과 회복적 정의에 대한 역동적인 활동이 점화되었다. 이와 별도로 이명박정부를 지나 박근혜정부로 바뀌는 상황을 보면서 심각해진 나는 용기를 내어 2013년에 평화서클교회를 시작하였다. 그리고 2014년 세월호참사의 엄청난 충격이 미국에서의 LA사건과 9·11의 쌍둥이빌딩 비행기 충돌 때와 같이 다가와 사회 현상을 깊이 숙고하면서 국가 시스템 붕괴에 대한 민중의 리더십 문제를 해결하기 위해 '스터디서클' 모델을 발견하여 퍼트리게 되었다.

이렇게 뒤돌아보면, 무언가 시대적인 중요한 사건들이 나의 걸음걸이 방향을 틀어 놓았고, 내가 선택하고 기대하는 방향을 넘어서 무언가가 내 길을 바꾸어 놓았다는 점들을 깨닫게 된다. 그리고 이번에는 국가시스템의 붕괴가 일어나고있는 윤석열정부 5개월이 지난 이 때에 또한 마가복음이 무언가에로 나를 이끌 것이라는 예감에 휩싸이고 있다.

오랫동안 나는 목회에 대한 자신 없음과 기존의 목회 특성에 대한 내적인 저항으로 목회자보다는 활동가의 정체성으로 어중간한 상태로 있었던 것이 사실이었다. 그러다가 서클로 목회 형태를 구현해 내는 시도를 하면서 그리고 각각 2년 가까이 탐구한 요한복음과 누가복음은 내 의식에 대전환을 가져왔다. 비폭력활동가로서 신앙에로 회심메타노이아을 하게 되었는데, 여기에 복음서 묵상을 통해 의식의 각성과 에너지를 서서히 부여받은 것이다. 요한복음을 통해서는 전일성에 대한 의식을 그리고 누가복음에서는 자비로서 실재의 호의와 풍성함에 대한 증언자의 일관성과 충실성에 대한 눈을 뜨게 되었다. 이러한 새로운 눈을 통해 창세기에 대한 20회 온라인 묵상모임을 가지면서 창조와 존재로의 연관성에 대한 성찰과 재해석의 눈을 얻을 기회를 가졌었다.

이번에 세 번째 복음서 탐구로 마가복음을 만나는 데는 특별한 의미와 기대가 진행자인 나에게 있다. 그것은 문민정부에서 보수정권으로의 회귀 속에서 우리 사회와 시대가 직면하고 있는 불행한 사회정치적 맥락에 복음서는 어떤 의미를 제공할 것인가에 대한 갈급한 탐구이다. 누가복음도 활동가 신학이라 불릴 수 있지만, 마가복음은 더욱 전위적으로 나아간다. 마가는 '길헬라어, 호도스'에 대한 메타포를 가지고 실천과 행동에 대한 신앙을 제시한다. 그러면서 우리의 '익숙함'을 전복시켜 계속 길을 떠나서 우리의 기대를 넘은 영역인 '낯섦'으로 내몬다. 그런 점에서 복음서 중에 마가복음은 가장 혁명적인 본문이기도 하다. 악령과 권세들에 대한 저항과 이를 넘어서는 프락시스실천는 조금도 방심의 틈을 주지 않고 예수님의 제자들과 이를 보는 독자나 청자들을 거침없이 '길'에로 나서게 한다.

'길'은 물리적인 이쪽 공간과 저쪽 공간을 잇는다. 그리고 움직여 나가면서 다른 각도에서 볼 수 있는 눈을 허락한다. 이 길은 물리적인 공간인 광야, 마을, 도시, 시장, 호수, 예루살렘, 성전, 가정집, 산을 통해 나아간다. 그리고 그러한 물리적 지형 속에 놓여있는 건물들인 가정집, 회당, 예루살렘 성전 등등도 단순히 지형적인 것으로 존재하지 않고 지정학적geopolitical인 잠재된 의미를 지닌다. 거기에는 단절과 소통, 권력의 남용과 무력감의 공간이기도 하며, 사회정치적이고 문화적 맥락의 의미를 담아놓고 있기도 하다. 물론 이를 통해 우리가 살고 있는 지형적인 공간과 맥락을 비추어 다시 현실을 사색하게 한다.

그뿐만 아니라, 공간 이동으로서 길떠남을 통해 우리는 물리적 차원만 아니라 의미있는 삶에로의 지향이라는 차원에서 내면의 '길'에 대해서도 숙고하게 한다. 길이 주는 새로운 만남과 변형된 인식을 통해 나의 나됨자기 정체성과 미래의 자기 가능성을 음미하고 자각시키기도 한다. 이 점에서 마가가 기술하는 공간과 장소는 단순히 물리적이지만 않고 잠재적 의미를 지닌 온전함에로 초대하는 '영혼의 길'을 뜻하기도 한다. 물론, 이는 실존적이며 신학적인 차원의 인식 렌즈를 통해 잠재적인 의미를 발견할 수 있다.

'길'은 외부나 환경의 측면에서 타자와의 사회정치적 관계와 몸의 장소적 특성을 확대한다. 그뿐만 아니라 내면적으로는 자기됨자기 정체성과 자기-가능성에 대한 영혼의 공간·장소에 연결한다. 길은 이렇게 외부적인 물리적 공간과 내면적인 영혼의 공간 분리를 통합하며 잇는 역할을 한다. 그리고 이 두 영역은 뫼비우스 고리처럼 엮여 서로 접해 있고, 심층적 차원을 공유하며 통전적인 자각에로 이끌어 준다. 그 핵심은 걸어가야 보이는 경지이지 미리 사유하거나 예측하거나 신념을 지닌다고 해서 얻을 수 있는 것은 아니다.

달리 말하자면, 요한 기자의 '나는 길이요 진리요 생명이다. 나로 말미암지 않고는 아버지께로 갈 자가 없다'고 말한 것과 함께한다. 헬라어 문법을 아는 사람은 주어+

동사+보어의 문법구조가 아닌 그 자체로 뒤섞여도 된다는 것을 안다. 즉 길, 진리, 생명이 '나다.I am; 헬, 에고 에이미'를 표시하는 주체가 될 수 있으며, 길이라는 실천을 통해 진리라는 인식을 얻고, 그로 인해 평화라는 생명이 주어진다는 뜻으로 읽으면, 마가가 말한 길과 실천성을 동일한 의미에서 말하고 있음을 알게 된다. 결국 길은 물리적인 세상 공간에서 상호 관계의 '막힘/적대성'과 '트임/연결성'을 확인하고, 내면적인 공간에서는 '부분/파편성'과 '전체/온전성'에 대한 흐름을 보게 해 주는 인식론적인 시야를 드러내 준다.

이런 취지에서 마가복음을 통해 우리는 시대의 필요인 사회정치적 맥락 안에서 길을 가는 사회정치적 해석학과 자기 내면에서 영혼의 갈증에 목을 축이면서 가는 실존적 해석학의 긴장을 동시에 끌어안고, '길을 가는 존재'로서 마가복음의 '기쁜 소식'의 세계로 들어간다. 그러나 그러한 기쁜 소식-그 당시에 마가는 최초로 '복음'이라는 문학 양식을 도입하였다-의 약속과 달리 우리가 만나는 것은 '고난받는 예수'의 모습이다. 실제로 전체의 절반 가까이가 십자가의 길에 대한 상세한 음울하고 비참한 세상에 대한 묘사로 채워져 있다. 이는 언뜻 보면 마가가 말한 복음과는 상치되는 내용이다. 이 모순 혹은 역설을 어떻게 우리는 이해할 것인지가 가장 큰 도전이다.

또 하나, 더 큰 충격은 마가복음의 원본은 부활에 대한 기사가 없다는 점이다. 16장 후반부는 편집사적으로는 나중에 첨가된 것으로 보는 게 신약성서학자들의 일반적인 견해라면 기독교 신앙은 '부활 신앙'이라고 일반적으로 이해하고 있는 우리 기독교인들은 부활 본문이 없는 마가의 예수 이야기 속에서 무엇을 기대할 수 있는 것인가? 우리의 신앙이 지닌 궁극적인 토대는 무엇인가에 대해 마가는 더욱 치열하게 도전한다. 부활 케리그마신앙선포가 빠진 상황에서 우리의 신앙이 그 참됨과 인간 실존의 온전한 존재 의미를 찾을 수 있는가? 그렇다면 이른바 부활에 내포된 '초월성'과 '충만성'을 어떻게 새롭게 구축할 수 있는 것인가? 이것이 현대인인 우리에게 의미하는 바는 무엇인가? 어떻게 부활이 의미하는 초월을 우리는 새롭게 인식할 수 있는 것인가? 이런 점에서도 마가복음은 혁명적인 사고를 요청한다.

마가복음서는 마치 영화관이나 스포츠 관람석에서 앉아서 스펙터클한 경기를 멀리 떨어져서 보는 관객의 자리를 허용하지 않는다. "좋은 장면과 좋은 이야기였어"라고 하는 관찰자적인 평가의 공간을 허용하지 않는다. 연기자나 경기자의 한 사람으로서 자신의 주목과 상상력을, 그리고 열정적인 심장을 끌어당기기 때문이다. 게다가 이는 마치 내가 본문을 보는 것이 아니라 본문이 나를 향해 다가오면서 나의 생을 비추며 본문의 의미 맥락context과 내가 살고 있는 지금의 의미맥락context을 지평융합시키며 나를 움직이게 만들기 때문이기도 하다. 본문과 내 삶 안에 각각 '살아있는' 것이 교감하면서 나의 눈을 새롭게 정화하고 심장을 다시 뛰게 만든다.

그럼으로써, 부드러우면서도 치열한 그리고 혁명적이기까지 한 실존의 내 '길'을 열게 한다. 또한 이로 인해, 그 길은 점차 나의 운명destiny과 소명calling이 되게 한다. 궁극적인 의미가 나에게 다가옴으로써 나는 비로소 내가 알던 '친숙한' 나에서 '낯설은' 그러나 새로운 가능성으로 다가오는 나다움을 발견한다. 내가 길을 가는 것이 아니라 길이 내가 됨을 통해 나는 뜻밖의 '초월'을 경험할 가능성이 존재한다. 이는 하나의 가능성이다. 오직, 이는 생각이나 상상력이 아니라 길을 감으로써 발견될 뜻밖의 보물serendipity이다.

일반적인 형태의 개인적 묵상이 아닌 공동의 질의응답이나 토론의 나눔이 아니라 서클 형태의 공동적인 성찰이 어떻게 자신의 지각과 신념을 더욱 깊게 그리고 승화시킬 수 있는가라는 특별한 실천의 공간locus이 이 모임에 추가된다. 이는 본문의 진실성, 나의 내면성, 동료의 타자됨이 만들어내는 신비로운 수렴과 확산의 중심과 역동성에 대한 것이다. 이를 수행의 과정으로 가져오는 것은 현대인들에게는 매우 낯설고도 상당한 주의력이 요구되는 모임인 것이다. 여기서는 주목하고 듣는 만큼, 아니 그러한 태도를 주는 만큼 내게 돌아오기 때문에 주목과 경청의 자세가 요구된다는 점에서 과정 자체가 도전이기도 하다.

마가복음은 요한복음의 빛의 은총이나 누가복음의 자비의 호의에 따른 위로와 편안함을 주지는 않는다. 그러나 당신을 흔들어 생생하게 살아있게 만들며, 낯설은 곳으로 몰아내는 영적 에너지에 의해 당황스럽고, 여러 내면의 공간으로 계속 움직여 나가는 내적 여정으로 오는 허기짐으로 영혼의 갈증을 더욱 느끼게 할지도 모른다. 그럼에도 불구하고, 당신은 더욱 진지해지고, 길가는 여정에서 오는 세상에 대한 통합된 시각의 투명성을 처음 맛보게 될 것이다. 눈이 정화되고 심장이 길의 경험으로 채워지면서 그 심장이 하늘로 채워져 있음을 또한 알게 되리라.

여기서 서론을 마무리하며 어디서 읽은 한 기도가 마침 생각난다.

"궁수이신 하느님,
활인 저를 너무 세게 당기지 말아주십이오.
내가 견디지 못해 부러질까 두렵기 때문입니다.

그러나 또한 궁수이신 하느님,
제가 아무려면 어떻겠습니까? 제가 당신의 수중에 있으니,
저를 당신의 뜻대로 마음껏 당겨 주십시오."
저는 당신의 것이옵니다."

2022.10.31.

길가기로의 초대

1. 선택한 묵상의 사적인 공간에서 편한 자세와 마음의 고요를 초대합니다. 본문이 자신의 영혼에 말하도록 내적공간을 비웁니다. 본문을 통해 자연스럽게-생각에 대해 다시 필터링을 하지 않고- 올라온 생각이나 느낌은 무엇인가요?

2. 본문들을 통해 '길'과 '길을 가기'에 집중하여 묵상하였을 때 무슨 생각이 올라오는가요?

3. 당신이 요즈음-금년도, 혹은 최근에-가고 있는 주목할만한 장소나 공간은 당신에게 어떤 곳이고, 어떤 의미를 주는 곳인가요? 거기에 가고 돌아오면서 무엇이 여운으로 남고 있나요? 어떤 마음으로 가고 어떤 마음으로 돌아오는가요?

4. 당신은 최근 3~5년간의 인생길을 가면서 당신에게 가장 다가온 주목할만한 만남이나 경험 한 가지가 있다면 무엇이었는가? 그것이 당신의 생활, 관심 혹은 가치에 어떤 영향을 준 것이 있다면 무엇인가? 그 경험은 어떤 형태의 자취를 당신에게 남겼는가?

'길'은 처음부터 자각되는 경우도 있지만 대부분에게는 처음부터 자각되는 것은 아니다. 우리 인생이 먹고 살고 생존이 중요하다고 생각되는 일상 흐름에서 집에서 나가고 어디를 다니거나 방문하거나 그 어떤 건물이나 공간을 들어갔다 나오더라도 그것이 '길'로 자각되는 것은 아니기 때문이다. 어쩌면 뒤늦게 뒤돌아본 경험을 통해 주변이 새롭게 인식될 때 '길'에 대한 감각이 올라올 수 있기도 하다.

본문창28:10-19을 보면 흥미로운 사례들이 다가온다. 야곱은 형 에서에게 장자권과 아버지의 축복을 가로채서 몸을 피해 도망가는 참에 브엘세바 빈들에서 잠자리를 청한다. 그의 길은 의도한 것이 아닌 생존하기 위해 억지로 집을 떠나 길을 가다가, 어둠을 만나 한 곳에 자리를 깔고서 그 어떤 체험을 하면서 앞으로의 '길 떠남'에 대한 확인을 하게 된다. 이는 한 개인의 의도치 않았으나 무언가 자기 영혼을 흔드는 한 체험으로 인해 이제는 의도적으로 길이 만나지는 사건을 경험하게 된다.

두 번째 본문출17:1-7는 이스라엘 회중이 씬 광야를 지나면서 진지를 옮겨가다 만난 갈증과 불평으로 인한 '길'에 대한 감각이다. 이는 공동체의 길떠남에 대한 것이다. 그 본질은 목마름으로 대중들이 불평이 높아져서 '당장 돌로 쳐 죽일 것만 같은'4절 상황에서 맞이한 공간의 경험에 대한 것이다. 원래 광야는 길이 없거나 모든 곳이 길이기도 하다. 그렇기 때문에 길에 대한 자각이 있을 수 없으며, 군중의 욕구는 언제나 움직이는 것을 싫어하고 편한 것에 마음이 움직인다. 돌로 쳐 죽일 것 같은 불평의 상황이 전개되고, 그 자갈돌보다 더 큰 바위라는 장애물을 만나면서 흥미로운 것은 그 바위를 가지고 있던 지팡이로 쳐서 물이 쏟아져 길을 다시 걷게 되었다는 점이다.

세 번째 본문요1:35-42은 의식적으로 두 제자와 스승이 '길에 서 있다가'35절 만나는 길에 대한 것이다. 그들은 새로운 스승에게 그 길 위에서 또 다른 길떠남의 안내받고 다가가 그 스승과 함께 머물며 '함께 지낸'39절 경험을 공유한다. 그리고 또 다른 사람을 초대한다.

위의 본문들을 보면 '길'에 대해 몇 가지 시사하는 바가 있다.

첫째, '길'은 장소와 공간의 이동으로 이루어진다. 물론 물리적인 장소와 공간이 길에 대한 자각에 있어 중요하다. 먼저는 전제된 '집'이 있고 그 집을 나와서 장소와 공간을 움직여 가면서 그 새로운 장소와 공간에 있는 건물, 물리적 환경, 자연물 그리고 다른 여행자에 대한 만남도 일어난다. 그러한 물리적 공간과 장소의 이동은 언제나 여행자에게는 '익숙함'과 '낯설음'이 교차되며, '낯설음'의 대상들은 또 하나의 '익숙함'으로 재 조정되는–더 정확히 말하자면, 재 통합되는– 공간과 장소, 사람, 사물이 된다.

둘째, 길떠남이 어떤 동기에서든, 혹은 의식적이든 아니든 간에, 공간 이동으로서 여정은 그 어떤 경험을 유발한다. 주변을 스치며 지나가면서 사물과 경치로부터의 풍광과 감흥이 일어나든, 새로운 공간, 장소, 건물, 사물, 동물, 사람에 대한 경험이 생긴다. 그 경험이 그 어떤 의미로의 사건이 될 때 우리는 이를 '만남encounter'이라고 칭한다. 여정에서 모든 것이 만남으로 이어지는 것은 아니다. 그러나 그것이 불현듯 내게 그 어떤 만남으로 다가올 때 우리는 가던 길을 잠시 멈추고, '머물러 있음'을 통해 그 시간과 공간을 음미하게 된다. 이럴 때 '밖'의 환경과 주변은 여행자 자신에게는 '안'에서 무언가 동시에 일어남을 알게 된다. 이렇게 만남은 '밖'의 것이 '안'에서 무언가를 일으킬 때 일어나는 사건을 통해 이루어진다.

셋째, 장소와 공간의 이동 그리고 내 안과의 조우에서 동시적으로 일어나는 만남의 경험을 우리를 '이름짓기naming'를 통해 상기하도록 하게 한다. 야곱은 브엘세바의 빈들의 한 장소인 루즈원래, '알몬드 나무'란 뜻임를 새로운 장소를 지칭하는 '벧엘하느님의 집'로 그 장소를 이름 붙인다. 그리고 그 장소를 앞으로 여정에 있어 중요한 전환점을 준 장소로 회상한다. 모세는 신 광야에서 갈증의 불평으로 돌을 맞을 상황에서 큰 바위를 만나 그 바위를 지팡이로 쳐서 물이 쏟아져 나온 사건의 만남을 기억하고자 그곳을 '마싸아'시련과 시험, temptation로 개칭한다. 새로운 이름 붙이기naming는 그냥 지나치는 곳이 아닌 만남의 사건을 상기하고, 그곳의 경험을 의미화하며, 자신이 어떤 길을 가고 있는지 자각하기 위해 자연스럽게 붙이는 인간의 상징 행위이다.

이름 붙이기를 통해 여행자는 전과는 다른 공간과 장소의 경험을, 주변 상황과 다른 관계맺음을, 그리고 앞으로 가는 여정에 대한 방향감각과 의지를 새롭게 하는 계기를 삼는다. 물론 자신이 길을 못찾거나 벗어났다 생각할 때, 혹은 방황한다 생각할 때에 새롭게 이름붙인 장소/공간은 다시 길잡이가 되어 줄 것이다.

넷째, 이름붙임의 행동을 통해 우리는 자신이 누구인지에 대해 재음미하게 하게 된다. 이름 붙인다는 것은 궁극적으로 그 이름붙인 대상에 대한 중요성이 아니라 오히려 그 이름을 붙인 대상에 의해 이름을 부여하는 자신이 누구이고, 무엇을 하며, 무엇을 향해 있는가에 대한 초대를 받는다는 뜻이기도 하다. 그 길을 왜 내가 가고 있고, 어떤 출발을 시작했고, 어디쯤 와 있으며, 어디로 진정 가고 싶은지에 대한 질문을 자신이 만나면서 자신의 정체성과 자기-가능성이 열리게 된다.

그렇게 함으로써 자기-인식의 창이 열린다. 그러한 자기-인식이 경험을 통해 부여받게 될 때, 비로소 '길'이 보인다. 그 길이 소명이 되고, 길이 인격화되면서 비로소 자신의 중심, 곧 인격성이라는 소명과 책임의 자각이 일어난다. 이로 인해 주변 환경, 자기 영혼 그리고 몸의 감각이 일체가 되고, 발과 심장이 함께 조율tuning-up 되면서 길이 보인다.

그렇게 되면, 주변의 환경이라는 '외물外物'과 나의 '내면內面'이 통시적인 렌즈가 되어 인식이라는 선물을 준다. 우리의 일상적인 지각이 벗겨져 새로운 인식/눈을 형성한다. 우리의 지각perception은 외물이 중심성을 준 것인 반면, 우리의 인식awareness은 길이 내면이 되어 지각을 열기에 물리적 차원을 넘어선 영역을 보게 한다. 이 인식은 밖과 안을 새로운 창window으로 하여 나, 세상, 관계, 타자를 다르게 경험하도록 초대한다. 이제는 길이 오히려 말 걸어옴을 통해 자신이 어디로 향하고 있는지를 자각하는 지시자로 우리를 전환시킨다. 이는 오직 길을 떠나서 길을 가는 자에게 다가오는 선물이기도 하다.

02
공동묵상
본문가이드

이 사람을 보라 Ecce Homo

막 1:1-20

도입과 상황

마가복음은 대체로 그간의 주류 주석학자들이나 엘리트 신학자들의 눈에는 잘 들어오지 않은 복음서이다. 그 이유는 대부분의 구절이 다른 공관복음서에 나타날 뿐만 아니라, 그 간결한 표현과 긴박한 움직임으로 인해 성찰의 기회들을 그다지 충분히 얻지 않았기 때문이기도 하다. 또한 요한복음과 같이 심오한 깊이를 다룬 것처럼 보이지 않고 언어와 문체도 간결하기 때문이기도 하고, 심리적으로도 고통과 수난에로 몰고감과 긴 수난 스터리에 대해 불편함을 느끼게 하기 때문이기도 하다.

마가는 베드로의 여행 동료조력자/통역자로 알려져 있고, 그의 글은 갈릴리 혹은 남부 시리아에서 작성된 것으로 보인다. 그리고 그 시기는 로마-유대 전쟁AD 66-74과 성전 파괴라는 이스라엘 파괴-그 이후 이스라엘은 1948년 독립독립일 1948.5.14.까지 흩어져 사는 민족으로 살았다-의 비극적인 배경 속에서 탄생하였다. 물론 갈릴리 예수의 처형이 있고 나서 증언자들의 황혼 나이에 AD 60년경 채록되었기에 혹자는 초기기독교공동체의 기억 유지와 새신자교육에 대한 필요에 의해서 적혔을 그럼직한 이유도 있을 수 있다. 그러나 신앙에 있어 더 신중하고도 내적인 요구인 삶의 진실에 대한 이해와 사회적 비전에 대한 자족적인 이유, 근원적인 신앙의 비전에 대한 이유도 있다는 것이 이 마가복음 공동묵상 진행자의 입장이고, 이는 점차로 드러날 것이다.

마가는 다른 공관복음서-말이 공관, 즉 예수의 생애 줄거리를 공유한다는 점에서 같이 본다는 뜻이지 마태, 마가, 누가는 그 신학과 상황이 일치와 차이가 동시에 존재한다-와 달리 예수에 대해 이해할 수 있는 탄생이나 어린 시절의 이야기가 없다. 그리고 파피루스 원본에 따르면 제목이 붙어 있는 것이 아니기에, 1:1에 시작한 문장이 제목으로 잡힐 만하다. 그 문장이란 "하느님의 아들 예수 그리스도에 관한 복음의 시작"이다. 배경과 상황을 다 생략하고 한 주인공을 무대 위로 올려서 '하느님의 아들' '예수 그리스도' 그리고 '복음'이라는 세 가지 타이틀을 공적으로 선언하며 시작하면서 대중의 주목을 끌어들인다.

'복음유앙겔리온'은 당시의 문학체에는 없는 스타일이며, 대략 로마제국의 적의 섬멸과 승전보를 알리는 데 쓰인 용어의 차용어이자, 황제즉위식, 황제가 후사를 얻음과 같은 공식 석상에서 중대 발표를 하는 용어이다. 이렇게 복음이란 말이 원래 정치 용어의 차용이라는 점을, 그리고 마가에서 강조될 '십자가'가 반란의 주모자에 내린 정치적 판결의 가장 극한 형벌의 것을 차용했다는 점에서 특이한 전용轉用이 이루어진다. 이러한 차용과 그 의미의 변형은 예수에 대한 서신은 이미 존재했지만 예수의 일생을 하나의 스토리로 묶어내 '복음'이라는 타이틀로 첫 시작에서 공언한다는 것은- 아직 다른 복음서가 나타나지 않았다- 무척 대범한 공개적 발언이기도 하다.

여기서 주목해야 할 것은 문학과 소설 혹은 한 인물에 대한 전기 기록자가 글을 쓰는 것과 달리 복음그리고 십자가의 용어 차용, 당시 제국의 황제에게 붙이던 하느님의 아들에 대해 변방의 갈릴리 한 인물에 대한 적용, 그리고 당시 유대교 전통의 메시야 전통에 대한 헬라어인 '기름부음 받은 자'로서 그리스도의 적용은 일반적으로 주류화되어 있던 것의 전복과 새로운 소개를 나타내고 있다는 것이다.

즉 이미 이런 용어들은 정치·사회적 함의를 내포하고 있어서 무척이나 대범한 공개적 발언이라는 점이다. 그러므로 마가가 소개하는 갈릴리 출신의 예수와 그로 인한 하느님 나라의 소개는 기존 문화와 그것을 유지하는 기득층인 종교·정치 엘리트들에게는 불편함과 대립을 유발시킬 수 밖에 없었다. 왜냐하면 사람들이 유앙겔리온을 들을 때 암묵적으로 자신들이 살아가는 삶의 터전과 환경, 정치를 아우르는 삶의 모든 가능성이 뒤바뀌는 사건을 듣는다는 것을 뜻하기 때문이다. 이렇게 복음은 사회 전체를 완전히 탈바꿈하는 소식으로서 잠재성이 있었다.

또 하나, 시작부터 관객이자 청자로 참여하는 우리에게 명심할 '하느님의 아들 예수 그리스도에 관한 복음'의 무대 개막과 드라마의 시작에 있어서 복음은 그 공적 선언에도 불구하고 제목에 대한 기대와는 다르게 쉽게 복음의 정체에 대해 금방 파악되지 않는 '은닉된 리얼리티'로 전개된다는 점이다. 공적 선언에도 불구하고 쉽게 드러나지 않은 이 긴장과 역설은 관객이자 청자로서 우리에게는 계속해서 호기심을 자아내는 맥락적 요소이다. 그래서 관객은 쉽게 그 자리를 떠나지 못하고, 눈을 다른 데로 돌릴 수가 없다.

본문 속에로 들어가기

이야기의 무대가 세팅되고 막이 오르며 공식적인 선포로서 유앙겔리온인 '하느님의 아들 예수 그리스도'가 들려질 때 자연히 관객은 묻게 된다. 이 예수가 누구인가, 왜 그에게 하느님의 아들황제에게만 쓸 수 있는 용어 칭호를 붙이는가를 질문하게 된다. 그리고 이 선언은 우리의 기존의 인식에 대한 새로운 이해 및 체제 전환regime change의 공지에 대한 소식임을 단박에 알게 된다. 이는 예언서말3:1, 이40:4의 인용을 통해 '길'헬, 호도스이 준비되었고, 그 길을 고르게 하는 대역으로서 세례자 요한이 그 길을 열었으며, 예수는 그 길을 가시화하면서 "때가 다 되어 하느님의 나라가 다가왔다"1:15라고 전파하는 것을 보기 때문이다.

처음부터 단도직입적으로 관객/청자를 사로잡는 것은 세상의 일과 질서가 바뀌고 있으니 회개—세례 요한과 예수의 공식적인 태도 전환의 결의적인 행동—에 대해 귀를 기울이고, 무르익은 때에 다가온 하느님 나라의 메시지를 잘 살펴서 이에 자기 삶으로 응답할 것을 요청받는 상황에 들어선다. 즉 드라마의 목격과 스토리텔링의 들음은 목격자로서 세상에 증언자로서 행동 결단을 요구받는다.

여기서 관객과 청자를 주목하게 만드는 것은 주의 길에 대한 세례자 요한의 역할과 그것을 강화·심화·확대하는 예수의 역할이 중첩되어 그 역할을 건네준다는 점이다. 물로 세례에서 성령으로 세례로 역할 전환과 길을 닦고 그 길을 고르게 하는 권위로서 하늘의 성령을 통한 기름부으심 곧 '너는 내 사랑하는 아들, 내 마음에 드는 아들이다'1:11를 통해 그 권위의 정당성이 확인된다. 이에 덧붙여 사탄의 유혹과 들짐승의 상황이 오히려 천사의 시중을 받는13절 그분의 신분과 정체를 드러내어 확인시킨다.

또 하나 지켜볼 중요한 요소는 길에 대한 묵시적 회상과 길의 시작에 대한 공간이 어디에서 이루어지고 있는가에 대한 것이다. 여기서는 그러한 길의 선포와 시작은 광야와 갈릴리 나자렛이라는 변방가장자리, the marginal에서 이루어지고 있다. 이는 나중에 보겠지만 관객이자 청자로서 우리는 종교·정치 엘리트와 기존 문화 체제의 보루로서 예루살렘이—당시 종교 엘리트 체제에서 예루살렘은 우주의 중심이었다— 아닌 변방으로부터 시작된다는 예고를 듣게 된다. 무대 설정갈릴리라는 장소, 플롯때가 차고 하느님 나라가 다가옴 그리고 인물세례 요한의 길의 준비와 하늘로부터 권위를 부여받은 예수의 길의 시작의 전개는 간결하고도 빠른 템포로 이야기가 다음으로 이어진다. 길의 준비자로서 요한이 잡히자 예수는 갈릴래아에 오셔서등장해서 '하느님의 복음을 전파'14절하고, 그 길로 제자들을 초대하여 '뒤따르는'18절 자들을 부른다. 그 장소에서 갈릴리호숫가를 예수께서 '지나가시다가'16절, 길을 가다가 초대한다. "나를 따라오너라. 내가 너희를 사람낚는 어부가 되게 하겠다" 이 길의 초대에 그들은 "곧 그물을 버리고 예수를 따라갔다."18절 이에 더해서, "예수께서 조금 더 가시다가"19절 다른 두 인물 야고보와 요한을 "부르시자" 그들은 "아버지 제베대오세배대와 삯꾼들을 배에 남겨둔 채 예수를 따라나섰다."

이렇게 길은 주저함이 없는 과감한 행동을 일으킨다. 이는 변화에 대한 것이다. 체제를 바꾸는 길을 준비하고 길 되어가고 길을 가다가 초대된 사람도 반응을 일으켜서 변화된다. 마가는 그 길을 뒤따르는 사람들에 대한 두 가지 미묘한 장면을 확인해 주었다. 첫 번째 부름에서 시몬과 안드레아는 '그물을 버리고 예수를 따라갔다'는 것이고 두 번째 부름의 야고보와 요한은 부르자 "아버지 제베대오와 삯꾼들을 배에 남겨둔 채 예수를 따라갔다'는 것이다. 이런 점층적인 중첩의 진술 흐름은 관객과 청자를 곤혹스럽게 하며, 깊이 생각하게 만든다. "생존, 가족, 안정된 직업은… 그리고 그동안의 관계와 쌓아올린 성취는…?"

성찰과 여운

"그가 네 갈 길을 미리 닦아놓으리라"1:2라는 예언의 묵시가 예수에게 적용되어 길이 변화를 일으킨다는 것을 안다면, 현대를 사는 관객인 우리에게도 그 선포가 주는 길의 준비와 길을 고르게 하라는 통시적인 특성은 불가피하게 변화에 대한 도전에 직면하도록 하게 한다. 체제를 변혁시키고 개개인에 대해서 길은 '부르고 따라나서게' 만든다. 그와 접촉한 이들은 긍정적이든 부정적이든 다음 구절부터 나온다 응답을 요구하며 가만히 있지 못하게 한다. 이 인물과 '관계'를 맺을 것인가 아니면 거부할 것인가의 응답을 요구하는 것이다.

이름과 출생지를 제외하고 그가 누구인지 알려주지 않고, 아무런 사전 소개도 없이 무대 중앙에 올린 뒤, 거침없이 간결하게 전개되는 이야기[내러티브]는 그의 가족관계, 출신배경, 그가 지닌 흠모할만한 휘장이나 명성에 대한 전주나 사전 설명없이 그냥 우리를 직접 대면시킨다. 1:1-20절의 공적 선포를 통해 부르시고 뒤따르는 인물들을 청중과 관객으로서 보게 하면서 다른 구절로 넘어가기 전에 스스로에게 직면하게 만든다. "난 어떻게 하고 있을 것인가?"

마가의 이야기는 충분한 생각의 시간을 주지 않는다. 우리 인생도 그렇다. 충분한 성찰의 시간은 주어지지 않는다. 청자나 독자인 우리를 밀어붙이면서 무대가 '그분에 대한about him' 것이 아니라 '나에 관한for me' 응답과 관련된 것임을 알게 된다.

이야기가 전개되면서 당신은 극적인 변화를 가져온 등장인물들과 어떤 관계를 맺으며 응답할 것인가를 묻는다. 눈앞에서 전개되는 드러난 이야기the manifest story는 '숨은 스토리the hidden story'로서 나의 입장과 그 스토리에 대한 관계 여부를 묻고 있다. 이런 점에서 길을 가는 자를 목격한다는 것은 신기하고 흥미로운 이야기를 듣는 편안함에 우리를 내버려두지 않고 당황스럽고 위기와 도전의 지대로 불러들인다. 이런 점에서 다른 스토리와 달리 '길을 가는 인물'에 대한 이야기를 듣는다는 것은 종말론적인 apocalyptical 성격을 지닌다. 즉, 시간의 끝에 이루어지는 것에 대한 것이 아니라, 지금이 순간에 궁극적인 것에 대한 도전에 직면하고 이에 대해 실존적인 선택과 응답을 하게 한다는 점에서 종말론적이다. 관계를 맺을 것인가 아니면 모른 체 할 것인가에 대한 피할 수 없는 응답이 우리에게 주어졌다는 점에서 그렇다.

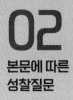

02
본문에 따른
성찰질문

막 1:1-20

1. 지금 자신이 있는 공간과 성찰 시간을 편안하고 고요한 장소로 만든다. 자신의 호흡과 생각을 자각하고 흘려보낸 후 거룩한 영의 안내를 요청한다. 그리고 오늘 만나지는 본문의 단어, 문장 혹은 이미지를 주목하고 거기에 연결하여 머문다. 그것이 당신의 영혼을 움직인다면 그 흐름에 자신을 맡겨 성찰한다.

2. 당신은 '복음기쁜 소식'에 대해 당신이 기대하는 근원적인 기쁜 소식, 곧 당신의 생을 흥분하게 하고, 기쁨이 되며, 주목해서 살 수 있는 기쁜 소식이 무엇이 되기를 기대하는가? 신앙의 측면에서든 아니면 당신의 실존 그 자체를 중심에 놓고, 그리고 당신의 기쁜 소식에 대한 진술이 모든 것을 커버하지 않아도 최소한 한 두 가지 중요한 기쁨의 요소는 무엇이 되기를 기대하는가?

3. 당신의 신앙과 과거의 경험을 뒤돌아볼 때, 직접적으로는 아니지만 '너는 내 사랑하는 존재, 내 마음에 드는 존재이다'라는 낯설거나 거룩한 목소리이에 버금가는 다른 변형된 순간의 경험 포함를 들은 때가 언제였는가? 그 경험이 당신의 인생 길에 어떤 영향을 직접적으로나 간접적으로 미쳤는가?

4. 당신의 "예수를 뒤따름"은 요즘 어떤 방식으로 전개되고 있는가? 그것은 어떤 변화를 거쳐왔는가? 지적으로나 경험적으로 혹은 방향과 내용에 있어, 시간과 노력에 있어서 어떤 것을 '버리고' 있고, 계속적으로 시도하는 '뒤따름'의 양태는 무엇인가?

막 1:1-20

"광야에서 외치는 이의 소리가 들린다"[1:3상]

걷는다는 것은 단순하면서도 많은 것들이 연관된 행위이다. 내가 왜 눕거나 앉아 있지 않고 걷고자 하는 것인가라는 무의식적인 질문이 여기에 포함된다. 그렇다고 걷는다는 것이 또한 길 되는 것도 아니다. 길은 자의식적인 목표가 있을 때 점차로 출현하는 방향과 연관된다.

길은 내적인 방향에 관한 질문을 통해 물리적인 지형과 만나질 때 일어나기도 하지만, 때로는 거꾸로, 물리적인 그 어떤 현상에 관한 인식을 통해 주목하고 그 안에 발을 내딛는 행위를 통해 서서히 길이 드러나는 일도 있다. 그 물리적인 현상이 사건, 사물, 혹은 사람이 될 수 있는 것은 물론이다.

그러나, 본다고 다 보여지는 것도 아니다. 흔히 보이는 객관적인 것이 우리를 미로나 혼란 혹은 착각으로 이끌기도 한다. 예기치 않지만 뜻밖의 길을 만나는 방식은 들리는 소리가 있어서 그것에 주의를 기울이는 것이다. '외치는 이의 소리가 들리는' 경우가 그렇다. 그리고 '광야wilderness'에서 '외치는 이의 소리'가 있다면, 이는 상호 모순적인 상황이기에—사람이 있을 수 없는 곳— 들을 만한 가치가 있다. 우리의 일상에서 그 어떤 사건, 사물, 사람, 상황이 "그것it; thing-ness"으로 있지 않고 내게 목소리를 내어 말을 걸어 올 경우 그것은 길에 대한 하나의 징표가 된다. 물론 징표는 주목하고 인식할 때 의미의 세계로 안내한다.

이렇게 길은 물리적인 현상과 내적인 인식이 조우되어 일어나는 상호관계성 안에서 드러난다. 안內面이 밖으로 열리고, 외부外面가 내면에 목소리를 내어 참여할 때 '길'헬, 호도스에 대한 시작이 가능해진다. 이렇게 걷는다는 것은 자신의 존재와 그 어떤 연관을 갖고 의미를 창조할 때 길을 발견한다. 그리고 걷고자 의지를 내는 이유는 목소리나 부름이 들려지기 때문이다. 그러한 부름 혹은 들려지는 목소리에 대해 주목하고 그것을 의식할 때 길은 내 앞에 나타난다.

마가 기자는 한 사람의 인생, 그의 말과 행동 그리고 운명이 말을 걸어오는, 아니 목소리를 내어 "외치는 소리헬, 포네 분토스, phōnē boōntos"를 들었기에, 이 들려지는 소리를 담은 한 사람의 인생을 '길 가는 존재'로 제시한다. 이를 위해 갈릴리의 여러 곳들을 다니며 그 한 개인과 관련된 여러 민간 전승을 수집하여 그 길이 무엇인지 드러내고자 한다.

길을 의식한다는 것은 어쩌면 들리는 소리에 계속 귀를 기울이는 것일지 모른다. 마가는 예수가 요르단강에서 세례를 받을 때, "너는 내 사랑하는 아들, 내 마음에 드는 아들이다'하는 소리가 들려 왔다"1:11고 진술한다. 길을 가다가 보면 들려진 소리가 있다. 그 소리는 인격성을 부여한다. 그러한 들리는 목소리를 의식하면 길은 부름calling으로 다가온다. 길은 의식意識을 일으키고, 의식은 길을 걸음을 강화하며, 이러한 의식과 길의 상호교류는 부름을 불러낸다.

예수가 갈릴래아 호숫가를 "지나 가시다가"헬, 파라곤 파라, paragōn para = passing by; 이는 '길'을 가는 것에 대한 묘사이다 시몬과 안드레아를 보시고 "나를 따라 오라. 내가 너희를 사람 낚는 어부가 되게 하겠다' 하고 말씀하셨다…부르시자…아버지 제배대오와 삯꾼들을 배에 남겨 둔 채 예수를 따라 나섰다."1:16-20 길을 걸으며 길을 의식할 때, 목소리는 이렇게 부름으로 바뀌며, 또 다시 '따라 나서는' 길을 연다. 길이 길 가는 자를 불러낸다. 이는 길을 의식하며 걷는 자에게 일어나는 사건이다.

다시 말하거니와, 의식과 길은 단번에 다가오는 주제들은 아니다. 물질적 현상들, 곧 공간, 그 공간을 채우는 사물들과 지형들이 근원적 의미의 이미지로 주어지는 데는 시간이 걸린다. 걷는 것은 시간을 들인다는 뜻이다. 또한 우리의 인식도 금방 찾아오는 것은 아니다. 인식은 길을 걸어가며 보이는 현상을 주목하면서 경험의 차이와 사물과 사건의 말 걸어옴을 음미하면서 나오는 여운의 공백 속에서 찾아온다. 공명의 시간이 즉, 여기서 말하는 "때가 다 되어"1:15; 헬, 페플레로타이 호 카이로스, peplērōtai ho kairos; 여기서 때로 표현된 '카이로스'는 적절한 시간, 즉 물리적인 시간으로서 크로노스가 아니라 숙성된 시간을 뜻한다 나타나는 것이 의식이며, 그 의식이 길을 드러낸다.

길을 가는 것은 단순히 공간의 이동만을 뜻하는 것은 아니다. 길을 가는 것은 의식을 세우는 것이기도 하다. 길을 가면서 내가 어느 공간에 있는지 그리고 어느 시점에 와 있는지도 일깨운다. 길이 인식을 돕고, 인식이 길을 강화하면서 길에 머물거나 가는 것을 확인시킨다. 이러한 교호작용을 통해 '길이 닦여지고' '길이 고르게' 되는 성장과 변화가 일어난다. 길과 인식이 서로를 끌어갈 때, 전망이 보이고 그 사회도 변혁될 가능성이 생긴다.

길을 가기 & 그 증거로서 악령의 노출

막 1:21-45

되새김과 맥락적 상황

마가가 '주의 길을 닦고 그의 길을 고르게 하기'1:3의 예언서를 등장시킨다는 뜻은 길을 간다는 것이 물리적인 공간이자 사회정치적인 질서의 공간에 대한 변혁과 관련 있음을 예고한 것이다. 이는 몇 가지를 통해 중첩된 사회정치적이며 문화적인 변혁의 의미를 내포하고 있었다. 첫 번째, 이사야 예언서의 새로운 질서에 대한 변혁으로서 길 만들기making a path만 아니라 둘째로 왕과 대결하여 이것인지 저것인지 결단을 촉구 했던 엘리야의 모습을 연상시키는 세례 요한의 풍모와 회개의 소개가 그것이다. 세 번째로는 묵시적인 형태로 내린 하늘의 인정으로서 "너는 내 사랑하는 아들, 내 마음에 드는 아들이다"라는 왕권의 비밀스러운 승인이다. 그리고 네 번째로 광야 40일 동안의 유혹을 통해 이집트의 속박으로부터 해방을 위해 나섰던 출애굽의 상징적 재현이 또한 이를 보강시킨다.

그러한 기존의 체제에 대해 결정적인 것은 결정적인 숙성된 시기로서 때의 충만헬, 페플레로타이 호 카이로스 peplērōtai ho kairos; 페플레로타이는 '완전히 채워진'이란 뜻이고 카이로스는 '적절한, 옳은, 호기의' 순간을 말한다 속에 하나님 나라의 '도래'헬, 엔기켄, ēngiken = 극도의 근접함, 급박함로서 '하느님의 나라'에 대한 선언이 이루어진다. 기존 질서에 대한 재편과 변혁은 이러한 하느님 나라의 도래로 일어나는 불가피한 현상이다.

하느님 나라의 도래/다가옴은 중요한 의미를 지닌다. 이는 변화가 우리를 '저 피안' 으로 데리고 가는 것이 아니라 세상 속으로 진입하는 실재신, 리얼리티에 대한 수용과 이를 위한 회개-마음과 행동의 변화-를 촉구하고 있기 때문에, 이 세상의 대안적 질서 와 체제 변혁과 연관된 '이 세상에서의 영적 실천'을 알린다. 이를 위해 당연히 길을 뒤따르는 제자들이 선택되고, 그들은 하느님 나라에 대한 교훈을 배우는 자격을 얻게 된다. 그들이 뒤따라가며 '예수의 길'을 여행하면서 그들은-혹은 독자와 청자들은-예수의 정체와 하느님 나라로 들어가는 입구의 열쇠를 깨달을 기회를 가질 것이다. 그러나 이는 약속이지 보장은 아니다

　길은 공간장소와 연관이 있다. 당시에 예루살렘은 성전 국가의 중심으로, 시오니즘의 핵심은 예루살렘이 우주의 중심이자, 세상의 모든 민족이 굴복하러 오게 될 장소로 묘사되어 왔다.시2:6, 102:15-22; 사4:5, 60장 이는 곧 다윗의 왕국에 대한 희망이자, 메시야에 대한 비전의 장소이기도 하다. 그러나 마가는 예루살렘이 아니라 광야와 갈릴리 호숫가그리고 호숫가 마을인 가파르나움라는 변방을 예수 활동의 중심으로 설정한다. 이는 단순히 지리적인 이야기 채집의 장소로서만 아니라 신학적인 의미도 포함된 것이다. 성전·정치 엘리트의 소굴인 예루살렘의 특권적 지위에 대항하여 권력과 명예의 중심지가 아닌 변방the marginal으로서 그리고 민중의 삶의 자리를 통해 '기쁜 소식'이 전해지고 있음을 놓치지 말아야 한다.

　마가가 말하고자 하는 것은 해방과 구원이라는 샬롬의 나라는 그 방향이 다르다는 것이다. 구원과 해방은 중심이 아닌 변두리에서 일어나고 있다. 따라서 모든 사람은 그 방향을 바꿔야 한다는 것이다. 중심! 그것이 무엇을 의미하든지 간에, 영광과 특권의 중심에서 변방으로, 변방이 계시의 장소로서 그리고 변두리 외딴 장소에서 온 무명의 인물인 갈릴리 나사렛 사람을 통해 나타난다는 신학적 전환이 마가가 보여주는 새로운 현실성이다.

　마가가 소개하는 예수는 하늘의 세례를 받고 "이 세상의 통치자"와 씨름하는 묵시적인 전쟁으로서 광야를 소개한다. 마가는 다니엘서에 나오는 포악한 통치자들이 "짐승들"로 표현되고 "왕국의 군주들"과 싸우는 천사들단7:1-7,10;12:1을 묘사한 것을 연상하는 문장을 소개한다. "그 동안 예수께서는 들짐승들과 함께 지내셨는데 천사들이 그분의 시중을 들었다."1:13 즉, 성령이 예수를 광야로 내보내신 것은 "비전 퀘스트선주민들이 치유와 능력을 얻는 통과의식"의 일종으로서, 선과 악의 묵시적 대결을 예고하는 것이었고, 이는 그의 세상 밖으로의 여정에 대한 모험의 예표이자, 자기 직면과 정

화의 내적인영적인 통과의례가 된다. 예수는 하느님 백성의 "근원지"인 출애굽 광야에서 그들이 어디로 잘못 갔는지를 배우며 그들의 발자취를 다시 밟는다. 그리고 그 출애굽 도상에서 우상과 불의로 유혹했던 세력들을 마주친다. 이를 통해 예수는 백성들이 겪었던 문제의 근본 원인을 밝혀내며 철저한 성찰로 안내한다.

본문에 들어가기

마가는 하느님의 나라헬, 헤 바실레이아 토우 데오우, hē basileia tou Theou; 바실레이아는 통치권·주권성을 의미한다는 기존 체제와 이를 유지하는 세력기득층, 악령과 마귀과의 대결과 이들에 대한 자각을 불가피하게 가져온다고 보았다. 막 1:21-3:6의 예수의 첫 번째 공적 선교는 이러한 것들로부터의 해방 행동에 대한 것이다. 갈릴래아 지방의 한 중심지인 가파르나움[가버나움]의 민간전승 채록을 통해 예수의 해방 행동의 가장 중요한 형태의 두 가지는 악령추출과 질병의 치유이다. 이는 사탄의 지배로부터 사람을 자유케 하는 핵심 활동이다.

1:21-28에서 예수의 첫 번째 공적 활동은 가파르나움의 '회당'에서 악령과의 대면과 그에 대한 축출이다. 이는 예수의 활동이 악마적 세력과 그 권력 구조 자체를 반대하고 있다는 것을 마가는 노골적으로 나타낸다. 고대에 있어서 악령의 존재는 이 땅의 흉측하고 혼돈의 세력과 그 체제를 하늘의 스크린에 투영하여 신화적 언어로 표출된다. 마가는 여기서 회당의 가르침과 그 권위에 대한 이해와 맞물리면서 악령이 말한 '우리' 안에 이미 율법학자들의 목소리를 대변시키고 있다. 예수는 더러운 악령 들린 그 사람을 책망하였고"꾸짖으시다"-헬, 에페티메센, epetimēsen, 그 결과는 악령의 발작과 결정적인 패배였다. 이는 어둠을 몰아내는 예수의 왕권적인 힘을 뜻한다. 두 번째 공적 활동은 '가정'에서 베드로의 장모를 치유한다. 날이 저물었어도 "병자와 마귀 들린 사람들이"32절 몰려오는 것을 보면 사적 영역으로서 집/가정이 얼마나 지배 질서와 체제로부터 황폐하게 방치되었는지 암시함을 알 수 있다. 공적인 체제가 '개인은 알아서 스스로 생존하라'고 방치한 영역들 속에 무명의 민중들은 병자와 마귀 들린 이웃 사람들을 데려왔고, 모두는 '문 앞에' -문은 결국 길과 연관됨- 모여든다.

이렇게 회당과 가정에서 길을 내고 있는 예수와는 달리 제자들"시몬의 일행"1:36은 예수의 명성과 인기가 있는 곳으로 돌아가자고 – "모두들 선생님을 찾고 있습니다." – 예수를 설득하고 있다. 악령축출과 병자치유를 통해 인기가 솟는 곳으로 가자는 이야기였지만, 예수는 달리 말한다. "이 근방 다음 동네에도 가자. 거기에서도 전도해야 한다. 나는 이 일을 하러 왔다."38절 마가에게 있어서 이 장면은 뒤따른 지 얼마되지 않아 처음으로 뒤따르던 제자들의 기대와 예수의 기대 간의 간극이 발생한 지점을 알리는 길에 관한 스토리이다. 이제 시작한 첫 장에서 이러한 기대와 뜻의 균열을 보인다는 것은 앞으로 그 간극이 어떠할지를 보여주는 예감을 불러온다.

세 번째 나병환자의 치유는 종교적 법률정결법에 의한 질병 치유와 사회적 추방의 해지를 가져오는 사건이다. 마을로부터 격리된 나병환자에 대한 사회적 단절에 대한 치유'사회적 포함'는 악령과 질병의 치유만큼이나 길을 여는 공적 활동에 중요한 의미가 있다. 레위기 14-15장에서 보듯이 나병여기서는 한센씨병이 아닌 모든 피부질병을 뜻할 것이다에 대한 접촉배제와 달리 예수는 '측은한 마음이 드시어 그에게 손을 갖다 대는'41절 것으로 당시의 정결법을 –모두가 볼 수 있게– 위반한다. 이렇게 권리가 박탈된 민중에게 그는 편향된 행위를 보이신다. 그 이유는 길을 내는 것은 공간의 배제와 분리에 대해 민감성을 보이는 것을 뜻하기 때문이다.

예수의 동네에서 길을 여는 공적 행동은 치유된 나병환자가 이웃 주민들에게 선전함으로써 그 치유 이야기가 퍼지는 바람에 이제는 자기 모습을 공개적으로 드러내지 못하시고 "그 동네에서 떨어진 외딴 곳에 머물러"야 했지만, 사람들이 사방에서 예수께 모여드는 것은 막을 수가 없었다. 이렇게 치유 사실에 대한 공적인 침묵의 요청에도 불구하고 예수의 인기는 민중들 사이에 퍼져만 가고 있었고 이러한 민중 사이에 예수의 인기는 이미 마가 1장의 끝에서 벌써 언급되는 상황이다. 그만큼 예수의 길 열기의 행동은 주저함이 없이 확산의 길을 걷는다.

악령을 추방하는 것은 심오한 정치적 함의를 지니고 있다. 이는 왕권에 대한 새로운 권위를 뜻하기 때문이다. 치유는 권력 질서에 대한 도전이며, 그 권력 질서가 보지 못하고 돌보지 못하는 개인의 사적 생활, 곧 집안에서의 질병 들린 자들에 대한 치유를 통해 권력 질서에 도전을 한다. 악령추방과 질병 치유는 사회적 억압이라는 체제와 그 권위에 대한 심각한 위협인 셈이다. 그는 소외시키는 세력과 체제 그리고 그것을 지지하는 권력과 권위, 소외시키는 제도에 대해 저항하고 대안적인 행동을 한다. 그렇게 그의 길을 가는 행동은 거침이 없다.

성찰과 여운

하나님 나라의 도래에 대한 자각과 그에 대한 헌신으로서 길을 닦고 고르게 하기는 사회정치적이고 문화적인 변혁을 가져온다. 그러한 변혁은 거룩한 공간으로서 회당이 지닌 무기력성, 곧 성전 엘리트들과 부정한 정신성악령의 비밀스러운 공모를 노출시킨다. 그리고, 사적 영역으로서의 집의 질병화를 다시금 안전과 회복의 상태로 돌려놓으며, 사회적 격리감과 낙인 딱지를 제거하는 방식으로 소외된 자나병환자에 대한 해방의 활동을 전개한다.

마가는 예수의 악령추방과 질병 치유의 기쁜 소식이 퍼져나가는 것에 대해 "자기 일을 입밖에 내지 말라"고 당부까지 한다. 예수의 침묵 요청이 기대한 대로는 되지 않고 오히려 소문이 멀리 퍼져나가게 되었지만, 다음 동네도 가서 이 일을 하자고 한 예수의 모습과는 상충되어 보인다. 예수에게는 자기 일이 알려지는 것보다 더 중요한 것이 있었단 것일까? 그렇다면, 예수 제자들의 기대와 예수의 기대 간의 차이의 첫 장면 36절-38절처럼, 예수의 기대와 우리의 기대의 차이는 무엇이겠는가? 신화론적인 표현으로서 악령축출과 질병치유에 대해 표면적인 이해를 넘어 이 스토리들의 그 핵심에는 무엇이 중요해서 입을 막고 있던 것인가? 그러면 언제 입을 열어 말할 수 있는 것인가?

길을 닦고 길을 고르게 하는 데 있어서 중요한 장애로서 공적인 장소인 회당에서 악령의 노출과 사적인 공간인 집에서 질병의 존재는 우리로 하여금 길을 여는 모범자로서 예수를 '따라가는' 데 있어 가장 큰 장애물일 수 있다. 그러나 첫 장에서 이미 그러한 장애가 예수의 길 가기를 공개적으로 진행하기 보다는 낯선 마을로 우회시키기는 했으나 막지는 못하고 있음을 보여주고 있다. 그러한 장애도 막을 수 없는 열정은 어디서 오는 것인가? 관객으로서 우리는 이에 대한 호기심 어린 질문으로 인해 예수의 활동을 주시할 수밖에 없게 만든다. 마가는 오히려 악령의 노출과 질병의 확인은 길 가기의 당위에 대한 증거로 본다는 점에서 깊은 생각을 하게 만든다. 나의 길 가기는 어떠한가?

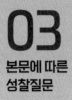

03

본문에 따른
성찰질문

1. 우선 자신이 있는 장소와 시간을 편안하고 고요한 장소로 하여, 자신의 호흡과 생각을 자각하고 흘려보낸 후 거룩한 영의 안내를 요청한다. 그리고 오늘 만나지는 텍스트의 단어, 문장 혹은 이미지를 주목하고 거기에 연결하여 머문다. 그것이 당신의 영혼을 움직인다면 그 흐름에 자신을 맡겨 성찰한다.

2. 당신이 만일 교회·성당·종교기관에 들어가 누군가 영적 교사가 가르치는 것을 직접 듣고 놀라며, "그 가르치시는 것이 일반 권위가가 지니지 못한 권위가 있다"고 고백할 수 있다면, 그러한 권위적인 가르침이 당신의 가슴을 울리는 종류는 무엇이 될 것으로 생각하는가?

3. 악령들린 사람의 반응의 목소리를 성찰해 보라. 악령도 예수가 '하느님께서 보내신 거룩한 분'으로 인정하고 있다고 진술한다. 당신이 생각하기에 비신화적인 입장에 입각하여 교회나 신앙공동체 안에서 부정한 영·정신의 핵심은 오늘날 무엇이라 생각하는가? 그것이 신앙이나 교회 공간에서 어떤 자리잡음을 하고 있었다고 생각하는가? 우리는 어떤 식으로 악령·부정한 영에 무의식적으로 휩싸이는가?

4. 요즘 길을 뒤따르는 제자로서 당신 자신이 '예수를 찾아 다니는' 이유와 예수가 '추구하고 다니고 있는' 것에 대해 어떤 일치나 불일치가 당신에게 있다고 생각하는가?

5. 개인에게 일어난 그 어떤 불행한 일─여기서는 나병이라는 개인적인 피부질환─

로 인해 사회적 격리나 배제의 고통이 일어나는 경우는 어떤 것이 있는가? 어떤 것들이 뒤에서 혹은 안 보이게 이런 개인의 불행을 강화시키는 것인가?

막 1:21-45

예수의 일행은 가파르나움으로 갔다....그 때 더러운 악령들린 사람 하나
가 회당에 있다가 큰 소리로 "나자렛 예수님, 어찌하여 우리를 간섭하시려
는 것입니까? 우리를 없애려고 오셨습니까? 나는 당신이 누구신지 압니
다. 당신은 하느님께서 보내신 거룩한 분이십니다"하고 외쳤다. 1:23-24

얼마 뒤에 예수께서 회당에서 나와 야고보와 요한과 함께 시몬과 안드레
아의 집에 들어 가셨다. 때마침 시몬의 장모가 열병으로 누워 있었는데 사
람들이 그 사정을 예수께 알렸다. 1:30

길을 걷는다는 것은 공간과 그 주변을 살피는 것과 떨어질 수 없다. 이는 자신의 발
걸음이 어느 공간을 밟고 지나가고 있으며, 어디를 들어가고 어디를 나오는지를 알아
차리는 것과도 연관된다. 걷는 것과 보는 것은 동시적인 것이며, 걷는 것은 물리적인
것과 신체적인 것 그리고 동시에 내면의 마음이 어떠한지를 함께 동조함으로써 걷는
것이 이루어진다.

길은 여러 모양으로 나있다. 물리적인 공간과 장소로써 산, 하늘, 광야, 마을, 도
시, 지역, 호숫가, 갈릴리 바다 등의 지형적 공간이 펼쳐진다. 또한 그러한 지형적 공
간 위나 주변에 조형물로서 집, 상가, 회당 등도 있다. 그러한 물리적 공간만이 아니
다. 불특정한 군중마가에 있어서는 오클로스, 즉 이름없는 이들이 움직이며 모이고 흩어진다.
그리고 이들에게서 풍기는 에너지, 관심, 이야기도 펼쳐지는 길에서 전개된다.

이렇게 길은 '공간space'과 '장소locus'의 미학적 차원과 의미론적 차원을 함유하고 있

다. 그 뜻은 공간은 지형적인topological 공간일 뿐만 아니라, 영향에 있어서 지정학적인 geopolitical 공간이기도 하다. 다르게 보자면, 공간은 단순히 물리적으로 '거기 있음'을 넘어, '관계'와 관련된 에너지를 주고 받는 '장field'으로서 심층적인 깊이를—마음의 공간에서의 몰입, 지성, 에너지, 의미, 방향감각 등— 지니고 있기도 하다.

길 가는 것은 이렇게 물리적 공간의 이동만이 아니라 의미론적인 내적인 관계의 '장'과 거기의 에너지를 느끼는 것을 통해 주목과 관심을 이끌어낸다. 그러한 외적인 공간의 지형과 내적인 마음의 공간이 교류하면서 길 주변의 어떤 것은 특별한 공간으로서 '광경光景, spectacle'이 된다. 그 광경은 주시와 주목을 불러내고, 물리적인 것을 통해 의미론적 요소를 상상하게 만드는 원천이 된다. 관찰하고 주시함spectating은 무언가 잡아끌고 몰입케하는 에너지가 느껴지기 때문에 일어난다. 우리는 이것을 표징이라고 말할 수 있다.

표징은 물리적인 것이면서 그 자체로 상징적 의미를 지녀서 '그 너머를 보게 하는'spectating of the beyond 그 무엇이라는 실재를 보여준다. 그리고 이러한 징표로서 공간이나 그 공간에 접속해 있는 물리적 조형물이 그 무엇이라는 실재를 보여줄 때 우리의 광경에 대한 자각은 '분별'을 불러온다. 즉, 그 표징을 통해 길을 가는 의미, 목적, 그리고 목표가 확연히 보이게 되어, 걷는 것에 힘을 부여하고 빛을 비춘다.

마가는 이미 1장이 끝나기도 전에 길의 부름과 뒤따름"따라나섬"−1:20의 행동을 펼쳐 보이는 것만 아니라, 그 길에 있는 두 건축물을 '광경'주목할 것으로서 우리에게 제시한다. 그것은 회당성소의 변형과 집이다. 공공의 공간이자 거룩한 공간으로서 회당과 사적인 공간으로서 집은 길과 더불어 걸어감과 돌아옴의 걷기의 도달점에 있어서 중요한 공간이다. 각각이 걷기의 도달 지점으로 우리에게 주어진다. 하나는 거룩함을 맛보는 장소요 하나는 쉼의 공간이다. 그 둘은 형이상학적인 의미에서 '안전'과 '귀향'의 공통적인 장소이기도 하다. 인생길이 거룩한 장소와 귀향으로서 집이 일치될 때 우리는 거기서 머물거나 최종적인 도착에 이르게 된다.

마가는 이 두 공간·장소에 대해 이야기를 꺼내면서 길 걷기에 대한 신학적인 질문을 관객spectator인 우리에게 던진다. 만일 당신의 영혼이 그리워하고 가장 기대했던 공적이고 거룩한 공간인 회당에 '악령의 목소리'가 튀어나와 자신을 노출시킨다면 당신은 어떻게 할 것인가? 그뿐만 아니라, 당신이 쉬고 싶은 사적인 공간으로 집이 질병의 장소가 된다면 당신은 어떻게 할 것인가? 그토록 머물고자 희망했던 두 공간이 '더러운 악령'과 '열병'으로 점유되어졌을 때 당신에게는 무엇이 일어날 것인가?

이렇게 마가는 1장에서 이미 우리가 길을 걸어가다가 '들어가고' 싶은 공간의 전형archetype인 회당과 집이라는 공간이 뜻밖에도 섬뜩하고 불안한 분위기의 광경으로 다가오는 징표가 될 때, 당신이 보고 있는 그 주시spectating가 어떤 징표로 해석될 것인지 묻는다. 그러한 분위기의 표징을 통해 그 너머를 보는 **분별로의 움직임**길 걷기을 시작할 수 있겠는지를 묻는 것이다.

이미 당신이 들어가는 공간인 종교적으로 거룩한 상징의 공간예, 교회, 성당, 절이 악령에 의해 점유되었다는 것을 분간하도록 초대하는지도 모른다. 당신이 머물고 휴식을 하고 있는 곳이 질병이는 마가에 있어서 또 다른 마귀들림의 현상이다에 의해 점유되어 있을 수 있다는 것이다. 이미 그렇게 점유된—그래서 '더러워진'— 그 공간에서 나와서 길을 떠나는 것이 필요하다는 신학적 의미를 부여하고 있을 수도 있다.

마가는 이렇게 갈릴리 호숫가라는 공간에서 각각 시몬과 안드레 형제, 야고보와 요한이라는 형제로 하여금 그물을 버리고, 거기에 아버지와 삯꾼을 남겨둔 채 예수를 따라 나선 이 두 스토리를 길을 닦고 길을 고르게 하는 이유의 의미 강화로 첨가하였다. 길을 가는 자의 부름이 있어서 당신이 길을 가야 되는 것만 아니다. 당신이 그토록 소중하게 생각한 거룩의 공간도 이미 더러운 악령으로 오염이 되었고, 당신이 편안하게 거하려 했던 집도 더 이상 휴식 공간이 아님을 눈으로 보았으니, 오염되지 않은 성소holy space와 쉼의 공간home을 다시 찾아내야 하지 않겠는가라는 반문이기도 하다. 이렇게 회당의 광경과 집의 광경은 목도한 자로 하여금 길을 "따라나섬"의 의미와 동기를 확대하고 강화한다.

물론, 마가는 이것이 그 목적을 실현하는 것은 또 다른 물리적 공간이 아니라는 것을 예수가 제자들에게 가르쳐 주려고 노력하고 있음을 그의 전생애를 통해 보여주려고 하지만 제자들이 종국에 이를 깨달을지는 미지수이다. 왜냐하면, 당연히 길가는 자에게는 특정한 '공간'이 궁극적인 도착 지점이 아니라 그 공간을 느끼고 경험한 자신의 '마음이 공간'에서 길의 의미가 실현되는 것이, 즉 걸었던 그 자체의 경험이 자신에게 초월성과 충만성이 종국에는 일어나는가의 문제―생생한 감흥의 존재력―가 될 수 있는가가 길 걷기를 통해 오는 깨달음의 핵심이 되기 때문이다.

이러한 표징에 대한 분별은 단순히 공간의 이슈만은 아니다. 이는 길에서 만나는 군중들과의 관계에서도 일어나는 이슈이기도 하다. "모두들 선생님을 찾고 있습니다."1:36라는 군중들의 쏠림과 주목받기에 있어 그들과의 관계는 당신의 길 걷기에 있어 중요한 이슈가 된다. 광야는 자연과 지리적 형세에만 있는 게 아니다. 도시와 마을의 오가는 군중들 속에서도 '광야'가 필요하다. 쏠리지 않고, 군중들 속에서 길을 걷는 방향과 감각을 잃지 않는 관계에서의 표징과 그 분별이 더욱 길 걷기에 어려운 장애이다.

"…그 때부터 예수께서는 드러나게 동네로 들어가지 못하시고 동네에서 떨어진 외딴 곳에 머물러 계셨다."1:45의 진술처럼, 광야는 사람들과의 관계에 있어서도 길을 가기 위해 필요하다. 이렇게 거룩한 공간/장소로서 회당, 사적인 휴식의 공간으로서 집, 그리고 군중과의 관계는 분별을 위한 표징이 되어 당신의 길 위에 놓여 있다. 무엇을 보고, 어떻게 관계를 맺으며, 어떤 선택을 할 것인지는 당신이 누구인지 그리고 어떤 존재의 가능성을 열고자 하는지에 중요한 열쇠를 부여한다. 그러한 공간은 문이 되어 당신의 걸음걸이 앞에 놓여져 있다. 그 공간의 문을 열고 어떤 광경을 표징으로 보고spectating, 어떤 행동으로 나아갈 길로 분별할지는 매우 실존적인 궁극성의 질문이 된다.

이렇게 당신이 공간에서 보는 스펙터클한 전경은―흉칙하든 상서롭든 간에― 길의 은밀한 지시자가 된다. 이를 표징으로 삼고 이것을 분별한다면 길은 열려지게 된다. 그렇지 않다면, 단순히 공간 이동의 움직임만 있게 되어 길은 사라지고 지침과 지루한 반복이 전개될 것이다.

장애물을 통해 길을 내기

막 2:1-17

회고와 배경

예수 당시의 팔레스타인 지도를 보면 요단강을 끼고 이편유대인 거주지 영역인 남쪽 사해의 유대 산지 쪽에 예루살렘이 자리잡고, 요단강 북쪽 갈릴리 호숫가에 가파르나움가버나움이 있다. 요단강 저편동편은 이방 땅이다. 그리고 예루살렘이 사회정치문화의 중심이므로 갈릴리는 변방변두리 지역이기도 하다. 당연히 중심은 엘리트들의 권력이 모여 있고, 변방은 가난한 이들의 삶의 터전이다. 이는 미국유학생활을 하면서 경험한 흑인과 백인 동네의 거의 명확한 동네 지형과 유사하고, 한국의 강남과 강북의 차이에서 어느 정도 볼 수 있는 풍경이기도 하다. 이렇게 도시와 마을의 길을 걸어갈 때면 거주자들의 토착적인 분위기와 생활경제도 지형에 따라 나뉘는 것을 알 수 있다.

변방변두리the marginal는 힘의 중심the center에서 가장 멀리 있는 곳이다. 아니, 그러한 힘의 지배를 견디기 어려운 삶들이, 힘을 보여줄 수 없는 인생들이 밀려 나가 숨을 쉬는 곳이기도 하다. 이곳에는 외관상 뻔지르르한 것들은 보이지 않지만, 세상의 추위가 견디기 어려워 살이라도 서로 비벼대며 그 온기로 살아있다는 것을 확인하는 작은 자들이 몰려 있다. 그뿐만 아니라 힘을 가진 이들이 공식적인 스토리를 선전하고 매체를 전유해서 세상이 어떠한지를 포장시키지만, 변두리의 골목과 보이지 않는 공간에서 비공식적인은둔된 스토리들은 실제 모습이 어떠한지를 잘 드러낸다. 이렇게 뒷골목과 변두리는 명목적인 공언된 선전과 포장된 모습이 보이는 전체가 아님을 드러내고 다른 현실이 있음을 나타내 준다. 마틴 루터 킹이나 최제우와 같은 이들은 길을 닦고 길을 바르게 하는 것에 있어 변방의 중요성을 알아챈 이들이다. 변방은 계시의 장소로서, 힘을 가지지 못한 것에 대한 현실을 자각하는 장소로서는 안성마춤의 장소인 셈이다.

마가는 사회문화 체제에 있어서 어떤 문제의식이 있었던 것일까? 가파르나움과 그 일원의 갈릴리호숫가라는 변방의 예수 전승에 대한 증언들을 통해 무엇을 보았는가? '회당'여기서 '안식일'을 부각시켜 회당에 대한 의미영역을 강화하고 있다에서 더러운 영이 주거하고 있다. 사적인 영역인 '가정 집'에는 질병이 만연하여 —"사람들이 병자와 마귀들린 사람들을 모두 예수께 데려왔으며1:32— 사람들이 문 앞에 모여든다. 고대 중동 세계에서 질병은 주로 "사회적으로 부정한 상태"이자, 공동체의 온전함을 위협하는 비정상이거나 결함이 있는 상태로 인식되었다 그리고 동네에서 추방된 나병환자의 현실을 본다. 이 사람은 공동체에서 정결법에 의해 추방된 사람이다. 마가가 본 사회는 '더러운 영'이 지배하고 있는 현실, 바로 그것이다.

신앙과 교육이 더러운 영에 의해 점유되어 변질되고, 그곳에 속해 있는 이들도 이에 대한 자각이 없다. 지배 체제가 방치한 사적인 영역에서 질병과 무력감이 민중의 생활 전반에 번져 있으며, 정결법의 이름으로 소외와 격리가 당연시된 '탈–돌봄의 문화와 그 시스템'이 집, 회당, 그리고 동구 밖, 이 땅에서 유리하는 자들에게 곳곳에 퍼져 있음이 마가 기자의 목격이었다. 그러한 시급한 상황이 하느님 나라를 부른다. "때가 되어 하느님이 나라가 다가왔다. 회개하고 이 복음을 믿어라."

그러므로 마가에 있어서 길을 내고 길을 걷는 것은 유유자적한 산책의 길을 가는 것은 아니다. 악령의 지배로 인한 비통한 현실로 인해 그것이 때의 충만함의 징표로 알고, 그 시대를 분별하여 걷는 것이다. 예수의 길을 걸어감은 이렇게 '카이로스때의 숙성함'에 대한 자각과 더불어 걷는 목적이 '복음기쁜 소식'의 실존화와 그 가능성의 현실화에 초점이 맞추어져 있다. 예수의 여행 이야기는 이렇게 더러운 영과 거짓 실재의 환영으로부터 참자아와 온전함을 추구하는 길 내기에 있었다. 마가는 이것이 복음헬, 유앙겔리온이며, 이는 전투의 승전보나 왕위 후사의 권력자 탄생의 이야기가 아니라 치유와 자유의 길에 대한 것이고, 황폐함과 무력감이 만연하는 거룩한 물리적 공간회당, 사적인 몸의 내적 공간, 그리고 사회적 관계의 공간에 새로운 영과 힘을 불어넣는 인생살이로서 길을 말하고자 한다.

본문 속으로 들어가기

오늘의 본문 2:1–17에는 길을 걷는 것에 대해 2번의 단어가 나온다. 그것은 2:1의 "다시 가파르나움으로 가셨다. 헬, 에이셀톤 팔린 에이스, eiselthōn[to go in] palin[again] eis[into]"와 2:13의 "다시 호숫가로 나가셨다. 헬, 엑셀덴 팔린 파라, exēlthen palin para[beside]"이다. 전자는 길을 가신 목적이 목격에 대한 것이고, 후자는 그 목격의 결과로 하고자 하는 행동을 위한 길을 감과 연관된다. 이는 각각 '중풍병자를 고치신 예수'의 제목으로 그리고 '레위를 부르심'의 제목으로 나와 있는 스토리이다.

예수의 가파르나움에로 다시 가심에는 사람들도 모여든다. 2:2 군중들도 걸어 오는데 여기에는 기적을 보고자 하는 구경꾼, 치유를 받고 싶은 환자 그리고 그의 권위와 행동을 의심하는 모두가 포함되어 찾아온다. 가파르나움으로 '다시 가심'에서 목격된 것은 무엇인가? 그것은 민중들 중의 네 사람이 어떤 중풍병자의 무력성에 길을 내기 위해 사람의 장벽과 집 구조의 장벽을 뚫고 "지붕을 벗겨 구멍을 내어 중풍병자를 요에 눕힌 채 예수 앞에 달아 내려보내는"2:4 결단과 행위의 장면이었다. 이는 길을 닦고 길을 고르게 하는 데 있어서 민중들의 자발적인 행동이었다.

그들의 행동으로 치유를 받은 중풍병자를 놓고 이야기는 논쟁으로 변질된다. 그 광경을 목격한 율법학자들의 시각 차이와 예수의 시각 차이가 여기서 드러난다. 그러한 논쟁은 다음과 같이 구조화되어 있다.

2:2 예수께서 가르치심-하느님의 말씀을 전함
　　2:6 율법학자들이 이에 대해 부정적인 성찰을 함
2:7 율법학자들이 가르침- 하느님만이 죄를 용서하므로 하느님을 모독함
　　2:8 예수께서 이에 대해 부정적인 성찰을 함-어찌하여 너희는 그런
　　　생각을 품고 있는가?

"죄를 용서하는 것"과 "일어나 요를 걷어가지고 걸어가라"는 능력에 있어 어느 것

이 더 쉬운가에 대한 논쟁에 대해 예수는 중풍병자의 '죄의 용서'만 아니라 '요를 걷어 가지고 걸어'가도록 하게 한다. 이에 대한 민중의 반응은 몹시 놀라 하느님을 찬양하는 결과를 가져온다.

가버나움의 기적 후 예수는 갈릴리호숫가로 다시 가신다. 거기서 군중을 가르치고 제자를 부른다. 여기서도 뒤따르는 군중이 많았는데 특히 강조되는 것은 변방의 인생을 사는 '세리와 죄인들'2:15의 합석이었다. 그들이 예수의 제자들과 함께 레위의 집에서 음식을 먹는 자리에 함께 앉아 있었다. 여기서도 율법학자들은 "죄인과 세리들과 한 자리"에서 음식을 나누는 예수와 제자들을 비난한다. 그들은 예수의 행태를 의심하고 예수는 이를 통해 가르치고, 율법학자들의 생각을 전복시킨다.물론, 거기서 듣고 있는 민중들도 간접적으로 교훈을 받는다.

율법학자들과의 논쟁의 전선은 확대되어, 이제 요한의 제자와 바리사이파신앙전통의 보수주의자들 그룹; 바리사이란 '구분하다'라는 뜻으로 자신을 세속의 일과 달리 종교적 삶에 자신을 바친 자란 뜻이다들이 가세한다. 그들의 도발적인 그리고 의문시하는 질문에 예수는 가르침으로 응답한다. 잔칫집에 신랑 친구들은 신랑과 함께 있을 때 먹고 마시며, 단식이 필요하지 않다. 낡은 옷에 새 천조각을 대거나, 낡은 가죽 부대에 새 포도주를 넣지 않는다.

"새 포도주는 새 부대에 담아야 한다"2:22는 예수의 최종적인 말에 그들이 어떻게 응답했는지는 나타나 있지 않다. 갈등 무대 위에서 역할을 맡은 요한의 제자들과 바리사이파 사람들의 응답이 어떠하든 중요한 것은 이 스토리를 보고, 듣고 있는 관객들이다. 그 질문에 대한 응답은 무대 위의 연기자들이 침묵하므로 관객들청자들의 몫으로 고스란히 돌아온다.

성찰과 여운

예수는 이제 그의 명성으로 인해 공개적인 길을 걷기에서 외딴 곳으로 움직여 나가는 형편이 되었다. 게다가 이제는 자신의 움직임길을 걷기에는 뒤따르는 민중이 있다. 그들은 기적에 대한 호기심이 있으며, 예수에 대한 호감을 지니고 있다. 그중에 일부는 동료들의 무력감과 불행에 호의를 가지고 협력하여 지붕을 뜯을 정도로 열정과 의지를 갖기도 하지만 대체로 맹목적으로 예수 앞에 나타난다.

예수 앞에 나타나는 인물들은 더 있다. 지적으로 더 잘 알고 있고, 힘을 가진 이들이 반박하기 위해, 트집을 잡기 위해 예수 앞에 나타난다. 그들도 그들 나름의 외고집스러운 열성과 강고한 입장이 대단하다. 뒤로 물러서지 않고 계속해서 끝까지 논쟁하며 걸어와 말을 건다. 그러한 강력한 대결의 크레센도 과정 속에서 예수도 자기 길을 가며 할 말을 한다.

그런데 질문은 여운으로 남는다. 치유 이야기에서 왜 "너는 죄를 용서받았다"고 말하는 것이 "일어나 걸어라"라고 말하는 것보다 어려운 일이라는 것인가? 마가는 이 논쟁을 기록하여 관객이나 청중인 우리가 무엇을 깨닫도록 하고자 했던 것일까? 예수의 그러한 행동이 더욱 분노케 한 율법학자들의 '정당한 이유나 근거'는 무엇이었을까? 그 이유가 무엇이었든 예수의 공적 활동은 당차게 전개된다. 회당에서 악령 추출, 가정집에서의 치유, 사회적 포함으로서 나병환자 치유 그리고 본문에서는 죄의 용서와 사회적 지위의 추방자인 세리인 레위를 제자로 삼고 '죄인과 세리들과 식사'를 함께 한다. 이렇게 그의 길 걷기는 속박과 소외에 대한 해방의 행동을 거침없이 펼치며 앞으로 나아간다. making paths straight.

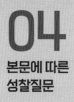

04
본문에 따른
성찰질문

막 2:1-17

1. 우선 공간과 지금의 성찰 시간을 편안하고 고요한 장소로 만든다. 그리고 자신의 호흡과 생각을 자각하고 흘려보낸 후 거룩한 영의 안내를 요청한다. 그리고 오늘 만나지는 본문의 단어, 문장 혹은 이미지를 주목하고 거기에 연결하여 머문다. 그것이 당신의 영혼을 움직인다면 그 흐름에 자신을 맡겨 성찰한다.

2. 당신이 인생 길을 걷는 데 무력감과 장애물로 인해 자신이 뚫고 나갈 수 없었을 때, 누군가누구들이 도움을 주어 길을 내어준 경험이 있다면 언제 어떤 상황이었는가? 그것이 어떤 변화나 영향을 가져왔다면 그것은 무엇인가?

3. 당신은 거룩한 존재나 운명의 부름을 통해 다음의 목소리를 듣는다고 상상한다. "너는 죄를 용서받았다" 그리고 또한 목소리가 들린다. "일어나 요를 걷어가지고 집으로 가거라." 무엇이 당신에게 일어나고 있는가?

4. 당신이 하는 그 어떤 행동에 대해 누군가 상대방으로부터 반박의 구실로 의심어린 질문을 받을 때 당신의 대응 태도는 무엇인가? 예수의 대응이 현대의 비폭력 대화 방식에는 실용적인 연관성이 없을 수는 있지만 최소한도로 논쟁이 자신의 옳음에 대한 논증이 아니라, 진리의 노출로서는 논쟁의 과정을 전환시키는 것은 중요할 수 있다. 예수의 논쟁에 대한 대응 방식을 보면서 당신은 상대방의 집요한 논쟁적인 질문에 어떻게 대응하고 싶은가?

막 2:11

"내가 말하는 대로 하여라. 일어나 요를 걷어 가지고 집으로 가거라."막 2:11

마가가 제시하는 길헬, 호도스 걷기는 수많은 엮어짜임의 이미지 속에서 펼쳐지는 통전적이고 종합적인 자각 속에서 이루어진다.

먼저 주목하기attention가 있다. 한 인물 '하느님의 아들 예수 그리스도에 관한 복음'이라는 존재와 메시지에 대한 주목하기이다. 이와 연관하여 '길을 닦고 길을 고르게 making paths straight'하는 일꾼예, 세례요한에 대한 주목이 포함된다. 게다가 그러한 주목은 듣기도 있다. 외치는 소리성서의 예언자 전통의 목소리와 광야의 목소리도 듣는 것이 함께 한다.

둘째로, 공간과 그 공간을 형성하는 지형과 물체에 대한 관찰과 목격이 있다. 1장만 들여다봐도 유다지방, 요르단강, 예루살렘, 광야, 메뚜기, 들꿀, 물, 성령, 나자렛, 사탄, 들짐승, 갈릴래아 호숫가, 그물, 배, 인물들, 회당, 악령, 군중, 집, 문, 외딴 곳, 동네, 등등이다. 이러한 지형과 물체 그리고 인물들은 단순히 '거기 있음Da-sein'만이 아니라, 끌어당김과 밀어냄, 낯섦과 친숙함의 변형된 에너지로서 관계맺기에 영향을 준다. 그것들은 때때로 길에 대한 직접적으로나 간접적으로 방향 지시자 indicators로서 길 걷는 자에게 말을 걸어온다. 때로는 어느 공간이나 물체는 강력한 메신저로서 '부름'을 일으키기도 한다.

셋째로, 길을 걷기는 그 어떤 특정 공간과 그 공간에서 이동과 움직임을 통해 의식과도 연결된다. 먼저 이는 물리적인 이동movement을 뜻한다. 1장을 살펴보면, '광야에 나타남'appear 4절, 오기coming 5절, 찾아옴approach 9절, 광야로 내보내지심12절, 그곳에 머무심13절, 갈릴래아 호숫가를 지나가심16절, 예수를 따라감18, 20절, 회당에 들어감21절, 큰 소리를 지르며 떠나감26절, 소문이 두루 퍼짐28절, 집에 들어감29절, 문 앞에 모여듦33절, 외딴 곳에 가심35절, 두루 찾아다님39절, 와서 무릎을 꿇음40절, 물러감45절, 모여듦46절 등등이다. 이러한 물리적 공간에 있어 길을 가는 여러 변형들의 동사군動詞群들은 무엇을 만나고, 어떤 현상을 겪으며, 어떤 이야기를 나눌 것인지도 그 속에 담고 있다. 그러므로 그 어떤 공간에 들어섬, 머무름, 떠남은 어떤 인물, 사건, 이야기를 출현시키고 어떤 경험을 유발시키는 지에도 예견적인 전망을 보여준다.

그러한 물리적인 이동을 통해 인물, 사건, 이야기의 출현은 또한 길을 걷는 자에게는 어떤 의식으로 그것들을 만나게 되는지도 함께 하게 된다. 즉, 길을 걷는 것은 발이 가는 대로 가는 것만 아니라, 의식 형성과 그 확장에 핵심이 된다. 악령, 질병, 사회적 소외에 대한 당신의 의식과 자각이 일어나고, 확장하며, 심화되고, 변형이 이루어진다. 그리고 그러한 의식은 행동에 대한 자발적 선택으로 이어진다. 어떤 도전을 응시하고 어떤 걸음을 걷겠는지 그리고 어떤 방향으로 갈 것인지에 대한 행동 결단이 그것이다.

넷째로, 의식 형성및 그 확장과 심화과 길을 걷기는 연관되어 있다고 함은 길 가다가 말을 거는 인물들/사건들에게 어떤 관계맺기가 일어나게 할 것인가와도 연관된다. 여기에는 익숙함과 낯설음, 매력적임과 적대적임의 관계형성에 대한 재−성찰이 포함된다. 예로서 군중은 3가지 분류로 다가온다. 길가는 자가 하는 일에 대한 호기심과 열광으로 오거나, 자기 필요치료를 충족시키기 위해 찾아오거나, 아니면 못마땅한 감정을 드러내고 적대감을 지니고 논쟁하고 반박하여 자신의 정당성을 확인하기 위해 찾아온다.

이런 관점에서, 길을 걷는다는 것은 자기 홀로의 행위만이 되지 않는다. 주변과 내면이, 타자와 자아가, 그 공간이 주는 에너지의 끌어당기는 흡입력과 밀어제치는 원심력이 교류하면서, 배제와 포함의 장field을 내 인식 속으로 가져오는 역동적인 선택과 활동으로 이루어져 있다. 마가의 이야기는 2:1−17에서 중심과 주변에 대한 대척점에서 공적인 영역이자 가장 중요한 중심인 '회당'성소의 변형에서 '집'으로 전환, 도시/마을이라는 중심에서 '갈릴래아 호숫가'라는 변방으로 그 중심이 이동된다.

현대의학적 관점과 달리 마가가 전하는 소박한 중풍병자의 증세는 몸에 마비가 와서 움직이기 어려운 상태, 즉 서서 혼자 걷기 힘든 상태의 증상으로 일반적인 이해를 할 수 있다면 본문 이야기는 흥미로운 질문을 유발시킨다. 마가는 본문에서 중풍병자 이야기와 세리인 레위의 호숫가에서 부르심을 관통하는 단어는 '죄'와 '죄인'에 대한 것이고, 이는 예수가 자신의 할 일에 대한 미션을 '나는 의인을 부르러 온 것이 아니라 죄인을 부르러 왔다'17절는 말에서 그 예수의 길 걷기의 자각과 중풍병자와 죄인에 관련하여 '죄'에 대한 의식의 자각을 중심주제로 꺼낸다.

중풍의 증상은 신체적 마비로 인해 걷는 것을 어렵게 하는 현상이라면, 중풍병자에겐 누워있음과 길을 막아선 군중들의 장애, 그리고 하늘도 막혀서 '지붕'을 뜯어내야 하는 세 가지 중첩된 '길 막음의 장애'에 대해 이야기가 펼쳐진다. 그 길 막음을 뚫을 수 있는 것은 네 사람이 아이디어와 열정을 내서 그의 누워있음에 관련하여 주목하고 합심을 하여 요에 눕혀 사람들의 장벽을 비켜서 '지붕을 벗겨 구멍을 내고'2:4 그를 예수 앞에 내려 보내는 방법이었다.

마가에 따르면, 이미 1장 서두에서부터 길을 내는 하느님의 평화일꾼peacemaker, 헬: 에이레노포이오스, eirēnopoios은 숙성된 때, 곧 카이로스라는 하나님 나라의 도래 시기로서 활동의 때에 관해, 결정적으로 악령이 거룩한 공간인 회당에 거주하고, 집에 질병과 더러운 귀신이 판을 치고, 사회적 소외가 만연함의 때를 그 결정적인 도래 시기로 본다. 2장에서 길을 걷는 자가 다시 목격하는 카이로스는 길을 걸을 수 없는 자가 사람들로 길이 막히고 하늘도 도움이 될 수 없는 상황에서 일어난다. 즉 결정적인 시기의 자각만 아니라 행동의 시기가 되는 것이다. 민중이 서로 힘을 합해 요에 중풍병자를 뉘여 사람들의 방해를 넘어 지붕을 뜯어내고 길을 만드는 상황에 대한 강력한 '길 내기making paths straight, 헬: 포이에이테 타스 트리보우스 유데이아스, poieite tas tribous eutheias'에 대한 새로운 실천 공동체의 예표를 목도한다. 율법학자로 표현되는 기존의 리더십이 무력감과 체제의 견고화를 굳히는 데 종교 전통을 이용했다면, 갈릴리 민중의 이러한 예표적 사건은 자유와 해방의 실천에 대한 새로운 실천으로서 길 내기에 대한 증언이다.

일반 성서학자들의 신념과는 다르게 필자가 본 마가는 기적 행위자로 예수를 묘사하면서도 이는 민중 담론이 지닌 예수에 대한 설명이지 예수 자신의 자의식은 아니다 기적의 능력을 자신의 카리스마적인 인격에로 돌리지 않고, 민중의 실천적 지혜와 열정에 대한 신뢰와 그 목격에로 돌리는 첫 사건이라는 점에서 마가의 제자직 성격에 대한 앞으로의 교훈이 보여줄 예표적인 부분이다. 이런 점에서 당시의 신적 존재에 대한 이해와 민중에 대한 경계선의 장벽을 깨고 인간의 본래적인 휴머니티에 길을 내는 파격적인 이야기이기도 하다.

그러나 더욱 흥미로운 관심은 길을 걷기에 신체적으로 어려운 증상인 중풍병 걸린 사람에게 치료의 객관적 증거인 '요를 들고 걸어가기'의 치유적 행위가 아니라 '너는 죄를 용서받았다'2:5라는 선언이 치유시켰다는 데 있다. 2:1-17에 있어 '다시 가파르나움으로 가시고'1절, '다시 호숫가로 나가신'13절의 다시 움직이심의 의지적인 행동은 공간과 내용이 달라도 죄9-10절와 죄인17절이라는 공통의 연결어로 묶여있다.

죄는 마가에 따르면 '사탄의 나라'의 통치력이다.3:20-30 참고 또한 지배 체제의 "이름붙이기naming' 권능으로서 핵심이기도 하다. 마가에서 보이는 '악령'도스토엡스키는 비인간화에 대한 메타포로 '악령'이라는 소설까지 썼다의 권력은 '죄'를 통해 통치한다. 이는 정치권력자의 지배 메커니즘이 될 뿐만 아니라 성전 엘리트의 종교전통의 특권을 유지하는 중요한 의미-질서an order of meanings에로 공모의 핵심이 된다. 죄에 대한 이름 붙이기와 그 죄의 사회적 실천으로서 보상과 속죄의 사회화는 성전 엘리트의 기득권을 강화한다. 민중은 이러한 죄의 범위와 그것으로부터 벗어나려는 속죄로서 제물과 정결법의 체제로 인해 마음은 길들여지고 통치에 복종한다.한 예가 마가가 말하는 '코르반'에 대한 종교관습이다; 7:9-13

따라서 죄는 몇 가지 중첩된 억압 사슬을 엮는 중요한 도구이다. 첫째는 종교적 전통과 정신적이고 영적인 권력에 대한 심정적이고 신념적인 복종으로서 내면화된 폭력을 개인의 뇌와 심장에 심상화한다. 둘째는 정치·사회적 권력의 질서화라는 명목에 대해 다스림과 통치를 가능하게 하는 수단이 된다. 죄를 정의하고, 이탈자와 반란자를 구분해 솎아내며, 지위와 과대 재산 보유의 타당성과 공적 권력의 집행을 정당화하는 데 있어 지배 엘리트들의 특권과 종교인과 지성인들의 권력에 대한 공모와 억압을 자연스럽게 강화시킨다. 그리고 세 번째로, 죄에 대한 이름 붙임과 그 집행 기구와 권력의 정당성을 실천하는 제도적 실천으로서 상징적 문화는 사회 전체를 규율하는 보편적 기준으로 작동한다. 이를 통해 억압 체제는 스스로 작동한다. 이는 마치 미셸 푸코가 펜타콘원형감옥의 역할에 대해 말한 것처럼 이 문화 체제가 작동하면서 감시자가 없을 때에도 스스로 죄수가 자기 행동을 규율하는 자동 장치로 작동하는 문화적 실천의 역할을 수행한다.

마가가 언급한 '죄'는 그 원어의 뜻대로 '과녁에서 벗어남' 곧 하느님의 뜻이란 길에서 벗어남에 대한 근본적인 분리와 제외됨에 대한 무능력과 관련된다. 더러운 악령이 회당에서 말한 '왠 상관이야?'의 본성처럼 무력감에 대한 자각과 일어서지 못함에 대한 무감각에 대한 길가는 자의 각성은 더러운 악령의 지배 체제에서 그것을 현실화하여 희생자가 된 중풍병자에게 가장 본질적인 이슈라고 본 것이다. 하루하루 변하는 날씨와 일 년 4계절의 기후를 비유로 하자면, 질병의 치유는 날씨이기에 변수로 볼 수 있고, 그러나 그것보다 근본적인 원인인 기후라는 죄의식은 인간 실존의 개명開明에 있어 상수로 볼 수 있다.

마가가 소개한 예수의 기적과 치유의 이슈는 신체적 조건의 초자연적인 개입으로서 기적이 아니다. 놀랍게도 이미 그는 중풍과 다른 질병 치유에 대한 기적의 핵심을 꺼내 든다. 즉, 각종 질병은 결과이며 그 원인은 죄라는 하마르티아의 본성 곧 인간 실존이 과녁을 빗나감에 대한 '길 가기'로부터 빗나감과 그 과녁을 향해 가는 것을 막는 무력감이라는 그 핵심의 신념적 치유로서 인간성의 자유와 해방에 대해 언급하고 있는 것이다. 그러므로 다음의 문장은 다르게 읽을 수 있다.

"내가 말하는 대로 하여라. 일어나 요를 걷어 가지고 집으로 가거라"막2:11

우리는 무력감powerlessness에 있어 우리의 본래적인 자유의 선물로서 실존이 억압받고 제한되고 굴절되며 훼손되고 파편화될 때, 의식consciousness의 각성과 그 내재적 힘에 따른 자기 일관성이 필요해진다.

첫 번째는 '말하는 대로 걷기'이다. '말하는 대로 걷기'walking [with] talking; 헬, 레고 에게 이레 히파게, legō egeire hypage =I say, arise, lead away/go under ~는 내면에 억압된 체제와 힘을 뚫고 일어나 안내된 길을 걷는 것에 대한 것이다. 이것은 주체적 자각의 의식을 말한다. 본래적 존재의 내면성이 말하는 대로 자신이 선택하여 걷는 능력을 되찾는 것이 속죄 atonement이다. 이는 자아의 본래적 능력self-empowerment이라는 본성에서 그 힘을 잃고 못 미침missing에 대한 능력 회복에 대한 선언인 것이다.

둘째로 치료의 목적으로서 '요를 걷어가지고 집으로 가기'이다. 마가는 몸의 치료로서 기적에 대해 별다른 관심이 없다. 물론 질병 치유를 위한 민중들의 열망을 통해 예수에 대한 관심은 커져가지만, 이것은 민중의 응답이지 예수가 그에 대해 긍정적인 모습을 보이지는 않는다. 그는 기적 혹은 치유의 근본 의미에 관심이 있고 이는 샬롬의 통치라는 주된 관점에서 보는 이차적인 현상들이다. 마가가 제시하는 치료의 의미는 '요를 걷어 가지고 집으로 가기' 곧, 집헬, 오이코스 oikos이라는 이 세상성에서 온전한 관계로의 복귀에 대한 것이다. 오이코스라는 관계안에서의 거주dwelling와 살림살이로서의 능력에 대한 회복에 관한 것이다.

하마르티아hamartia의 단어는 ha라는 부정어not와 전체a whole의 일부로서 merosa part due to one의 합성어이다. 자신이 전체의 일부가 되지 않는, 즉 관계성으로부터 이탈이 하마르티아의 원뜻이며, 이는 과녁이 전체성에 대한 일부가 되지 않고 개별성과 소외로 떨어져 나감으로 그 뜻이 확대된다.

따라서 마가가 말한 '더러운 악령'과 그 악령의 도구이자 보조자들인 지배자들과의 싸움은 '죄'에 대한 정의와 이를 실천하는 낙인으로서 '죄인'에 대한 사회적 정의에 대한 재-규정re-naming에 대한 사건으로서 중풍병자 기적 치유 이야기를 이해할 수 있다. 마가가 전하는 예수의 관점으로서 속죄atonement는 두 가지가 담겨져 있다. 자기 능력 부여self-empowerment로서 무력감의 자리에서 일어남과 자기 본성이 말하는 대로 걸어갈 수 있음이 그 하나이다. 다른 하나는 집a whole; oikos이라는 공동체적 관계의 회복이라는 치유의 방향과 치유된 자의 역할로서 관계성에 대한 것이다. 이런 점에서 속죄는 길과 하나됨at-one-ment에서 일어나는 행위라는 프락시스praxis이며 삶의 방향에 대한 이탈로부터 재-회귀return: 회개로서 길 위에 머무름at-one-ment, dwelling on-the-way이기도 하다.

이러한 본문 해석의 관점을 가다 보면, 세리죄인인 레위를 부르는 장면이 이해가 된다. 죄인의 능력부여와 삶의 과녁을 벗어난 그의 생을 돌려서 길을 가게 하기로서 부름이 그것이다. 2:14의 '나를 따라오너라헬, 아코로우데이 모이, Akolouthei moi'에 대한 레위의 응답은 '일어나서 예수를 따라나섰다'는 흥미로운 암시이다. 이는 단순히 따라오라나 따라가다. 즉, follow가 아니라 둘 다 원어인 켈류도스keleuthos라는 길a road, way을 포함하고 있기 때문이다. 이는 2:13절의 '군중이 따라옴'의 일반적인 동사인 원어 에르체토ercheto come, go와는 전적으로 다르다. 길에 대한 걷기의 목적의식이 분명한 뒤따름의 의미로서 원어 '켈류토스'가 사용되었던 것이다. 마가의 제자직 훈련은 이렇게 서서히 길을 걷기에 대한 그 의미를 '더러운 악령'의 지배 질서를 어떻게 해체하고 길을 낼 수 있는 프락시스실천를 자기 생에 점화시킬 수 있는지로 들어가고 있다.

이쯤에서 관객이자 청자가 마가의 스토리 전개에 심각함을 느끼지 못하고 있다면 '과녁을 벗어난' 길 잃음에 있는 상태에 있을지도 모르니 자신을 점검하는 것이 필요하다. 마가의 진술은 체드 마이어스의 『오늘, 마가복음을 살다』대장간 역간의 서문에서처럼 관객이나 청자를 단순히 '관중 spextators'로 남기지 않고 '관객-배우spect-actors'로서 초대하고 있기 때문이다. 성서의 본문을 듣고 읽는 것은 그러므로 위기-위험한 기회-를 내포한다. 변화될 것인가 그대로 지나쳐 옛 모습대로 살 것인가가 그것이다.

시간 속에서 길을 내기

막 2:18–3:6

회상과 배경

고대 본문이 이천년의 시간의 장벽을 넘어 우리 현대인에게 들리도록 하는 일은 마치 강물에서 사금 추출하기와 비유할 수 있다. 그것은 체에 투박한 본문들을 담아 강물의 흐름이라는 의식을 통해 여러 차례의 체질하기를 통해 문화적 편견이나 시대적 조건들의 것을 흘려보내고 의미로 반짝이는 것들을 계속 주목하면서 모으는 것과 같다. 혹은, 채굴하여 얻은 원석들을 조금씩 의식의 정으로 깨 내면서 빛으로 투명한 보석을 골라내는 것과 같기도 하다.

이 때 중요한 것은 사금 추출자나 보석 채굴자의 의식이 열려 있어 강물의 모래에 묻혀있는 사금이나 원석 안에 있는 광석에 주목하기와 기다림, 신뢰와 자기 허용이다. 본문 안에 묻혀있는 보물이 스스로를 노출하여 자신을 보여줄 것이라는 신뢰와 청자로서 자기 허용으로 인해, 말 없던 본문이 갑자기 의미를 띄고 말을 걸어오는 대화자로서 자기 목소리를 내게 된다. 신뢰는 청자로서의 일종의 자기-판단 중지이며 본문의 타자성에 대한 존중어린 마음이기도 하다.

이천 년 전에 형성된 신화론적 세계의 본문이 나/우리에게 말을 걸어 올 수 있게 되는 것은 본문T; Text와 저자A; Author의 의미론적 관계에 대해 오늘의 나의 상황C; Context과 내 삶의 실존적 질문Q; Questions이라는 의미론적 관계가 상호 조율이 되고 공명을 일으킬 때 일어나는 사건이다. T:A≒C:Q라는 의미론적 상관관계의 발생은 단순히 과학자의 정보의 채집이나 교류가 아니라 전류가 양극을 통해 흐르는 것과 같은 사건인 것이다. 본문 안에 있는 시대에 대한 고뇌와 영혼의 순결이 전류가 되어 내 영혼에 떨림을 가져오면서 일어나는 내적인 교류의 사건이 의미를 현실화한다. 여기에는 나의 시대적 고뇌와 영혼의 빛에 대한 간절함이 서로를 끌어당기며 불꽃을 일으키고, 주변을 밝히며 길을 비추어 준다.

마가는 이미 1장에서부터 '더러운 악령'이 판을 치는 세상에서 하느님 나라의 도래라는 세력 싸움에 대한 승전보로서 복음유앙겔리온, 기쁜 소식에 대해 집중하고 있다. 이 지상에서 흉측하고 비인간화하는 사회구조와 문화, 그리고 그 역할자들이 지닌 에토스를 하늘의 스크린에 투영하여 '더러운 악령'의 정체와 그 드라마를 밝히고, 이로부터 해방에 대한 길을 내고 그 길을 가는 것에 대해 몰두한다.

악령/사탄/마귀로 불리는 이러한 하늘 스크린에 투영한 형이상학적 존재들의 활동은 이 세상에서 일어나는 비인간화와 무력감에 대한 고대인의 직감적인 형상화된 하늘 스크린의 이미지들이다. 비록 현대인인 우리는 그 실체에서는 동의할 수 없으나 삶에 있어서 이들의 활동적 기능에 대한 진실에 대해서는 현대인인 우리조차도 동의할 수 있다. 그러므로 예수의 공적 선교로 표현되는 1:21-3:6까지의 마가의 진술은 통상 기적치유 이야기로 불리지만 실제적으로는 그러한 악령적인 이 지상의 에토스에 대한 해방의 파토스적인 행동임을 알게 된다.

그러한 해방 행동은 회당에서 악령추방, 가정에서 베드로 장모의 질병치유, 사회적 격리라는 나병환자의 공동체로의 복귀라는 치유 그리고 중풍병자 치유에서 보는 죄의 용서2:1-12 및 계급과 사회적 지위 코드로서 죄인의 낙인으로 치유가 전개되고 있다. 1장에서 기적치유 이야기 초점은 더러운 영의 세력으로서 악령과 질병 그리고 사회체제로서 소외와 배제의 에토스에 대한 해방운동이었다. 그러나 2장에서는 더욱 대담하게도 인간의 의식을 점유하고 있는 종교 신념체제에 대해 해방의 사역을 전개한다. 그것이 죄의 용서이며, 불가촉민인 세리와 죄인으로서 낙인 받은 자들의 사회적 코드에 대한 제자로 삼으심2:13-14과 죄인과 세리와의 공동식사2:15-17에 대한 탈억압의 해방운동에 대한 개시를 마가는 소개하고 있다. 이런 해방운동은 3장 6절까지 기적과 치유 이야기가 일단 이어지면서 강화되고 확대된다. 이렇게 하나님 나라라는 때의 성숙과 그 나라 도래의 직접성은 행동과 변화를 일으키고 있다. 이는 추상의 사고나 아이디어가 아니라 그 도래의 확실성과 더불어 '회개하고 복음을 믿어라'의 실천적 변화의 증거들이기도 하다.

본문으로 들어가기

길을 걷는 것은 공간에서 무엇이 새롭게 보이고 거기서 어떤 징조의 길 안내를 받는가에 대한 것만 아니다. 길을 걷는 것은 시간 속으로 들어가 그 시간을 통과하는 것이다. 또한 어제와 다른 오늘의 경험이며, 그 어떤 시기나 다르게 다가오는 특별한 때나 기억할만한 순간의 경험도 존재한다. 지금까지 예수의 공생애 활동으로서 기적치유는 몇몇 상징적인 공간에서 다른 경험에 관련되었지만, 오늘의 본문에는 시간에 있어 다른 경험을 증언한다. 그것은 '단식을 하고 있던 어느 날'2:18과 어느 '안식일'2:23; 3:1에 일어난 사건의 경험이다.

인생의 여정에 있어서 '날을 정하는 것'은 삶의 과정을 충실히 하고 이탈된 마음을 모아 새롭게 하며 삶의 여정에 대한 질서를 부여하는 중요한 의미를 갖는다. 이는 개인 삶의 여정에 대한 재확인만 아니라 공동체로서 관계와 하나됨을 확인하는 계기도 부여한다. 생일, 입학일, 졸업일, 결혼일, 국경일 등등만 아니라 1년 24절기 등등의 예로 보듯이 흘러가는 시간에 '날'을 정하는 것은 개인의 인생길에 있어 자신이 어디서 오고 어디로 가고 있는지를 그리고 소속감에 있어 우리가 누구이며 서로에게 어떠한 존재인지를 확인하는 상징적 의미를 부여한다.

시간에 특정한 순간의 의미를 부여하여 어떤 날로 삼는 것은 그 특정한 날에 대한 개인과 공동체 구성원으로서 그 날에 대한 특정한 태도를 유발하는 것이기도 하다. 그러한 특정한 태도를 유발시키기 위해 의식rituals이 만들어지고 그러한 구체적인 제의를 통해 상징적인 의미를 자기 실존이나 공동체 속에 살아있는 실제 감각으로 작동하게 한다. 그러한 제의적 의미를 지닌 가장 중요하고 실존적인 방향성을 주는 것이 세례일이나 교회력 같은 종교적인 의미를 지닌 시기이다. 개인적인 단식일과 공적인 안식일은 어느 종교에게든 중요성을 지닌 보편적이면서 실존적인 의미를 지니고 있다. 아브라함의 종교인 유대교, 기독교, 이슬람교에 있어 이 두 날은 신자로서 개인과 신앙공동체를 거룩한 신성과 연결시키는 특별한 시간이기도 하다.

마가의 전승에 따르면 예수는 기존의 종교인들과 거룩함의 시간을 지키는 것에 대해 다른 관점을 가졌고, 이로 인해 치열한 논쟁이 이야기 시작 때부터 이미 벌어지고 있음을 증언한다. 2장에서만 보아도 거룩함에 관련하여 민중의 상호 협력에 의한 중풍병자와 같은 무력한 자의 자기-운명에 대한 주체적인 일어섬2:1-12, 식탁 교제의 범위 확대로서 세리와 죄인들과의 함께 식사함2: 13-17절, 그리고 공적인 경건과 안식일 준수에 있어서 해방을 위한 희년이라는 율법의 핵심 정신의 적용을 통해 하느님 나라의 도래 의미와 그로 향한 삶의 전향轉向을 이야기하고 있다.

거룩한 날을 기념하는 것은 자신이 헌신과 종교적 규례를 존중하는 마음의 태도가 될 수 있지만, 그것을 지키는 상황이 된 엘리트이자 종교적 급진주의자들인 "요한의 제자들과 바리사이파 사람들"18절에 대해서도 예수는 그것을 지킬 수 없는 가난에 허덕이는 자들인 민중오클로스들의 고통의 실상과 관련하여 '잔칫집에 온 신랑 친구'19절로서 몸의 허기짐을 채우고 신랑과 교제하는 예우를 행하는 '때'헬, 테 헤메라, tē hémer-a=that days; 20절에 대해 이야기한다. 이는 안식일도 '해서는 안 될 일'24절은 그만큼 소유하고 배부른 이들에게 가능한 것이지 '먹을 것이 없어서 굶주렸을 때'25절는 안식일의 본분이 '빵을 먹고 함께 있는'26절 때여야 함을 말한다.

그러나 안식일의 규정을 어겼다는 것 자체가 마음으로 허락되지 않은 바리사이파 사람들은 이제는 안식일에 회당에서3:1; 거룩한 시간과 거룩한 장소의 중첩을 통해 일어날 사건의 의미를 강화한다 한쪽 손 오그라진 사람에 대해 "안식일에 그 사람을 고쳐주시기만 하면 고발하려고 지켜보고 있는"3:2 입장으로 더욱 견고한 태도를 유지한다. 예수는 이들의 마음이 '완고한 것을 탄식하시며 노기 띤 얼굴'로 자신이 행할 일을 하신다. 예수는 묻고 행한다. 그것은 안식일에 무엇을 해야 하는 것인가-안식일에 무엇을 해서는 안 되는가가 아니라-에 대한 질문이고, "손을 펴라"는 말씀으로 그 사람은 손이 "이전처럼 성하게" 되었다. 그러나 이를 본 바리사이파 사람들은 이전처럼이 아니라 이전보다 더욱 성이 나서 "즉시 헤로데 당원들과 만나 예수를 없애버릴 방도를 모의"3:6하게 된다. 참으로 만만치 않은 두 신념이 충돌하여 물러설 줄을 모른다. 예수로 인해 이들은 더욱 마음이 굳어지며 아이러니하게도, 안식일에 본 것으로 인해 예수를 없애버릴 방도를 모의하는 날로 삼게 되었다. 거룩한 날안식일에 거룩한 장소회당에서 본 것으로 인해 마음이 180도로 틀어져 버렸다. 그들이 보기에 예수의 신성 모독은 죄질이 너무 나빴던 것으로 보인다. 그래서 조금도 시간을 낭비함 없이 '즉시'헬. 유디스 = 즉시, 곧장 결연히 없애버릴 방도를 모의하게 된다. 그것도 집단적으로 그동안 별로 상종하지 않던 다른 집단인 "헤로데 당원들"을 끌어들여 실행에 확실한 방법을 모색하기 시작한다.

회상과 여운

길은 공간의 어떤 지형과 다른 지형의 경계선을 통과하면서 잇는다. 이뿐만 아니라 주어진 시간의 경계선도 통과한다. 어떤 시간의 체험은 다른 일반적인 시간의 체험과 다르다. 그리고 그 주어진 시간을 그렇게 다른 시간의 차이 경험을 통해 특별한 순간의 반짝임과 몰입으로 인해 자기 생에 대해 질서있는 의미로 내면화한다. 특히 신앙적으로 바쳐지는 특별한 순간이나 날은 세속적인 시간의 흐름과 달리 성별되어진 것으로 인해, 파편화되고 무질서의 혼돈 속에서 영원과 창조의 새로운 샘을 길어 올려 우리 영혼의 갈증을 목축인다.

어느 특정한 반짝거리거나 심원한 순간의 조각 경험은 비록 전체 시간의 흐름크로노스: 물리적인 시간에 비하면 매우 짧은 순간일지라도 영원을 품수하고 자신을 고양시키며 시간의 무거운 중력을 뚫고 영원의 부름을 통해 두렵고 떨림의 절정으로 우리를 솟구치게 한다. 혹은, 시간의 파도 속을 투명하게 응시하는 내밀한 정화의 정지된 순간을 제공하여 시간을 잊게 만든다. 그리고 이러한 짧은 순간들은 심장에 에너지를 공급하고 우리의 시야를 정화시켜 걸어갈 길을 다시 보게 만들고, 발걸음에 힘을 불어넣어 다시금 길 위에 서게 한다. 그렇게 함으로써, 특정한 깊이의 거룩한 시간은 자신의 경계선을 넘어 일상의 시간으로 흘러 들어와 일상의 나날들이 변모한 모습을 띠고 살만한 순간들인 찬연한 시간으로 돌려놓는다.

하지만, 신앙에 의미를 주었던 특정한 시간이 관습이 되고, 판단의 렌즈가 되어 그 안에 있는 샘솟는 영혼의 기쁨이 사라져, 해야 할 일이나 남에게 보여주는 의례가 될 때, 특정한 시간의 준수는 특권의 표현이 된다. 금식하고 안식일을 준수하는 것은 어쩌면 좋은 일이기도 하다. 자기 소유나 성취, 이득을 위한 애씀에서 잠시 나와 금식이나 안식의 기회를 갖는다는 것은 좋은 일일 것이다. 허나 그것이 신념이 되고 판단의 도구가 될 때 마음은 자기도 모르게 완고한 모습을 띠게 된다. 자기에게 적용하던 것을 남에게까지 적용하는 인식의 오류를 범하게 된다.

자신이 낡은 옷을 입고 있다는 것은 새 옷의 경험을 통해서 이해하고, 낡은 가죽 부대임을 깨닫는 것은 새 포도주의 경험을 통해서이다. 그 경험은 "새 포도주가 부대를 터뜨려 포도주도 부대도 다 버리게 되는"2:22 경험으로 일어나는 것이다. 자신이 습관적으로 가진 부대가 터지고 새로 담고자 하는 포도주의 경험도 남지 못하는 '다 버리게 되는' 경험을 해 보는 시간/때는 위기−위험한 기회−가 된다.

샬롬의 통치 시간은 거룩의 준수를 위해 '해서는 안 될 일'에 우리의 의식이 맞추어진 것을 흔들어 설령 하느님께 드리고자 '제단에 차려 놓은 빵'을 '함께 있던 굶주린 사람에게 주는'2:36 우리가 해야 할 일 −"착한 일" 혹은 "사람 살리는 일"3:4−에 대한 일로부터 시간/때가 시작된다. 그 이전까지는 아직 우리는 의식이 덜 깨서 시간을 경험하지 못하고 환상속에 살아있는 몽유병자일 수 있다.

예수는 말한다. 거룩한 시간·때·날[안식일]은 존재[사람]를 위해 있는 것이지, 존재가 거룩한 시간[안식일]을 위해 있는 것은 아니다라고. 존재를 위해 시간이 생명력을 공급할 때, 그 시간은 그 자체로 거룩한 시간이 된다. 시간이 존재를 위해 생명을 공급할 때, 우리는 시간과 공간이 하나로 집중되는 것을 경험한다. 그것은 시간과 공간이 내 의식을 향하여 하나로 모아지며 내 전 존재를 관통하며 하나의 다음 부름 속에 있게 된다:

"일어나서 이 앞으로 나오너라"3:3

공간과 시간이 나를 일으켜 궁극 실재에로 향하게 한다. 이것이 길을 걷는 이의 유일한 경험이다. 존재의 원형[사람의 아들]이 거룩한 시간[안식일]의 주인헬, 큐리오스

kurios이 된다는 것은 이렇게 공간과 시간의 경계선을 넘어서서 길을 내고 존재가 품어내는 생명의 에너지에 자신을 내어준다. 길을 걷는 존재는 이렇게 존재영혼를 일으키고 앞으로 걸어가도록 길을 열어주고 보여준다. 이렇게 거룩한 시간은 물리적인 차원에서 주어지는 객관적인 것이 아니라, 일어나 걷는 존재로의 사건화가 일어날 때 실존적인 차원에서 열려지는 것이다.

그러나 길을 걷는다는 것이 모두가 손뼉치며 환영한다는 뜻은 아니다. 게 중에 이미 가진 것으로도 걷지 못하고 있는 사람 중에 당신을 미쳤다거나 비현실적인 삶을 산다고 흉을 보거나 심지어 비난이나 세력화하여 당신이 하는 일마다 반대하고 대적할지도 모른다. 배가 앞으로 나아갈 때 파도가 생기고 역류가 일어나는 것은 자연스러운 일이기도 하다. 바리새인들처럼 외양상의 경건자는 특히 당신에게 곱지 않은 시선을 보낼 것이다. 그러거나 말거나, 길을 걷는 자는 하느님의 집에 제단을 차리는 것보다 함께 있던 굶주린 사람들에게 빵을 나누고, 오그라든 손을 펴게 해서 성하게 하는 것에 최선을 다함으로써 그날이 거룩한 시간, 곧 안식일이 되게 한다. 이렇게 거룩한 시간의 성별과 세속적인 일상 시간의 경계선은 그 장벽이 무너져 길을 여는 시간이 되게 한다.

1. 지금의 공간과 성찰 시간을 편안하고 고요한 장소로 하여, 자신의 호흡과 생각을 자각하고 흘려보낸 후 거룩한 영의 안내를 요청한다. 그리고 오늘 만나지는 본문의 단어, 문장 혹은 이미지를 주목하고 거기에 연결하여 머문다. 그것이 당신의 영혼을 움직인다면 그 흐름에 자신을 맡겨 성찰한다.

2. 당신이 진실로 의미있게 기념하는 거룩한 '시간·때·날'에 대해 어떤 것들이 있는가? 이 시간·때·날을 위해 무엇을 준수하는가? 그것이 당신의 삶에 어떤 영향을 미치고 있는가?

3. 당신이 신앙에 대해 알고 있는 것이나 신념이 어느 순간에 '낡은 옷·낡은 가죽부대'처럼 여겨지거나, 그럴지 모른다고 의심이 들어 새 천조각·새부대에 대한 갈망의 목소리가 들린 적이 있었다면 언제, 어떤 상황이었는가? 그것들은 어떻게 갈등을 하게 되었고, 왜 이전 신념 체계들에 변화가 필요하다고 생각되었는가?

4. 당신이 보건대 바리사이파 사람들의 예수에 대한 비난과 공격에는 어떤 그들 나름의 이유있는 근거가 있었을 것 같은가? 그들의 방어 의식과 그 정신 구조나 관행은 무엇이 중요했던 것일까?

5. 당신 삶의 모습에서 모든 것은 멀쩡한 데 무엇을 하고자 하는 한쪽 손이 오그라들어 있어서 착수를 못하고 있는 상태임을 상상해 본다. 두 가지의 대면을 추가로 가슴에서 그려본다. 하나는 "일어나서 이 앞으로 나오너라"는 예수의 말을 듣는 상황이다. 당신은 어떤 움직임을 보일 것인가? 그리고 면전에서 듣게 된다.

"손을 펴라" 당신에게 이 상황들은 어떻게 펼쳐질 것인가? 각각은 무엇을 의미하는 것일까?

막 2:18–3:6

안식일이 사람을 위하여 있는 것이지,

사람이 안식일을 위하여 있는 것은 아니다.

따라서 사람의 아들은 또한 안식일의 주인이다. 막 2:27-28

길을 간다는 것은 먼저 공간과 공간의 이질성과 특정 공간들간의 차이에 대한 경험과 그 분별로 이루어진다. 우리 인생의 여정은 수많은 공간과 그 공간을 형성하는 것들로 이루어져 있다. 어떤 공간은 그냥 지나칠 수 있지만 어떤 공간의 경험은 주목할 만한 독특한 풍경과 거기서 일어난 조우로 인해 깊이 가슴에 새겨진다. 그래서 다시 방문해 보고 싶거나 아니면 더 이상 가보고 싶지 않고 기억에서 지우고 싶은 공간도 생긴다. 이렇게 공간은 강력한 이미지와 기억을 남긴다.

그러나 길을 간다는 것은 공간의 경험만이 아니라 시간의 경험이기도 하다. 어느 순간·날·시기·때는 다른 순간·날·시기·때와는 다르게 느껴진다. 공간은 이미지의 차이로 기억되지만, 시간은 심리적 영역에서 높이마루와 심층무거운 추락: 골의 리듬이나 흐름으로 다가온다. 그 어느 순간이 고양된 절정의 에너지를 주거나, 아니면 추락의 무거움으로 다가온다. 그래서 고양된 절정은 시간을 잊고 영원이라는 무시간적인 흐름의 멈춤이 잠시 있게 된다. 반면에 추락의 무거움은 시간이 느리게 흘러가면서 시간이 영원하게 늘어지면서 시간의 중력이 내리누르는 압박감을 받는다.

온전함과 전체성을 향한 삶의 길은 이렇게 공간과 시간의 구별과 그 차이의 연결들로 이루어져 있다. 그런데 실상 인생길을 걷는 데 있어서 공간과 시간은 호락호락 그 길을 열어주지 않는다. 그리고 공간과 시간이 주는 길 막음은 그 종류도 다르다. 길이 열리거나 길이 보이는 것은 사막의 평원에서 그 끝을 모를 지평선 위로 길이 나 있어 걷는 평탄대로이거나 아니면 제주나 지리산의 올레길처럼 숲과 마을을 뚫어 이어지는 도보 길은 아니다. 길을 막는 장애물들을 어떻게 처리하는가에 따라 길이 열리거나 길이 보이는 셈이다. 이에 대해 마가 기자가 알려주는 공간과 시간의 장애물에 대한 증언은 흥미롭다.

먼저, 공간에는 악령, 질병, 사회적 소외, 계급 차이사회적 코드와 같은 길을 막는 장애물이 존재한다. 물리적 공간인 회당에서 악령의 현존과 은둔, 개인 집에서의 질병, 공동체에서의 추방, 사회적 계급으로서 죄인과 세리 등의 사회적 분리와 차별이라는 공간의 감각이 있다. 이는 몸身體이 물리적 공간에서 겪는 지배점유와 단절의 현상들이다. 이러한 장애물들은 통상 외부의 환경에서 자기 몸에 부여된 것으로 일종의 무거운 짐burden이 되어 중압감을 느끼기에 걷는 것 자체가 힘들게 다가온다. 자신에게 무력감을 주어 아예 일어설 생각을 하지 못하게 만든다.

두 번째로 걷는 길은 시간과 함께 간다. 시간을 통해 걷는 것을 방해받는 것은 물리적 공간을 넘어 내가 움직여야 하는 혹은 머물러야 하는 시간에 대한 자기-이해에 따른다. 시간은 자신의 의식이 일상이라는 스크린에 비추어진 변화에 메아리처럼 반영되어 돌아온 일종의 자기-수용 감각이며 의식의 흐름이다. 내가 생일, 입학일, 졸업일, 결혼기념일, 추모기일을 기억하고 공동체에게 어떤 특별한 날로서 4.16, 4.19, 6.25, 8.15, 10.29 등이나 입춘, 동지 등을 기억하는 것은 각각 개인과 공동체 구성원으로서 그날에 대한 의식의 흐름이 다른 날의 의식의 흐름과는 전적으로 다른 파동과 공명을 일으키고, 내 의식이 그 순간·시기·때·날에 특별한 의미를 부여했기 때문이다. 그러한 날들을 회상하고 주목하는 것은 내 의식을 통해 무엇을 하고 혹은 안 하며, 움직이거나 움직이지 않고, 주목할 것과 주목하지 않은 것을 그 특정한 시간영역에 대한 우리의 의식과 그 시간에 부여한 의미가 결정한다.

마가는 오늘의 본문에서 우리에게 걷는 것에 대한 시간의 의미에 있어 종교적인 의미를 부여한 '단식을 하는 어느 날'2:18과 '어느 안식일'2:23, 3:1에 대한 예를 들어 우리에게 길 가는 것과 시간의 의미에 대해 어떤 태도로 시간을 맞이하는지에 대해 예수의 입장을 통해 '길 만들기making paths straight'를 보여주고 있다. 사실상, 시간의 구분 중에서 개인적인 축하와 애도의 날이나 공동체의 중요한 날을 넘어서 신앙의 내적 신념과 종교 전통의 신념 강화의 규례로서 특정한 날들은 그 어느 날보다 매우 강력한 상징적 의미 체계를 갖는다. 이는 단순히 길을 걸을 수 있는지 아닌지에 대한 것을 넘어, 자기 실존의 존재 의미를 부여하기 때문에 신앙과 종교에 있어서 특별한 시간·때헬, 테 헤메라, tē hémera=that days; 20절는 삶과 죽음의 경지까지 몰고 가는 실존적 의미를 지니고 있기 때문이다.

마가가 소개하는 금식일과 안식일의 예수와 바리사이파 사람들과의 논쟁은 그 특정한 날이 종교적이고 신앙적인 의미를 지니고 있는가 아닌가 혹은 폐기할 것인가 유지할 것인가에 있지 않다. 단식일에 대한 예수의 '낡은 옷/새 천조각'과 '낡은 가죽부대/새부대'의 비유는 옷과 가죽 부대의 필요성은 인정하면서도 그것이 낡은 것인가 새 것인가에 대한 자각에 둔다. 그리고 그것을 결정하는 것은 새 천조각에 '켕겨 더 찢어짐'2:21과 '새 포도주'라는 경험을 통해 오는 그 가죽부대가 터져서 '포도주도 부대도 다 버리게 됨'2:22에서 보이는 부정적인 역기능망치게 됨의 역할에 있는 것이다.

이는 안식일의 경우도 마찬가지이다. 바리사이파 사람들의 의식이 안식일에 대한 근본 태도로서 '해서는 안 될 일'2:24에 초점을 두고 하지 않기에 주로 관심이 있었다면, 안식일에 대한 존폐 여부가 아니라 예수의 태도는 '먹을 것이 없어서 굶주렸을 때'2:25, 안식일의 때를 숙성실현시키기 위해 심지어 하느님께 드려진 제단의 '빵'을 통해서라도 '함께 있던 굶주린 사람들에게도 주는'2:26 해야 할 일에 충실한 것이 옳다는 것이었다. 이날에 바리사이파 사람들이 어떤 반박을 했는지는 나타나 있지는 않다. 그러나 다른 안식일에 회당에서−거룩한 시간과 거룩한 장소가 중첩됨− 그들은 예수가 한쪽 손이 오그라든 사람을 '고쳐주시기만 하면 고발하려고 지켜보고 있는'3:2 태도를 보이며 안식일을 맞이하고 있다, 예수가 이들의 태도에 아랑곳하지 않고 안식일에는 옳은 일을 하는 것이라고 하면서 병을 고쳐줌으로써 그들은 '말문이 막히고'3:4 결국은 그 안식일에 회당에서 나와 "즉시 헤로데 당원들과 만나 예수를 없애버릴 방도를 모의"3:6하는 일을 꾸민다. 예수가 안식일에 '사람을 살리는 것이 옳으냐? 죽이는 것이 옳으냐?'3:4라는 질문에 그들은 행동으로 '해서는 안 될 일'을 실천하여 한 사람을 죽이는 것이 옳다는 신념을 보여주게 된 것이다.

본문으로 더 깊이 들어가 논하지 않고, 다시 돌아와 시간과 걷기에 대한 상관관계에 있어서 유념할 것은 그 어떤 특정한 순간·때·시기·날이라는 시간을 숙성된 의미있는 시간'크로노스'가 아닌 '카이로스'로서의 시간으로 처음엔 설정해 놓은 것이 마음의 경직성으로 인해 그 본성을 잃는다는 교훈이다. 그래서 헌 옷이나 헌 가죽부대처럼 효용성과 유연성이 떨어져 우리에게 그 시간이 해방이 아닌 얽매임으로 작동될 수 있다는 것을 예수의 논박 사례에서 보여주고 있다.

길을 열고 길을 가기라는 마가의 전체 신학적 방향에 있어 필자가 주목하는 것은 길을 내는 데 있어서 공간과 시간의 장애물 역할에 대한 것이다. 공간은 외적 환경이 몸에 부여하는 무거운 짐이라는 장애물에 길이 막힌다. 그리고 시간은 인간 내면의 의식과 그 의식에서 나오는 완고한 태도가 장애물이 된다.

그런데 시간이 장애가 되는 것은 외적인 장애물보다는 자신의 의식이 지닌 동의와 공모로 인해 스스로 창조한 가공의 장애물 때문이며, 외적 환경의 몸에 부여하는 제한과 짐의 무게보다 의식이 해야 할 일과 가야 할 길을 막는 것이 더욱 심각하고 이를 제거하기가 쉽지 않다는 마가의 문제의식이 본문에 담겨 있다. 그래서 마가는 시간에 공모하는 의식의 투사에 대해 가히 혁명적인 선언을 함으로써 의식의 주체성에 대한 자각을 청자와 관객들에게 선언한 민중 담론을 채록하여 담는다.

안식일이 사람을 위하여 있는 것이지
사람이 안식일을 위하여 있는 것은 아니다.
따라서 사람의 아들은 또한 안식일의 주인이다.

걷는 것에 있어서 공간의 장애보다 시간의 장애가 더 큰 일이다. 공간은 물리적 장소로서 재반복하거나 제거함으로써 가능하지만, 시간은 다시 방문하지 못한다. 그렇기에 의식이 주는 죄책감이 지나간, 그래서 돌이킬 수 없는 일어난 일로 인해 일어난다. 이는 시간의 잣대로 과거에 일어난 일에 대해 의식의 태도로서 고정화된 의식 패턴의 결과이며, 돌이킬 수 없다는 의식으로 인해 자신이 뭔가 잘못된 일을 했다는 자의식으로서의 죄책감과 과거의 그 잘못된 일로 인해 나는 옳지 않은, 부정한 존재이다라는 자의식으로서의 수치심은 지워지지 않는다. 이것이 시간이 우리의 길 걷기에 잘못 부여한 올무이자, 거꾸로 우리의 의식이 시간에 갖는 투사된 장애로서의 태도이다.

마가가 전하는 예수의 '안식일은 사람을 위해 존재한다'는 말은 안식일을 '일·행위를 하지 않고 휴식함'이 아니라 빛의 개시開始와 존재의 질서의 향유와 누림의 성숙한 시간을 맛봄이라는 그 본래의 의미에로 전환한다. 그래서 행위의 잘못이나 죄책감이 없는 본래적인 존재의 자각과 그 의식상태로서의 '사람의 아들'됨은—이는 예수 자신의 신체적 정체성에 대한 것이 아니라 존재적 자각의 의식상태를 지칭한다— 시간의 주인헬, 큐리오스 kurios, 곧 시간이라는 선율을 펼치는 오케스트라의 지휘자가 되는 것이다.

길은 이미 무상으로 주어져 있기에 길을 걷게 된다. 그리고 걸음으로써 그 길은 증득證得되어 자기 안에서 실현된다. 그렇게 해서 존재가 길이 된다. 그 길을 걸을 때 장애가 되는 것은 가는 길에 펼쳐진 공간의 장애물이 문제인 것처럼 보이나 실상은 시간이 부여한 '해서는 안 될 일을 했다고 하는' 죄책감과 수치심이라는 자기-의식의 올무가 가장 큰 장애가 된다. 이는 우리 안에 사는 바리사이파—의식 곧 판단과 비판의 감시자 의식에게 내가 내 의식의 전체를 내어줌으로써 얻게 되는, 스스로가 초래한 장애障礙이다. 마가는 예수의 안식일이 사람을 향해 있고, 행위 이전의 순수한 존재 의식으로서 사람의 아들이 안식일의 주인이라는 말을 통해 무애無礙-꺼릴 것 없음에 대한 죄책감 없이 하늘 길을 사는 실존의 주체성을 대중들에게 설파하고 있다.

자신의 의식이 시간 속에서 어떻게 주조鑄造, 프레임화되었는지를 자각하고 이를 풀어서 존재를 위하여 시간을 쓰는 –'안식일이 사람을 위하여 있는 것이다'– 의식으로 변형될 때 시간은 그 굴레를 벗어서 찬연한 빛과 에너지를 선사한다. 그로 인해 이제는 새로운 능력이 발휘된다. 오그라든 손을 가진 가장자리의 주변인으로서 살던 자신이 '일어나서 이 앞으로 나오너라'는 부름에 응답하여 실존의 중심에로 다시 의식을 일으켜 다가가게 되고 어느덧 성해진 자신을 깨닫게 된다. 이 변화는 존재의 다른 상태로의 변화가 아니라 이미 온전히 있었던 가능성으로서 본래성이 다시 드러나 온전성을 재취득한 것일 뿐이다. 이러한 변화는 각자가 의식의 밑바탕에 빼앗기거나 훼손되지 않은 존재의 순수성[사람의 아들]이 시간이라는 선율의 지휘자로 설 때 일어나는 보편적이고 자연스러운 새로운 현실이기도 하다.

힘센 자를 결박하기

막 3:7-35

회고와 뒷배경

관객이자 청자로서 우리는 마가복음이 이미 2장에서 언급한 5개의 기적치유 이야기를 통해 길을 미혹시키거나 길을 막는 신화론적 현상들 속에 담긴 하느님 나라의 실제적인 도래와 그 통치의 면모에 대해 주목하였다. 그것은 각각 회당 속에 숨어있던 더러운 악령의 노출, 제자인 시몬과 안드레아 집에서 장모의 질병 치유, 나병환자 치유를 통한 사회적 복귀, 중풍병자의 죄의 용서, 사회적 코드로서 세리와 죄인들과의 식탁 교제가 그것이다. 이것들은 우리가 삶의 온전함을 못 보게 하고, 길을 걷고 그 길을 사는 우리를 미혹하게 하거나 눈을 멀게 만드는 장애물들에 대한 실존적인 치유사역의 신화적 표현들이다.

예수는 이러한 5가지 장애물들에 대한 치유사역이 "길을 닦고 고르게 하는"1:3 삶의 방식에 있어 사탄·악령·마귀의 지배를 장애가 아니라 하나님 나라의 도래와 그 통치를 위한 활동의 기회로 바라보고 있었다. 마가는 이 장애물들을 기적치유를 통해 그러한 장애를 문으로 하여 -문은 길에 대한 암묵적 표시이므로- 잠긴 문을 열어 길을 뚫는 예수의 행동을 직설적으로 표현하고 있다.

그런데 길은 공간에서만 아니라 시간에서도 내야 할 필요가 있었다. 마가에 따르면 이 이슈는 가장 강력한 시간의 상징인 금식일과 안식일에 있어 무엇을 해야 하고 무엇을 하지 말아야 할지에 대한 논쟁을 통해 시간이 어떻게 왜곡되어가는지를 증명되고 있다. 시간이 좀더 은밀한 장애물을 갖는 것은 그것이 인간 의식과 그로 인한 태도에 의해 시간의 의미가 굴절되기 때문이다. 그래서 논쟁자들인 바리사이파 사람들은 전통적으로 준수된 시간의 의미가 다르게 변형되는 것에 대해-즉, 금식일과 안식일에는 주로 해서는 안 되는 일에 초점을 두는 전통적인 의식 패턴이 예수로 인해 뒤바뀐다― 공간의 장애물에서는 그간 보지 못했던 극심한 분노와 살기를 일으킨다. 집단적으로 "예수를 없애 버릴 방도를 모의"3:6할 정도로 반응의 역풍을 가져온 것은, 예수가 행한 거룩한 시간을 흔들어 놓음이 자기 존재의 의미에 대한 이해의 근간마저 흔들어 놓았다고 생각하였기에 오는 거센 반발이었다.

여기서 우리는 길을 열고 길을 만들어 가는 인생을 살고자 할 때 무엇이 보이고 무엇을 경험할 것인지에 대한 예측을 예수의 길을 통해 관객이자 청자로서 알게 된다. 지정학적 공간을 어떻게 만나고, 시간을 재의미화할 것인가는 길을 가는 자에게는 핵심 이슈이다. 그리고 강한 반발의 기운에 대해 그 반대에 어떻게 대응할 것인가도 주목해야 할 이슈이다.

본문에로 들어가기

안식일 논쟁에서 바리사이파 사람들과의 논쟁이 불러온 종교 지도자들의 강력한 저항과 살인 모의에 대한 분위기로부터 예수는 제자들과 갈릴리호숫가로 '물러가서' 머물며 찾아오는 군중을 치유한다. 이렇게 마가의 이야기는 엘리트 집단의 반발 강도와 민중의 예수에 대한 호감도 상승 강도를 동시에 전하고 있다. 흥미로운 것은 그러한 민중들의 밀려오는 숫자와 비례하여 '더러운 악령들'의 목소리가 '소리 지르는'3:11 현상도 커져가는 것이다.

이러한 상황에서 예수는 산에 올라가 모세가 호렙산에서 받은 십계명 수여 사건을 간접적으로 연상하는 모습과 유사하게 열두 제자를 뽑아 '말씀을 전하게 하시고, 마귀를 쫓아내는 권한을' 주었다.

마가가 사용하는 군중은 헬라어로 '오클로스'로서 이스라엘 백성을 뜻하는 '라오스'가 아니다. 법에 따른 질서와 규율이 있는 라오스가 아닌 그냥 모여있는 무리로서 오클로스는 그 어떤 방향이 아직 설정되지 않은 잠재적 가능성을 지닌 무리라는 뜻이다. 그러한 군중들은 유다와 예루살렘이라는 '이편'의 중심으로부터 그리고 '띠로와 시돈'이라는 외국 땅에서 온 이방인들까지 포함되어 있다.3:8 군중의 밀집과 악령의 목소리들 출현은 예수가 열두 사도를 뽑은 이유 중의 하나가 군중들에게 '말씀을 전하고' 또한 '마귀를 쫓아내는 권한' 부여에 있음을 알 수 있다.

마가의 증언에 따르면 예수의 인기몰이 현상 뒤에는 점점 더 반대의 세력도 커져간다. 이는 악령의 목소리들이 커지는 것만 아니라, 이제는 내부 사람들인 '예수의 친척들'조자 예수를 붙잡으러 오는 상황이 연출된다. 그들은 예수가 미쳤다는 소식을 믿고 온 이들이다.3:21 게다가 "예루살렘에서 내려온 율법학자들"3:22까지도 예수가 마귀에게 사로잡혔다는 소문을 "떠들며" 한 수 더한다.

이렇게 민중의 예수에 대한 환호와 치유 기적의 소문은 그러한 기적에 대한 열망으로 오는 민중들만 아니다. 적대자로서 예수의 친척들 그리고 힘의 중심인 멀리 예루살렘에서 일부러 논박하기 위해 온 율법학자들까지 예수에 대한 불순한 루머 퍼트림으로 그 강세가 고조되고 있는 상황이 진행되고 있다. 사람들이 "예수를 더러운 악령에 사로잡혔다고 비방"3:30하는 정도가 커지면서 예수는 이에 대해 단호한 이야기를 한다. 즉, 어떤 죄를 짓던 입으로 어떤 욕설을 하든 용서받을 수 있으나 성령을 모독하는 이는 영원히 용서받을 수 없다는 경고이다.

이런 왜곡된 상황들의 점차적인 고조에 대해 아마도 예수가 악령들이 예수의 정체를 알아본 것에 대해 남에게 알리지 말라고 엄하게 명령하신 이유도 여기에 있었는지도 모른다. 즉, 악령이 예수가 '하느님이 아들' 신분임을 폭로하는 것이 예수의 신분과 그의 사역에 대한 신뢰 표현이 아니라 오히려 자신들의 세력화로서 예수의 친척들에게 예수에 대한 의심과 미친 것에 대한 인식된 왜곡과 율법학자들의 반대를 몰고 오는 현상에까지 영향을 미치는 것을 알았기 때문일 것이다.

언제나 권력자는 메시지를 공격하지 않고 메신저를 공격하며 부정적인 프레임으로 그의 인기를 불순하게 만든다. 그리고 이는 전문가와 지배자의 보편적인 조작이기도 하다. 예수가 '베엘제불에게 사로잡혔다느니 또는 마귀 두목의 힘을 빌려 마귀를 쫓아낸다'는 등의 루머와 왜곡 선전은 오늘날까지 이어지는 보편적인 관행 수법인 것이다.

그러한 왜곡 선전은 심지어 '예수의 어머니와 형제들'마저 불안하게 만들었다. 그래서 예수를 데리러 온다. 예수의 가족조차 예수에 대해 의심이 들어 찾아와 둘러앉은 군중들 밖에서 그를 찾아 데리고 가려는 의도를 표현하는 상황이 진행된다. 이에 대해 예수는 강력한 말로 자신을 표현한다. 길가는 자 주위에 둘러앉은 사람들이 바로 내 어머니요 형제들이며, 하느님의 뜻을 행하는 사람이 곧 내 가족이다라는 것이다. 이렇게 길을 가는 사람은 왜곡과 장애에 있어 진실을 드러내는 기회로 길 막음을 사용하여 의식의 자각을 일으킨다.

성찰과 여운

청자로서 우리는 2장에서 3장으로 넘어가는 사회적 맥락은 길을 막고 서는 세력의 거칠음과 그 강력함을 보게 된다. 한쪽은 예수에 대한 일반 민중의 환호와 몰려듦이 있으나 그들은 예수의 기적에 눈이 쏠려 있고, 다른 한쪽은 신정정치의 엘리트들이 예수의 말과 행위에 대해 독기를 품고 없애버릴 방도를 모색하고 있다. 그러한 상황에 대한 대비로 예수는 오히려 산에 올라가 열둘을 뽑아 사도로 삼아 "당신 곁에 있게 하셨다"3:14 도울 사람들을 훈련시켜 해야 할 일을 하시고자 하시는 것이다.

그런 와중에 가까운 관계인 예수의 친척들이 "예수가 미쳤다는 소문에" 그를 붙들러 오고, 심지어 "어머니와 형제들이" 밖에 와서 그를 찾아도 그는 꿈쩍도 하지 않는다. 오히려 그의 관점은 "사탄을 쫓아내기"3:23와 "그 힘센 사람을 묶어 놓아야"3:27 할 일에 대해 방해하는 이들이 성령이 하는 일을 오히려 모독한다고 거침없이 말하고 있다. 마가의 예수는 설교보다도 마귀축출이 더 중요한 미션이며, 이는 사적인 혈연이 있는 친척이나 가족보다 더 공적이고 정치적인 성격을 지녔다는 점을 역설하고 있다. 악령의 목소리에게는 침묵을 명하고, 힘센 자를 "묶어놓는"헬, 데세, dēsē = to bind 것에 대해 한 치의 물러섬이 없는 예수의 길을 엶에 대한 사역이 조금도 흔들리지 않는다.

이와 달리 그의 친척과 가족들은 그러한 예수의 행동에 대해 불편하고 불안을 느낀다. 아마도 가문의 불명예와 같은 생각이 아니면 위험을 방지하고자 했을 것이다. 문밖에서는 율법학자들과 바리사이파 사람들의 살해 모의와 문 안쪽에서는 친척과 가족이 그를 말리는 형국이 되었다. 예수의 행보에 길을 막아서는 내외의 세력들도 자신의 할 일을 최대치로 강화하고 있다. 이런 상황이라면 길을 열어 가는 존재에게도 쉽지 않은 극성스러운 장애가 단단히 길을 막고 있다. 이러한 사태에서도 예수의 길 가기는 거침이 없다. 이것이 놀라울 뿐이다.

06
본문에 따른 성찰질문

1. 지금의 공간과 성찰 시간을 편안하고 고요한 장소로 하여, 자신의 호흡과 생각을 자각하고 흘려보낸 후 거룩한 영의 안내를 요청한다. 그리고 오늘 만나지는 본문의 단어, 문장 혹은 이미지를 주목하고 거기에 연결하여 머문다. 그것이 당신의 영혼을 움직인다면 그 흐름에 자신을 맡겨 성찰한다.

2. 6절과 10절에서 본 것처럼, 당신의 삶에서 타인의 극심한 반발과 몰이해에도 불구하고 당신이 해야 할 것을 할 수밖에 없던 경험은 무엇인가? 혹은, 어떤 조건이면 극심한 반발과 몰이해에도 불구하고 당신의 일을 해야 한다고 생각하는가?

3. '마귀를 쫓아내는 권한'15절이나 '힘센 사람을 묶어놓을'27절 것이 당신에게 주어진다면, 그러한 권한과 묶어놓을 힘의 성격은 어떤 종류의 것이어야 한다고 생각하는가?

4. 다음 문장을 묵상하면서 당신이 삶에 연결해 보라. 어떤 신앙의 상태나 의미로 다가오는가?
   그 때 예수의 어머니와 형제들이 밖에 와 서서 예수를 불러달라고 사람을 들여보냈다…예수께서는…둘러앉은 사람들을 돌아보시며 말씀하셨다. "하느님의 뜻을 행하는 사람이 곧 내 형제요, 자매요, 어머니이다."

아웃사이더 인 & 인사이더 아웃의 돌봄 공동체로

막 3:7-35

> 또 누가 힘센 사람이 집에 들어가서 그 세간을 털어가려면 그는 먼저 그
> 힘센 사람을 묶어놓아야 하지 않겠느냐? 그래야 그 집을 털 수 있을 것이
> 다.3:27

> 그 때 예수의 어머니와 형제들이 밖에 와 서서 예수를 불러달라고 사람을
> 들여보냈다…"누가 내 어머니이고 내 형제들이냐?…하느님의 뜻을 행하는
> 사람이 곧 내 형제요, 자매요, 어머니이다".3:31,33,35

마가와 함께 길헬, 호도스을 걷는 것에 관련하여 1장, 2장에서 계속해서 탐구해 온 것은 공간의 의미론적 요소와 시간의 실존적 요소에 대한 것이었다. 걷는다는 것은 도래한 샬롬 통치에로 모험이라는 소명과 관련하여 다양한 공간들이 지닌 사회정치적이고 실존적인 의미의 징조에 대해 감각을 갖는 것이다. 또한 마가는 특별한 순간·때에 대한 치유, 죄책감의 압박으로부터 해방, 새로운 권위의 접촉이나 거룩함에로의 몰입과 같은 실존적이고 주관적인 의미의 흐름이라는 시간을 만나는 것이기도 함을 보여준다. 그 예시가 공간의 더러운 영의 노출이든지, 금식일이나 안식일의 특별한 때의 경험에 대한 신화론적 표현 속에서 '길'을 걷는다 할 때 경험되는 차이와 변화들이다.

그러나 길을 걷은 것은 또한 다른 경험에도 연결이 된다. 그것은 이미 신화종교학자인 조셉 캠벨이 모든 종교적 본문에 근본 요소인 영웅들의 여행에 있는 근본 패턴에 대한 분석에서 보여진 것처럼 여정에서 오는 조력, 시련, 유혹의 통과 과정에서 오는

정신적 스승, 적대자, 그리고 협력자들의 출현과 관련한 관계 이슈이다. 길에서 만나는 인물들에 대해 어떤 관계를 형성하는가는 길의 형성과 길 가기로서의 내면 여정에 있어서 중요한 핵심 요소인 것이다.

마가에서는 3장에서 예수의 길 가기에 있어서 군중들의 기적 치유에 대한 환호와 급증하는 몰려들음 이외에-여기에서는 무리에 관한 관심과 경계가 동시에 드러난다. 그래서 호숫가에 몰려드는 군중을 보고 이를 감당하기 위해 배 한 척을 준비시킨다.3:9- 성전 엘리트들이 '예수를 없애버릴 방도를 모의'3:6하는 힘있는 자들의 강한 반대와 거부라는 갈등 관계도 예수의 길 가기에서 증폭되고 있다. 이렇게 길 가기에서는 공간과 시간의 분별과 그에 대한 알아차림만이 아니라 호감과 적대라는 관계의 에너지를 몰고 오는 사람들에 대한 분별과 이에 대한 선택과 대응이 불가피하게 펼쳐진다.

관계는 무리와 세력에 있어서 힘·권력·능력부여에 대한 선택에 중요한 분별심을 요구한다. 관계는 커뮤니케이션과 힘과 관련되어 있다. 누구와 무엇에 대해 이야기하고 나누는가에 대한 커뮤니케이션과 어떤 영향을 주고받는가에대한 힘의 문제가 관계에 핵심 요소가 된다. 내가 걷는 인생길 위에서 내 앞에 출현하는 타자에 대해 어떤 주목과 이야기를 나눌 것인가라는 커뮤니케이션, 그리고 무엇을 듣고 그 사람의 삶의 자리Sitzen im Laben를 허락할 것인가는 권력과 힘의 이슈와 연관된다. 예수는 이미 힘있는 자들이 차지한 공간에서 '죄인과 세리들과 한 자리에서 음식을 나누심'2:16을 통해 이에 대해 응답하고 있다. 마가는 관계의 장에서 타자화된 '죄인과 세리'와의 식탁교제를 통해 무력감의 포용에 대한 새로운 관계의 질서를 길가는 예수가 보여주고 있음을 증언한다.

더구나 바리사이파 사람들이 안식일거룩한 시간과 회당거룩한 공간에서 "나가서 즉시 헤로데 당원들과 만나"3:6 예수 살해 모의를 기획하는 강력한 적대적 관계의 상황에서 마가가 전하는 예수의 길 걷기 대응은 다음과 같다. 예수는 다시 '호숫가로 물러가셔서'3:7 안전한 공간에서 군중들을 일깨우고 치유하며 이들을 위한 말씀 전함과 마귀축출의 역할을 감당할 열두 제자를 선택한다. 여기서 흥미로운 점은, 모세가 호렙산에 홀로 지도자로서 올라가 출애굽 공동체를 위한 십계명을 받는 것과 다른 형태의 패러다임 전환이 일어난다는 점이다. 즉, 예수는 산에 올라갈 때 홀로가 아니라 '마음에 두셨던 사람들'과 함께 올라가 그들 중에 12명을 '사도'로 뽑아 '당신 곁에 있게 하심'3:14으로서 공동의 리더십평등한 관계의 리더십을 형성하여 적대적 관계의 세력에 대한 대안적인 실천 커뮤니티를 형성한다는 점에서 모세의 카리스마적인 리더십과 다른 공동의 리더십이라는 새 패러다임새 포도주를 담을 새 부대-2:22의 실천 커뮤니티를 모색하고 있다는 점이다.

이 공동의 리더십 형성은 평등과 상호협력의 관계망적인 리더십을 위해 관계에 있어서 두 가지 핵심인 커뮤니케이션과 힘·권력의 구조와 관련되며 이에 대하여 마가는 중요한 증언을 하고 있다. 말하자면, 이들이 아무런 의식과 방향성이 없는 무리헬, 오클로스에서 '사도'라는 의식적인 길 걷기를 실천하는 공동체 구성원이 됨으로써 부여된 임무의 방향과 목적에 대한 것이다. 그 첫째가 바로 커뮤니케이션의 핵심으로서 샬롬의 통치와 그 도래에 대한 '말씀 전하기'3:14와 샬롬의 실제적인 현실로서 '마귀를 쫓아내는 권한'3:15에 대해 의사소통하기이다. 둘째는 공동의 리더십으로서 관계를 맺을 때 중요한 힘·권력의 행사에 대한 새로운 실습과 그 실천이다. 이는 일부러 의심의 의도를 갖고 '예루살렘에서 내려온 율법학자들'3:22과의 논쟁에서 드러나는 핵심이다. 즉, 서로 갈라져 싸우지 말고 '힘센 사람을 묶어놓기'개역본-'강한 자를 결박하기'; 3:27에 관련되어 있다.

새로운 공동의 리더십은 힘과 권력에 대해 그러한 강제적인, 지배적인 힘의 사용을 결박하여 묶어놓음으로써 다른 형태의 대안적인 능력부여em-powerment를 추구한다. 그것은 '돌봄'이라는 새로운 힘이다. 기존의 힘은 결국 그 결과가 '나라는 제대로 설 수 없고'3:24, '가정도 버티어 나갈 수 없으며'3:25 그래서 결국 그 나라는 '지탱하지 못하고 망하게'3:26 하는 결과를 초래한다. 이는 단순한 다음과 같은 이유에서이다:

"사탄이 어떻게 사탄을 쫓아낼 수 있겠는가?"3:23

이미 악령·사탄·마귀가 이 지상적인 기구와 조직의 흉측한 실천 구조와 그 에너지를 하늘의 스크린에 형이상학적이고 신화론적인 투영의 실체로 표현한 고대 인간들에게는 사탄이라는 강한 힘의 숭배로 자리잡아서 상징적인 정신구조로서는 사탄을 쫓아낼 수 없고 이는 새로운 영적 실재로 표현되는 새로운 의식意識이 필요하다는 뜻이다. 더러운 영의 핵심은 '힘에 대한 숭배'에 있고, 샬롬 통치의 새로운 제자직으로서 실천 공동체의 관계는 힘을 소유하는 것이 더 강해지는 것이 아니라 돌봄이라는 능력부여로서 새로운 힘에 대한 감수성을 체득하는 것이었다. '돌봄caring'은 기적치유 이야기에서 보여준 공간 점유 이야기에 있어서 악령의 축출, 질병의 치유, 사회적 격리로부터 공동체로의 통합, 죄의 용서, 죄인과 세리와의 식탁 교제에로 초대 등의 사례들을 관통하는 일관된 새로운 힘이다. 더구나 시간 점유에 있어서도 금식보다 굶주린 이에게 음식 제공과 오그라든 손의 치유에서도 일관되게 관통하는 '길가는 자'의 주된 관심이기도 하다.

우리의 현실을 무엇이 규정하는 것인가에 대해 더러운 악령과 예루살렘에서 온 율법학자들과의 치열한 논쟁에 있어 그 핵심은 '강한 자 되기' 혹은 '더 큰 힘을 소유하기'라는 생존과 성취라는 인식의 도식scheme of epistemology을 해체하고 오히려 힘을 결박하되 돌봄을 방출하는 새로운 관계야말로 마가가 꿈꾸는 새로운 커뮤니티의 이상인 것이다. 즉 우리의 진정한 현실은 힘의 소유와 그 확장의 현실이 아니라 돌봄이 우리의 진정한 현실이라는 인식의 전환에 대한 형이상학과 인식의 투쟁에 대한 것이다. 이렇게 돌봄의 커뮤니티와 돌봄의 수행은 길가는 자에게 있어서 '길'의 의미와 그 길의 '확산'에 대한 목표가 무엇인지를 보게 만들며, 또한 길 가는 방향을 분별하게 만든다.

길 가는 것이 누가 적대자이고 누가 협력자인지를 분별하고 관계를 맺는 것이라면, 마가는 이 점에 있어서 "마귀 두목의 힘을 빌려 마귀를 쫓아내는"3:22 폭력적인 구원자의 노릇에 대해 지배 엘리트와의 공모를 절연하고, 돌봄에로의 실천을 가시화하고 그 돌봄의 리더십을 형성하는 데 주력하고 있다. 이 점에서 마가는 철저하고도 파격적인 패러다임 변신을 제자들만 아니라 청자이자 관객인 우리에게 요구하고 있다. 그것은 바로 낯설음과 익숙함의 관계에 대한 180도 전환이다.

낯설음과 익숙함의 관계구조를 180도 전환한다는 것은 무슨 뜻인가? 첫째로 '하느님 뜻'에 초점을 둔 타자와의 우정어린 실천 커뮤니티 형성으로서 '포함-관계relationship of embrace'를 말한다. 이는 낯선자로서 타자들에 대해 소명을 부여하는 산이라는 공간에 함께 초대하여 공동의 비전에-샬롬통치의 말씀전함과 마귀축출- 관련하여 '존중과 돌봄의 우정어린 커뮤니티'로서 새로운 형제자매됨이라는 관계이다. 이것은 낯설음과 타자성을 같은 관심과 목적인 돌봄을 향해 서로 연결하여 우정을 맺고 새로운 가족혹은 커뮤니티으로 인생살이를 걸어갈 것인가에 대한 시도를 말한다.

둘째로 익숙함을 낯설게 보기로서 '거리두기-관계relationship of distance'를 말한다. 이는 마가가 의도적으로 편집하여 삽입한 스토리인 '예수의 친척들'의 예수를 붙잡으러 옴3:21과 더 한발 나아가 아예 가족인 '어머니와 형제들'이 예수를 불러달라고 밖에서 사람을 보내는 장면3:31에서 그 의미가 극대화된다. 우리가 혈연과 지연으로 본능적인 관계를 맺고 있는 친척과 가족이 '하느님의 뜻'의 밖에서 우리의 새로운 관계맺기를 저지하고 주의를 산만하게 다른 곳으로 돌리게 될 때, 익숙함에 대한 낯설게 보기를 실천하라는 의미일 것이다. 이를 문자 그대로 하느님의 뜻을 위해 친척과 가족을 버리라는 것이 아니라, 나의 익숙함이 언제나 길 가기에 있어서 방해 요소가 될 수 있다는 경종이기도 하다. 이는 혈족 중심에서 가치 중심의 관계로 변혁을 가져오게 만든다. 사랑을 살기 위해 싱글로서 돌봄의 '공동-부모'가 되는 방법도 한 예일 것이다.

이처럼 길 가기는 공간과 시간의 차이에 대한 섬세함을 사는 것만 아니라 관계의 재편도 요구받는다. 외부인outsiders, others과 내부인insiders, we과의 관계 맺음도 '포함 대 거리두기'의 재배열이 일어난다. 아웃사이더와 타자를 관계에 있어서 새롭게 "내 형제요, 자매요, 어머니이다"라고 이름 붙이기naming를 하는 것은 길 걷기에 있어 매우 파격적이고 치열한 수행practices이다. 그리고 마가는 기존의 친척과 가족에 대해 새로운 관계를 요청하는 것은 인습적인 문화라는 힘의 숭배로서의 관계맺음을-통상 이것을 가부장적 사고라 한다- 넘어, 상호 돌봄의 새로운 포도주와 가죽부대를 위한 사랑과 돌봄의 혁신적인 변혁을 샬롬의 통치에서는 요청받고 있다는 것을 제시하고 있다. 이는 철저하고도 근본적인 의식 변혁으로서의 길 가기에 대한 요구이기도 하다.

길에 대한 부름과 길을 가기

신앙인으로서 영원한 질문은 "이 성서의 본문 안에서 하나님이 옛 유다인과 그리스도인에게 말씀하셨다"고 하는 역사적이고 신학적인 고백으로부터 과연 매 세대가 "동일한 본문을 통해서 하느님이 우리에게 말씀하신다"고 하는 오늘날의 신학적 고백이 어떻게 가능한가의 질문이다. 시대와 인간 사유의 양식에 있어 그 차이에도 불구하고, 하나님은 성서 시대의 사건과 신앙 공동체의 고백속에서 자신의 보편적인 목적과 뜻을 계시했을 뿐만 아니라 그 목적과 뜻을 오늘날에도 계속해서 계시한다는 것을 믿는다면 이에 대해 어떻게 다가가야 하는가?

하나님의 백성이 되는 마음의 준비와 관련하여 진행자로서 나는 '길'에 대한 메타포를 가지고 마가복음을 보는 방식에로 초대를 하였다. 그렇게 함으로써 우리가 부딪치는 궁극적인 도전은 신에 대한 경험에 관련한 우리의 회상 능력을 증명하는 일이나 그 길을 포착해서 과거의 언어나 종교적 표상이나 의식rituals이 아니라 그 길을 가는 실존적인 참여로 다가가는 것이 성서를 읽는 방법이다. 아니 정확히 말하자면 성서의 본문에 비추어 우리를 조명하는 것이 맞는 말이다. 우리는 신뢰와 헌신으로 참여함으로 우리의 응답이 그 거룩하신 분께로 가는 길에 적절한 걸음이 되기를 바란다.

마가는 길을 가는 것은 단순한 선택이 아니라 의지적인 경청과 주목에서 출발한다고 보았다. 이는 경험이나 본문 혹은 전통의 신비적인 근원으로부터 울려나오는 부름calling에 대한 들음과 그리스도로 호칭되는 예수의 이야기와 행태에 대한 주목하기를 말한다. '길을 만들기making paths straight'에 대한 부름에 경청하고 자기 존재를 기울여 길을 "향하여 섬"으로써 길이 펼쳐진다.

길을 간다는 것은 공간에서 어떤 사건을 만나고, 어떤 시간을 경험하고, 다가오는 대상과 어떤 관계를 맺는가에 따라 그 길 가기의 적절함과 신실함이 드러난다. 마가는 길을 간다는 것을 주지적으로 사색적으로 펼치지 않고 행동을 통해 일어나는 사건

속에서 찾도록 우리로 하여금 눈을 떠 바라보게 한다. 공간에서 적대적인 세력과 추종하는 세력 간에 점진적으로 높아지는 긴장을 통해 길을 가는 방향감각을 익힌다. 길을 가는 자로 인해 거주하기를 좋아했던 역할자들이 나타나고, 악령과 마귀, 질병들이, 공간을 점유하고 있는 실체들이 드러난다.

　이러한 장애물들의 공간에서 확인은 먼저 '길'이 되는 예수의 '나를 따라오너라'1:17 는 길에로의 초대와 더불어 시몬, 야고보, 요한 등이 예수를 뒤따르면서 나온 이야기들이다. 즉, 길을 걸으며 보는 파노라마는 전혀 즐겁고 아름다운 풍경은 아니다. 그러나, 이렇게 강력한 길 막음의 현상들 속에서도 조금씩 무언가 공간 속에 새로운 모습들이 나타난다. 중풍병자를 네 사람이 힘들게 길을 뚫어 예수께 오고, 세리 레위가 '세관에서 앉아있다가' ―직접적으로 돈의 수입을 보고 있는 현장에서 이러한 전환은 무척 힘든 일이다― 예수를 뒤따르며 세리와 죄인들 여럿이 '예수와 그의 제자들과 함께 그 자리에 앉아'2:15 있게 되는 미세한 공간의 전환들이 전개된다.

　시간 이슈에서도 길가는 자로 인해 숨긴 것들이 드러나고 새로운 전환이 일어나고 있다. '금식일'과 '안식일' 이야기 속에서 일어나는 숭고하게 바쳐진 시간의 의미가 새롭게 변형된다. 그렇게 해서 시간을 경험한다는 것이 무엇인지를 새롭게 조명한다. '하지 말기'로 묶어 둔 시간의 속박이 해체되면서 홀로 금식의 시간이 '신랑'과 함께 있는 날로, 안식일에 함께 빵을 나누고 사람을 살리는 일에 대한 새로운 패러다임으로서 시간에 대한 새로운 감각이 일깨워진다. 이는 마치 동학운동의 최제우가 제사에서 귀신을 모시는 향벽설위라는 유교적 전통에 대해 향아설위라는 인간을 모시는 제사의 의미로 전환시키는 것과 같은 이치이다.

　그렇게 하여 주체적인 시간의 '때', 하느님 나라의 도래라는 '때'가 실존적인 의미를 갖고 개인과 공동체 그리고 사회 속으로 새로운 신적인 파토스 시작의 '때'가 나에게 오는 것이다. 그러므로 시간이 가는 것이 아니라 시간이 나에게로 '온다'는 것을 직감한다. 시간이 나를 불러 일으키며 "일어나…가거라"2:11고 진입해 오고, 아무것도 못 하던 나의 오그라든 손에 "손을 펴라"3:5는 새로운 권위의 때가 다가와 내 존재를 흔든다.

　길을 가는 자는 거주하고 있는 자들을 뒤흔들어 놓는다. 이는 따를 것인가 아니면 비켜서 관망할 것인가 아니면 오히려 격노하여 대항할 것인지에 대한 움직임을 일으킨다. 소수는 자각하여 뒤따름을 배우려 움직이고, 대부분 대중은 구경거리와 자기 결핍에 대한 충족을 위해 몰려든다. 더 나아가 공간을 분리시키고, 시간의 의미에 규정을 했던 힘 있는 자들은 대적하러, 심지어는 멀리 예루살렘에서 찾아온다. 어떤 의도로 움직이든 간에 이러한 현상은 '길을 가는 자'로 인해 유발되는 역동적인 현상들이다.

그렇게 공간과 시간에서의 움직임은 결국 관계마저 새롭게 조율시킨다. 악령의 첫 번째 목소리인 '웬 상관이야?' −어찌하여 우리를 간섭하시려는 것입니까?1:24−에서 그 본질이 드러나듯이 길의 형성은 관계, 즉 배제와 분리로부터 연결과 포함의 새로운 역동적 구조를 향해 있다. 그것이 낡은 옷·가죽부대와 새 옷·새 가죽부대가 지닌 관계망의 메타포의 의미이다.

관계를 통해 그 사람, 그 사건의 본성과 궁극적인 진실이 드러난다. 길은 바로 그러한 적절한 관계에 대한 감각과 연결되어 있다. 이를 위해 예수는 산에로 마음에 두었던 사람들을 불러 새로운 관계로 맺으며 −'열 둘을 뽑아 사도로 삼으시고 당신 곁에 있게 하셨다'3:14− 악령추출의 돌봄 행동으로서 새로운 우애와 헌신 공동체로 초대한다. 전에는 낯설은 타자들이었으나 이제는 새로운 결속의 관계를 맺기 시작하는 것이다. 반면에, 그동안 함께 혈육으로 가까이 있었던 친척들과 가족들은 관계의 '밖에서' 관계로부터 멀어진다. 이는 각자 어떤 관계를 중시하는가에 대한 이해로부터 새로이 형성되는 관계의 풀어짐과 맺어짐의 모습이다.

마가가 보여주는 치열한 관계의 전복transposition은 종교적 권위를 지닌 성전 엘리트들−율법학자들과 바리사이파사람들−과의 전통적인 관계를 전복시키고, 지연과 혈육이라는 인간의 가장 원초적인 본성을 담은 친척과 가족의 중심성을 해체하며 새로운 관계 형성을 요구하게 만든다. 이렇게 하여 길 떠남은 기존의 관계에 대한 '버리고 떠남' − '그물을 버리고' '아버지 제베대오와 삯꾼을 남겨둔 채'1,18, 20− 과 동시에 새로운 받아들임 − '하느님의 뜻을 행하는 사람이 곧 내 형제요, 자매요, 어머니이다'3:35−의 사건을 일으킨다.

이렇게 '아웃사이더−인, 인사이더−아웃'의 새로운 관계 규정은 단순히 대의나 그 어떤 이념·신앙에 대한 몰인정하고 차가운 결단을 의미하는 것은 아니다. 오히려 그 핵심이 예수가 한 질문의 의미에서 찾을 수 있다.

> "사탄이 어떻게 사탄을 쫓아낼 수 있겠는가?"
> "누가 힘센 사람의 집에 들어가서 그 세간을 털어가려면 그는 먼저 그 힘
> 센 사람을 묶어놓아야 하지 않겠느냐?" 3:23, 27

 사탄의 지배 질서와 그러한 지배 질서의 역할자들인 힘센 사람정치·경제·문화적인 지배의 힘을 지닌 자이 지닌 낡은 옷/부대로는 사실상 삶이 궁극적으로는 '버티어 나갈 수 없고' 결국은 '지탱하지 못하고 망하게 될 것'3:24, 26이 자명하기에 관계를 제대로 맺는 것이 필요한 것이다. 사탄의 나라가 통치하는 방식인 강제, 분리, 제외, 무관심, 비방, 저주의 관계를 끊고 새로운 길에 들어서는 것이야말로 마가는 복음기쁜 소식임을 제시하고 있다. 그러한 새로운 길은 무엇인가?

> "하느님의 뜻을 행하는 사람이 곧 내 형제요, 자매요, 어머니이다."3:35

 3장의 마지막 절에서 중간 결론으로 밝힌 이 진술은 마가가 이 진술 이후에 16장의 끝까지 가면서 이해해야 할 '하느님 나라'로 들어설 수 있는 문을 여는 중요한 핵심 열쇠이다. 이는 두 가지 요소로 구성된다. '하느님의 뜻'과의 새로운 관계를 지니고 길을 떠나는 것이다. 두 번째는 그러한 '하느님의 뜻'에 기초한 새로운 인간 가족으로서 '형제·자매·부모됨'에 대한 하느님 뜻 안에서 돌봄 커뮤니티 구축이다.
 이 두 과제는 그동안의 사회 체제와 제도권의 문화에서는 경험할 수 없었던 것이며, 머리로 이해해도 눈에 그려지지 않는 현실이기에 서서히 그리고 주목해서 자신을 던져 헌신함으로써 얻을 수 있는 경지이자 삶의 모습이다. 그러한 상황에로의 진입은 치열한 의식과 태도의 변화를 요청한다. 따라서 가장 걸림돌이 되는 인간의 가장 기본적인 본능인 친척과 가족이라는 혈육과 지연 관계에 대한 치열한 성찰이 요구되는 것

이다.

성서는 살아있는 관계, 사귀는 삶에 대한 증언이다. 그 관계는 공간과 시간 안에서 악령인 베엘제불이 아니라 하느님의 뜻에 대한 관계맺음 그리고 그로 인한 인간관계의 재구조화로서 혈족의 바운더리를 넘어선 우정과 돌봄의 보편적 가족의 재형성이라는 일관성, 진실성, 그리고 성실성을 부른다. 길을 발견하고 길을 가는 것은 그러한 관계로서의 선택과 응답이라는 계약의 충실성을 요구한다.

성서는 우리 현대인의 삶을 고대의 세계로 되돌아가도록 하지 않는다. 오히려 현실에서 그리고 지상에서 벌어지고 있는 사탄의 세력화forces에 의해 보게 될 삶의 지속가능성에 대한 '지탱하지 못하고 망하게 될 것'에 대한 자각을 통해 선택과 응답을 불러 일으킨다. 내가 지금 서 있는 공간과 내게 주어진 현재의 시간 속에서 새로운 관계로 강한 부름calling의 목소리를 들려주는 것이다.

그러한 부름 앞에 진지하게 서도록 4장부터 하느님의 뜻에 대한 가르침이 〈비유〉로 펼쳐진다. 이제 상황이 엄중하고, 개인과 사회가 파멸에 들어가고 있음을 목도하고 있다면, 새로운 마음과 의식을 갖기 위해 보고 듣는 것에 다시 주목을 해야 할 때이다. 보고 듣는 것을 가르치기 위해 마가의 예수는 이제부터 '비유'의 세계로 우리를 초대한다. 이제부터 들려지는 비유에 대해 귀가 열리지 않고, 그로 인해 보는 것이 없다면 그대의 길 가는 것은 실족하게 될 것이다. 이는 뒤따른 자에게는 큰 경종이다.

부름에 단순히 응하는 것이 결과를 가져오는 것은 아니다. 하느님의 뜻과 형제자매됨의 새로운 결속 관계를 맺기 위한 자각의 수행이 필요하다. 그래서 심장을 새로 주조할 필요가 있다. 그것은 바로 예수의 이야기와 행위가 지닌 '비유'로 알아들어야 한다. 그렇지 않으면 다시 친척과 가족이 아웃사이더가 된 것처럼 예수의 곁에 있다고 생각한 자도 어느 새 '밖으로' 밀려나 있게 될 것이다. 왜냐하면 마가가 전하는 신앙양태는 개념이나 정보 혹은 소유로서 지식이 아니라 살아있는 실존적인 관계를 요구하고 있기 때문이다.

07

**공동묵상
본문가이드**

씨앗과 등불에서 보는 희망

막 4:1–34

회상과 뒷배경

3장까지 오면서 마가의 주된 관심인 생명의 '길'에 대한 메타포는 공간과 시간에 대한 독특한 시야와 관련되며, '관계'와 관련된 의미를 포함한다는 것을 확인하였다. 그 관계는 '길'과 관련된 수많은 단어로 구성되어 나타난다. 예를 들어, 공간으로 보면 '모든 사람이 그에게 와서'1:5, '물에서 올라오심…당신에게 내려오심'1:10,11, '광야로 내보내심..그곳에 계심'1:12,13 '갈릴래아에 오심'1:14, '예수를 따라감/따라나섬'1:18,20, '회당에 들어감'1:21, '예수께 데려옴..문 앞에 모여듦'1:32,33, '외딴곳으로 가심, 예수를 찾아다님, 동네에서 떨어진 외딴 곳에 머물러 계심, 예수께 모여듦'1:35,36,45, '요를 얻어가지고 나갔다'2:12, '다시 호숫가로 나가셨다. 군중도 모두 따라왔다'2:13, '밀밭 사이를 지나가시게 됨'2:23, '다시 회당에 들어가심'3:1 '호숫가로 물러가심, 갈릴래아에서 많은 사람들이 따라옴'3:7, '집에 돌아오시자 군중들이 다시 모여듦'3:20, 등등의 동사들처럼 오고 감, 머무름, 뒤따름, 지나치심, 모여듦 등의 단어들이 공간의 특정 장소와 더불어 나타난다.

그러한 공간에로의 들어섬, 머묾 그리고 나가심 속에서 길 가고 있는 그 행위와 더불어 무엇이 일어나고 있는지를 '듣고, 보는 것'과 그 '듣고 보는' 행위를 통해 목격자의 내적 '의식'이 새롭게 형성되는 것이 연결되어 있다. 예로서, "너는 내 사랑하는 아들, 내 마음에 드는 아들이다"1:11, "때가 다 되어 하느님의 나라가 다가왔다. 회개하고 이 복음을 믿어라"1:15, "나를 따라오너라. 내가 너희를 사람 낚는 어부가 되게 하겠다"1:17, "너는 죄를 용서받았다"2:5 "내가 말하는 대로 하여라. 일어나 요를 걷어가지고 집으로 가거라"2:11, "나는 의인을 부르러 온 것이 아니라 죄인을 부르러 왔다"2:17, "낡은 옷에 새 천조각을 대고 깁는 사람은 없다…새 포도주는 새 부대에 담아야 한다"2:21,22, "안식일이 사람을 위하여 있는 것이지 사람이 안식일을 위하여 있는 것은 아니다."2:27, "안식일에 착한 일을 하는 것이 옳으냐? 악한 일을 하는 것이 옳으냐?"3:4, "손을 펴라"3:5, "또 누가 힘센 사람의 집에 들어가서 그 세간을 털어가려면 그는 먼저 그 힘센 사람을 묶어놓아야 하지 않겠느냐?"3:27, "하느님의 뜻을 행하는 사람이 곧 내 형제요, 자매요, 어머니이다."3:35 등의 보고 듣는 것에 대한 새로운 의식과 자각이 필요하다.

길을 감에 있어서 만나게 되는 독특한 공간과 구별된 시간은 새로운 의식과 자각만이 아니라 그 새로운 의식−새 옷·새 가죽부대−에 따라 그 결과로써 실제적인 관계의 재형성도 뒤따라온다. 길 되는 자가 되기 위한 뒤따름에는 일상생활의 지속에서 소명에로의 전환이라는 새로운 관계−그물을 버리고 예수를 따름1:18−만 아니라, 그동안 구별되어 제외된 '세리와 죄인'들과의 식탁교제2:16라는 관계, 종교적으로 의미있는 시간과의 새로운 관계−안식일에 선하고 살리는 일 하기− 등을 요청받는다. 더 나아가 힘과 권력에 대한 새로운 관계−힘센 자를 묶어놓기3:27와 돌봄의 힘을 풀어 강화하기− 그리고 친척과 가족으로서의 혈연과 지연에 대한 새로운 실천 커뮤니티로서의 형제자매됨에로의 관계 재형성아웃사이더 인, 인사이더 아웃의 관계도 일어나야 하는 것이다.

이렇게 마가가 밝혀 진술하는 핵심은 '길'을 열고, 그 '길'을 간다는 것은 공간과 시간에 대해 새로운 의식·자각을 불러일으키며, 그 결과로 '관계'에 있어서도 결정적인 영향을 미친다는 점이다. 이는 길을 갈 때 무엇에 초점을 두고 어떤 관계 맺음이 필요한지에 대한 분별과 결단에도 영향을 미친다. 특히 그러한 분별과 결단은 적대적인 응답들로 인해서도 중요해진다. 예를 들어, 안식일 논쟁을 통해 강화된 바리사이파 사람들과 헤로데 당원들 간의 '예수를 없애버릴 방도를 모의'3:6하는 적대적인 분위기가 고조된다. 그리고 심지어 친척들과 가족들이 그가 미쳤다는 소문을 믿고 데리러 오는 상황과 의도적으로 '예루살렘에서 내려온 율법학자들'이 가세되어 "예수가 베엘제불에게 사로잡혔다느니 또는 마귀 두목의 힘을 빌려 마귀를 쫓아낸다"3:22는 거짓 루머의 퍼트림이라는 악의적인 비방의 절정 분위기가 가세된다. 이러한 적대적 세력 속에서 이루어지는 새로운 의식이자, 새로운 관계로의 절박한 필요성이 출현하고 있다.

그러한 적대적이고 악의적인 상황의 고조 속에서 길을 여는 것은 무엇에 초점을 두고 무엇을 하고자 하는 것인가? 이는 예수가 갈릴래아 전도 시작에 있어 펼친 5가지 기적치유 스토리들을 진술1:14~3:12하고 나서 맺는 그 핵심 진술에 있다.

하느님의 뜻을 행하는 사람이 곧 내 형제요, 자매요, 어머니이다.3:35

이 진술은 기적치유의 이야기들이 열거된 이유이자 그 이야기들이 목표로 하는 때의 도래와 하느님 나라의 다가옴1:15에 대한 회개하고 복음을 믿기에 대한 핵심 요체이다. 즉, '하느님의 뜻'헬, 데레마 토우 데오우, thelēma tou Theou이 초점이고, 그것이 의식의 중심에 있어야 한다. 그리고 그러한 의식으로부터 하느님의 뜻을 실천하는 사람들이 새로운 가족형제자매됨으로서 새로운 관계를 형성하는 것이다. 이러한 예수의 기적치유 사역 이야기에 내포된 새로운 의식과 새로운 관계로서의 초대는 4장부터 전개되는 '비유'의 가르침에서 본격적으로 전개된다.

본문 안으로 들어가기

마가에 있어서 '길'은 두 공간 지형에서 이루어진다. 하나는 육지를 통한 길 내기이고 또 하나는 바다를 통한 길 내기이다. 이미 육지의 공간에서 악령과 그의 변형들인 질병, 사회적 소외와 차별의 장애에 관련하여 '길을 고르게 하기'가 지금까지 이루어졌었다. 거기서 악령의 거부와 예수 정체 노출 그리고 도시 엘리트들의 반대가 있었다. 반면에 바다와―갈릴래아 호숫가는 바다의 변형이다― 호수는 고대 유대인들이 믿은 거칠고 사나운 악령의 처소이기도 하다. 마가에서는 길 가기에 대한 거친 방해에 대해 사막과 산은 이러한 육지에서 장애를 돌파하는 장소locus이다. 육지에서 길 가기의 변형인 바다·호수의 항해voyage가 육지에서 길 가기의 의미를 강화한다. 그러한 항해를 이루는 장소가 호숫가바닷가이다.

육지에서 사막과 산처럼 '호숫가'는 하느님 나라의 통치에 대한 새로운 비전을 가르치고 새기는 주변the edge, the marginal의 역할을 한다. "예수께서 다시 호숫가에서 가르치셨다"는 말은 증오와 악의의 적대적 세력화에 대응하여 새로운 희망의 불을 지피는 곳이 호숫가에서 시작이 이루어지고 있음을 의미한다. 여기서 번역된 호숫가의 헬라어 원어는 다라산 thalassan이며 이는 '바다'를 뜻한다 이미 제자들에게 "거룻배 한 척을 준비하라고 이르셨기"3:9에 이제는 배 안에 앉으신 다음, 배를 물에 띄우고 "군중은 모두 호숫가에 그대로 서 있으며"4:1 가르침을 받는다. 이는 사실적인 진술보다는 매우 흥미로운 마가의 신학적인 진술이기도 하다. 군중들의 모여듦에 환대로 맞이하면서도 일정한 거리를 두시고 가르치셨다는 뜻을 내포하고 있다. 즉, 예수에게 다가옴은 각자 무언가 내면의 알아차림없이 다른 이들과 함께 몰려드는 것으로는 부족하다는 마가 진술의 신학적 성찰이 담겨져 있는 셈이다.

군중들에 대한 예수의 가르침은 '비유'헬, 파라볼레 parabole; 여기서 para는 "옆에 가까이 두다, close beside, with"이고 bole는 "던지다, cast"란 뜻이다로 말해진다. 비유는 일상의 아는 것을 말하기로 상대에게 던져지지만 거기엔 다른 것이 함께 있는 바, 일상의 것을 넘어서는 그 무엇을 동시에 이해하도록 하게 하는 기능이 있다. 즉 일상적인 것을 통해 일상적이지 않은 것을, 곧 달을 가리키는 손가락의 역할을 하게 하는 것이 비유이다. 그리고 그 비유는 군중과 제자를 가르는 구실을 하여, 군중아웃사이더들은 못 알아듣고, 제자들인사이더들은 알아듣게 한다. 인사이더들은 비유를 통해 '너희에게는 하느님 나라의 신비를 알게 해 주는'4:11 역할을, 아웃사이더들에게는 '보고 또 보아도 알아보지 못하고 듣고 또 들어도 알아듣지 못하게 하려는'4:12 역할을 한다.

이렇게 누가 인사이더가 되고 아웃사이더가 되는 지를 판가름 하는 것은 비유가 지닌 듣고 알아듣는지 못하는 지에 대한 경계선/투과망 역할에 달려있다. 본문에서 예수의 가르침을 위한 '비유' 이야기는 4 가지이다. 씨뿌리는 사람, 등불, 자라는 씨, 겨자씨가 각각 그것이다. 마가는 이것들이 예수의 제자들추종자들, 인사이더들이라면 "그들이 알아들을 수 있을 정도로"4:33의 수준임을 진술한다. 그러나 그들도 비유를 못 알아들어서 "제자들에게는 따로 일일이 그 뜻을 풀이해"4:34 주는 수고로움을 예수가 하였음을 첨부해놓고 있다.

이렇게 비유는 안에 있는 사람과 바깥에 있는 사람을 갈라놓는다. 이쯤 되면 마가의 진술인 "그때 예수의 어머니와 형제들이 밖에 와 서서 예수를 불러달라고 사람을 들여보냈다"3:31라는 앞선 진술의 의미를 알아차릴 수 있다. 안에 있는 사람들만이 알아들을 수 있는 이 비유로 인해 "하느님의 뜻"을 알아듣고, "하느님 나라의 신비"를 알게 그 뜻을 풀이해 줌으로써 인사이더들의 길에 대한 뒤따름의 방향과 헌신 그리고 결속을 강화한다.

세 개의 씨에 대한 비유와 한 개의 등불의 비유는 마가의 진술에 있어서 예수의 민담에 대한 흥미로운 채록이자 선택이다. 우리 눈의 지각perception에는 보이지 않고 감추어져 있는 실재이나, 이미 현실에 침투되어 있는 잠재적 가능성의 실재reality의 상징들이 씨와 등불이다. 이미 주어져 있는 것을 알아보고 그 징조를 따르기 위해서는 제대로 보고자 하는 주목하기가 필요한 것이다. 그것이 바로 우리 각자에게 있는 '등불'이 하는 일이다. 이 땅의 현실에서 실재함으로 주어져 있고, 그것을 알아보는 '등불'이 자기 내면에서 있으면 잠재적 가능성이 아니라 확실한 '결과'를 알아보게 된다. 그 결과는 이미 펼쳐지는 "삼십 배, 육십 배, 백 배의 열매"4:20이자, "어떤 푸성귀보다 더 크게 자라고 큰 가지가 뻗어서 공중의 새들이 그 그늘에 깃들일 만큼"4:32 크기와 성장을 현실적으로 보게 된다. 이슈는 다른 데 있지 않다. 이슈는 "들을 귀가 있는 사람"인가 그리고 "내 말을 마음에 새겨들어야"4:23,24하는 자기 자신에 달린 것이지 외부 조건이나 상황에 있는 것은 아니다.

성찰과 여운

"예수께서 다시 호숫가바닷가에서 가르치셨다"는 마가의 진술은 매우 의미심장한 말이다. 왜냐하면 그의 가르침이 몰고 온 결과가 수용이 아닌 "고발하려고 지켜보고"3:2 있는 사람들, "예수를 없애버릴 방도를 모의"3:6하는 상황, 친척과 율법학자들이 합동으로 예수가 미쳤거나 마귀에게 사로잡혔다는 루머를 확산하며, 가족마저 그를 데리러 오는 등, 길 가기 장애의 조건들이 더더욱 강화되는 상황이었기 때문이다. 그렇게 가르침이 무용지물이 되거나 곡해 되는 상황에서 '다시 가르치셨다'는 것은 마가의 단호한 '기쁜 소식'에 대한 증거의 이유이기도 하다. 이렇게 '길'을 열고, 길을 간다는 것은 발足로의 움직임만이 아니라 실상은 입을 열어 새롭게 보고 들은 것을 증언 證言하는 것과도 맞물려 있다.

길 가는 자의 증언은 새롭게 보고 들은 바에 대한 것이며, 그것은 '하느님의 뜻'헬, 델레마 토우 데오우에 대한 주목하여 보기와 들음으로 방향을 잡고, 그 방향을 같이 가는 자들의 '형제자매됨'이라는 실천적 가족 형성과 관련이 된다. 이들은 새로운 가족우애 어린 커뮤니티을 형성하여-아웃사이더 인, 인사이더 아웃의 관계형성- 돌봄을 실천하게 된다. 그 돌봄이란 하느님의 뜻에 대한 돌봄이요, 또 하나는 그 돌봄의 장에서 강한 힘의 공간 점유에 의해 벗어나 있는 이들에 대한 돌봄의 관계 맺기이다.

"씨 뿌리는 사람이 뿌린 씨"4:14는 마음의 터가 어떠하든 이미 주어져 뿌려져 있고, 모두는 "등불을 가져다가"4:21 내면에 둔 상태이니, 문제는 그 씨앗을 빼앗기거나 뿌리내리지 못하거나 딴것에 한눈판 상태에 있지 말고, 됫박 아래나 침상 밑에 등불을 두지 말고 등경 위에 얹어놓기만 하면 알아서 열매를 맺고, 알아서 저절로 그리고 자연스럽게 환하게 빛나게 될 일이다. 자신 안에 있는 등불에 대해선 헤아릴 수 있다고 쳐도 -"너희가 남에게 달아주면헤아려주면 달아주는 만큼 받는다"4:24는 것을 이해한다고 쳐도- 씨 뿌리는 사람이 뿌린 씨에 대해서 의심이 든다면 그것은 걱정할 필요는 없다. 왜냐하면 마가가 진술하기를 씨앗은 스스로 "싹이 트고 자라나며"4:27 또한 땅은 "저절로 열매를 맺게 하는"4:28 법이기에 그렇다고 한다.

씨 뿌리는 자인 실재의 무제약적인 활동은 알아서 자신의 일을 조건 없이 하고 있다. 이는 자라는 씨와 겨자씨를 통해 부연 설명되고, 그 뜻이 강화되고 있다. 따라서 나의 할 일은 여건이 아니라 내 안의 등불을 어디에 두고 있는지를 살피는 것이 오히려 중요해진다. 신이 많은 것을 부담스럽게 요구하는 것이 아니다. 밖에 나가 뭔가 심고 노력하라는 것이 아니다. 오히려 네 안의 등불을 '됫박 아래나 침상 밑에'만 두지 않고 옮겨 두기만 하면 되는 손쉬운 일을 요청하고 있는 것이다.

1. 몸과 마음을 편안하고 고요히 한다. 자신의 호흡과 생각을 자각하고 흘려보낸 후 거룩한 영의 안내를 요청한다. 그리고 오늘 만나지는 본문의 단어, 문장 혹은 이미지를 주목하고 거기에 연결하여 머문다. 그것이 당신의 영혼을 움직인다면 그 흐름에 자신을 맡겨 성찰한다.

2. 당신의 인생길을 가면서 올 해 길을 열고, 길을 가기에 대해 어떤 구체적인 자기와의 약속이나 결심바램들이 있는가? 그것이 당신에게 어떤 의미를 지니고 있다고 생각하는가?

3. 당신의 삶에서 그 어떤 사건이나 기억되는 꿈이 당신에게 하느님 나라의 '비유'가-일상의 것을 통해 그것을 넘어서 중요한 그 무엇을 간파하게 하는 것-되어 마음에 새긴 경험이 있는가? 그 비유는 어떻게 씨앗이 되어 자라나고 열매를 맺고 있는가? 혹은 아직 열매가 안 열렸다면, 어떤 종류의 열매가 되었으면 하는가?

4. 당신의 인생이라는 땅에 스스로 자각되는 "뿌려지는 씨"들은 어떤 종류의 것들이 있었는가? 마음이 길바닥, 돌밭, 가시덤불, 좋은 땅으로 변화되었던 순간에 어떤 씨앗들이 유실되거나 현재 자라고 있는가?

5. 예수는 각자에게 주어진 '등불'이 있음을 전제한다. 그 등불이 마음의 공간 어디에 두어져 있는가? 왜 거기에 두고 있는지 그 타당한 이유는 무엇이었는가? 그 등불을 어떻게 드러내고, 어디에서 빛이 비추기를 원하는가?

우리는 마가와 함께 여정을 떠나면서 지금까지 길을 간다는 것과 관련하여 다양한 요소들이 '길을 고르게 하기'making paths straight와 길 떠나기에 관련되어 있음을 살펴보았다. 여기에는 장소공간이 지닌 에너지, 시간이 갖는 의미 부여, 그리고 거기서 일어나고 있는 현상과 다가오는 것들에 대한 관계를 어떻게 맺을 것인가에 대한 통전적인 맥락 안에서 이루어지는 것임을 살펴보았다.

공간의 다양성, 시간의 의미맥락, 그리고 관계의 친소 여부로 일어나는 길내기와 길 가기의 씨줄과 날줄의 엮어짐은 '길'의 의미가 물리적인 공간을 차지하는 실체들, 일어나고 있는 상황들, 조건화된 에너지 패턴들, 다가오거나 몰려드는 현실과 상황 그리고 사람들에 대해 무엇을 주목하고 어떤 경험을 자각하며 또한 어떤 선택의 방향을 가질 것인지를 포함시킨다. 마가는 이런 점에서 길을 걷는다는 것을 '지나쳐 가기 go/pass by' 혹은 '들어가고 나감'의 길 걷기라는 의미에로 확대시킨다.

'지나쳐 가기지나가기;헬, 파라포류에스다이 디아, paraporeuesthai dia = passing through-2:23' 혹은 '들어가고 나감나감;헬, 엑셀돈테스 에크, exelthontes ek =came out; 들어감;헬, 엘돈 에이스, ēlthon eis =came into-1:29'의 길 걷기는 문자적으로는 공간을 차지하는 형상적 구조물에 대한 발足의 움직임을 나타내는 것만 아니다. 사실은 의미론에 있어서 실존적인 차원dimension 의 경험적 발걸음을 뜻하는 것이기도 하다. 이는 익숙함과 낯설음의 관계로 표현할 수 있으며, 길 가기는 그동안 익숙해 온 비본질적인 것을 내보내고 낯설음을 직면해서 좀더 의미의 근원적인 것에로의 들어섬이나 깊이에 대한 의식적인 자각으로 이어지는 내적 여정을 뜻한다. 이렇게 내적 여정으로서 길 가기·길 걷기는 예수가 말한 옛 것the Old과 새 것the New간의—헌옷·헌부대 대 새옷·새부대— 역동적 관계에 대한 알아차림

혹은 익숙한 것들-종교적 권위자들, 친척, 가족-에 대해 낯선 새로운 것"하나님의 뜻을 듣는 자들이 내 가족이다", 3:35 간의 역동적인 긴장 관계를 일으킨다.

길 가기는 옛 것/새 것 그리고 익숙함/낯설음 사이에서 '지나쳐 가기'나 '들어가고 나가기'가 의식에서 자각되고 이를 통해 새롭게 무엇에 주목하고 무엇을 '돌봐야caring' 하는 지에 관해 선택을 해야 하는지도 서서히 분명해진다. 그것은 객관적인 증거의 이슈라기보다는 길가는 자의 자기 생을 거기에 거는 실존적인 선택과 헌신을 불러일으키는 '제대로 서고'3:24, '버티어 나갈 수' 있거나 없는, 혹은 '지탱하지 못하고 망하게 되는'3:25, 26 결과로 이어지게 한다. 마치 양 절벽 위에 걸쳐있는 나무다리 건너는 것과 같이 걷는 과정 자체가 결과이자 심판인 것이다.

이 글의 제목과 연관되어 직접 더 들어가기 전에 우회하여 한 가지 더 확인할 것이 있다. 그것은 1~3장에서 노출된 길 가기에서의 여러 장벽에 대한 것들이다. 이를테면, 악령들과 마귀들의 출현과 그들의 목소리가 시간과 공간을 점유하고, 질병과 사회적 소외의 현실의 증가와 확산에 대한 예민한 목격들, 세리와 죄인들을 포함한 대중들의 충동적인 관심들이 높아간다. 이에 더하여 의도적으로 길가는 자에 적대하기 위해 멀리서 거룩의 중심the center 역할을 해온 예루살렘의 지배 엘리트와 그에 공모한 종교적 권위자들인 지식인들의 의심과 비난 및 친척·가족의 몰이해와 방해의 최고조 분위기에서 마가는 어떻게 길 가기에 대한 증언을 하고 있는가에 대한 질문이다. 어떻게 길 가기는 장애와 실패 그리고 길 멎음과 길 끊어짐에서 '시작'헬, 아르케을 하고 그것을 유지할 수 있는가?

수많은 물리적이고 내면적인 길막음의 장애물과 조건화들 속에서 마가의 증언은 그 길 가기의 시작과 길 걷기의 지속을 다음과 같은 말로 표현하고 있다.

> 예수께서 다시 호숫가에서 가르치셨다.
> 군중이 너무나 많이 모여 들었기 때문에
> 예수께서는 배를 타고 그 안에 앉으신 다음
> 배를 물에 띄웠다.

그리고 군중은 모두 호숫가에 그대로 서 있었다.4:1

즉, 시작헬, 아르케을 위해 '다시 호숫가에서 가르치셨다'는 '다시헬, 파린 palin=again, back'의 행위를 가장자리the edge, the marginal인 호숫가에서 한다. 길 가기를 다시 여는 것이다. 그리고 둘째로 그는 '배를 물에 띄워' 육지에서 길 가기를 이제는 다시 항해voyage로 길 채비를 함으로써 말과 행동에 대한 일치를 모델로 보여주고자 한다. 셋째로 마가는 증언하기를 악령, 질병, 지배권력에 무가치와 무력감으로 좌절해 앉아있던 군중들로 하여금 '모두 호숫가에 그대로 서 있게'함으로써 걷기 혹은 항해의 여정에 준비시킨다. 이런 점에서 이 진술은 역사적인 사실을 넘어 마가의 신학적 틀에 매우 중요한 시작의 여건, 즉 그러한 길 가기의 장애와 저항에도 불구하고 길 가기의 '처음'을 잇고 확대하고 심화하는 준비로서 '예수께서 다시 호숫가에서 가르치셨다'가 등장하는 것이다.

다시 가장자리에서 시작/처음을 개시하고 스스로 배에 물을 띄워—육지에서는 살인 모의와 가르침에 대한 적대적 논쟁 그리고 친척과 가족에까지 그를 미치거나 악령에 사로잡혀 있는 자로 이미지화해서 활동을 더 이상 못하게 막다른 상황으로 몰고가고 있었다— 길 가기의 변형인 항해하기의 준비와 군중의 일어섬이 4장 첫 구절에서 목도하게 되는 새로운 현상이다. 길 걷기의 새로운 변형이 항해로 전환함으로써 길 걷기의 주제를 본질적이고도 심도깊은 길 걷기의 핵심 의미에로 출발이 마가의 증언인 4:1에서 일어나고 있다.

이제 이 글의 주제로 돌아와서, 그러한 새로운 길 걷기의 변형으로서 항해의 준비에 있어 마가는 1~3장에서 경험한 것들에 대한 성찰을 통해 무엇이 더 근원적으로 필요하다고 관객이자 청중인 우리에게 이야기하고 있는 것인가? 그것은 길만들기/길열기/길 가기는 '시작/처음'에 대해 우리의 길 걷기가 무엇에 근거하고 있는가에 대한 질문이다. 길 걷기에서의 만나는 악령의 노출, 질병의 참혹함, 사회적 소외의 비인간화 등이 펼쳐지고 가르침에 대한 의도를 곡해하고 저항과 분노를 표출하며 길 걷기를 끌어내리려는 적대적 세력의 상황·조건화들 앞에서 어떻게 길을 찾고 그 길을 열어갈 수 있겠는가?

　마가는 1~3장의 길떠남의 사전적인 경험들을 성찰하면서 뒤따름이 전혀 간단치 않으며 어떤 결의와 자세 속에서 그 길을 가야 하는지를 보여준다. 그러한 사전에 경험한 방해들 이후에 본격적으로 길 가기에 대한 의미로서 '처음/시작'을 4장에서부터 이야기하는 데, 이것을 '비유'의 방식을 통해 '하느님 나라의 도래하심'과 그 '하느님 나라의 신비'를 '알아듣도록' 시도하고 있다.

　비유헬, 파라볼레 parabole란 그 말 뜻을 풀어보면 '파라para'는 "옆에 가까이 두다. close beside/ with"이고 '볼레bole'는 "던지다.cast"란 뜻이다. 길 걷기에서 만나지는 물체, 현상, 사건은 그것의 '거기 있음'과 더불어 그것과 함께 있는 혹은 그것을 넘어 있는 그 다른 무엇what-ness이 함께 있다. 그러므로 비유는 일단 그것이 나의 눈과 의식에 있어서는 '지각'되는 일상적인, 알아 볼 수 있는 것으로 다가온다. 하지만 그것은 나의 눈과 지각에서 볼 수 있는 대상을 넘어서 그 대상속에 은폐된hidden, 즉 그것과 더불어 던져져 주어진cast 또 다른 보이지는 않지만 감지될 수 있는 그 무엇이 있음을 예감시킨다.

　이는 마음의 눈으로 보여지게 되며, 비유는 사건, 현상, 관계, 물체로 이 세상이라는 공간과 시간 안에 던져져 있지만–그래서 눈으로 지각되지만– 그것으로 끝나지 않고 자기를 초월하여 더 큰 차원의 그 무엇을 펼쳐 보인다. 비유의 이러한 역할, 즉 현상적인 것을 넘어 비현상적인 것, 형이상학적인 것을 보게–즉, 알아보게– 하는 기능적인 구실을 한다. 따라서 비유는 우리로 하여금 눈에 보이는 지각을 넘어 알아보게 하는 인식으로 '안내하는' 역할을 하는 '제 3의 것의 은총'이 단어는 파커 파머의 말이다이 된다.

　이렇게 예수는 일상적인 것을 비유를 통하여 초월적이거나 본원적인 것들을 소개하고 우리의 지각이 눈에 보이는 현상에 막히지 않고 넘어서게passing-over 친절히 안내한다. 그가 비유로 말함으로써 들의 꽃, 겨자씨, 무화과나무, 바리새인, 죄인, 세리, 공중에 나는 새, 회당, 집, 바위, 홍수, 아버지, 아들, 종... 등등의 자연적인 물체와 현상 그리고 사람이 본래적인 것을 품는 존재로 바뀌어져 말을 걸어오게 한다. 파라볼레는 익숙한 것에서 낯설지만 근원적인 의미 혹은 진리의 전체성에로 의식의 문을 여는 '징표'로 다시 주목하여 보게 하고 그것에 대해 새로운 관계를 맺을 수 있는 태도의 불러일으킴을 작동시킨다. 이제는 '그것it'이 아니라 관계를 맺고 사랑스럽게 주시하며 진실의 전체성에 자신을 열어 각자에게 부여된cast 본래의 바탕과 그것의 풍성함에 눈이 떠져서 그 본원적인 가치있음과 존귀함을 '돌보게' 태도를 전향轉向시킨다.

파라볼레의 핵심적인 역할은 이렇게 익숙함을 낯설면서 새로움으로 전향시키는 충격과 영향에 있다. 그 낯설면서 새로움 –'새로운 권위'로 표현한 것–에로 우리의 실존 앞에 가져온 것은 무엇인가? 마가의 증언은 씨와 등불에 대한 새로운 자각이다. 본문에서 씨뿌리는 자, 자라나는 씨, 겨자씨 그리고 등불의 비유를 통해서 항해 직전4:35절이하에 '서 있는' 군중과 제자들에게 무엇을 자각시키고 있는가? 무엇이 우리를 '서게' 만들고 그 어떤 상황과 조건에도 불구하고 '움직이게move on' 만드는 것인가?

마가의 고백에 따르면 씨앗을 통해 교훈을 주고자 했던 핵심은 우리가 우리 삶의 조건들이 아무리 어렵다 해도–길을 여는 데 장애물이 되는 길가의 굳건함, 돌밭의 자원없음, 가시밭이라는 세상의 염려와 위기들– 실재는 생명의 에너지를 충분히, 아니 오히려 과도하도록 넘치게 우리에게 공급하고 있다는 사실이다. 씨뿌리는 자의 비유 그러므로 외적인 상황에 대해 비난하거나 탓할 것이 못 된다는 것이다. 그리고 그것은 우리의 수고나 노력을 요구하거나 강요하지도 않는다. 왜냐하면 땅/세상/환경은 "땅이 저절로 열매를 맺게 하는 것인데 처음에는 싹이 돋고 그다음에는 이삭이 패고 마침내 이삭에 알찬 낟알이 맺힌다"4:28의 증언처럼 저절로 열매 맺도록 실재의 작동 이치는 그렇게 주어져cast 있다. 심지어 이는 다음과 같은 명확한 진실의 이치에 따른다: "하루 하루 자고 일어나고 하는 사이에 씨앗은 싹이 트고 자라나지만, 그 사람은 그것이 어떻게 자라는지 모른다."4:26 즉, 나는 실재의 작동에 대해 내 작은 생각으로는 '어떻게 자라는지' 모르며, 또한 "하루 자고 일어나고 하는 사이"라는 시간에 일어나는 것이어서 내 노력과 수고가 강제적으로 요구되는 것도 아니다. 단지 협조하거나 도구가 되거나 자각하고 지켜보는 인식을 지니고 있기만 하면 될 정도로 스스로 알아서 실재의 본성과 그 작용은 알아서 일한다.

따라서 실재가 스스로 무한히 제약없이 작동하여 씨를 공급하고 스스로 성장하도록 하고 있는 것이 진실이라면, 우리에게 필요한 한 가지는 그것을 볼 수 있는 인식, 즉 내면의 어둠이라는 커텐을 벗겨서 등불을 '등경'이라는 제자리에 걸어두는 정도의 자각과 선택이 필요한 것일 뿐이다. 그 등불도 원래 꺼져 있는 것이 아니다. 단지 다음을 명심하면 된다.

> "등불을 가져다가 됫박 아래나 침상 밑에 두는 사람이 어디 있겠느냐?
> 누구나 등경 위에 얹어 놓지 않느냐?
> 감추어 둔 것은 드러나게 마련이고 비밀은 알려지게 마련이다."^{4:21-22}

이것은 꺼진 적이 없는 등불을 가져다가 잘못 둔 것에― '두기'라는 헬라어 티데미 tithémi =put 단어는 비유의 '볼레bole=cast, put'와 같은 의미를 구성한다― 지나지 않는다. 즉, 됫박이나 침상 '아래under'가 아니라 제자리인 등경 '위에upon' 둠cast, put으로써 그 등불은 스스로 작동한다. 마가가 독자나 청자에게 깨닫도록 기회를 주는 것은 파라볼레비유에서 그 핵심이 실재로부터 뿌려져 던져짐'볼레'과 등불이 주어짐'볼레'는 실재이자 참된 사실이며, 근원적인 진실이라는 첫 번째 교훈이다. 둘째의 교훈은, 그러한 보편적인 사실로서 누구에게나 차별없이/제외없이 씨앗과 등불의 주어짐/던져짐의 근거 위에서 자기 마음자리의 재조율, 즉 길가/돌밭/가시덤불에서 옥토로의 자리매김과 됫박이나 침상 아래로부터 등경 위라는 제자리로의 이동move on; 그러한 과녁으로 이동하지 않고 이탈하는 것이 하마르티아, 곧 죄다에 대한 자기 내면의 마음자리 살핌에 대한 것이다.

그러한 마음자리의 분별과 마음자리의 재정위tranposition는 새로운 결과들을 가져온다. 왜냐하면 모든 결과는 원인의 이슈이고 그 원인이 참됨 및 근원과 연결된 것이라면 그 과정과 이로 인한 결과는 달라지기 때문이다. 그 달라짐은 다음과 같다.

> "감추어 둔 것은 드러나게 마련이고 비밀은 알려지게 마련이다. 들을 귀가
> 있는 사람은 알아 들어라." 또 말씀하셨다. "내 말을 마음에 새겨 들어라.

너희가 남에게 달아[헤아림-개역] 주면 달아 주는 만큼 받을뿐만 아니라 덤까지 얹어 받을 것이다. 누구든지 가진 사람은 더 받을 것이며 가지지 못한 사람은 그 가진 것마저 빼앗길 것이다."4:22-25

이렇게 실재reality로 향한 마음자리의 재정위—옥토, 등경위의 등불—로 인해 감추어진헬, 크립톤 krypton= hidden 것이 드러나게헬, 파나네루 phaneroó = making visible, manifest 된다. 즉 명료하게 되는 과정이 자기 삶에서 펼쳐지는 것이다. 또한 그러한 명료한 과정으로 인해 그 결과도 선한 열매[비추임]를 맺는다. 그러나 그러한 열매는 타자에게로의 돌봄을—즉, 겨자씨의 성장이 땅에 뿌리 못내리는 공중의 새에게 품이 되어주는 정도의 성장과 돌볼 수 있는 능력정도의 한계있는 성장/"공중의 새들이 그 그늘에 깃들일 만큼"의 성장4:32— 통해 자기에게로 돌아온다.

이렇게 삶의 풍성함이라는 씨앗으로서 '30배, 60배, 100배'의 열매 맺기나 '등경 위에 등불두기'는 자기 자신에 대한 소유가 아니라 줌·기여giving의 돌봄으로서 자기에게 다시 돌아오는 풍성함을 뜻한다. 따라서 이는 자기 것의 도덕적인 코드나 윤리의 차원에서 자기 희생이 아니라 돌봄·보살핌의 관계는 '타자가 자신의 기쁨'「유쾌한 혁명을 작당하는 공동체 가이드북」의 저자 세실 엔드류스의 용어이 되는 실재의 작동 이치에 자연스럽게 순응한 결과인 셈이다.

세상에서 가장 작은 씨앗이 천박한 세상 속에 뿌리를 내리고 성장하는 일이 불가능해 보이지만 정말로 가능한 일이라는 궁극적 희망의 메시지는 비유의 '듣고 알아차림' "들을 귀가 있는 사람은 알아들어라"-4:9에 달려있다. 그리고 그 씨앗 비유가 단순히 형이상학적인 개념이나 추상이 아니라 '새들에게 쉼터를 제공'한다는 점에서 구약의 나무 비유 전통예, 삿9:13, 겔17:23, 겔31:5,13을 창조적으로 비틀어 ""쓰러진 나무 위에 공중의 모든 새가 산다"는 복음 작업으로 바꿔놓았다. 이렇게 하느님 나라의 신비는 저 위가 아닌 이 지상에서 실제적이며, 알아차리지 못하는 사이에 천천히 존재의 깊은 중심에서 일어난다. 서서히, 마치 빛이 방안 구석구석까지 닿는 것을 막을 수 없듯, 저항할 수 없는 방식으로 일어난다.

문제는 이것이다. '호숫가에 그대로 서 있었던' 군중들은 이러한 비유의 혁명적인 가르침과 본원적인 길 가기에 대한 초대에 과연 얼마나 알아들었을까? 오늘의 청자이자 관객으로서 우리는 얼마나 이 비유에 알아듣고 다시 길 가기를 선택할 수 있는 것인가? 관객이자 청자로서 우리는 얼마나 알아듣고 따를 수 있는지는 이제 4:35절부터 전개되는 거센 바람의 바다를 항해하는 이야기를 통해서 이를 알아듣고 참여하는지의 여부에 따라 확인이 될 것이다.

건너감의 신앙

막 4:35-5:20

회상과 뒷배경

길을 가는 자는 공간과 시간 속에서 파동을 일으켜 움직임을 일으킨다. 그러한 움직임은 길을 가는 자에 대한 반응이며 호감을 느끼거나, 간절해지거나, 아니면 비판과 분노의 움직임을 일으킨다. 그러므로 한 존재가 올곧이 길을 가는 것은 단순히 개인적인 이슈가 아니라 사회정치적인 이슈가 될 수 있다. 예수 한 개인의 길 가기는 악령의 거절이라는 움직임, 소유를 버리고 뒤따르는 자들, 호기심으로 구경하는 자들, 의심어린 자들, 반대와 저항하려는 자들의 무리를 모아들였다. 그리고 그렇게 모여드는 사람들은 각기 다른 스토리들과 소문을 생산하고 퍼트린다. 개 중에는 놀라 찬양하는 자들2:12도 있지만 누구는 예수가 귀신에게 홀려있거나 마귀 두목의 힘으로 마귀를 쫓아낸다는 뜬소문3:22이나 예수가 미쳤다는 악의적인 소문도 퍼트린다. 소문은 그것을 퍼트리는 자들의 입을 막을 재간이 없이 퍼져나가고 있고, 그로 인해 성전 엘리트들은 불편함을 넘어 강한 의심과 분노를 지니게 되었다. 친척과 가족들마저 그들에 대한 눈치가 보이고 걱정이 올라올 정도다.

"예수께서 다시 호숫가에서 가르치셨다"4:1의 문장은 수많은 상황을 품고 있는 전환의 문장이다. 반대가 최고조로 올라온 일차 클라이맥스에서 예수는 길을 열기 위해 '다시' 가르치기 시작한다. 반대와 장애가 고조된 상태는 평상시와 다른 결단과 근원적인 것에 대한 초점이 필요할 때이다. 잠깐 동안의 길 가다가 멈춤으로 인해 숨을 고르며, 안에 있는 자원을 끌어올려 다시 길을 가는 것이다. 이미 앞서서 "예수께서 제자들과 함께 호숫가로 물러가셨을 때"3:7가 있었고, 거기서 거룻배 한 척을 준비하는 장면이 있었다. 거기서는 질병을 고쳐주었지만 이제 두 번째로 호숫가에서는 비유로 가르침의 시간을 갖는다. 경험-성찰-학습 사이클을 통해 자체의 에너지로 길을 여는 것이다.

"예수께서는 배를 타고 그 안에 앉으신 다음 배를 물에 띄웠다. 그리고 군중은 모두 호숫가에 그대로 서 있었다." 모세의 홍해 바다를 지팡이로 갈라 홍해를 건너간 것을 연상시키듯이 물 위에 띄운 배 위에서 인생에 가장 근원적인 '하느님 나라의 신비'에 대해 씨앗과 등불이라는 핵심을 '귀 있는 자는 알아듣도록' 비유로 말씀하신다. 서 있는 민중에게 하신 비유를 알아듣는 자는 그 자리에서 움직여 나갈 것이요, 그렇지 않으면 자신의 삶이 "사탄에게 빼앗겨 버리는"4:15 인생이 될 것이다. 혹은 유념은 하지만 그것을 지키려 하다가 "말씀 때문에 환난이나 박해를 당하면 곧 넘어지는"4:17 인생이 되거나, 또는 아예 세상 걱정, 재물의 유혹, 여러 욕심으로 인해 "말씀을 가로막아 열매를 맺지 못하는"4:19 인생으로 전락할 것이다.

실재는 여실히 생명의 기회를 제공하고 무제약적으로 펼쳐지지만, 개인의 마음 여하가 결과를 결정한다. 그렇다고 그 마음 여하가 특별한 것도 아니다. 왜냐하면 이미 누구에게나 보편적인 '등불'이 주어졌고, 단지 그것을 '됫박 아래나 침상 밑에 둔'4:21 까닭에 어두워 있기에 마음이 움직이지 않았을 뿐이다. 그래서 없었던 것이 아니라 '감추어 둔 것'4:22뿐이니, 등경 위라는 마음의 제자리에 배치해 놓으면 '알려지고' 드러나 환해지게 될 것이다.

'드러나지' 않고 '알려지지'4:22 않은 것들로 인해 세상이 거칠고 폭력적이며, 무력감을 느끼고 아무런 희망의 징조가 보이지 않는다 해도 하나님 나라의 실재성에 대해 보이지 않는다고 없다고 단정하면 안 된다. '씨앗'을 보라. 자라나는 씨앗처럼 '하루하루 자고 일어나고 하는 사이에' 싹은 트고 자라나는 이치의 현실성을 보여준다. 그것은 명확한 사실이다. 씨앗 중에 가장 작은 '겨자씨'를 통해 한 가지 더 근원적인 교훈을 얻을 수 있다. 그것은 "땅이 저절로 열매 맺게"4:28 하지만, 그렇다고 푸성귀보다 더 크게 자란다고 좋아할 것이 아니다. 오직 "공중의 새들에게 그늘"4:32이 되어주는 돌봄의 품이 되어주는 성장이 우리 인생길의 목표인 것이다.

비유는 듣고 있는 사람에게 강요나 설득을 하지 않는다. 길가는 것도 마찬가지이다. 서 있는 군중 속에서 나 자신은 이 비유를 듣고 어떤 움직임을 갈 것인지는 각자가 선택할 몫이다. 예수는 아무리 반대와 저항이 크더라도 "그들이 알아들을 수 있을 정도로 여러 가지 비유로써 말씀을 전할"4:33 뿐이다. 역사가 증명하듯이 변화나 질적인 도약은 자신이 깨닫고 스스로 움직이는 '창조적 소수'의 자각과 노력에 의해 움직여 왔기 때문이다. 진리는 숫자에 있지 않고 그것을 품은 개인의 결단에 의해 전달된다.

본문으로 들어가기

반대와 저항이 최고조로 달할 때-종교 권위자들의 비난과 친척, 가족의 의심- 근원에 마음을 살펴서 다시 움직이는 것은 흔한 일은 아니지만 길가는 자에게는 마땅한 선택이다. 갈릴리 호숫가에서 가르치신 예수는 "군중을 남겨 둔 채…타고 계신 배를 저어 가는"4:36 길 열기를 행한다. 이는 예수께서 제자들에게만은 "호수 저편으로 건너 가자"4:35라고 권고하시면서 일어난 일이다.

마가복음에서 스토리나 행동의 반복은 그 이야기나 사건이 지닌 의미를 심화하고 그 중요성을 되새기는 역할을 한다. 이 이야기는 이미 두 번째로 같은 공간인 호숫가에서의 사건이며, 광야라는 육지에서 길 가기는 호숫가에서 항해voyage를 통해 그 의미가 심화되고 그 걷기의 중요성이 강조된다. 여기서는 길 가기가 아니라 길 건너기로 변형되어 나타난다. 그리고 한가지 드러나는 것은 길 가기와 길 건너기는 공간의 점유로서 '이편'this side; 유대인 거주지과 '저편'헬; 페란 peran = the other side, over; 이방 땅에 대한 기존의 갈라놓음에 대해, 그 경계선을 지우고, 새로운 통합이나 포함을 의도한다는 점이다.

육지에서 '지나가심, 통과하심'헬, 파라고 paragó = passing by-1:16; 파라포류오마이 paraporeuomai = going beside-2:13이 새로운 공간에로 들어가면서 옛 공간의 통합과 포함의 역할을 하였다면, 본문에서 '건너 가자'헬, 디에르코마이 dierchomai = to go over; to go through라는 동사는 단순히 항해의 행동만 이야기하는 것은 아니다. 이는 함축적인 실존적이며 신학적 의미를 내포하고 있다. 이 건너감은 노를 저음이라는 행동 그 자체를 넘어 실존적 차원에 대한 목표를 암시하고 있다.

건너감에 있어 호수 저편은 이미 이편we, this side에 살고 있는 사람들은 알고 있는 현실이 있다. 저편을 규정해 놓은 것은 이편의 거주자이며, 그들이 이미 '저편'them, other side을 규정할 때, 그들은 우리에게 어떤 차이가 있고, 무엇이 부족하거나 없는 지에 대한 문화적인 거리감에 대해 평상시의 이해/선입견으로 그러한 규정을 하게 된다. 물론 평상시의 막연한 저편에 대한 소문과 이해는 있었지만 정작 권유된 건너감이 종국적으로 무엇을 뜻하는지 그 당시에 이편에 있는 제자들에게는 알 수가 없었다.

본문의 흥미로운 단어의 열거들이 이 건너감 속에 있다. '저녁'이라는 점점 더 어두워져 가는 시기에 그러한 권유가 이루어졌고, '마침 거센 바람'이 불어쳤고, 그래서 결과적으로 '물결파도'이 들이쳐서 배에 거의 가득 차게 된 사태가 벌어진다. 여기에서 두려움에 떠는 제자들은 예수가 태평하게 잠을 자고 계시는 것에 더욱 도울 수 있는 자가 아무 행동도 안하고 있는 것에 무력감과 두려움을 느낀다. 다행히도 예수의 바람에 대한 '꾸짖음'헬, 에페티메센 epetimēsen = rebuke과 바다에 대한 호령을 통해 "바람은 그치고 바다는 아주 잔잔해"4:39 진다.

호수 건너편은 이방땅 게라사 지방이었고, 예수 일행을 맞이해 준 이는 "더러운 악령들린 사람 하나가 무덤 사이에서 나오다가 만난"5:1 사람이었다. 마가가 증언하는 그의 삶의 모습이 구체적으로 묘사된다. 무덤에서 살고, 쇠사슬도 소용없이 그를 묶어 둘 수 없었고, 항상 밤낮으로 묘지와 산을 돌아다니며 소리 지르고 돌로 제 몸을 짓찧곤 하였다는 진술이다. 나중에 군대 귀신으로 자기 이름을 밝힌 그는 간청하여―정결법에 따르면― 부정한 짐승인 돼지떼 속으로 들어가 치유가 되어 '멀쩡한 정신으로 앉아 있는'5:15 상태가 된다. 이를 지켜본 마을 사람들은 이런 광경에 겁이 나서 자초지종을 알고 난 후 그들의 응답은 "예수께 그 지방을 떠나 달라고 간청"5:17하는 것이었다.

오직 한 사람은 다른 행동을 했으니, 치유받은 이는 예수를 따르겠다고 애원했으나 허락을 받지 못하여 결국은 "예수께서 자기에게 해 주신 일을 데카폴리스'10개 도시'란 뜻으로 그 지역이 로마군대에 의해 통제받는 주둔지 성격의 도시들이 있음을 암시함 지방에 두루"5:20 알려서 듣는 자들을 놀라게 하였다. 이렇게 예수가 한 일이 한 사람으로 인해 이방 땅 여러 도시들에 두루 알려지는 큰 사건이 저편인 게라사 지방의 한 개인의 치유와 그의 증언으로 인해 사건에 대한 여운이 확대된다.

성찰과 여운

오늘의 본문은 무척이나 많은 차원의 자각이 길 가기와 길건너기에 있어 일어나야 할 암시들을 포함하고 있다. 이미 비유에서 말한 보고도 알아보지 못하고 들어도 알아듣지 못하는 군중들로 하여금 알아들을 수 있는 이야기만 아니라 실제 행동으로서 '건너감'go over을 통해 확실히 깨닫도록 하게 한다. 4장 직전에 일어나고 있는 거대한 반대 세력anti-forces들인 예루살렘에서 일부러 내려온 율법학자들과 일부러 온 친척들과 가족들의 반대 에너지들이 거칠어진다. 이 항해 속에서 '거친 바람'과 '배에 물이 차는' 위기의 상황은 정말 리얼하게 사고와 몸을 휩싸며 엄습하는 초긴장의 상태 속으로 몰입시킨다.

목숨이 자칫 위험한 초긴장 상태 속에서 그들은 비유가 지닌 근원적인 것에 대한 되새김의 무제약적인-그러나 감추어진- 교훈의 순간을 맞이한다. 자신의 본성이 드러나고 각오가 사라지며 '죽게 되었는데 돌보시지 않는다'5:38는 두려움의 절규와 실재에 대한 비난이 노출된다. 이는 앞서 방금 들은 비유들의 근본 의미와는 대치되는 행동이다. 적어도 이들은 길가, 돌밭, 가시덤불의 마음 자리에 있어서 환난과 박해, 혹은 걱정에 여전히 노출되어 있음을 역설적으로 드러내 준다.

마가는 2중 3중 장치의 '알아봄, 알아들음'의 어려움을 간접적으로 제자들의 행동을 통해 드러내고 있다. 그것은 첫째, 비유로 말해서 알아들을 기회를 선사했고, 둘째로, 제자들은 따로 불러 그 뜻을 풀이해 주어서 제대로 알아들을 기회를 가졌다는 점이다. 그리고 거친 바람과 파도 물의 실증의 경험을 통해 알아들을 수 있는 세 번째의 기회를 확연히 얻었는데도 그들의 응답은 "저희가 죽게 되었는데도 저희를 돌보지 않습니까?"5:38라는 울부짖음이 건너감의 경험으로 나온 결과였다.

예수는 이렇게 알아듣지 못하고 두려움으로 반응하는 같이 탄 배 안의 제자들에게 "왜 그렇게 겁이 많으냐? 아직도 믿음이 없느냐?"4:40라고 책망한다. 이 결정적인 순간에 예수가 제자들을 비난하려고 이 말을 하는 것이 아니고, 자신의 권위에 대한 확인을 하려는 의도도 아니다. 제자들이 눈을 뜨게 하고 귀를 열게 하려고 던진 핵심 질문으로, 이는 비유에서 말한 씨앗과 등불의 의미를 통달하는 마음의 근본 심지에 불을 붙여주기 위한 점화의 질문이다.

거친 바람과 배에 가득 차는 물결을 '건너간going over' 경험을 한 사람은 이제야 비로소 저편에 무엇이 벌어지고 있는지를 알아듣고 볼 수 있다. 군대 귀신의 악령이라는 현실은 '거친 바람'이라는 자연적인 현상의 비인격화된 현실과 상징적으로 연결된다. 그러한 거친 현실의 비참함과 비통함을 경험하고 무덤에서 살고 낮과 밤을 모르고 돌로 제 몸을 짓찧는 한 존재의 '비정상임'의 분리와 이를 가까이서 구경삼아 살았던 마을 사람들 전체의 '정상적임'이 제정신이었는지를 다시 볼 수 있게 된다. 이 마을 사람들은 무엇이 실제로 무서워 예수께 떠나 달라고 간청하였을까? 돼지 떼가 바다에 빠지는 큰 비용과 손실에 대한 두려움인가? 마가 진술이 문자 그대로 군대 귀신 들렸던 이의 '멀쩡한 정신으로' 돌아온 것에 대해, 그가 미친 짓을 해서 군대로부터 안전했었는 데 이제는 보호받을 방패막이가 없어서 무서웠을까? "돼지 떼가 어떻게 되었는지"5:16 알게 되어서나, 아니면 군대 귀신들린 이가 어떻게 되었는지 알게 되어서도 아니라면, 그들 내면에 무언가 삶의 정황에 대해 깨닫게 된 숨겨진 비밀의 드러남에 대한 두려움이었을까?

이는 관객이나 청자가 이에 대해 응답할 일이기도 하다. 그러나 그 결정적인 목격의 순간에 한 사람을 제외한 모두의 선택이 그러했다는 것은 정말 아쉬운 일이기도 하다. 그러한 그들의 선택으로 인해 다시 옛 옷/옛 가죽부대의 삶으로 되돌아가게 되었기 때문이다. 그리고 오직 다른 선택을 한 사람에게는 한 가지의 기적이 주어진다. 그 기적은 군대 귀신으로부터의 치유보다 더 심대한 본래적인 기적이다. "주께서 자비를 베풀어 너에게 얼마나 큰 일을 해 주셨는지 집에 가서 가족에게 알려라"5:19 한 사람만이 이 감동을 통해 길을 가며 그 지역에 두루 알리는 발걸음을 재촉하게 된 것이다. 우리는 과연 건너감의 차원을 자기 삶 속에서 얼마나 자각하고 실현할 수 있을 것인가?

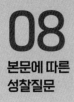
1. 편안한 자세로 호흡을 고르게 한 후 거룩한 영의 안내를 요청한다. 오늘 만난 본문의 단어나 문장 혹은 이미지를 주목하고 거기에 연결하여 머문다. 본문이 영혼과 삶을 비추어 준다면 영에 의지하여 그것이 자신을 바라보게 한다.

2. 당신은 그 어떤 사건이나 신앙적 체험을 통해 자신이 늘 익숙해 살아오던 '이편'을 넘어 그 무언가의 영역 혹은 경지로 건너가게 된 '저편'은 무엇이 있었는가? 그 계기는 무엇이었고, 저편으로 건너가 무엇을 체험했는가?

3. 잔잔해진 풍랑 이야기4:35-41를 묵상하고, 당신의 인생에서 '어둠', '거친 바람'과 '물이 배까지 들어참'의 상황을 떠올리며, 예수의 다음 말을 숙고해본다. "왜 그렇게 겁이 많으냐? 아직도 믿음이 없느냐?" 당신이 두려워하는 것은 무엇이었고, 이럴 때 어떤 믿음을 요청하고 있는 것으로 다가오는가?

4. 자신의 동네나 공동체에 거리를 두고 내가 자주 보게 된 '악령이 들린 사람' - 남루했든, 손가락질을 당하든, 불편한 상대이든, 그 어떤 의미이던 간에-이 있는가? 그를 통해 어떤 생각판단이나 관계를 맺었었는가? 오늘 본문을 통해 새롭게 도전받는 것이 있다면 무엇인가?

건너감going over의 실존과 길

마가의 복음은 하나님의 파토스열정와 프락시스실천의 행동으로서 '길'과 길 가기에 대한 새로운 인간 실존을 요청한다. 3장까지 드러난 '길 열기길 곧게 만들기'와 길 걷기에서 드러나는 삶의 여러 실존적 정황과 사회정치적 조건들의 비참한 현실들, 그리고 그러한 현실들 속에서 길을 내기-높은 것은 평평하고, 낮은 것은 메우기-로서 악령의 축출들에 대한 이슈는 여러 문제들을 자각하게 만든다. 일상화되어 있고, 정상이라고 여겨지는 작금의 악령화된 억압의 현실을 뒷받침하는 부정한 영, 곧 인간의 인간됨에 대한 이해와 신념의 곡해 그리고 힘·권력의 남용의 완고한 저항과 거부 그리고 공모에 대한 자각이 그것이다. 그리고 악령, 권력 그리고 친척·가족의 길가는 실존에 대한 집요한 저항이 얼마나 집요한지도 증언하고 있다.

그러한 치열한 반대 세력의 결집 속에서 다시 호숫가에서 배를 띄워 거기에 앉아서 비유로 가르치셨다는 마가의 증언은 매우 중대한 전환점을 예고한다. '다시'헬, 파린 palin = again, back, further라는 단어는 그러한 장애와 몰이해 그리고 강한 거절에 대해 길 가기의 본래성에 대한 재도전을 암시하는 의미심장한 단어이다. 그러한 단어는 '비유'의 가르침을 통해 강화된다. 서 있었던 군중 중에 '귀가 있어 알아듣는' 자들이 비유의 힘에 의해 귀가 열리고 눈이 뜨여 움직이도록 길의 문이 되어 준다. 이미 마가는 예수의 입을 통해 '하느님의 뜻'을 알아듣고 이를 행하는 사람이 내 형제자매라고 선언한만큼, 비유는 그 '하느님의 뜻'에 대한 존중re-spect, 이 원어는 '다시-보기'를 뜻한다의 재확인이자, 이에 대한 다시 출발을 뜻한다. 비유는 다시 걷기에 대한 궁극실재하느님의 작동 원리이자 내적인 근원등불을 확인한다.

이런 점에서 항해voyage는 길 가기의 변형이자 심화이다. 즉 길 가기를 '다시' 하되 그 목적과 의미를 강화하는 길 가기의 짝-단어이자 말로서의 비유헬, 파라볼레가 너머를 다시 보게re-specting 하였다면, 이제는 행동이 직접적인 비유가 되어, 비유의 원래의 목적인 일상적으로 아는 것을 통해 일상적이지 않은 그 너머를 다시 행하도록 만든다. 항해는 가르침이 말이 아니라 배에 앉아 제자들을 태우고 '함께' 경험하게 되는 비유의 실천이다.

'길 건너기'라는 항해는 길 가기보다 더욱 실존적인 영역으로 이끈다. 왜냐하면 길 가기는 암묵적으로 내가 걷는 땅과 길이 최소한 안전하다는 전제가 성립하지만, 항해는 그러한 암묵적인 전제마저 없다. 게다가, 실제로 항해할 수 있는 시기도 아닌 '밤'이 시간으로 주어지며, 공간은 '거친 바람'과 배에 물이 참이라는 전복의 가능성이 환경의 조건으로 주어진다. 이전 본문에서는 예수 혼자만 기존 세력에 의해 죽이고자 하는 공모의 대상이 되었으나, 여기에서는 예수와 그를 따르는 제자들도 다 같이 위험에 처하는 상태가 된다.

그러한 상태에서 길 건너기는 하나의 실존적인 비유가 되어 우리의 심장을 향해 던져진다. 비유라는 파라볼레의 원뜻에 던져지다라는 뜻이 있음을 주목하라 그러한 조건에 기대어 건너가기의 중요성에 마가는 우리를 안내하고 있다. '저편으로 건너가기'는 두 가지 현실에 대한 주목과 행동을 요청한다. 그 하나는 '건너가기going over'는 머리가 아니라 체험이라는 겪음going through에로의 뛰어드는 것이다. 그렇기에 예수는 악령이든 그 누구든 예수가 누구인지 정체를 아는 것에 만족하지 않았다. 왜냐하면 아는 것은 머리의 일head work이 아니라 가슴의 일heart-work이기에, 경험을 통해 알려지는 것이기에 말하거나 고백하는 것에 대해 그다지 신뢰하지 않은 것이다.

다른 하나는 건너기는 결국 '이편'에서 구분해 놓고 분리해 놓은 '저편'에 대한 감싸기 혹은 돌봄에 대한 이슈라는 점이다. 악령과 그 하수인 권력과 힘의 본질은 '저편'으로 구분하여 '이편'에 안주해 온 분리된 실존으로서 정당성에 있었고, 그래서 악령은 예수의 길 가기가 분리소외, 배제, 타자화를 통한 지배에 대한 변혁에 있음을 간파하여, '상관마!'라고 소리 지른다. 길 가기와 길 건너기의 요체는 그러한 분리에 의해 지배의 힘과 권력을 누려온 것에 대한 '강한 자 포박하기'3:27에 있었고, 저편 혹은 타자화하였던 분리의 세력에 대해 이미 돌봄caring과 포용embracing의 길 열기에 대한 것이었다.

이는 역시 길 건너 저편에 도달했을 때 무엇이 보이고, 무엇이 일어나고 있는지를 통해 알게 된다. 한 존재가 수많은 악령'군대 귀신' 들림에 의해 집이 아닌 무덤에서 자기 제어가 불가능하여 쇠사슬도 묶을 수 없는 강한 힘에 휘둘리고, 소리지름과 돌로 제 몸을 해치는 한 인간의 현실을 우리는 보게 된다. 그를 통해 다시 보게 되는 현실은 그러한 비인간적인 비참함과 그 상황에 구경꾼으로 방관하는 마을 사람들이다. 어쩌면 그의 그러한 비정상적인 악령 들림으로 인해 로마 군인들이 자신의 주둔지로 그 마을을 삼지 않고 멀리 비켜 있을 수 있었던 것으로 보이며, 추측건대 그는 마을 사람들에게는 자신의 안전을 답보하는 방패막이 역할을 하고 있었을 것이다. 어찌 되었든, 악령이 떼로 들어간 그의 삶은 군대 귀신의 이름이라는 자기 정체성으로 볼 때, 그가 본 현실의 잔혹함은 정신 이상의 증세를 당연히 앓을 수밖에 없었던 불행한 운명이었음을 상기시킨다.

마가가 증언하는 군대귀신 들린 이의 현실과 마을 사람들의 최종적인 거절은 길을 걷기와 건너감으로써 길을 잇기에 있어 중요한 여러 차원을 노출시킨다. 비유가 그렇듯이 '감추어 둔 것·비밀'과 '드러나는 것·알려지게 됨'4:22의 기능은 길 가기와 길 건너기를 통해 다시 밝혀진다. 그것은 무엇을 '이편'에 있는 우리가 감추거나 '강한 자'들이 감추고 있었는지를 길 건너기가 드러내고 알려지게 한다는 점이다. 그러한 직접적인 움직임으로서 행동인 항해의 경험이 우리로 하여금 숨겨지고 감추어진 길의 의미, 목적 그리고 방향을 드러내고 알린다.

길에는 수평과 수직의 영역이 존재한다. 수평 혹은 지평으로서 길 가기/건너기는 이편의 공간과 저편의 공간을 갈라놓음, 그래서 그러한 분리를 통해 이편의 이득과 특권을 누리는 삶의 안주와 저편의 타자화를 통해 타자의 고통에 대해 눈멀음이라는 분리로서의 무감각에 대한 '다시' 일어나는 자각awareness이다. 공간, 시간, 그리고 관계에서 저편을 타자화하고 악령화하는 사회·문화적인 분리의 시스템에 대한 새로운 각성이 길 가기/건너기의 한 차원이다. 이렇게 이편과 저편의 지평 융합은 길 가고 건너감의 의미, 목적, 그리고 방향을 명료하게 해 준다.

반면에, 또 하나의 차원은 수직의 영역이다. 그것은 자기 내면에서 일어나는 '투사 projection'와 '내사introjection'의 차원이다. 투사는 자기 안에 일어나는 두려움을 상대에게 던져놓고cast; 파라볼레 내가 싫어하고 혐오하는 내 안의 것을 상대에게 투영하여 결국 상대를 그렇게 대하는 것을 말한다. 내사는 거꾸로 그러한 두려움으로 인해 자기 자신에게 던지는 죄책감과 수치심의 태도이다. 우리는 '이편'이라는 나의 내면에서 내가 두려워하는 것들을, 이를테면, 프로이드가 지칭한 리비도의 현실들이나 융이 말한 내면의 그림자들, 곧 내가 지니고 있는 악령적인 것들을 '저편'의 한 구석으로 몰아넣고 분리하여 '이쪽'을 고수하며 악령화된 충동들을 분리시켜 내 인식의 거실에서 지하실로 몰아내어 문을 걸어둔다. 때때로 악령이 충동질하여 뛰쳐 날뛰는 소동을 일으키거나 소리를 지르고는 하지만 질서의 세계라는 '이편'에 살고 있는 나로서는 그것을 감당할 역량이 없기에 멀리 구경꾼으로 있다. 아니면 소유돼지 떼의 손실을 보면서라도 그러한 대화의 거부로 오는 궁극적인 결말인 가치 있는 것의 거대한 손실이라는 현실에 직면하고서도 두려움으로 결국은 등을 돌리게 된다.

『사랑의 기술』과 『소유냐 삶이냐』을 저술한 사회심리학자 에리히 프롬은 인간 실존의 핵심인 사랑에 접근하는 데 있어서 각종 충동과 거짓 신념들이 어우러진 피학대음란증masochism과 가학성 음란증sadism이라는 비탈길의 원심력 유혹과 도착증의 갈래길들에로 빠져 들게 하는 학습, 기억, 권위, 지식의 위험성을 알린 바 있다. 밤이라는 시간과 거친 바람과 물이 배에 들어옴이라는 공간, 그리고 타자화된 '이편-저편'의 관계라는 생활방식이 악령화되는 비참한 현실을 가져오는 근원적인 이슈를 '분리'에서 찾았다. 그가 말하는 존재나 사랑은 그러한 분리의 극복으로서 내적인 자기 충실성과 타자와의 합일에서 보이는 기여, 돌봄, 책임, 존중, 지식의 통합된 실존으로서 사랑이었다.

마가는 이렇게 길 가기·건너기의 실패에 대해-"저희가 죽게 되었는데도 돌보시지 않습니까?"의 아우성, 4:38- 하나의 상징적인 문장을 통해 우리의 현실을 고발한다. 그것은 다음의 문장이다.

예수께서 계신 곳에 이르러
군대라는 마귀가 들렸던 사람이 옷을 바로 입고
멀쩡한 정신으로 앉아 있는 것을 보고는 그만 겁이 났다. 5:15

길 가기에 대한 그 의미나 그것에 대한 인식이 없는 일상적인 군중에게는 자기 삶의 주변에서 일어나는 것이 호기심의 충족과 이야깃거리로서 담소 대상이 된다. 그것이 비일상적인 표징으로 다가와도 자기 내면의 자각으로 건너가지는 일은 일어나지 않는다. 더더구나, 한 비참한 인간의 삶이 구경의 대상이 되거나 심지어 자기 어려움의 현실에 대한 위로나 보호의 한 방패가 되어 자기 안에 일어나는 삶의 실존에 대한 불안을 극복하는 비교 대상으로 삼은 경우, 우리는 그가 '멀쩡한 정신'으로 돌아오는 것을 볼 때 '그만 겁이 나는' 혼란 상태로 빠진다. 이 문장은 참으로 의미심장한 차원을 '감추고' 있다. 그 이유는 우리가 그동안 감추어 숨기고 있던 것을 드러내어 직면하게 해 주기 때문이다. 우리 대부분이 '저편'에로 두었던 그 어느 누군가의 비참한 현실을 내가 아니어서 다행이라는 암묵적인 비교에 의해 그동안 안심하며 살거나, 혹은 그러한 구경으로 인해 내 실존의 가시들이 주는 고통을 견딜 수 있는 대용의 진통제 역할을 부여해 왔던 것은 아닌가?

이렇게 두려움은 그 사람으로부터 오는 것이 아니라 나의 투사와 내사에 의해 내 안에 그 뿌리가 있는 것이다. 이것은 내 자신이 '이편'과 '저편'의 경계선과 분리를 통해 자기-긍정이라는 지배 질서의 문화에 잠식된 생활 습관에 중독됨으로 확인되는 결과이다. '제정신으로 돌아온 것이 두려워지는' 이러한 무감각과 무자각에로의 환원 본능은 가장 강력한 길 가기의 방해물이다. 그럼에도 불구하고, 이것이 주는 또 하나의 기회는 남아 있다. 왜냐하면 비참한 현실이라는 저편에서 타자화되어 고통받는 이가 '멀쩡한 정신으로 앉아 있는 것을 보는' 곳locus이 바로 '예수께서 계신 곳'에 이르는 방식이기 때문이다.

마가는 제자직으로서 길따름 혹은 함께 길 가기의 시작을 '하느님의 뜻'을 이해하고 그것을 듣는, '바깥'이 아니라 '안'에 있음을 이야기해 왔다. 그리고 특권을 지닌 '이편'이 고통받는 불행한 '저편'을 돌봄으로 길 놓기와 길 건너기를 확장시킨다. 그리고 그렇게 타자화된 인간 존재를 돌봄의 실천-공중의 나는 새에게 둥지를 주는 정도의 겨자씨의 돌봄 능력에로의 성장- 그 자리가 바로 '예수께서 계신 곳'임을 밝힌다. 여기서 말하고자 하는 것은 물론 신체적이고 물리적인 형태로서의 예수가 아니라 '하느님의 뜻'에로의 의지의 일치와 결속에 관련한 마음자리를 말하는 것이다.

그런데 여전히 하나의 근원적인 이슈가 남아 있다. 우리 주변이 고통어린 '타자'의 현실로 가득차고, 길 가려는 나에게 주변 인물들이 비난과 옭아맴의 압력으로 다가오며, 환경은 어둠, 거친 바람, 물이 들어참이라는 가중된 현실이라면-이런 것들은 지금까지 길 가기·건너가기의 좋은 구실이자 이유가 되어왔다- 가능한 것이 없지 않은가라는 질문이다. 내가 지각知覺하는 것은 안과 밖으로, 그리고 주변에서 '할 수 없음'과 '안됨'의 현상과 현실들이라면 무엇이 우리의 길 가기를 가능하게 하겠는가? 이것이 앞으로 노출되어 있는 현실과 현상들에 대해 더 깊이 꿰뚫어 봐야 할 새로운 인식에 대한 것이다. 예수는 이를 전통적으로 "아직도 믿음이 없느냐?"라는 화두 던지기를 통해 '믿음'이라는 인식을 치유책으로 제시하고 있다.

그러나 이것은 우리가 제도적 신앙에서 말하는 '대상으로서 예수에 대한' 전통적인 신앙이나 초월적인 능력자로서의 예수에 대한 신뢰의 태도를 말하는 것은 아니다. '신앙'이 무엇인지는 아직은 여기서 밝혀지지 않는다. 이것이 마가복음 스토리 전개에서는 감추어진 영역으로서 신앙의 제자직에 관련하여 앞으로 전개되는 현상과 현실들에 있어서 서서히 '드러내서' 알아봐야 할 비밀이다. 여기에는 근원적인 이유가 있다. 왜냐하면 길 가기는 헬리콥터를 타고 땅에서 하늘로 상승해서 목적지에 내리는 것이 아니기 때문이다. 과정과 경험을 통해 길이 열리고 길이 만들어지며 걷는 걸음으로 인해 길이 형상화되기 때문이기도 하다. 그러므로 갑자기 어느 순간 예수를 만나거나, 치유의 선물을 받았다고 고백한다고 해서 길이 보여지는 것이 아니다. 이것이 마가가 군중으로부터 제자들을 따로 불러내 예수의 길 가기 훈련에서 본 목격이다. 예수가 말한 한 가지 핵심은 우리는 길 가기를 통해 숨겨진 것이 드러나는 진실을 볼 수 있다는 것이며, 이에 대한 각자의 동의를 요구한다.

건너감의 심화

막 5:21-43

회상과 배경

"하나님 나라헬, 헤 바실레이아 토우 데오우 hē basileia tou Theou"의 길로 들어서서 그 길을 가는 자에게 어떤 전경과 풍경이 펼쳐지는 지를 3장까지 마가의 진술을 통해 청자이자 독자인 우리는 지켜보아 왔다. 자연스럽고 정상적이라 생각했던 공간과 시간이 '명백한manifest' 현실로 있었던 것들이 악령, 질병, 공동체로부터의 소외라는 '숨겨진hidden' 실재와 실세들forces의 드러남으로 알게 되었다. 하나님 나라의 도래에 대한 길을 만들기는 이 숨겨진 실세들과의 관계를 털어내고 하나님 나라의 도래에 대한 새로운 관계맺기의 마음내기를 통해 재 정립된다.

민중의 추종과 성전엘리트들의 반대의 고조화된 분위기 속에서 길을 함께 가기라는 방식을 12 사도'사도'라는 마가의 용어 차용은 신학적인 의미를 지닌 의도적인 단어이다; 3:13-19의 선택에서 바꾸게 된다. 이는 3장까지 예수 홀로 길 가기의 표징들에 대한 것이었다면 이제부터 '하느님의 뜻'을 행하는 '내 형제자매 어머니됨'3:31-35으로서 함께 길 가기에 대한 것이 진행된다. 그러한 전환은 4장부터 '하나님 나라의 도래'와 '하느님의 뜻'에 대한 비유의 말씀과 비유의 행동항해을 통해 근본적인 인식과 전망을 펼쳐놓기 때문에 4장부터는 본격적인 하나님 나라의 제자직에 대한 안내라고 볼 수 있다.

비유헬, 파라볼레; 씨뿌리는 자, 등불, 자라나는 씨, 겨자씨는 던져진cast 현상 옆에 더 있는close beside/with 실재를 알아듣도록 하기 위한 것이다. 그 네 가지 예시의 비유들은 눈에 보이고 있으나 실제로는 허상인 것과 눈에는 감추어져 있으나 실재이자 진실인 것을 알아보도록 제자들의 깨달음을 위해 주어진 것이다. 그리고 또 다른 행위적 비유로서 항해는 길 가기의 심화로서 '건너감'going/crossing over에 대한 차원을 열어 보인다. 제자들은 아쉽게도 그 건너감에 대해 항해에 시기적으로 맞지 않은 '저녁'이라는 어둠, 그리고 눈에 보이는 공간에서의 실증적인 '거센 바람'과 '물결이 배 안으로 들이쳐 거의 가득 참'이라는 증거들로 인해 그 건너감의 결과가 그들이 '죽게 된' 상황에 몰렸다. 따라서 자신들의 처지는 신적 실재조차 '돌보시지 않는' 현실 판단4:38으로 가져가게 되었다.

이처럼 길을 가고 '저편'으로 길 넘어서는 과정 그 자체도 만만한 일이 아니다. 게다가 길 저편으로 가는 과정의 힘듦만 아니라 저편의 공간에로의 진입에서 일어나고 있는 것을 '알아듣는' 것도 더욱 만만치 않은 일이다. 왜냐하면 저편에는 항상 이쪽이 설정한 타자화의 어두운 현실이 드러나기 때문이다. 한두 악령의 지배가 아닌 군대 귀신이 의미하는 수많은 악령의 소유가 된 현실, 무덤으로서 거주처, 소통 불가능한 소리 지름과 자학증의 현실, 그리고 이에 대한 구경꾼 역할의 공동체/마을 사람들, 그들의 자기 보호의 습관적인 방어들이 악령화된 현실, 악령에 사로잡힌 현실을 드러낸다. 거기서는 '멀쩡한 정신으로 서 있는 것'을 보는 것 자체가 '겁이 나는' 현실을 이룬다.5:15 이렇게 저편으로 넘어서는 것은 악령에 의해 사로잡힌 불행한 사람을 구경꾼으로 바라보는 것을 넘어 제정신으로 돌아오는 데로의 투신이라는 결단을 요구한다. 그것은 지적인 이해의 알아들음을 넘어서서 하느님 나라에로의 투신이라는 행동에 관련되어 있다.

본문 안으로 들어가기

본문의 21절은 "예수께서 배를 타고 건너편으로 다시 가시자헬, diaperasantos palin =cross over again,.."로 시작된다. 논리적으로 보자면 '저편'인 이방땅에로의 건너감이 이제 '이편'으로 다시 건너옴으로 이어짐을 알 수 있다. 저편에서 '군대 귀신'들린 이의 치유 이야기는 이편에서 야이로 회당장의 12살 딸 치유와 12해 하혈증을 지닌 여인의 이야기로 넘어간다. 이미 전에 진술했던 것처럼 마가가 유사 스토리를 반복하는 것은 그 사건의 중요성을 강조하고 그 의미를 명료화하기 위한 신학적인 관점이 배어 있는 것이다. 즉, 건너감의 의미를 심층화하는 것이다. 그렇게 함으로써 제자들과 청자들의 주목과 알아차림을 이끌어낸다. 그리고 사람들의 모여듦이라는 명시적인 현상 속에 숨겨진/감추어진 진실에로 주목과 알아차림으로 재차 안내한다.

'다시 건너감'의 이편에서 일어나고 있는 것은 무엇인가? 그것은 두 이질적인 계층의 절망과 무력함의 공통된 이야기이다. 그 하나는 야이로라 하는 회당장의 어린 딸이 다 죽게 됨에 대한 것이다. 다른 하나는 하혈증으로 앓고 있던 무명의 여인에 관한 이야기이다. 이 두 이야기는 외연과 내연으로 서로 엮여져 있고 12살 나이와 12해 하혈증으로 또한 엮여져 있다. 그리고 움직임의 시작은 야이로 회당장의 초대로 시작하지만, 중도에 하혈증 여인 치유로 인해 가던 길은 지체가 되고 결국 회당장 딸의 죽음 소식이 들려온다. 어린 딸의 죽음에 '더 이상 폐를 끼쳐 드리지'5:35 않고자 희망을 포기한 딸 가족에 대해 기적적인 일이 펼쳐진다. 그녀가 누워있던 방에서 '일어나서 걸어 다니는'5:42 것을 보게 된다. 그리고 어쩐 일인지 예수는 다시 "누구에게도 알리지 말라고 엄하게 이르신" 다음 살아난 딸에게 먹을 것을 주라고 한다.43절

'저편'의 황폐함과 악령화된 현실에로의 돌아봄은 '이편'에로의 다시 건너감을 통해 그간에 보지 못한, 아니 주목하지 못한 감추어진 현실을 주목하게 만든다. 군대 귀신들림의 치유이야기가 외부적 환경의 폭력성과 소외의 시스템/구조화에 대한 이슈를 알아차리게 하였다면, '이편'의 현실도 그다지 간단치 않은 내적인 원천/자원Source의 무력성에 대한 현실이 존재한다. 하나는 거룩한 공간과 그 전통을 책임진 회당장의 어린 딸에 대한 병 고칠 수 없는 무력성이고, 또 하나는 하혈증 여인의 12해 동안 "고생만 하고 가산마저 탕진했는데도 아무 효험없음"5:26이라는 무력성의 현실이었다. 저편의 군대 귀신들림의 현실은 눈으로 보기에 명확한 비참함과 무력성의 현실이지만, 이편의 현실은 눈에 멀쩡한 정상적인 딸/여인임에도 불구하고 숨겨져 있는 죽음의 위협/하혈증의 현실이다. 그렇기에 후자인 '이편'의 감추어진 비참함은 쉽게 눈에 띄지 않은, 그래서 더욱 주목이 필요한 '건너감'의 능력이 필요한 곳이기도 하다.

오늘의 본문에 대한 마가의 진술을 가만히 들여다보면 의외로 간결하고 빠른 행동체의 진술을 하던 그의 모습과 달리 매우 섬세하고 단계적인 국면들이 펼쳐짐을 볼 수 있다. 저편의 군대귀신은 우연히 예수를 만나는 장면이 설정5:2되어 있지만 이편의 상

황에서는 "와서 예수를 뵙고 그 발 앞에 엎드림"22절이라는 예절과 애원이 설정된다. 그리고 일부러 예수께서 그를 "따라 나서심"이라는 의지를 낸 예수의 행동이 전개된다. 그뿐만 아니라, 도중에—길을 가던 중에— 다른 여인의 사건 개입 상황이 전개된다. 예수는 회당장의 애절함과 초조함에 상관없이 가던 길을 멈추고 기적의 힘이 빠져 나간 한 여인을 찾아 이야기를 전개한다. "누가 내 옷에 손을 대었느냐?"라는 질문과 예수앞에 엎딘 여인에게 "여인아, 네 믿음이 너를 살렸다. 병이 완전히 나았으니 안심하고 가거라"라고 이야기를 건넨다. 그러한 지체로 말미암아 염려했던 일이 벌어졌는데 딸의 죽음의 소식이 도착한 것이다. 그 이후 일어난 일은 "걱정하지 말고 믿기만 하여라"라는 말씀과 그 회당장 집으로 들어가 그곳의 사람들이 "울며 불며 떠드는 것"에 대해 잠자고 있는 것이라 말하고 다 내보낸다. 그 다음 아이의 부모와 세 제자만 데리고 들어가 "탈리다 쿰소녀야, 어서 일어나거라"라는 말로 어린 딸은 일어나 걸어 다니게 되는 장면이 펼쳐진다. 결과적으로 이 광경을 본 사람들은 놀랐고, 예수는 그 일을 비밀에 붙이도록 엄명했으며 소녀에게 먹을 것을 주라는 방식으로 '이편'에서 일어난 일들은 초조함과 더불어 반전에 반전을 거듭하는 스토리가—초대, 이동, 다른 사건의 직면, 지체, 죽음의 통지, 불신, 치유, 놀라워함, 먹을 것을 줌— 촘촘히 엮어져 전개된다. 과정적 전개프로세싱가 의외로 마가 진술답지 않게 세밀하게 전개된다. 그러한 상세한 전개를 통해 제자들과 청자/독자가 무엇을 깨닫도록 그는 요청하고 있는 것인가?

성찰과 여운

이편의 건너감의 사건에서 함께 있던 이들은 예수의 건너감의 사건에 대해 놀라움으로 응답한다. 잔잔해진 풍랑 사건에서 제자들은 두려움에 사로잡혀 서로 수군거렸고4:41, 저편의 게레라사 지방에 도달하여 군대 귀신 들린 이가 멀쩡한 정신으로 돌아와 사방에로 "자기에게 해주신 일을" 두루 알림으로 모두 놀란다. 그리고 12살 야이로 딸의 일어나 걸어다님을 본 사람들도 "놀라 마지않는다."

저편의 악령들인 군대 귀신의 정도비참함의 정도에 비하면 이편의 무력감은 단순하다. 전통적인 권위를 지닌 회당의 장이 어린 딸로 인해 절망과 무력감에 직면해 있다-그렇기에 전통적인 율법의 힘이 거세된 것을 은연히 폭로한다-. 그리고 이편의 한 민중인 무명의 여성은-이편this side의 아웃사이더가장자리에 있는 자- 내부의 출혈로 인해 고생, 가산 탕진 그리고 더욱 심해지는 병으로 인해 또 다른 절망과 무력감에 있음을 폭로한다. 이편에서 정상적으로 작동되는 것으로 여겨지는 사회 시스템이 아무런 돌봄의 메커니즘이 작동되지 않는 것이다. 거룩한 전통과 공간도 그리고 세상의 전문적 직업인인 여러 의사도 '아무 효험이 없는'26절 이런 시스템과 구조적 결핍의 상황이 이편에서 전개되고 있다. 그리고 각자도생의 문화에서 그것은 정상적인 볼거리가 된다.

저편의 군대귀신이나 이편의 어린 딸의 죽음과 하혈증이 볼거리로서 구경꾼들이 몰려오고 그것으로 인해 "다행히 나만 아니면 괜찮아"라는 방관문화 속에서-이 방관이 악한 영의 정체임을 마가는 지속적으로 암시한다- 기적이 일어나 치유가 되어 일어나 걸어가는 사건이 벌어졌을 때, 예수는 아무에게도 알리지 말라고 엄하게 이르신다. 왜 그러셨을까?, 그 소문은 예수에 대한 친밀성을 높이고 그에 대한 호감도를 높일 기회였을 텐데, 소문내기를 금지한 이유는 무엇이었을까? 왜 마가는 건너감의 예시 사건들에서 공통적인, 목격한 이들의 '놀라워함'에 대해 진술을 하면서도 그 놀라워함에 대해 예수가 그들의 진정성에 신뢰하지 않은 말투를 남겨놓았던 것일까?

인생을 적어도 50 넘게 산 사람은 이런저런 모습으로 예기치 않은 기적을 맛본 경험을 지니고 있다. 그로 인해 놀라움의 반응을 하게 된다. 그러나 예기치 않은 기적의 놀라움도 잠시 일뿐 그것이 변화로 이어지는 경우는 그리 많지는 않다. 씨 뿌려지는 것의 무한한 은총은 수많은 놀라움을 가져다준다. 그러나 이에 대한 진정한 응답과 그로 인한 배움과 성장이 항상 일어나는 것은 아니라는 뜻이기도 하다. 구경꾼으로서 목격은 행운이겠지만 그 본 것 혹은 경험으로 인해 스스로 일어나 안심하고 가는 길 가기로 변화되는 것은 극히 작은 경우에만 일어난다. 예수는 자신에 대한 인기몰이에 신뢰를 두지 않았다. 이는 인기보다 중요한 것, 놀람보다 근원적인 것으로의 여정이 중요했기 때문으로 보여진다. "내 마술적인 능력이 너를 치유했다. 내 종교에 가담하라"는 교훈도 없다. 오직 "네 믿음이 너를 구했다. 평안히안심하고 가라."는 말을 통해 참여, 협동, 변화를 요청한다. 치유받은 사람이 자기 자신이 되도록 돌려놓는 것이다.

예수는 자신에 대한 권위의 의존성 대신에 각자 자기 안에 있는 영에 의존하기에 대한 강력한 자기-자각을 기적을 통해 일어나기를 기대한다. 그것이 사실은 마가가 전하고자 하는 숨겨진 기적의 비밀이다. 각자 길을 함께 걷는 자로 요청받아 이에 응답한다면 각자는 하나님 사랑의 회로가 되어 상대방이 그 사랑이 지닌 전하電荷를 받아 충전시키도록 하게 한다. 그렇게 충전된 사랑으로 인해 스스로 일어나 각자 길을 가도록, 자유하도록 하게 한다. 그것은 놀라워하는 것보다 중대한 일이다. 이는 결과적으로 한 가지 깨달음으로 이어진다. "사탄이 어떻게 사탄을 쫓아낼 수 있겠느냐?"3:23 놀라워해야 하는 자각은 이것이다. 사탄에 의한 허상의 세계에서 길 가기의 참됨은 우리의 현실이 강한 자로 이해된 세력-악령의 지배-에로부터 결박을 풀고 "네 믿음이 너를 살렸다. 병이 안전히 나았으니 안심하고 가거라"5:34의 궁극적인 평화의 실재성 안으로 내 생이 들어서는 것이다. 이것은 목격을 넘어 결박을 푼 '자유의 길에로 초대'에 대한 발걸음인 것이다. 그러므로 목격한 것 보다 이제 발이 움직여 걷게 되는 것이 더 궁극적인 실존의 의미가 된다.

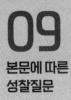

1. 편안한 자세로 호흡을 고르게 한 후 거룩한 영의 안내를 요청한다. 오늘 만난 본문의 단어나 문장 혹은 이미지를 주목하고 거기에 연결하여 머문다. 본문이 영혼과 삶을 비추어 준다면 영에 의지하여 그것이 자신을 바라보게 한다.

2. 당신의 생의 경험중에 낯선 경험으로 인해 기존에 익숙한 경험과 방향에 새로운 통찰이나 의미를 심화시켜준 경험들이 있다면 무엇이 있었는가? 낯설음의 저편으로 건너감과 다시 익숙한 이편으로 돌아옴을 통해 당신이 얻은 몇 가지 이해-자기 정체성, 방향, 할 일, 관계-는 무엇이었는가?

3. 당신이 경험한 뜻밖의 것으로 인한 '놀라움'의 작거나 큰 경험들을 열거해 보라. 당신은 어떤 종류의 놀라움들을 경험하였고, 그러한 놀라움들로 인해 가슴이나 인생길에 어떤 영향이나 남겨진 삶의 여운이 있게 되었는가? 긍정적이든 부정적이든 그로 인해 이제 어떤 변화를 보고 싶은가?

4. 당신에게 오랫동안 내면의 출혈을 겪었고 그로 인해 고생만 하고 가산마저 탕진했는 데 아무 효험도 없었던 그 어떤 고통이 있었는가? 어떤 종류의 고통이었는가? 그것은 어떤 변천 과정과 변천에 영향을 주어 왔는가? 이를 기록한 후에 다음의 예수의 말을 신중하게 대면한다. "여인아너00야, 네 믿음이 너를 살렸다. 병이 완전히 나았으니 안심하고 가거라." 혹은 예수의 당시 장면에 하혈증 여인 대신에 자신이 되어 그 장면속으로 들어가 세밀히 일어나는 것을 묵상한다. 무엇이 경험되어지는가?

5. 당신은 지금까지 마가복음과 함께 공동묵상을 해오면서, 신앙, 삶의 자세, 목표, 관계에 있어서 어떠한 길 걷기 혹은 건너감을 체험하고 있는가? …

길 건너감으로 다시 보이는 것

막 5:21–43

> 예수께서 배를 타고 건너편으로 다시 가시자 많은 사람들이 또 모여 들었
> 다. 5, 21
> 그러자 소녀는 곧 일어나서 걸어 다녔다....이 광경을 본 사람들은 놀라 마
> 지않았다. 5.42

예수가 시도하는 항해는 '이편'에서 '저편'으로 건너감만 아니라, 또다시 '이편'으로의 건너감으로 짝을 이룬다. 종종 내가 진행하는 워크숍 참여자들은 서클 진행에 대한 적용에 관련하여 입문 과정에서는 무슨 말인지 모르겠다고 얘기하였지만 심화 워크숍을 끝내면서 이제야 무슨 말을 하고 있는지 알아 들을 수 있겠다는 고백을 들을 때가 있다. 마가는 유사한 스토리를 두 번 반복하면서 그 사건의 중요성을 강조한다. 제자들과 청자들은 두 번째 반복되는 이야기가 왜 다시 나왔는지 주목하여 바라볼 때 깨닫지 못한 것들이 보일 수 있게 이야기를 배치해 놓았다.

마가는 길열기 및 길 가기가 단순히 발의 움직임의 이슈가 아니라 '이편'과 '저편'의 경계선에 대한 영역을 통해 이전에 펼쳐진 사역에서의 길 가기가 이제는 '저편으로 건너기'라는 차원으로 심화·확대됨을 보여주고 있다. 그리고 그러한 길 가기와 건너감을 통해 길을 동행하는 자는 새로운 전경과 일어나는 일로 인해 보던 풍경을 다시 음미하며, 기존에 보던 것에 자각을 통한 새로움의 충격에 놀라움의 충격을 받는다. 그렇게 풍경은 여행자로 하여금 낯선 것을 보는 것에 대한 호기심을 넘어 '보여지는 것'에 충격의 영향을 받게 된다. 이렇게 길 가기는 때때로 그동안 보아왔던 것을 넘어서 새롭게 보여지는 것에 의해 충격을 받음으로 인해 자기 삶의 실존적 의미를 재충전하

고 어디에 머물고 또한 어디로 더 가야하는 지, 그 방향에 대한 감각을 얻는다.

마가는 예수의 항해 보도를 마태9:18~26나 누가8:40'56도 공통으로 언급하지만, 이 둘에는 빠진 장소와 움직임에 대해 언급하고 있다. 그것은 "배를 타고 건너편으로 다시 가시자"의 움직임과 "호숫가에 계시던" 장소와 시간의 구체성이다. 이는 4:35절의 "호수 저편으로 건너가자"의 초대로 전개된 이방 땅 게라사 지방의 군대귀신의 이야기 다음이어서 "건너편으로 다시 가시자…"는 당연히 '이편'유대인 땅을 지칭한다. '저편'으로 건너감을 통한 군대귀신의 무리진 악령의 현실성의 목격과 더불어 이제 '이편'으로 다시 건너옴을 통해 마가는 무엇을 목격했던 것인가? '이편'의 생존과 자기 확장 그리고 특권으로 경계선이 쳐진 '저편'의 악령화는 참혹한 전경이었다.

이편에 있음으로 오는 위로와 안전을 통해 '저편'에 대한 무관심과 거리두기는 저편을 악령화하는 지대로 만들고, 거기에 있는 거주민들은 이 군대귀신 들린 이의 구경꾼 역할로 전락하면서 비인간화된다. 그래서 오히려 그들은 그 구경의 대상이 되었던 자가 "멀쩡한 정신으로 앉아 있는 것을 보고는"5:15 겁먹게 되었다. 멀쩡히 제정신이든 사람이 이제 그만큼 위험한 존재로 비치는 인식의 왜곡이 일어난다. 이는 물론 나중에 다루겠지만 그들의 경우에게만 아니라 사도들에게도 건너감에 대한 인식의 왜곡에서 더 강화된다. 그것은 호수를 건너가는 존재에 대해 '유령'으로 알고 비명을 지르는 제자들의 인식의 왜곡6:49에 대한 스토리가 여전히 우리를 기다리고 있다.

마가의 본문들이 길을 가기는 보는 것과 관련되는 것으로 연결짓고, 또한 관객spectators으로서 우리도 주목하여 본문을 존중respect = 다시re+보기spect하며 다시금 들여다보게 하는 것은 바로 악령추방, 질병치유, 거친 바다를 잠잠케 함이라는 기적 사건들을 통해 예수의 신되심에 대한 증명이 아니다. 사실 마가는 그런 기적들에 대해 의외로 예수가 엄중히 말하지 말라고 입을 봉한 경고들을 싣고 있다. 예수가 말한 이야기들이 비유파라볼레로서 표면적인 것을 통해 감추인 진실을 드러내는 역할을 하였듯이 '기적'도 그러한 비유적인 성격을 지니고 있다는 점을 우리는 서서히 이해하게 된다.

사실 씨앗과 등불의 비유도 '보는' 것에 대한 진실을 그 핵심으로 담고 있고, 땅에서 길 가기에서 물을 건너기도 '다시 보는' 것에 관련된다. 기적도 그런 점에서 다시—

보는 현상들인 것이다. 이 점에서 근원적인 기적은 '다시 보기/자각/눈뜸'을 의미한다고 볼 수 있다. 이에 대해서 심지어 "왜 그렇게들 겁이 많으냐? 아직도 믿음이 없느냐?"4:40와 오늘의 본문인 하혈증 여인에 대한 "네 믿음이 너를 살렸다....안심하고 가거라"5:34에서의 믿음은 예수의 신적 존재됨에 대한 믿음, 곧 신앙의 대상에 대한 믿음이 아니다. 오히려 자기 안의 등불에 의해 실상을 다시 보는 자각쪽에 그 의미의 무게가 실린다. 이에 대해 조금더 들어가 보기로 한다.

믿음은 우리가 '신앙의 대상'인 예수의 신적 존재로서의 신념적 동의가 아니다. '하나님 나라'의 길을 살고 걷는 삶으로서 하느님과 그분의 자녀로서의 일체성이라는, 다시 말해서 '하느님의 뜻'에 대한 의지의 일치는 ―'하느님의 뜻을 행하는 사람이 곧 내 형제요, 자매요 어머니이다', 3:35― 두려움 없음과 결핍 없음의 내적인 자유를 불러온다. 믿음은 이 점에서 대상으로서 초월적 존재에 대한 내면의 확고함이 아니라, 나의 선택을 넘어선 실재리얼리티로부터의 씨가 계속해서 뿌려짐에 대한 무제약적인 자비의 공급씨뿌리는 자의 비유의 핵심내용과 나의 내면에 있는 어두움 없는 '등불'의 존재성과 그 활동함에 대한 신뢰이다. 무제약적인 자비의 신적인 공급자와 내 영혼이라는 등불의 연결성에 대한 내적인 동의가 믿음이며, 예수는 그러한 현존의 명백한 증거이자 통로이시다. 그럴 때 믿음은 꺼지지 않는 인식認識을 발산시킨다.

그러므로 믿음은 다른 차원의 인식이며, 우리가 몸의 눈으로 보는, 우리의 주변에서 일어나고 있는 것을 표면적으로 알아보는 육안肉眼의 지각知覺과는 다르다. 몸에 기초한 지각은 일어난 거센 바람과 파도가 잠잠케 됨이라는 기적에 대해 '놀라움'을 가질 정도로 다른 종류의 봄에 대한 충격을 느낀다. 그리고 군대귀신 들린 사람이 멀쩡한 상태로 되돌아 온 것에 놀라워할 정도로 일어난 기적에 대해 눈이 동그래지는 놀라움도 일어난다. 그리고 12살 소녀가 죽음에서 일어난 것을 보고 놀랄 정도로 자기가 무엇을 보고 있는지 그 새로움과 예측할 수 없는 전경에 대해 자각할 수는 있다.

반면에 영혼의 인식은 육신의 지각과 달리 단순한 놀라움의 영향을 넘어 그 기적의 의미를 꿰뚫어 들어가는 다시 봄을 일으킨다. 그래서 지금까지 현실로 느껴진 고통의 현상들이 궁극성을 지니지 않기에 진실과 참됨이 없는 환영증강현실의 예임을 인식을 통해 이해하게 된다. 그 고통의 강도가 비록 군대 귀신처럼 정도가 있어 보이는 것도 환영의 정도가 아무리 깊어도, 그리고 12년의 하혈증의 병력도 그 힘과 실체가 없는 것임을 마가는 증언한다. 육신의 지각에서 사실처럼 느껴지던 것이 증강현실처럼 리얼리티에 뿌리내리지 못한 가상현실이다. 반면에 영혼의 인식으로서 믿음은 그러한 환영들을 뚫고 미음을 내어 일어서서 자기 길을 가게 한다. 영혼의 인식인 믿음은 허상에도 흔들리지 않고 궁극 실재에 연결되어 밝혀진 길을 간다. 믿음 곧 영혼의 인식은 분별의 힘을 지니고 있기 때문이다. 그러한 분별은 용기를 일으켜 '일어나' '안심하고 가는' 존재로 어김없이 변형을 일으킨다.

따라서 육신의 지각이 주는 보는 것에 대한 충격으로서의 최대치인 두려워 놀라워함은 잠시 동안의 충격은 있으나 변형을 일으키지는 못한다. 최종적으로는 다음과 같은 영혼의 인식에 의한 진실은 이해력이 불가능하게 된다.

"그 아이는 죽은 것이 아니라 잠을 자고 있다"⁵:³⁹

지각을 통해 보는 죽음의 현실성은 지금 인용한 예수의 말이 비현실적인 것이며 따라서 이 말을 들은 사람들은 '코웃음만 치는'⁴⁰절 반발을 초래한다. 이는 두 시각의 정반대 현실로 인한 투영의 진실이다. 왜냐하면 육신의 지각에서 최대의 공포는 죽음이지만, 영혼의 인식에서 최대의 장애물은 잠이기 때문이다. 다른 차원으로서 현상을 보고 그로 인한 이해가 다르다. 전자의 사람들은 우리의 삶은 죽음을 통해 이 세상을 벗어난다고 생각한다. 그러나 영혼의 인식을 지닌 길 가는 사람은 오직 이 세상을 떠날 수 있는 길은 잠으로부터의 깨어남을 통해서라는 것을 안다.

그러므로 본래 기적은 일어난 현상을 다시 보고 이를 통해 제대로 길 갈 수 있게 하기 위함이지 그 예기치 않은 사건의 일어남에 대해 초자연적인 충격의 사실로 놀라게 할 목적은 아니다. 기적을 통해 밖으로 나있던 길을 내면으로 끌어들여 영혼의 길을 내게 하려고 주어지는 선물인 것이다. 그렇기에 예수께서 그런 준비가 안 된 이들에게 "이 일을 아무에게도 알리지 말라고 엄하게 이르시는"⁴³절 이유를 어렴풋이 이해할 수 있게 된다. 그 기적이 당신을 길가게 하는 데 더욱 지혜와 힘을 주고 있는가에 대해, 내면의 길에로의 그리움을 촉발시키는 영혼의 부싯돌이었음을 알아듣는다.

10

공동묵상
본문가이드

'이편'의 심화된 병리학적 증상

막 6:1-28

회상과 배경

길을 가는 것 혹은, '주의 길을 닦고 그의 길을 고르게 하는'1:3 소명의 삶은 정상적인 현실을 요동치게 하면서 그동안 간과한 현실의 핵심과 현상 뒤에 감추어진 진실을 드러내고 그것들을 제대로 보게 만든다. 그것은 '악령' '질병' '소외'로 드러나고, 무력감, 부정적 신념, 마음의 완고함, 두려움 등으로도 나타난다.

마가가 전하는 길을 가고 길을 여는 자로서의 예수가 지금까지 보여준 행태行態의 여정은 민중들에게 수많은 호기심과 인기의 반향을 불러일으켰지만, 그만큼 신정神政 정치 엘리트들과 특권의 계급에는 의심과 저항 심지어 살해 모의라는 분노까지 불러왔다. 이렇게 익숙하고 정상적인 것들과 낯설고 충격적인 것들이 교호작용을 일으키며 무력한 자들에게는 경이로움을, 힘있는 자들에게는 심기를 건드리는 극명한 대조와 반향反響의 응답들을 몰고 온다.

점증되는 고조된 긴장들 속에서 예수는 홀로 걸음이 아니라 '산에 올라가'3:13 열 두 명의 '사도'를 뽑아 함께 길 가기라는 선택을 하고 나서 산에 내려와서 '집에 돌아오시자'3:20 가장 극명한 장면들이 기다리고 있었다. 산에 올라갔다가 집에 돌아옴이라는 마가의 표현은 공관복음인 마태와 누가에는 없는 장소에 대한 언급이며 이는 길 가기에 있어서 장소, 관계, 시간의 중요성을 인식한 마가만의 구체적인 표현이다. 그러한 구체적인 표현은 그 뒤에 신학적인 여정의 함축의미를 담고 있기도 하다. '예루살렘에서 내려온'3:22 율법학자들에 대한 그들의 출발지도 마가에게만 있는 장소의 표현이다. 이들 장소-관계 표현은 당시의 종교 권위자들과 친척 그리고 심지어 가족까지 '베엘제불에게 사로잡힌' 자 혹은 '미쳤다'는 이해를 통해 예수를 대하는 갈등의 정점 그

악마화된 현실에서 길 가기에로의 초대 | 133

리고 복음의 의미에 대한 거리 감각을 가리키는 데 중요한 역할을 한다.

반대 응답들이 고조되는 가운데 예수의 대안은 함께 길을 가는 자들을 결속시키는 것이었고, 그 중심은 '하느님의 뜻'3:35과 그것을 실천하는 가운데 점차 경험적으로 알게 되는 '하느님 나라의 신비'4:11에 대한 자각과 그 실천이다. 하나님의 뜻과 그로 인해 퍼지는 삶의 양식樣式으로서 하나님 나라의 신비는 호숫가에서 말해진 비유인 씨앗과 등불의 보편적 작동의 원리에 의해 일차로 알려진다. 무제약적인 은총의 공급자씨뿌리는 자, '싹트고 자라나며'4:27 '저절로 열매맺는' 씨앗의 본성에 대한 '하느님의 뜻'에 조율되어 자기-위임委任을 배우는 것이 길 가기를 배우는 제자들에게 주어진다. 또 하나는 항해에서 드러나는 '저편'에로의 '건너감'을 통한 지평 융합과 통합적 조망에서 나타나는 '하느님 나라의 신비'의 역동성이다. 자기-인식과 돌봄의 행위에 있어서 분리와 분열을 넘어서 경계선을 그어 놓은 인식의 제한 철폐와 관심의 한계에 대한 넘어섬의 실천이 '하나님 나라의 신비'를 드러내고 그것이 실재임을 알게 한다.

건너감으로 발견되는 '이편'과 '저편'의 이슈는 매우 중대한 길 열기의 실천에 연결되어 있다. 왜냐하면 마가가 전하는 이야기는 저편이 악령화되고 그런 상태에서 공동체는 구경꾼으로 그 역할이 전락하여 버리기 때문이다. 그것이 마가가 전하고자 하는 군대 귀신 이야기의 핵심이다. 저편이 그렇게 된다면 또한 이편도 성할 리가 없다. 이편은 병리화된다. 이는 또한 마가가 전한 이편의 회당장의–회당은 이편의 거룩한 장소이자 삶의 중심이다– 열두 살 딸 질병과 열두 해 앓은 하혈증 여인 이야기의 의미이다. 군대 귀신들린 이의 공동체가 구경꾼으로 있었듯이 이편의 목격자들도 "코웃음만 치는"5:40 방관의 상황은 마찬가지이다.

지금까지의 마가의 진술에 따르면 예수의 이야기와 그의 치유 사역은 목격자들의 놀라움을 불러일으키기는 하지만 그 이야기와 행동이 비유로서 감추어진 진실을 깨닫는 이들은 없었다. 하혈증 여인이 보여준 "자기 몸에 일어난 일을 알았기 때문에"5:33 무언가 태도가 바뀌는 일은 치유받은 몇 명의 소수였다. 보고도 믿지 않는 일들이 전개되고 있다. 이러한 상황에서 6장은 좀더 이편의 스토리에 대한 더 깊은 병리학적 증상들을 탐색한다.

본문 속으로 들어가기

마가가 길을 가면서 길을 밝혀주는 '하느님의 뜻'과 '하느님 나라의 신비'에 대한 주목하기는 우리에게 주어진혹은 우리가 그렇게 던져진cast 시간, 공간, 그리고 관계의 분리에서 '저편과 '이편'의 깊은 성찰을 통해 길의 중심에로 들어가게 된다. 이는 마치 수많은 동화에 나오는-예, 이상한 나라의 엘리스- 동굴을 들어가 탐험하는 것과 같다. 미지의 어둠을 걸어가면서 서서히 어떤 중요한 문을 중도에 만남으로 걷는 실마리를 푸는 암호와 상징을 얻은 것과 유사한 이치이다. 저편의 광경은 1~3장에서 보여진 것의 축약인 악마화된 현실이라는 한 장면의 타블로Tableau였다. 그리고 이편 또한 앞장들에서 보여준 질병화병리적 현상의 점유라는 타블로이다.

그렇게 이편과 저편으로의 가름과 분리는 상대를 악마화하고 적이미지화하며, 자신의 본원적 생명을 소진시킨다. 그 결과로써 질병을 초래하는 현실이 된다는 것은 하나님의 뜻과 하느님 나라의 신비를 찾아가는 데 있어 중요한 삶의 교훈이 된다. 6장은 이에 한 걸음 더 나아가 '이편'의 중심으로 더 탐구해 들어간다. 그 핵심 열쇠는 '고향 home'과 역시 '안식일' 그리고 '회당'이다. 이편의 의미 중심어는 다음과 같이 배열되어 전개된다.

> 예수께서 그 곳을 떠나 제자들과 함께 고향으로 돌아가셨다.
> 안식일이 되어 회당에서 가르치시자...6:1-2상

'그곳을 떠나 헬, 엑셀덴, exēlthen/went out + 에케이덴, ekeithen/from there'와 '돌아가셨다'헬, 에르체타이 erchetai/enter + 에이스 eis/into'라는 말은 마가에 있어서 그 치유의 공간이 여정의 최종 종착지나 실존의미의 중심지가 아니라는 뜻을 함축한다. 그리고 더 나아가 깊이 들여다볼 것들이 기다리고 있다는 예감적인 진술이기도 하다. 마가는 길 가기·여정에 대한 민감한 감각을 가지고 장소, 시간, 관계를 세팅해 놓고 있어서, 마태나 누가보다 전체 문장은 짧으면서도 설명이나 이야기는 과감히 생략하고 행동에 대해서는 급박한 움직임의 에너지를 보여준다. 또한 놓치지 않는 것은 장소의 이동에 대한 가능한 구체적인 언급이다. 그렇게 해서 관객들로 하여금 여정의 흐름을 놓치지 않고 주목하게 한다.

함께 길 걷는 여정에서 고향, 안식일, 그리고 회당은 이편의 중심, 아니 중심의 중심에로 이동하면서 행동이 일어나고 있고 그에 대한 응답이 진술되어 있다. 이편의 중심인 고향이나 회당 그리고 안식일의 반응은 회의적인 질문과 의심이었다. 거친 바람과 풍랑에 대한 예수의 "그렇게들 믿음이 없느냐?"4:40라는 질문은 여기서는 "좀처럼 예수를 믿으려 하지 않았다"6:3라는 의문 진술과 "그들에게 믿음이 없는 것을 보시고 이상하게 여기셨다"6:6라는 재 의문 진술로 표명되어 있다.

고향 사람들과 지인들의 의문과 의심은 결국 예수의 한탄스러운 진술로 이어진다. "어디서나 존경을 받는 예언자라도 자기 고향과 친척과 집안에서만은 존경받지 못한다."4절 그간의 익숙함과 친밀함 그리고 과거의 기억들이 그들의 시야를 가리는 것이었다. 여기서 사용한 '존경받지 못함'의 헬라어 아티모스atimos[헬, a=not +time=honor]는 불신임 혹은 가치 없게 여김의 의미이다

"밖에 서서" 예수를 찾았던 가족3:31 사례를 심화시키는 이야기로서 고향 사람들이 의심어린 눈초리를 언급했다면, 원래 밖에 있었으나 "둘러앉은"3:34 안쪽 무리인 제자들은 정반대로 "더러운 악령을 제어하는 권세를 주시고 둘씩 짝지어 파견"7절되어 예수가 행했던 가르침, 악령추방 그리고 질병치유를 행하게 된다. 여기서도 인사이더 아웃과 아웃사이더 인의 전환·전복이 일어난다. 오랜 지인들은 무력하게 일상을 살고, 새롭게 형성된 제자들은 여행 지팡이 외에는 아무런 소유도 없이 가르침과 치유의 사역을 실천하며 이로 인한 소득이 있게 된다.

예수와 제자들이 행한 행동은 정치적 영향을 미치게 되었다. 세례 요한을 죽인 헤롯의 귀에까지 들린 것이다. 그래서 그의 내면은 요동을 치며 예수의 소문을 이렇게 해석한다. "바로 요한이다. 내가 목을 벤 요한이 다시 살아난 것이다."16절 다시 재생된 요한의 죽음 이야기는 권력자의 내면을 폭로한다. "왕은 마음이 몹시 괴로웠지만 이미 맹세한 바도 있고 또 손님들이 보는 앞이어서 그 청을 거절할 수가 없었다."26절

이 세상 통치자로서 왕의 권력이 무슨 일을 하는지권력의 본질로서 예언자를 죽임, 자신의 지배하는 힘이 어떻게 오용되는지에 대한 권력의 행사방식거짓 위세와 비합리적인 규율 그리고 자기 모순의 이탈과 무분별한 권력남용이 그대로 노출된다.

이렇게 해서 최고 권력자의 권력 행사와 예수의 제자들이 펼친 치유하는 권세가 비교되며 이 둘을 어떻게 바라보고 있는지 그리고 어떤 것이 진정한 것인지 관객의 판단에 맡긴다.

성찰과 여운

본문은 이편에서 길 가기에 있어서 다시금 이편의 '안'이라는 탐색으로 청자와 관객을 끌어들인다. 고향, 안식일, 회당이 이편의 중심에 안성맞춤인 환경의 구색을 갖추어 놓았으나 실제로 일어나고 있는 일은 익숙한 문화의 습관화와 그동안의 친밀한 관계는 예수의 메시지를 수용이 아닌 의문어린 낯설음으로 응답한다.

반면에 본래 서로 낯설었던 자들이었으나 새롭게 실천 커뮤니티가 된 제자들은– 열두 사도들– 악령축출과 질병치유 그리고 가르침으로 소외되었던 무리들에게 돌봄의 손길을 펼친다. 그러한 행동은 정치적 영향력으로서 왕의 귀에까지 들어가 관심과 불안을 일으킨다. 그렇게 함으로써 이 세상의 통치 권력의 본성과 그것의 타락이 무엇인지도 노출시킨다.

예수가 전하는 가르침과 기적 치유에 대한 목격자들의 관찰은 매우 훌륭한 질문을 일으킨다. "저 사람이 어떤 지혜를 받았기에 저런 기적들을 행하는 것일까? 그런 모든 것이 어디서 생겨났을까?"6:2 놀라움으로 주목하고 무언가 의문의 성찰 질문이 올라오는 것은 전환의 가능성을 심는다. 그러나 그러한 호기심 어린 질문이 올바른 대답을 발견할 수 없는 이유는 듣고 행하지 않거나 이미 과거에 알고 있는 기억에 머물러 있기 때문이다. 또 다른 이유는 권력자로서 힘을 소유한 것이 분별력을 잃게 만들어 자신의 체통을 지킬 줄 모르나 내면의 진실에 대한 속삭임에 관한 귀먹음을 견고히 하면서 그 강한 자로서 위신을 지키고자 하기 때문이다. 그래서 내면에서 일어나는 예언의 목소리를 거세시킨다.

이렇게 밖인 '저편'도 볼썽사납게 비틀어진 인생이 되고, 안인 '이편'의 인생도 힘으로 자기 본래의 의도와 달리 유혹, 자기-도취와 허세로 인해 휘둘리는 삶으로 전락해버린다. 그렇게 저편/이편, 밖/안이 자연스럽게 더러운 영의 세력 안으로 붙들려서 제정신을 놓치게 된다. 군대귀신 들렸던 자가 "멀쩡한 정신으로 앉아 있는 것을 보고는 그만 겁이 난"5:15 것과 똑같은 현상이 '안'에서도 벌어진다. 고향의 중심이라는 안쪽의 내면에서 그리고 권력의 소유 안에서도 그 누군가 "멀쩡한 정신으로 돌아오는" 것은 보편적인 두려움이 된다는 점이 비극적인 우리 삶의 실체이다.

10
본문에 따른
성찰질문

1. 편안한 자세로 호흡을 고르게 한 후 거룩한 영의 안내를 요청한다. 오늘 만난 본문의 단어나 문장 혹은 이미지를 주목하고 거기에 연결하여 머문다. 본문이 영혼과 삶을 비추어 준다면 영에 의지하여 그것이 자신을 바라보게 한다.

2. 당신의 삶과 관심의 관계에 있어서 '이편'에 해당하는 것과 '저편'에 해당하는 것은 무엇이 있는가? 무엇이 둘을 분리시키고, 각각은 어떤 특성을 지니는가? 더 나아가 제목처럼 '이편의 심화된 병리학적 증상'이라는 말은 어떤 것을 자각시키는가?

3. 인생이라는 여행을 하는 데 있어서 지팡이 외에 아무것도 지니지 말라고 하신 예수의 진의는 무엇으로 다가오는가? 당신에게 유일하게 의지할 지팡이는 무엇이고 삶의 여행에서 지닌 소유와 묵을 타인의 집에서 당신의 관계와 태도는 무엇이 되면 좋겠는가?

4. 열두 제자의 "더러운 악령을 제어하는 권세"7절와 헤로데의 "사람을 시켜 세례 요한을 잡아 결박하여 옥에 가두는 일"을 시키는 권력 간에 그 차이가 무엇으로 다가오는가? 당신은 어떤 종류의 힘·권세·권력을 추구하고 있는가?

막 6:1-28

> 예수께서 그 곳을 떠나 제자들과 함께 고향으로 돌아 가셨다.
>
> 안식일이 되어 회당에서 가르치시자 많은 사람이 그 말씀을 듣고 놀라며
>
> "...저 사람은 그 목수가 아닌가? 그 어머니는 마리아요,
>
> 그 형제들은 야고보, 요셉, 유다, 시몬이 아닌가?
>
> 그의 누이들도 다 우리와 같이 여기 살고 있지 않은가?" 하면서
>
> 좀처럼 예수를 믿으려 하지 않았다.6:1-3

길헬, 호도스을 가는 것이 단순히 공간의 이동에 대한 이슈가 아니라 '건너감'처럼 차원의 이슈가 되면서, 길을 발견하는 것은 단순히 '봄seeing'의 이슈를 넘어 '신앙'의 이슈로 심화된다. 예수와 제자들이 한 무리가 되어 함께 움직여 가면서 이제 공간space은 '저편'과 '이편'에 대한 확연한 인식을 일으키며, 저편에서의 악마화된 존재의 치유와 구경꾼된 마을주민의 거부가―군대귀신 들린 이의 이야기― 목격되고, 이편에서는 회당장의 어린 딸 질병에 대한 무력감과 하혈증여인의 무력감이 드러난다. 저편이 악마화되어 있었다면 이편도 내적으로는 질병의 고통으로 감당하기 어려운 질병화 상태를 보여준다.

1장~3장에서 보인 비인간화의 두 세력인 악령과 질병은 각각 이편과 저편의 분리를 통해, 저편의 악마화와 이편의 질병화라는 방식으로 각각은 온전한 정신과 멀쩡한 몸으로부터 그 분리와 소외의 정도가 극에 달해 있음을 마가는 보여주고 있다. 게다가 6장에 들어와서는 이편이라는 공간의 중심이 되는 고향과 마을 회당에서 고향 마을 사람들의 응답은 낯설기만 하다.

마을이라는 한 공간 안에서의 친숙함의 경험과 공유된 기억으로 인해 과거에 함께 자란 한 소년이 성인이 된 것을 익숙하게 봐왔던 지인들과 가족들인 마을 사람들은 예수와 그를 따르는 무리들의 출현에 대해 낯설음의 충격 반응을 보인다. 이편의 중심이라 볼 수 있는 고향과 그 고향의 정신적 지주였던 회당에 익숙했던 마을 사람들은 그 어떤 변화의 근본적인 움직임을 보여주지 못하였다. 그들의 집단적 과거 기억이 출현한 예수 일행의 미션에 대한 새로운 '봄seeing'·자각을 차단한 것이다.

생존, 습관, 과거, 기억은 길을 열고, 길을 가는 데 있어서 자원이 되는가 아니면 장애가 될 것인가는 중요한 이슈이다. 이런 것들은 내가 의지를 내기 전에 이미 문화적으로 그리고 구조적으로 주어진cast, 던져진 메커니즘이다. 꿈으로든, 사건이든 혹은 그 어떤 인물의 만남을 통해, 주목-자각-성찰-선택의 사이클을 자기 내면에서 갖지 않는 한, 배움·성장·변화의 기회는 일어나지 않는다.

마가는 익숙함과 낯설음의 공간과 시간 그리고 관계에 대해 예민한 분별로 청자·관객을 초대하며 하느님 나라의 신비를 체화하기라는 목적지에로 '길 가기'라는 시도에 있어서 머무름과 떠남의 긴장의 역설을 풀어내고 있다. 게다가 이편과 저편의 물리적 공간을 비유파라볼레-곁에 던져짐이란 뜻로 삼아 숨겨져 있던 실재인 정신적이고 영적인 의미 영역을 드러내고 있다. 물론 이것은 내 육안의 봄seeing을 넘어선 인식을 요구한다. 익숙한 것을 넘어선 그리고 이편의 것을 넘어선 시야가 필요한 것이다.

마가에 따르면 예수는 '믿음'이라는 시야로 가능하며, 군중은 그런 시야를 갖고 있지 않음을 진술하고 있다. 물론 이 믿음이라는 단어는 우리가 제도권 교회에서 듣는 믿음과는 다르다. 그것은 최소한 생명과 자비를 무제약적으로 주는 실재씨뿌리는 자/자라나는 씨와 내면의 빛등불에 대한 내면의 조율과 일관된 태도에 대한 것이기도 하다. 이는 눈으로 무엇을 확인하는 것 이전에, 즉 시야로 보는 객관적 증거의 추론적 해석이 아니라, 증거없이도 자신이 무엇에 근거되어 있는지에 대한 일관된 태도로서 믿음이다. 그 예가 바로 물 위에서지탱할 것이 없음 저편으로 건너갈 때 오는 사나운 바람과 파도에 대한 꾸짖음과 믿음의 요청에서 이미 보인 것이었다. 이는 내면에서 오는 것이지 보는 현상으로부터 오는 증거는 아니었다. 마을 사람들은 일어난 현상인 회당에서 예수의 가르침에 대해 중요한 질문을 하였지만, 그것에 대해 올바른 대답은 갖지 못했다.

> "저 사람이 어떤 지혜를 받았기에 저런 기적들을 행하는 것일까?
> 그런 모든 것이 어디서 생겨났을까?"6:2

구경꾼이자 관찰자로 자신을 예수의 메시지에 대해 거리를 두며 본 사람들은—즉 밖에 있는 자는— 질문은 할 수 있으나 그에 대한 진실의 대답을 얻을 수는 없다. 왜냐하면 자기 실존을 거기에 거는 '길'에 대한 영혼의 갈증을 느끼지 않기 때문에, 빗나가는—질문의 화살이 활에서 당겨져 나갔으나 과녁을 맞추지 못하는— 결과를 초래하기 때문이다. 물론 마가는 스토리텔링의 주요 사건들에서 목표에 벗어남이라는 현실들을 통해 숨겨진 커리큘럼인 제자도에 다다름 혹은 길 가기에 대한 목적 수행을 관객·청자들에게 넌지시 암시하여 우리를 초대하고 있기도 하다. 지혜와 기적에 관한 질문을 제기하는 것도 쉬운 일은 아니다. 먹고 살고 익숙한 것에 정착하는 것도 생존에 버거운 일이기도 하다. 허나 아브라함의 후손으로서 '네 본토, 친척 아비의 집을 떠나 내가 장차 지시할 곳으로 가라' 라는 인생 순례의 과제는 익숙한 것을 떠나 낯선 곳으로 향함과 미션의 실현으로서 머무름에 대한 긴장된 부름calling이 우리 인생에 있는 것이다. 여기서 제시하는 기적은 단순히 미라클 곧 예기치 않은 초자연적인 현상에 대한 언급은 아니다. 헬라어 뒤나미스dýnamis는 어원이 '할 수 있음ability'에 대한 것이며 내재적인 힘과 관련되어 있다. 이는 무력감, 무가치함에 대한 근원적이고 내적인 힘에 대한 것이며, 그러한 기적의 실효성으로서 잠재적인 힘의 실현은 상호성을 띄며 그것을 수용하는 자의 태도와 연관되어 드러난다. 즉, 객관적 표상 表象, presentation으로서가 아니라 그것을 내적으로 동의하는 자의 받아들임에 따르는 상호주관적 연결에서 눈에 보이고 나타나지는 것이다. 그러므로 기적의 현상은 관찰자와 구경꾼에게 가능해도 그것의 내적인 힘의 전가나 공유 혹은 그것의 출현은 연결과 위임을 한 자에게만 드러나는 현실이 된다. 이런 점에서 "자기 고향과 친척과 집안"6:4에 공간만 공유한 사람에게는 그 기적의 힘이 나타나지 않는다.

이에 반하여, '하나님의 뜻'을 안에서 받아들이고 실행하는 제자들에게는 "악령을 제어하는 권세"6:7가 기적헬, 뒤나미스, 가능성의 현실화로 작동된다. 여행 지팡이 외에는 아무런 것도 지니지 않은 무소유의 상태에서 제자들에게 권세를 작동시킬 권한이 부여된다. 그러한 무소유의 상태는 내적인 정화와 미션에 대한 주목을 불러 일으키는 내재적 에너지를 부여한다. 그러한 태도와 마음가짐은 '악령을 제어하는 권세'가 작동할 수 있게 한다. 여기서 말하는 권세헬, 엑수시아 exousia ex/ek="out from" + eimi="be, being"는 헬라어가 의미하는 것처럼 "나는 …이다"라는 본래성으로부터 분출되어 나오는 힘empowerment이자 권위authority= the power to authorize를 말한다. 이는 외부적인 강함'힘센 사람'-3:27 참조에 대한 것이 아니다. 오히려 존재하는 힘the power to be이며, 소유력이 아닌 존재력길 위에 서 있음에 대한 것이다. 그리고 이것은 이미 도래한 하나님 나라의 도구가 됨으로써 방출하게 되는, 궁극 실재와 내면의 중심이 연결되어 나오는 힘이기도 하다.

마가의 증언에 따르면 예수와 그의 말을 뒤따라 행한 제자들의 실천에서 드러난 기적과 권세는 "하나님 나라의 신비"4:11의 예표이자 가시화된 가능성이다. 이는 길 가는 자로서 길에 들어서서 어느 정도 그 길을 걸어가면서 열리는 새로운 주체성의 능력이다. 즉, 길에 어느 정도 들어서고, 일어난 현상들에 대한 분별의 경험이 쌓이면서 부여받게 되는 기적ability이자 권세authorizing power =스스로 창조하는 주체적인 힘이다. 이것은 실재의 이치에 접속된 귀 있는 자의 알아들음과 그에 대해 헌신하는 연결의 통로가 된 자들을 통해 나타나는 보편적인 작동이자 현실성actuality이다.

마가의 진술은 땅에서 일어나는 현상의 숨겨진 본질과 그 현실성을 하늘의 스크린에 투영한 신화적인 표현으로 악령추출, 질병 치유의 기적 등으로 신화적 언어로 표현하고 있지만, 그 안에는 실존적이고, 보편적인 인생의 참살이를 현상이라는 비유의 껍질로 전달하고 있다. 그 비유의 껍질을 벗기고 들어가 주목하면 이천년의 공간과 시간을 뛰어넘는 실존적 맥락이 드러나 우리를 보편적 현실로 불러들인다. 심어진, 보이지 않은 씨앗으로서 가능태to be는 마음의 옥토라는 수용과 주목을 통해 현실태/능력화to be authorized/manifested로 드러난다. 당연히 그 힘은 악한 영을 쫓아내고 병을 치유하는 온전함에로의 복귀·회복에 대한 것이기도 하다.6:13 이것은 일반인이자 자연인으로서 살다가 선택과 훈련, 수용과 실천을 통해 누구에게나 일어날 수 있는 보편적인 기적이자 권세이다.

악령추출을 통한 온전함, 질병 치유를 통한 웰빙의 상태로 힘을 행사하는 권세에 대한 것과 달리, 세례 요한의 죽음과 관련된 이 세상 왕권에 대한 비판적 대비의 스토리가 여기서 전개된다. 제자들이 보여주는 새로운 권위와 권세의 삶과 대조적으로 이 세상의 통치자인 헤로데 왕이 자신의 치정 관계와 관련된 사소한 불편함으로 인해 예언자 요한을 죽이는 권력의 오용, 즉 부패하고 타락한 권력이 대비되어 스토리가 전개되는 것이다. 소유와 특권의 권력이 행사하는 방식이 예언자의 목을 자르게 하는 힘으로만 행사될 수 있다는 것은 이 세상의 나라와 하느님 나라의 힘의 사용의 극명한 대비를 보여준다.

이 이야기는 앞서 나온 베엘제불과 성령 이야기3:20-30에서 예수가 미쳤다고 더려운 악령에 사로잡혔다고 하는 루머에 대한 예루살렘의 율법학자들의 전파와 친척들의 확신에 대한 반증의 이야기이기도 하다. 실제로 미친 이 혹은 더러운 악령에 사로잡힌 이3:21, 30의 대표자는 사실상 이 세상 권력자이자 '강한 자'인 헤로데 왕인 셈이다. 강함이라는 정치적 힘의 사용이 예언자를 살해하는 '죽이는 힘' 혹은 망가뜨리는 힘밖에 지니고 있지 않다는 권력의 본질을 비판하고 있다. 헤로디아 딸의 한 번의 춤이 그렇게 가볍게 예언자의 목을 벨 수 있는 간단한 결정으로, 윤리적 무관심과 무감각으로 자기 행동과 선택에 행동으로 이어지는 그러한 문화적 덫이야말로 함께 길가는 동행자로서 눈여겨봐야 할 성찰 주제이다. 그러한 권력의 본질은 무엇이며, 무엇이 그러한 권력행사를 가능하게 하는가? 어떤 신념이—어떤 악한 영의 장난이— 그 뒤에 작동하고 있는 것인가?

이것이 바로 앞에 나온 열두 제자들의 '악령을 제어하는 권세'가 부여된 파견 이야기와 대비하여 극명하게 드러나는 실증이다. 자존심을 세우기 위해 사소한 동기로 예언자를 죽일 수 있는 예를 통해 하나님 나라와 이 세상 나라의 권력에 대한 출처, 사용

동기, 그 효과나 결과가 엄연히 다르다는 점에서 마가는 이 세상의 힘, 권력, 특권에 대해 비판적 관점을 제공하고 있다.

물론, 이는 단순히 권세와 권위에 대한 극명한 차이 이야기로만 끝나는 것은 아니다. 오히려 그동안 익숙했던 권력·특권과의 공모와 그러한 체제와 메커니즘에 익숙했던 관객과 청자들에게 자각을 불러일으키어 익숙함을 낯설게, 낯선 현실에 적용하는 인사이드-아웃, 아웃사이드-인의 시각 교정을 제자직 실천의 중요한 기회로 마가는 우리에게 그 이야기를 던진다.cast 이야기만 아니라 사건도 비유, 즉 파라볼레, 옆에 던져진 몽학교사의 사례로 주어진다. 그렇게 해서 어떤 인식과 선택이 나에게 가능하겠는가에 대한 질문을 남긴다.

> "어디서나 존경을 받는 예언자라도
> 자기 고향과 친척과 집안에서만은 존경을 받지 못한다"6:4

'자기 고향과 친척과 집안'이라는 익숙한 내면의 경계선이 내 안에 어떻게 울타리를 치고 나를 일어서서 걷게 하는 데 대한 시야와 걷는 행위를 막고 있는 것인가? 어떤 종류의 권세와 힘존재로서 권세와 특권의 소유로서 권력을 나의 일상과 미세한 관계의 영역에서 행사하고 있는 것인가? 길을 걷는 역량은 사소함과 공적인 것 사이에 큰 구분이 없음을, 아니 사소한 영역에서 지녀야 할 치열한 분별의 시야와 능력의 어떤 종류를—능력 부여인가 아니면 지배로서의 힘인가— 자기 내면이 그리워하고 있는지를 살펴볼 것을 요청하고 있다.

건너감이 남긴 것

막 6:30-56

도입과 배경

예수께서 제자들을 선택하고서 길을 가는 훈련 공동체로서 처음 공유한 비전은 하느님 나라에 대한 비유와 그 의미였다. 그리고 실재신와 자기 정체성에 대한 근본적인 이해를 통해 제자들과 함께 시도한 길 가기는 "호수 저편으로 건너가자"4:35라는 공동 행동이었다. 그러한 건너감의 경험의 핵심은 '저편'에서 악령의 지배와 다시 돌아온 항해에서 보여진 '이편'에서 질병의 만성화에 대한 목도였다. 따라서 예수의 길 가기 행동은 악령 축출과 질병 치유에 대한 사역에 모아지게 된다.

이렇게 도보 여정과 물 위로 건너는 항해는 길 열기와 길 가기에 대한 심화된 의미를 서로 강화한다. 항해를 통해 두려움과 무력감의 상황은 길 가는 것에 대한 의미를 조명하고, 버거움에도 불구하고 무엇을 위해 그리고 왜 행동하는 지를 의식 속으로 불러들인다. 길을 막는 장애물보다 길을 여는 이유와 그 동기 그리고 이를 통해 더욱 강하게 나는 누구이고 무엇을 희망하는 지를 자기 내부를 들여다보게 하며, 무엇에 기반하여 움직이고 있는지에 대한 확인 점검도 불러일으킨다.

길을 가는 것에 대한 장애와 반대가 거셀수록 예수의 행동은 제자들에 대한 경험적 훈련에 집중된다. 제자들 선택 후 비유로서 하느님 나라의 이야기가 선포되었다면 그것을 실천하는 의미에서 항해가 뒤따라왔고, 이제 제자들의 파송을 통해 '악령을 제어하는 권세'와 질병 치료의 권위를 통해 더 심화된 경험적 학습을 하게 된다. 이렇게 6장 후반부의 오천 명을 먹이신 기적과 재차 물 위를 걸으신 기적은 앞선 이야기의 의미를 확대 강화한다.

흥미로운 것은 상황이 좋지 않게 흘러가고, 오히려 반발과 거부감이 세질수록 예수의 활동은 더욱 길 가는 행동을 멈추지 않으며, 제자들로 하여금 무언가 실천 행동을 통해 매진하도록 하시는 것을 볼 수 있다. 그것은 이미 기적이라는 단어가 뜻하는 "뒤나미스"ability로서, 그 능력은 자기 안에서 솟는 연결과 힘empowerment에서 오는 것이다. 이는 비유의 씨앗과 등불에서 암시된 가능성이며 악령 축출과 질병 치유에서 그 현실성을 보여주고 있다. 또한 어둠 속에서 저편으로 건너가며 사나운 바람과 파도를 잔잔케 하는 능력이기도 하다. 전적으로 외부 조건에 매이지 않으며 오로지 길을 가는 자의 내적 자아와 주변과의 상관적 관계성이 일으키는 참자아의 에너지에 연관된다.

둘씩 짝을 지어 열두 제자를 파견하며 '악령을 제어하는 권세'를 부여하여 오직 여행의 지팡이 외에는 아무것도 소유하지도 그것에 의존하지 않게 한 것은 자신의 의식을 분산시키지 않고 오로지 하나의 미션에 전념시키는 방법이기도 할 것이다. 아무 것도 없기에 이들은 권세라는 것 하나에 의존할 수 있었고, 이를 통해 '마귀들을 많이 쫓아내고 수많은 병자에게 기름을 발라 병을 고쳐주는'6:13 능력을 발휘할 수 있게 되었다. 그 권세authority는 바로 그 존재 안에서 나오는—헬라어 권세는 존재to be 혹은 자기로부터 분출함to be authorized이란 뜻이다— 영향력을 말하며, 이는 실재와 자신의 참자아의 일치로 인해 분출되는 공명과 치유를 뜻한다. 이렇게 하느님 나라의 신비는 머리로서의 이해가 아니라 프락시스라는 실천 속에서 저절로 드러나 그 본질과 역량을 발휘한다.

본문 속으로 들어가기

앞서 설명하였듯이 예수의 일차 항해는 열두 제자의 선정과 비유, 그리고 저편과 이편의 분리로부터 오는 악마화와 질병화의 통합과 치유로서 온전함을 향한 여정으로서 함께 길 열기에 대한 것이었다. 이제 본문에서는 다시금 호숫가 건너편으로 다 함께 향행함으로 시작한다. "예수의 일행은 배를 타고 따로 한적한 곳을 찾아 떠났다."6:32 이러한 그들만의 한적한 곳으로 여행도 소용이 없게 되었는데, 그 이유는 여러 동네 사람들이 육로로 그들을 앞질러 그곳에 갔기 때문이다.

예수는 배에 내려서 "목자없는 양과 같은 그들을 측은히 여기시어"34절 가르치며 오천 명이나 되는 무리의 굶주림을 "빵 다섯 개와 물고기 두 마리"로 배불리 먹게 하였다. 이는 바로 앞에서 세례자 요한의 목을 베게 한 헤로데 왕의 역할과 행동과는 대비되는 목자의 모습이다. 또한 이 세상의 권력과 하늘 나라의 권세 간의 차이이기도 하다. 굶주린 무리에 대한 연민과 돌봄을 기본적으로 갖는 것은 목자의 양에 대한 당연한 마음이다. 여기서 길을 열고 길을 고르게 하며 길을 가는 자는 물리적인 공간의 이동을 넘어 어떤 차원의 길을 열고 길을 내야 하는 지를 확인한다. 그것은 민중의 필요에 대한 돌봄 앞에 서는 것이며, 두려움과 결핍의 불가능성 속에서도 그 가능성_{원래 기적이란 헬라어 뒤나미스가 의미하는 바가 가능성이다}을 여는 것이다.

하나님 나라의 신비는 '저녁 때' 시기적으로 좋지 않은 시간에 한적한 곳이라는 공간의 제약 속에서 자신들의 잠재적 가능성을 돌봄을 통해 현실화시키는 데서 드러난다. 이는 겨자씨라는 세상에서 가장 작은 씨앗이 공중에 유리하는 새들의 보금자리가 되는 나무가 되어줌의 성장에 대한 비유처럼 오천 명이라는 거대한 군중 앞에 아무런 도움이 안 돼 보이는 "빵 다섯 개와 물고기 두 마리"를 통해 일어나는 나눔의 사건이 그 예시이다.

기적은 배불리 먹고 남았다는 데에 있지 않다. 오히려 결핍의 상징과 상황 속에서 질서 있게 백 명 또는 오십 명씩 앉았다는 것이고, 그 결핍의 상징을 손에 들어 '하늘을 우러러 감사의 기도를 드렸다'는 것과 함께 모두가 그것을 목격했다는 사실에 있었다. 이렇게 해서 지팡이 외에는 아무것도 가지고 다니지 말라는 말씀에 대응하여 눈에 아무것도 없음의 무력감과 낭패의 상황에서 무언가 서로 그 물질을 통해 전달되는 나눔과 돌봄의 진정성과 감사의 차원을 함께 경험하게 된다. 이는 무언가 새로운 '건너감'의 경지가 제자들의 심장 안에서 생길 수 있었던 사건이기도 하다. 어찌 되었든 그들이 예측한 것과는 달리 부족함이 없는 순간을 모두가 맛보게 되었고 풍족함까지 느끼는 시간이 되었다. 그리고 나서는 다른 상황이 펼쳐진다.

　　그 뒤에 곧 예수께서는 제자들을 재촉하여
　　배를 태워 건너편 베싸이다로 먼저 가게 하시고

그 동안에 혼자서 군중을 돌려 보내셨다.6:45

지도를 보면 베싸이다는 유대인 쪽인 '이편'에 위치한다. 이번 경우에 예수는 남아 제자들을 재촉헬, 에난카센 ēnankasen은 '긴박하게 밀어붙이다'는 뜻이다하며 "날이 저물었을 때" 이쪽으로의 두 번째 항해를 시도하게 한다. 이 두 번째도 제자들은 사나운 바람 정도가 아니라 오히려 방향이 반대인 "역풍을 만나 배를 젓느라고 몹시 애를 쓰고 있었다."48절 지난번의 경험이 어느 정도의 교훈이 되어 스스로 배를 젓는 노력에 전력을 다했던 것은 사실이다. 그러나 그다지 도움이 되지는 못하고 있다. 그런 와중에서 새벽 네 시쯤 예수는 물 위를 걸어서 "제자들 쪽으로 오시다가 그들 곁을 지나쳐 가시려는" 상황에서 제자들은 "예수께서 물 위를 걸어 오시는 것을 보고 유령인 줄 알고 비명을 질렀다."49절 이번에 그들이 겁을 먹은 것은 사나운 파도와 역풍이 아니다. 마가는 그들이 예수를 보고 겁에 질리게 되었다고 증언하고 있다.

옆으로 지나쳐 가시려 했던 예수는 뭍에서 기다리고 있던 군중들이 측은해서 배에 내려 다가가신 것처럼, 이번에도 "나다 겁내지 말고 안심하여라"는 말과 함께 배에 오르셨고 바람은 마침 그치게 되었다. 그리고 그 사건으로 마가의 한 해석이 남아있게 된다. 이 해석은 오직 마가에만 있는 문구이기도 하다.

그들은 마음이 무디어서헬, 포로 póroó= 돌로 만든, 지각이 없는
군중에게 빵을 먹이신 기적도
아직 깨닫지 못하였던 것이다. 6:52

그리고 나서 건너편 겐네사렛 땅에 도착하여 평소와 다름없이 군중들이 몰려오고 질병 치료가 단절되지 않고 이어지게 된다. 이렇게 재차 시도한 항해 도중에 어려움이 일어난 사건이 있었음에도 돌봄의 사역은 계속 전파되고 이어지고 있다.

성찰과 여운

일차 항해와 관련된 주변 상황과 맥락은 예수 홀로 제자들을 포함해서 무리들에게 행한 가르침과 치유 이야기이다. 그러나 이차 항해의 이야기 앞뒤의 이야기에는 그 성격이 다르다. 오천 명을 먹이기 이야기에는 상황을 뻔히 알고 있을 예수가 "너희가 먹을 것을 주라"37절고 이른다. 또한 항해도 예수 자신은 의도적으로 빠진다. 홀로 기도할 시간을 보낸다 그리고 제자들을 "재촉하며" 건너감에 대한 강한 압력을 행사하며, 제자들이 겪고 있는 상황이 묘사되고 있다. 독자로서 우리는 이것이 '권세authority = the power to be, to be authorizing/스스로 창조 질서의 작업을 하기'에 대한 나눔으로서 리더십에 대한 학습 요청과 관련되어 있음을 간파한다.

제자란 스스로 언젠가는 스승과 같아져야 할 필요가 있다. 마스터로서 스승은 제자들의 삶의 방향과 태도 그리고 그 분별 능력이 자신의 마음과 같아질 것을 기대한다. 그리고 삶의 맥락에서 일어나는 사건과 관계를 기회로 삼아 자신에게 있는 것을 남김없이 전수하고자 한다. 그러나 대개 제자는 스승이 사라져야 비로소 살아계셨을 때 그분이 자신에게 어떠한 분이신지를 깨닫게 된다. 물론 나중에라도 깨달으면 다행이기도 하다 걸어온 길을 뒤 돌아보면, 엄청난 교훈과 선물이 있었던 중요한 순간이 두려움으로 인해 '마음이 경직되어/무디어서' 있어서 그 교훈을 아깝게 놓친 여러 순간이 있다. 스승은 이제는 고인이 되어 이 땅을 떠나고, 내 자신이 어느덧 어른이 되어 그 책임 수행이 준비 안 된 채로 내게로 넘겨온다. 지나가 버린 일을 어떻게 되돌릴 수 있겠는가? 단지 마음에 새겨 남은 세월 조금이라도 건너감을 수행해야 할 일이다.

11

본문에 따른
성찰질문

막 6:30–56

1. 편안한 자세로 호흡을 고르게 한 후 거룩한 영의 안내를 요청한다. 오늘 만난 본문의 단어나 문장 혹은 이미지를 주목하고 거기에 연결하여 머문다. 본문이 영혼과 삶을 비추어 준다면 영에 의지하여 그것이 자신을 바라보게 한다.

2. 당신의 기억이나 이해로서 '오천 명을 먹이신 기적'은 무엇이었는가? 오늘 다시 본문을 읽으면서 공동나눔의 흐름 속에서 '기적'의 의미에 대해, 혹은 이 이야기 속에서 그 당시 제자로서 있었다면 무엇을 느끼거나 경험하는 것으로 가슴에 남을 것 같은가?

3. 당신이 개인적인 휴식으로서 '따로 한적한 곳으로 가서 좀 쉬자'는 내면의 요청과 찾아오는 사람·필요·할 일 등이 너무 많아서 음식을 먹을 겨를조차 없는 삶의 과제들이 충돌하고 있을 때 각각에 대해 어떤 마음이나 생각이 들었는가? 그런 모순된 상황 속에서 당신은 어떤 것을 주로 돌보고 어떻게 돌보고 싶은가? 그 동기는 무엇이기를 원하는가?

4. 날이 저물어 배는 바다 한 가운데 있고 당신과 동료들은 마침 역풍을 만나 배를 젓느라 몹시 애를 쓰고 있었던 것과 유사한 당신 생애의 어느 순간을 상상해 보라. 재차 그런 일이 벌어진다면 당신의 내면과 행동은 어떤 태도를 취할 것 같은가? 왜 그러했으면 하는가?

5. 당신이 아직도 마음이 무디어서…아직도 깨닫지 못한 것이 있다면, 그것은 무엇인가? 그 이유나 원인은 무엇이라 생각하는가?

악마화된 현실에서 길 가기에로의 초대 | 151

빵을 먹이는 기적의 의미

막 6:30-56

길 가기의 변형으로서 항해길 건너기는 마가가 자주 사용하는 반복을 통한 의미 강화라는 스토리텔링의 중요한 패턴이다. 첫 경험이 '이것은 무엇이지?'라는 선행적 질문과 그에 대한 이해로 초대한다면, 두 번째 유사한 경험은 선행 경험을 통해 그 의미의 진정성과 명료화라는 성찰과 마음에 새김이라는 과정으로 안내한다. 따라서 앞의 사건은 뒤의 사건에 대한 인식의 문을 열어주고, 선행된 경험은 두 번째 경험을 자리매김해 주고 심화시키는 역할을 한다.

오병이어의 오천 명을 먹이신 사건은 오랜 기독교 신앙생활을 한 사람이라면 너무나 익숙한 내용이며, 빈번하게 만나면서도 성인이 되고 나서는 신앙의 프레임에 억지로 믿어야 하는 골치 아픈 이야기이기도 하다. 왜냐하면 그리스도의 초인격성신성의 확인이나 혹은 신앙의 절대적 신뢰라는 두 설교 형태를 제외하고 이 이야기에 접근하는 경우가 없었기 때문에 자신의 지적인 정직성에 상충하는 의심과 반발이 당연히 제기되는 것을 눌러야 하기 때문이기도 하다. 그렇다고 해서, 그러한 지적인 정직성에 상충되는 이야기가 제대로 '설명'되는 것이 마가가 의도하는 것도 아니다. 왜냐하면, 마가는 길 열기, 길 만들기, 그리고 길 가기와 관련하여 스토리에 대한 매우 직관적인 방식을 택하여 행동으로 잇는 방법을 취하기 때문에, 지성화나 납득됨이라는 생각의 차원을 제자직 형성이나 실천 공동체의 구축 방식으로는 그리 신뢰하지 않고 있기 때문이다.

이번의 본문은 두 번째 항해의 구조 속에서 처음 항해의 예수와 함께 했던 경험이 스토리가 바뀌어 제자들만의 항해로 전개되고 있다. 그리고 오병이어의 오천 명을 먹이신 사건은 특히 네 복음서에 모두 나오는 스토리로서 그만큼 원시기독교 공동체에서는 중요한 자리매김의 위치에 있음을 볼 수 있다. 특이한 것은 이 사건은 두 항해의 가운데 끼어 있다는 점이다. 즉, '악령을 제어하는 권세authority'를 부여받은 제자들의 파송 이후 돌아와 그들과 함께 "따로 한적한 곳으로 가서 함께 좀 쉬자"라는 예수의 제안을 통해 항해가 이루어지고 나서6:30-32 뒤쫓아온 무리들에 의해 자신의 의도와 달리 일어난 사건이다. 이 사건이 끝나고 예수는 "제자들을 재촉하여 배를 태워 건너편 베싸이다"로 먼저 가게 한 항해 사건이 이어진다. 이 이야기는 건너감 주제에 초점이 맞추어져 있으며, 그 예로 이방인 땅의 '저편'에서 유대인의 거주지인 '이편'에로 항해가 일어났으며 이는 '바다를 건너 겐네사렛 땅에 배를 대었다'53절는 문장을 통해 확인된다.

마귀를 제어하는 권세로 미션 활동을 하고 돌아온 제자들과 쉼을 통해 그 의미를 새길 겨를 없이 또다시 오천 명을 가르치고 5개의 빵과 2마리의 물고기로 먹이는 사건이 일어난다. 이어서 제자들만의 두 번째 실패할 뻔한 항해 이야기가 이어져 있다. 그리고 마가만의 독특한 해석이 이 항해 사건에 연결되어 있다. 그것은 다음과 같다.

> 그들은 마음이 무디어서 군중에게 빵을 먹이신 기적도
> 아직 깨닫지 못하였던 것이다. 6:52

위 구절을 가만히 들여다보면 항해에서 비명 소리를 내고 힘들어했던 그 흔들림의 경험을 예수는 앞서 일어난 오병이어의 '빵'과 연관시키고 있다. 그러기 때문에 오병이어의 이야기는 그 사건 시작에서 예수의 항해에 대한 초대와 그 사건 후 예수가 재촉한 제자들의 항해 경험과 맞물리면서, 각각이 상대 이야기의 의미를 강화하고 일관성을 갖는 이야기임이 밝혀진다. 그것을 마가는 독특하게 숨겨진 의미의 연관성을 이으면서 오병이어의 사건과 제자들의 항해 사건을 병치하고 있다. 그리고 그 열쇠는 마음이 무디지 않고 열린 상태로 주목하게 하여 '군중에게 빵을 먹이신 기적'을 깨닫는다면 이 역풍의 난항에 대한 의미도 풀린다는 것을 알려주고 있다.

예수가 비유로 말한 '하느님 나라의 신비'4:11에 대한 접근은 그 이전에 이미 세리

레위를 부르고 그의 집에서 식사할 때 '세리와 죄인들' 중 '여럿이 예수와 그의 제자들과 함께 그 자리에 앉아 있었'던 사건을 통해 예표像表된다. 그리고 유명한 말인 "나는 의인을 부르러 온 것이 아니라 죄인을 부르러 왔다"2:17의 의미는 예수 사역의 본질 중 하나인 세리와 죄인들과의 식탁교제를 통해 드러난다. 그러한 아웃사이더들과의 선행된 식탁교제가 이번에는 한적한 곳 그리고 저녁에 오천 명이나 되는 거대한 군중과 연계되어 재차 일어나고 있다.

앞선 글들을 통해 여러 번 확인하였듯이 '길을 고르게 하기'1:3는 삶의 조건과 상황인 공간, 시간, 그리고 관계에 대해 어떻게 바라보는가 그리고 어떤 행동을 하는가에 따라, 길 열기와 길 가기의 본성과 그 방법이 점차 드러난다. 물리적 공간인 회당, 가정, 마을, 거리, 산, 호숫가에서 악령과 질병의 점유에 대한 축출과 치유, 금식일과 안식일을 지키는 일의 목적과 의미의 변형—하지 않기에서 아버지 뜻에 선한 일을 하기—그리고 관계에서 사회적 배제와 소외에 대한 연결과 포함은 하느님 나라 도래의 확실성을 보는 징표이기도 하였다.

예수가 별종의 인물이나 신적인 인물로서가 아니라 길가는 존재의 전형적인 예표이자 참인간됨의 구체적인 인격 모형이라 한다면, 제자들도 예수에게서만 일어나는 일이 아니라 우리 인간의 보편적 가능성이자 참인간됨의 가능태에 대한 구체적인, 그 당시 갈릴리 사회조건 하에서의 현실화로서 뒤따름이 필요했다. 마가는 이를 직관적으로 통찰하였고 스토리텔링의 방식으로 제자들도 뒤따라 할 수 있는 실습으로서—그러나 제자들은 실패하였다는 게 마가의 증언이다— 오병이어의 사건과 제자들만의 항해 사건을 언급한다.

예수와 제자들의 본격적인 공동행동으로서 '악령을 제어하는 권세'6:7의 부여는 실제로는 포괄적인 의미를 지닌 것임을 제자들은 이해할 필요가 있었다. 그것은 단순히 문자 그대로 귀신축출엑소시즘이라는 뜻만 아니라 질병 치유를 통한 온전한 정신회복에 대한 것이기도 하였다. 그리고 그러한 수동적인 온전성만 아니라 자연의 바람과 바다를 꾸짖고 고요하고 잠잠하라는 권세에로의 확장, 즉 두려움과 공포에 대한 제어도 포함된다. 더 나아가서는 결핍이나 상실에 대한 치유와 회복이라는 능동적인 능력 부여empowerment와 관련되어 있기도 하다.

그러므로 마가가 말하는 기적과 권세는 지금까지 보여준 명시적인 진술과-대중의 이해와 선입견- 달리 숨어있는 의미 영역이 있는 또 다른 '비유'이기도 하다. 그리고 오병이어와 항해도 그러한 비유파라볼레의 속성을 지닌다. 곁에 현실적으로 던져 있어서-볼레- 목격을 하고 있으나 다른 것이 함께 있음-파라-이라는 의미 차원을 위한 사건들인 것이다. 즉 그것은 각자 시간, 공간, 관계의 독특성 속에서 개별성을 지니고 있으나, 비유로서 그것은 개별성을 넘어 초월의 궁극 경지를-하느님 나라의 신비-여는 문이기도 하다. 이는 '이 지상적인', 혹은 '세속적인'이라는 영어 단어인 profane이 '거룩함fane'에 '앞에pro-' 있는 것을 뜻하듯이 일상적인 것은 거룩함의 앞 공간에 있고, 그 공간은 실재Reality에로 들어가는 문의 형태를 뜻한다는 것을 암시한다.

흥미로운 점은, "저 사람이 어떤 지혜를 받았기에 저런 기적들을 행하는 것일까?"6:2에서 기적이 영어의 미라클miracle이라는 단어보다는 그 헬라어 원어가 '뒤나미스'ability라는 점이다. 이 점에서 기적은 '초자연적인' 현상의 일어남이나 혹은 일반 대중의 상식을 당혹스럽게 만드는 '마술적인 것magical'이 아니다. 그것은 가능성을 실현하는 점에서 잠재적인 것의 가능태로 가져와 그것을 현실성으로 목격하게 만드는 것이다. 그리고 여기서 말하는 '권세authority; the power to be'는 권력의 부림이 아니라 스스로 창조하는authorizing 내적인 권위에서 분출된 능력화empowerment이다. 그기에 앞장에서 몇 군데 나오는 '일어나 집으로 가라'라고 할 때, 무력감에서 스스로 일어남authorizing이며, 집은 가정만 아니라 자신의 본래성으로의 찾아가기로 알아들을 수 있다.

두려움과 결핍, 폭력과 지배의 일반 문화 체제에 있어서 '저편으로 건너감passing-over'을 통해 목격한 '저편'의 악마화와 '이편'의 질병화를 똑똑히 경험한 제자들은 그러한 경계선·덫을 무력화하는 데 있어서 가장 상징적인 식탁교제의 본성에 대한 깨달음에로 초대받는다. 돌봄이 제자직에 있어 핵심이 되는 마가의 제자직 실천에로의 실습은 당시의 문화적 실천인 두려움과 결핍에 따른 무력감의 인식과 더불어, 힘을 폭력과 지배의 실천으로 이해한 당시의 문화적 관행과 관련하여 저항과 대안으로써 '돌봄'에 대한 이슈가 점차 드러나고 있다. 돌봄을 일상화하는 구체적인 상징인 식탁은 누가 누구와 밥을 함께 먹을 수 있는지, 누가 무엇을 제공할 수 있고, 무엇을 나눌 수 있는지에 대한 가장 기초적인 실천 영역이다.

두려움과 지배의 문화적 풍토 속에서 모두가 스스로 능력껏 각자도생하는 문화에서 '나 몰라'혹은 뭔 상관인데?라는 근원적인 악령의 목소리에 굴복하지 않고 서로의 고통과 필요를 나누는 돌봄의 실천은 하느님 나라의 신비에 접근하는 중요한 인식의 문을 열 수 있다는 게 마가 기자의 자각이다. 우리의 논리와 정당성은 그러한 두려움과 지배의 문화적 실천에 저항하는 것을 무력화하는 타당한 이유들을 재빨리 그리고 논리적으로나 지성적으로 개발하도록 돕는다. 날이 어둡고, 한적한 곳이어서 식당이나 마을의 자원에 다가갈 수 없는 떨어진 거리에 있으며, 숫자도 엄청나게 감당할 수 없는 오천 명우리는 12명이나 되고, 있는 것도 빈약하거나 내 놓을 수 없는 몫·자원오병이어뿐임을 빠르게 논리적으로나 지성적으로 알아차리게 한다. 더구나 나의 역할이 왜 내가 저들에게 서비스를 해야 하는지에 대한 이해나 공감도 일어나지 않는다. 이렇게 두려움과 결핍에 물들은 우리의 지성은 합리적인 타당성인 '뭔 상관간섭인데?'1:24라는 악령의 목소리를 지지한다.

과거에 해본 적도 없고, 지금에 와서 할 수도 없고, 내 의지나 내 감정이 하기도 싫은 타당한 조건들이 많은 상황에서 '건너감passing over의 실천'은 궁극적 관심으로서 하나에 집중하기를 요청한다. 그것은 상대가 '저편'으로 분리되어 두려움과 결핍으로 인한 고통의 상태에 있다면 장애가 되는 산을 허물고 계곡을 평평하게 하여 길을 내는 것이 나의 인간성을 회복하는 길이라는 점이다.

오병이어의 사건과 제자들의 항해 사건은 '군중에게 빵을 먹이신 기적'의 의미 문제로 우리를 초대한다. 이는 '빵'이라는 물리적 상징을 통해 '하나됨'과 '결속'을 위한 돌봄으로 우리가 부름을 받았다는 점이다. 기적ability은 돌볼 수 있는 가능성 앞에 자신을 던지는 길 가기 혹은 '건너감' 그 자체가 본성이다. 그것이 나의 '이편'에서 안주함을 넘어—이것이 고향에서 존경을 받지 못한 정신적인 메커니즘이다.6:1-6— 나의 인식을 확대하여 '저편'으로 투사한 분리의 공간과 차원을 다시 융합하고 연결하며 통합하는 돌봄이 기적이요 권세가 된다.

우리가 예수의 오천 명을 먹이심이나 불가능한 물 위를 걸어가심이라는 초자연적인 이적 행사나 마술적인 이해의 접근을 제외하고 이 이야기를 보면 매우 중요한 삶의 실존적 의미 영역을 만나게 된다. 즉, 마가가 제시한 '건너감을 통한 가능성의 현실화'의 보편성과 일상적으로 일어나는 그 선물을 이해할 수 있게 된다. 이를 나의 이야기로 풀어보자.

나는 사실 성격상 부끄러움과 주저함을 내성적으로 지닌 사람이다. 이에 대한 이유는 여러 타당한 증거와 경험들이 있지만, 그러한 내 과거 경험의 이해할만한 이유들과 동기들에도 불구하고 내가 훈련가이자 조직가로서 현재 활동을 하는 데에는 오늘의 본문이 주는 연관성이 매우 큰 것을 알게 되었다. 마치 미리 알고 있었다면 더욱 확실히 흔들리지 않고 걸어갈 수 있었을 것이란 생각마저 올라와 놀라운 충격을 받는다. 그 원리적인 일관성, 즉 본문과 내 활동의 연관성이란 무엇인가?

첫째, 나도 내 계획으로 쉼, 나자신의 시간에 대한 추구가 있지만, 현장의 무리들이 눈에 보이면 내치지를 않고 그들을 주목한다.6:34상 그들에게 무슨 일이 일어나고 있는 것인지를 주목한다.

둘째, 현장과 사람들의 고통, 특히 활동가들이 직면한 장애물과 무력감에 대한 인식하기이다.34절 이하 이는 내가 어떤 인물인가 혹은 어떤 재능이 있는가 보다는 그들에게 무엇이 일어나고 있으며 어떤 종류의 고통·필요·장애물이 방해와 무력감을 생산하는가에 대한 꾸준한 알아차림이다.

셋째, 몇 명의 관심을 지닌 이들과 함께 관심을 상의한다.6:36 전략보다는 가치나 의미를 확인한다. 굶주림에 대한 해결이 가치·의미·목적이고 '음식을 사먹기' 혹은 '농가나 근처 마을로 보내기'는 전략·수단·통로임을 알아서 그 둘을 분리해서 먼저 공유 의미·가치를 확인한다.

넷째, 우리의 의지를 내고, 가지고 있는 자원을 검토한다.6: 37-38 우리가 돌보기를 원하는가, 어째서 그러한가를 확인하고 —'너희가 먹을 것을 주어라'— 우리에게 지닌 가능성이나 자원은 무엇인지 성찰한다. 물론 시작 때에는 그것이 어떻게 결과를 가져올지 미리 계산하지 않는다. 일단 모호하지만 있는 것으로 착수한다.

다섯째, 실천 단계와 그 과정을 만든다. 목표나 해결책으로 곧장 가는 지름길이 아니라 해 볼 수 있는 과정을 진행해 나가며 과정에서 함께 하는 이들과 지혜와 힘, 능력과 기회를 나눈다. 리더십을 세우고 과정·일정을 만들어 함께 생각하기의 메커니즘을 만들어 스스로 작동하게 한다.6:39-40 내가 전체의 책임을 지지 않으며 할 수 있는 것에 관해 기여자나 지지자로 계속 역할을 한다.

여섯째, 과정에서 틈틈이 감사와 축하의 시간을 갖는다. 어떤 기여나 성과, 통찰과 결과가 일어나고 있는지를 공유하고 감사한다.6:41 잘못되거나 모자라는 것에 누구를 탓하거나 비판하지 않고, 무엇이 가능하고 무엇을 어떻게 더 할 수 있는지를 묻고 격려한다. 프로그램이나 사업은 왔다 가지만 동료를 잃지 않으려 한다.

일곱째, 리더십을 공유한다. 상대방을 경험에 초대하고, 훈련시키며, 능력이 되면 그것을 적용할 기회를 주고 그러한 현장 접근에 대한 공동의 리더십을 발휘하게 한다. 나나 나의 조직으로부터 떨어져 공동의 활동을 위한 둥지를 만들고 거기에서 활동할 근거지를 구축하며 그들을 지원하되 참견하지 않는다.

여덟 번째, 활동 경험의 피드백을 통해 얻은 결과를 선순환시키는 사이클을 돌린다.6:43 그 활동으로 얻은 경험을 피드백하여 교훈의 빵을 모으고, 그 빵이 다시금 자원이 되어 더 깊고 더 넓은 활동에로 갈 수 있는 자원이 되게 한다. 스스로 훈련 메커니즘 작동시킬 수 있도록 하고, 더 멀리 날아갈 수 있도록 격려하고 축하한다.

길 내기와 길을 가기는 과정적인 경험적 학습을 통해 발견되고, 줌과 기여를 통해 자신이 무엇을 가지고 있고, 무엇이 가능한지를 그러한 기여와 돌봄의 방식으로 알아가게 된다. 그렇게 함으로써 자신의 정체성과 가능성은 다시 생생하게 재조율되며 확장으로 이어진다. 그러한 건너감의 과정적인 실천은 실제로 사업 대상이나 관계하고 있는 상대방의 문제보다 실제로 나의 '마음이 경직됨·마음이 무디어짐'6:52이 가장 큰 장애물인 것을 자각하는 선물을 받는다. 그러한 새로운 깨달음으로 인해 나는 더욱 길 가기와 길건너기에 대한 새로운 소명에 뜻을 세울 수 있다.

빵은 하나의 결속이자 하나됨이라는 돌봄의 실천을 뜻하는 것으로 미리 알았더라면 내 활동은 더욱 역동적이며 생생한 자각으로 일·관계·사람을 주목했을 것이리라는 아쉬움이 남는다. 그러한 아쉬움이 줄어들도록 남은 시간에 내가 할 수 있는 활동에서 길 가기와 길 건너기의 원리를 잘 알아차리고 이것이 기쁨이 되는 길임을 살펴보기를 기대한다.

길 가는 자의 권세: 겉과 안의 전복

회상과 배경

마가에 있어서 제자들을 선택하여 함께 시도하는 길열기와 길 가기 및 저편으로 건너감이라는 항해는 지리적 장소로서 '저편'과 '저편'에로의 넘어감을 통해 다시 보이는 '이편'의 현실에 대한 자각을 통해 이루어진다. 그리고 이것은 다른 또 하나의 맥락과 서로 파동을 일으키며 하느님 나라의 신비에로의 접근성을 서서히 드러낸다.

그 다른 맥락은 이미 언급한 '산에 올라가'3:13와 '집에 돌아오심'3:20의 길이다. 전자는 예수 홀로 한적한 곳에서 기도하심과 후자는 고통받고 있는 민중의 현실과 일상으로 그 패턴이 반복된다. 산과 한적한 곳은 마음의 실존적 터전인 신앙의 근본인 참다움의 체험 공간이며, 귀향과 세상의 고통에 대한 접촉은 자비의 나눔에 대한 공간으로 이 둘은 내면의 수직적인 관계로서의 깊이와 수평적인 관계로서의 넓이의 상호 교호적인 통합에 대한 것이기도 하다.

그러므로 마가에서 울려 퍼지는 하나님 나라에 대한 기쁜 소식이라는 팡파레는 길 가는 전진가에 대한 것이다. 그 노래는 공간을 갈라 저편을 악마화하는 담을 헐고, 그로 인해 이편의 질병화하는 증상을 치유하는 길을 연다. 그러한 분열은 이편에 있어서 권력자·엘리트들의 무자비함의 완고함을 드러내고, 이편에서 소외된 아웃사이더들에게―사실상 '이편' 안에서도 '저편'이 되어버린 이들― 식탁교제를 베풂을 통해 하나 됨이라는 사건으로서 '빵을 같이 먹음'오병이어의 기적에서 더욱 구체화된다. 기적의 본래 뜻이 그러하듯이 초자연적인 사건의 일어남이 아니라, 마음이 열려서 비통한 현실에서 서로의 필요를 공급하는 자발성과 그에 대한 헌신을 통해 일어나는 능력뒤나미스=ability이 사실상 기적의 의미였다.

마가의 제자도는 예수의 길을 본받음을 통해 함께 그러한 사회적 관계의 분리를 통합하고, 저편화하는 악마를 제어하고 이편의 내부에서 일어나는 마음과 신체의 질병을 치유하는 실질적인 권세authority; 스스로 실재의 본성을 발현시킴과 그것의 도구가 되어 그 힘을 표현하기의 행함을 통해 '하느님 나라의 신비'가 실재로서 서서히 드러나게 한다.

저편이 관심의 밖으로 그리고 분리의 거리감으로 출현하는 것은 이편의 중심이 제 자리를 잡지 못했기 때문이다. 이편의 중심인 고향·회당·안식일이 무감각과 일상의 습관에 의해 점유되어 자각을 갖지 않음으로써 모두가 마음이 굳어져 있는 것이야말로 길을 내는 권세를 잃게 된 것이다. 신앙은 바로 이 지점에서 그 본질을 드러낸다. 그래서 외부의 거친 바람과 풍랑에 대한 예수의 물음인 "그렇게들 믿음이 없느냐?"4:40라는 질문과 고향 사람들의 내부 중심에 "그들에게 믿음이 없는 것을 보시고 이상하게 여기셨다"6:6는 하나로 연결된다.

우리가 보는 현실의 악마화와 질병화의 그 근본적인 원인은 무엇인가? 마가가 보기에 삶의 관계성의 일부를 저편으로 가르고 연민어린 관심을 거둠으로써 일어나며, 이편의 질병화는 본질적인 것에 대한 자각인 신앙의 상실에서 파생된다. 그러므로 이편의 사람들이 예수의 가르침과 행동에 대한 목격자로서 관찰의 질문인 "저 사람이 어떤 지혜를 받았기에 저런 기적들을 행하는 것일까? 그런 모든 것이 어디서 생겨났을까?"6:2라는 질문은 자연스러운 응답이기도 하지만 그 의문에 대한 해결의 깊이로 들어가지 못한 이유가 바로 실천성의 결여에 있음을 제시한다. 즉 마음의 근본 자리로서 참된 실재에 대한 감각인 신앙의 의미 상실과 타자들을 향한 연민어린 관계에 대한 통합적인 감각의 상실로 보는 것이다.

그러기에 저편의 군대귀신 사례에서 보듯이 구경꾼·목격자들은 "멀쩡한 정신으로 돌아오는" 것이 저편이나 이편에 있는 자나 구경꾼들 모두에게는 보편적인 두려움이 된다는 점에서 삶의 진실을 보는 것은 무력해진다. 마가는 스토리텔링이 전개됨에 따라 오히려 길 안으로 뛰어들어야 제대로 들리고 제대로 보이는 새로운 현실성이 펼쳐지는 것임을 제자직의 의미 속에서 이를 서서히 밝혀낸다. 그때까지는, 다른 말로 말하자면 그런 성숙한 상태에 도달하기 전까지는 본 것과 들은 것이 아무런 효능성을 발휘하지 못하기 때문에 누누이 본 것을 말하지 않도록 다짐을 받는다. 지적인 호기심의 충족은 구경꾼을 강화시킬 뿐이지 실제로 변화된 존재를 세우지 않기 때문이다. 이는 내면의 인격적 교류와 자기 헌신의 일치만이 가능하게 하기 때문이기도 하다. 이를 위해서는 '건너감'의 공유 체험을 통해 자기 심장 안에서 무언가 영혼의 점화가 필요한 것이다.

사실 이렇게 본다면 마가는 매우 보편적인 이치에 대한 자각을 호소하고 있다. 억지로 당신의 지성을 희생하여 예수의 초자연적인 기적인 표면적인 악령추방이나 질병 치유의 기적을 문자대로 믿으라고 강요하는 것이 아니다. 도대체 길 가기와 길 건너가기에 대한 당신의 저항이나 무관심의 근거가 무엇인지를 묻고 있다. 구경꾼으로서 거기 있는 타당한 이유가 무엇인지 자기 존재의 터전으로 무엇을 보고 있는지를 묻는 것이다.

본문 속으로 들어가기

지금까지의 마가 이야기를 지형적인 공간에서 마음의 공간으로 옮겨본다면 길을 여는 신앙·제자도는 자기 마음이 갈라치는 저쪽을 포함하고 이쪽을 정화하는 것으로 이해될 수 있다. 그러한 길을 여는 신앙은 산에서 또한 한적한 곳에서 기도라는 상징이 내포하는 마음의 진정성과 사람들이 있는 현실에서 자비로움의 통합으로도 길을 낸다.

마가의 스토리 전개는 이제 7장에서 그동안 보여준 물리적인 시간과 공간 그리고 사회적 관계를 마음이라는 우리의 내면으로 끌어들인다. 즉, 마음의 공간에서 길열기와 길 가기가 어떻게 연관되는지에 대한 더욱 심층적이고 근본적인 터전인 마음heart과 정신mind을 놓고 길을 갈 수 있는 능력과 무능력을 다루고 있다.

이편의 정당성과 그 특권을 지원하는 것의 그 핵심은 정결법이다. 인종으로서 유대인이 거룩하고 순수한 혈통인 것을 증명하는 것은 하나님으로부터 명령받은 거룩한 백성됨을 지키는 정결법이다. 사실상 땅의 사람들인 민중히, 아함레츠은 직업상 더러운 자들이며 성전 엘리트들은 제의적 정결과 음식 규정을 통해 분리된 특권층으로서 신분 계급을 엄격히 유지해 왔다. 그들끼리만의 식탁 공유의 경제와 사회체제를 유지할 수 있는 것이 바로 이 정결법에 의한 합리화이다. 즉, 정결법이 배타적인 식탁 교제를 유지하는 이데올로기의 성격을 제공하였다. 그들의 눈으로 볼 때, 예수의 공동체오병이어의 이야기가 가진 식탁 교제의 평등성가 지닌 포용적 식탁 교제의 비전은 큰 도전일 수 밖에 없다.

바리사이파 사람들과 율법학자들은 정결법에 따라 '음식을 먹기 전에 반드시 손을 씻음'7:3, '잔이나 단지나 놋그릇 같은 것을 씻는 일'7:4에 규정을 두었기에, "왜 당신의 제자들은 조상의 전통을 따르지 않고 부정한 손으로 음식을 먹습니까?"5절라고 따진다. 예수의 대답은 더러움과 부정한 것은 몸이나 외적인 것이 아니라 내적인 것 곧 마음의 이슈라고 말한다. 사실 그런 것을 따질 경제적 형편이 있는 부류의 사람들과 달리 일상이 흙과 노동으로 사는 대다수 가난한 땅의 사람들아함레츠에게는 엄청난 체제 압력이 될 수밖에 없다.

이렇게 해서 이쪽과 저쪽의 이슈는 이제 이쪽의 안/밖의 이슈로 심층화되고 더 근본적인 이슈로 들어간다. 입술의 공경과 마음의 공경 간의 차이, 그리고 사람의 계명과 하느님의 계명의 차이를 제시하며 부정함의 중심을 뒤집어 놓는다. 거기서 더 나아가 신께 드리는 명목하에 벌어지는 이 지상에서의 관계에 있어서 최소한 양심적으로 해야 할 일의 중요성에 대한 가치 순위의 전복도 가르친다. 마땅히 해야 할 부모 공경을 종교적 이유로 인해 태만하며, 전통의 이름하에 신에 대한 형식적인 공경으로 대치하는 것에 대해 마음의 근본 자리가 어때야 하는지를 묻는다. 밖에서 몸 안으로 들어가는 것을 사람을 더럽히지 못하며, 사람에게서 나오는 것이 더럽히는 것임을 가르친다. 즉, 안에 있는 마음의 깨끗함이 밖의 깨끗함보다 더 중요하다는 것이다.

다음 스토리는 띠로 지방이라는 이방 땅에서 보게 된 이방인인 시로페니키아 여인의 믿음에 대한 것이다. 저편이방땅의 한 인물이 애원하며 예수에 대한 신뢰를 보내는 스토리는 이편의 고향인들이 그에게 보여주었던 무관심과는 극명하게 대조가 된다.

또 하나의 스토리는 이 편으로 돌아와서 –'데카폴리스 지방을 거쳐 갈릴래아 호수로 돌아 오셨다.'7:31– 귀먹은 반벙어리를 고치신 일이다. 즉, 이편으로 건너와 보니 예수께서 귀도 먹고 말도 제대로 못하는 한 인간을 치유하는 일을 하고 있다. 그를 치료하는 데는 다른 때와 달리 예수는 특별한 치유 행동을 첨가한다. 즉, 단순히 말로가 아니라, "손가락을 그의 귓속에 넣으셨다가 침을 발라 그의 혀에 대시고 하늘을 우러러 한숨을 내쉰 다음 '에파타열려라'"라고 구체적인 행동을 통해 치유한다. 그렇게 '귀먹은 반벙어리'는 신앙의 귀감이 된다. 즉, 길 가기라는 제자직에 있어서 듣는 것과 말하는 것을 온전히 하는 데는 특별한 노력이 그만큼 더 필요하다는 의미인 것이다.

성찰과 여운

이쪽과 저쪽의 건너감의 이슈는 이제 안과 밖의 이슈로 변형된다. 그리고 이를 통해 더러움과 깨끗함의 영역들이 나뉜다. 예수는 밖의 더러움이 아니라 안의 더러움이 더욱 지독한 현상이라 설파함으로써 정결법의 전통이 지닌 문화적 특권과 그에 의한 사회적 관행을 허물어뜨린다. 그렇게 하여 '사람의 전통을 고집'9절한 지배체제의 신성화된 허구가 속빈 강정의 껍데기였음을 폭로한다. '위선자'라는 가면의 정체가 공개된다. 이는 내면의 진실이 있지 않기에 종교 권력의 그럴듯한 실체에 붙인 예수의 과감한 도전이다. 이렇게 그럴듯한 거짓은 길가는 자의 안목을 속이지 못한다. 이렇게 이쪽의 '안'의 상징으로 군림한 것이 사실상 '밖'의 것이었던 것으로 판명난다. 종교적 규례는 밖이며 마음이 안이다.

다시금 예수가 길을 가며 '밖'이방땅인 띠로 지방을 떠나 '안'인 갈릴리아 호수로 돌아오셔서 또 하나의 치유사건을 전개한다. 그 안의 공간에 있는 귀먹은 반 벙어리의 사람을 치유한 것이다. 귀먹은 반벙어리의 치유는 알아듣지 못하고 제대로 보지 못하는 이를 온전히 하는 데 있어 예수에게는 말 한마디가 아니라 손가락을 귀와 혀에 접촉하고, 하늘을 향해 열려라에파타라는 외침의 특별한 행위가 필요하였다. 그만큼 귀먹고 반 벙어리인 사람의 치유는 정성과 노력이 들어갈 정도로 가벼운 증세가 아니다. 이는 지금까지 행한 신체적인 장애와 관련하여 말로써 '너는 나았다'라고 하는 것보다 더 한 노력과 정성이 필요했다는 말이기도 하다. 심지어 말 한마디로 악령도 축출한 이전의 이야기에 비한다면 그 치유에 쏟는 정성은 더욱 힘이 들었다는 암시이다. 이것이 함유하는 것은 신체적인 측면보다는 마음의 경직성을 통한 귀 멀고 혀가 굳은 내면의 완고함을 더 심각하게 보고 있다는 뜻이기도 하다. 그만큼 안에 있는 것으로 생각한 이들의 질병화, 특히 귀먹고 혀 굳은 인생살이의 견고함은 변화를 일으키기에 더욱 힘이 들어간다.

이렇게 안전하고 신성하다고 여겨지는 이쪽과 그 이쪽의 '안'에서 습관화된 거룩의 질서에 의존했던 특권이 무너져 버린다. 이는 안의 영역에서 거룩으로 군림한 정결법이 그 어떤 인간상을 만들어 냈는지를 통해 알게 되는 악령의 현실이다. 즉 귀먹은 반벙어리의 실존은 그러한 체제가 당연히 양산시키는 문화적 실천의 결과이기 때문이다.

12

본문에 따른
성찰질문

1. 편안한 자세로 호흡을 고르게 한 후 거룩한 영의 안내를 요청한다. 오늘 만난 본
   문의 단어나 문장 혹은 이미지를 주목하고 거기에 연결하여 머문다. 본문이 영
   혼과 삶을 비추어 준다면 영에 의지하여 그것이 자신을 바라보게 한다.

2. 당신이 보기에 신앙의 프레임에 관련하여 '사람의 전통'과 '하느님의 계명' 사이
   에 잘못 알아오거나 관습으로 알아 온 것의 차이가 있다면 무엇인가? 그러한 구
   별의 차이를 가르는 것은 무엇인가? 그것이 당신의 인생을 어떻게 영향을 주어
   왔는가? 지금은 어떤 영향 하에 있는가?

3. 당신의 내면으로 들어가 보라. '부정한 것이다'라고 생각하는 당신의 신념들은
   무엇인가? 혹은 '깨끗하다'라고 말할 만한 무엇이 있는가? 그 구분은 무엇에 기
   인한 것인가? 그 차이에 대한 신념이 당신의 삶을 어떻게 이끌어 왔는가? 지금은
   어떠한가?

4 하나님의 은총으로 배불리 먹이는 자녀로 간주되는 인생과 그 자녀들의 상 밑에
   서 떨어지는 부스러기를 얻어 사는 강아지의 두 부류의 삶은 당신에게 어떤 마음
   을 일으키는가?

5. 당신이 일종의 '귀먹고 반 벙어리'의 형태로 있고 예수께서 이를 고쳐주기를 염
   원하고 있다면 당신이 듣고, 말하고자 하는 능력은 무엇이 되고 싶은가? 당신
   은 무엇이 '열리기'를 원하는가? 그것이 당신에게 어떤 정체성과 활동을 줄 수 있
   는가?

지금까지 마가가 보여주었듯이 '하느님 나라의 신비'를 체득하는 삶에로의 초대로서 길 가기는 길 떠남으로써 보이는 지형이라는 공간, 느껴지는 시간, 그리고 그러한 시공간 안에서 벌어지는 관계에서 벌어지는 현상, 체제와 문화의 실마리를 통해 자각되고 분별하는 훈련을 통해 그 방향과 목적 그리고 그 의미가 확인된다. 공간, 시간 그리고 관계에 있어서 마가는 '이편'과 '저편'으로 가르는 것을 넘어서는 -'우리가 저편으로 건너가자'- 것이며, 저편으로 건너가 본 경험을 통해 저편이 얼마나 악마화되어 있는지를 경험하고, 그에 따라 이편에로 다시 건너옴을 통해 이편도 정상적이지 않고 질병화되어 있음을 목도하게 함으로써 제자직의 의미와 그 필요성을 준비시키고 훈련시킨다.

마가의 제자직은 단순히 '이편'과 '저편'의 통합 이슈만이 아니다. 실제로는 이편이 더욱 완고하고 변화에 더욱 어렵다는 것을 이편의 울타리 내에서 형성되어 있는 '밖'과 '안'의 구조적 모순을 통해 길 가기가 단순히 외적이고 물리적인 영역만 아니라 실제로는 내적이고 신념적인 영역도 통합해 나가야 함을 보여준다. 하늘의 스크린에 투영하여 그것을 세상의 실재의 구조로 형상화한 실질적인 세력forces으로서 악령의 노출과 질병의 만연화 그리고 관계의 소외에 대한 가장 구체적인, 그리고 종합적인 치유와 회복의 길에로의 시도는 '식탁 교제'라는 상징적 행위에서 전개된다.

그 예시로, 제2차로 전개되는 물 위를 걸으신 기적 이야기6:45-52는 그 앞과 뒤에 오천 명을 먹이신 기적 이야기6:30-44와 더불어 정결법에 따르지 않는 더러운 손으로 음식먹는 것에 대한 바리사이파와 율법학자들의 비난 이야기7:1-23가 배열되어 있다. 이는 길 가기의 심화인 '건너감passing over'이라는 제자직의 그 근본 의미가 '식탁교제'

에 녹아있다는 것이며, 제자들은 이것에 대해 '역풍'을 만나 실패하였고, 예수의 정체성은 그러한 역풍을 건너감을 통해 자기 존재를 드러낸다는－"나다. 겁내지 말고 안심하여라"6:50－ 것을 알려준다. 그러나 제자들은 그러한 건너감의 존재에 대해 불가능으로 받아들여 '유령이다'라고 인지한다는 점에서 이 이슈가 제자직의 도로서 얼마나 치열하고 중대한 이슈인지를 암시하고 있다.

마가에 따르면 모든 이편과 저편 그리고 이편의 울타리 내에서 안과 밖의 상징적으로 응축된 실천은 누구와 함께 밥을 먹는가로 귀결되어 진다. 따라서 초대교회는 이에 대해 그리스도의 말씀에 대한 들음의 예전禮典과 더불어 공동식사가 그리스도를 따름에 핵심 내용이 되었던 것을 이해할 수 있다.

그 첫 스토리는 이미 알패오의 아들 레위를 제자로 부르시고 그의 집에서 식사를 하며 예수가 '죄인이며 세리들과 한 자리에서 음식을 나누시는'2:16 곳에서 전개된다. 이편의 안과 밖을 구분하여, 밖의 영역인 '세리와 죄인들'에 대한 거부는 바리사이파와 율법학자들의 몫이었다. 즉, 예수의 하나님 나라에로의 길내기의 장애물은 악령과 질병의 이슈만 아니라 성전 엘리트들의 안과 밖의 구분에 대한 예수의 의심스러운 전복에 대한 거부에도 있었다. 부정한 인간과 부정한 음식에 대한 성전 엘리트들의 특권과 그들의 권위는 단식 실천2:18-22과 안식일에서 굶주림2:23-28에 대한 그들의 정당한 판단의 근거이기도 하였다.

하나님 나라의 신비에 대한 새로운 체제로서 밖의 사람들에 대한 식탁교제로의 초대 이야기는 오천 명을 먹이시는 이야기를 통해 확대되고 대중화된다. 이는 하나님 나라의 새로운 질서로서 식탁교제의 의미를 보편화시키는 예시이다. 제자직은 그러한 보편적 돌봄에 대한 초대인 셈이다. 우리의 무력함과 결핍의 조건에 대해 예수가 "너희가 먹을 것을 주어라"라는 주문은 제자들의 형편과 주변 상황을 고려하지 않은 무모함이나 자신의 초월적인 신성을 계시하려는 목적이 아니라 그 어떤 조건의 악화 속에서도 제자직의 의미의 일관성과 그 충실성에 대한 자각을 불러일으키는 요청이기도 하다. 즉 제자들은 예수의 이러한 불합리한 주문을 일깨우기 위해 "군중들을 헤쳐 제각기 음식을 사 먹도록 농가나 근처 마을로 보내는 것이 좋겠습니다"6:36라는 판단으로 응했지만, 예수는 오히려 제자들에게 위임시킨다. 그러나 제자들의 응답은 돈이 이백 데나리온이나 필요하다는 현실적인 판단을 다시 제시한다. 즉, 제자들은 시장의 논리대로 각자도생의 원리를 제시한 것이고 예수는 하나님 나라의 질서에 있어서 근본인 공동체적 식탁교제의 원리를 제시한 것이다.

마가는 관객과 청자에게 이러한 시장경제의 원리인 각자도생의 문화가 사실은 예수 공생애의 첫 사건인 회당에서 악령의 목소리인 '왠 상관이야'라는 그 정체의 노출에서 시작되었음을 알려준다. 이러한 현 질서의 상관마 문화는 예수가 새롭게 시작하는 샬롬의 질서 체제인 돌봄의 정치학에서는 변혁되어야 할 타겟이 된다. 그리고 현 체제의 문화는 마가의 관점에서 보면 악령화된 질서인 것이다. 그러므로 악령은 단순히 실체적이고 신화적인 것이 아니라 현실적이고 구체적이며 눈에 보이는 현실이며, 체제를 뒷받침하는 우리의 사고 속에 이미 활동하는 정신구조mindset이기도 하다.

그러한 '상관마불간섭 문화'로서 작금의 현상과 현실에 대한 예수의 제자직 사명은 돌봄의 일상화이고, 밖으로또한 저편으로 규정된 이들의 포함embracement에 대한 것임을 주지시키기 위해 오천 명을 먹이신 기적 이야기가 등장한다.물론 이는 그 중요성 때문에 다시 곧 이방땅인 저편에서 사천 명을 먹이신 기적으로 반복된다 마가는 이렇게 분리와 소외의 현상에 대한 노출 그리고 이에 대한 제자직의 사명과 과제를 스토리 전개 속에서 끌어들인다. 그리고 그것이 두 번째의 물 위를 건너는 항해 이야기를 통해 얼마나 힘들고 어려운지를, 반면에 예수에게서는 얼마나 일관되게 끈질긴 길 가기의 모습인지를 드러내고 있다. 그러므로 그러한 통합integration의 시도로서 건너감이 제자들은 실패를 했음에도 불구하고 예수 스스로는 "그들 곁을 지나쳐 가시려고"6:48하는 길 가기 모습을 통해 자신은 끝까지 건너감을 고수하고 있음을 제자들과 이야기 청자들에게 확인시켜 준다. 그러한 건너감의 모습은 '유령a ghost'으로서 환상이 아니라 실재나다-헬, 에르고 에이미, I am로서 자기 정체성이라는 것이다. 이것은 마가가 특별히 주장하는 기독론과 제자직의 핵심이기도 하다.

이제 7장에서는 그러한 제자직의 수행을 어렵게 하는 상관마 문화의 핵심이자 근본 원인이 다루어진다. 그것은 부정함과 깨끗함을 갈라치는 정결법에 대한 것이다.

원래 정결법은 시내산에서 계시된 것으로 여겨지는 십계명의 권위에 따른 토라와 전승의 특별한 위치를 차지하고 있었다. 정결 규례는 하나님의 백성이 되는 실천 요강으로 인정되어 온 것으로서 이방인들과 다르게 유대인으로서 본분인 거룩한 백성이 되는 길에 대한 실천의 길을 담은 것으로 인정되어 왔다. 이렇게 정결법은 일상의 공간과 물건에 대한 접근 가능성으로서 무엇이 부정하고 깨끗한지를 분별시킨다. 그래서 인사이더로서 하느님의 거룩한 백성과 아웃사이더로서 이방인을 구분시켜 거룩함을 위한 깨끗함의 유지에 있어 거룩의 질서를 위한다는 명목으로 지켜온 것이었다.

그 실천의 예를 보면 이미 7장에 나와 있는 것처럼 음식은 손을 씻고 먹어야 하며 7:3, 불결한 식물이나 동물들의 접촉이 가능한 '시장'에서 집으로 들어올 때는 반드시 씻어야 한다, 그리고 잔·단지·놋그릇 등도 씻어야 했다.7:4 사실은 '시장'헬, 아고라에 식물이나 동물을 팔 때, 농부가 안식일 규례나 다른 규례를 위반하고 씨를 뿌리거나 수확하는 행위 규정이나, 십일조를 위해 성별되지 않은 일상의 부정한 제물들에 대한 규정은 성전 엘리트인 바리사이파나 율법학자들의 몫이었다. 따라서 이들은 깨끗한 것과 부정한 것에 규정하기의 특권을 누렸으며, 그러한 특권을 통해 일반 민중인 땅의 백성들암하레츠과 구별되는 자신들의 지위를 이용하여 수확과 배분에 관여하면서 막대한 이익을 챙겨갔다. 즉 이들이 시장경제의 뒷골목에서 공공연하게 무엇이 깨끗한 것인지를 공간, 물건, 음식에 관여하고 그것을 조달하며 판매하는 데 있어 로마의 세금 징수만큼이나 깨끗함과 부정함에 대한 구별과 그에 대한 가격책정에 관여하면서 착취를 거룩의 이름으로 당연하게 일삼아 왔던 것이다.

이들 성전 엘리트들은 깨끗함으로더 나아가 거룩함으로 구분되는 선택받은 존재와 '우리'됨으로서 거룩한 백성과 거룩한 신분을 결정하였다. 이들에게 그러한 특권과 착취를 할 수 있게 한 것은 아이러니하게도 정결법이 이편과 저편의 갈라놓음이라는, 거룩한 백성됨으로써 이방인과의 차별성을 강화하는 이데올로기로 작동한 것에 그 원인이 있었다. 그리고 특권층의 지배 권력을 강화시키며 더 나아가 우상숭배와 신성모독에 대한 규정에까지 확대하는 깨끗함과 부정함의 명명화命名化라는 이데올로기 기능으로서 정결법이 그 역할을 하였던 것이다. 따라서 특권층은 마가가 "강한 자들의 집을 만들어주기3:27"라고 언급한 것처럼 그 규정을 사유화로 이용하였다. 그렇게 정결법은 식탁, 가정, 일, 직업, 건물에 대한 지배 질서를 강화하는 '상징적 질서화'의 수단이 되었다.

특권층의 배타적이고 지배적인 헤게모니 권력을 부여하고 경제적 혜택을 누리게하는 정결법의 '지배 권력에 의한 상징적 질서화'는 '저편'의 악마화가 주범이자 '이편'의 질병화에 대한 무관심과 거리두기의 주범이 되었다. 심지어 '이편'의 안과 밖의 구분에 대한 기능적인 합법성을 제공하였고, 이에 따라 '이편'의 울타리에서조차 이제는 '위'가 지닌 '아래'에 대한 규범적 부여로서의 통제와 그 권리가 가능하게 된 것이다. 따라서 악령의 지배질서의 일상화이자 미세 영역으로 여겨진 전통적인 식탁문화를 마가는 샬롬의 대안적인 질서로 대치시킨다. 마가가 제시한 예수의 식탁교제의 사례는 저편과 이편, 안과 밖의 분리에 따른 지배 질서를 전복시켜서 공동체적인 포함과 돌봄의 새로운 질서로서 하느님 나라의 도래를 분별하고 이를 실제화하는 데 있어 길가는 자의 핵심적인 수행이 된다.

마가에 따르면 새로운 도덕적 기준이자 윤리적 실천은 정결법의 형식성과 문자의 내용이 아닌 그것이 원래 담고자 의도한 '하느님의 뜻'에 있으며, 그러한 하느님의 뜻을 일상에서 실천하는 핵심 상징의 토대는 식탁교제였다. 그렇기에 음식과 빵의 상징은 길 가기의 중요한 모티브가 된다. 이편의 안이 갈라치기한 밖의 존재들인 죄인과세리와 빵·음식을 함께 먹음2:16, 그리고 이를 확대하여 이편의 안과 밖을 구분한 것을 통합시키는 행위로서 광야에서 오천 명의 유대인들이 함께 빵·음식을 먹음으로써포함의 확대6:37를 보여준다. 또한 저편에서 이방인 시로페니키아 여인에게 빵·음식을 허락함7:24의 통합과 포함은 하느님 나라의 도래를 향한 제자직 수행의 '보편적 포함과 돌봄의 정치/수행'의 본 모습을 보여주는 예시이자 하느님 나라 질서의 비유가된다.

음식·빵이라는 상징적 행위를 통해 보여주고자 했던 그러한 '보편적 포함과 돌봄으로서의 제자직'에 대한 무제약적 헌신으로의 초대는 간과할 수 없는 예수의 미션이자 비전이다. 마가의 진술은 예수가 행한 정결법의 이데올로기적 병폐에 대한 자각을 불러 일으키기 위해 두 가지 행동을 언급한다. 그렇게 하여 정결법의 이념적 병폐를 전복시킨다.

그 첫 번째는 '하느님의 뜻'과 정결법으로 상징되는 '사람의 전통'을 구분하는 것이다.

> "너희는 하느님의 계명은 버리고 사람의 전통을 고집하고 있다."
> "너희는 그 전통을 지킨다는 구실로 교묘하게 하느님의 계명을 어기고 있다."7:8,9

심지어 그 사람의 전통을 구실로 교묘하게 하느님의 계명을 어기는 것은 더 나아가 실증적으로 '코르반'이라고 부모에게 말함으로써 부모에게 해야 할 것을 하느님께 바쳤기에 할 수 없다는 핑계를 댄다고 지적한다. 이것이 예수가 말한 정결법의 이념적 태만화 기능으로 '전통을 핑계 삼아 하느님의 말씀을 무시'7:13 하는 양태이다. 이러한 비판의 핵심은 하느님의 뜻이 특권의 갈라치기가 아니라 포함과 돌봄의 뜻에 근거한다는 점에서 사람의 전통으로서 정결법의 이념적 특권화의 병폐를 하느님의 본래의 뜻과 구분시킴으로써 자유와 해방의 길 가기를 연다.

두 번째는 예수가 제자들을 선택한 후 비유로 하나님 나라에 대해 말씀하시고 나서 따로 불러 그 의미를 해석해 준 사례4:33-34와 마찬가지로 따로 알아듣도록 해석해 주었다는 점이다.

> 예수께서는 다시 사람들을 불러 모으시고 이렇게 가르치셨다.
> "너희는 내 말을 새겨 듣거라. 무엇이든지 밖에서 몸 안으로 들어 가는 것은 사람을 더럽히지 않는다. 더럽히는 것은 도리어 사람에게서 나오는 것이다." 7:14-15

예수의 이 말을 알아듣기 위해 3 가지 행동이 연결되어 일어난다. 그 첫째는 "다시 사람들을 불러 모으심"을 통해 가르침을 확인하는 것이다. 여기서 불러 모으심으로 사용된 '다시'헬, 팔린와 연결되어 의지적으로 주목하도록 요청하고 있다. 두 번째는 그 가르침을 경청해 듣고 깨달으라고 당부하심이 가르침 속에 담긴다. "너희는 내 말을 새겨 들어라"는 부탁이 그것이다. 잘 경청하여 가슴에 새기는 두 번째 행동이 나온다. 세 번째는 군중들이 돌아간 후 제자들을 따로 불러 비유를 해석하심이다.7:17 이렇게 다시 불러 모으고, 경청하여 새기게 하고, 이도 모자라 군중이 가고 나서 제자들에게 는 따로 그 의미를 풀어줌으로써 인간의 전통과 하느님의 뜻 사이의 분간이 얼마나 중 요한지를 확인시킨다.

제자직에 있어서 마음새김의 핵심은 무엇인가? 그것은 바로 '안에서 나와 사람을 더럽히는'7:23 사고와 신념이라는 마음의 작동이다. 외형적인 모든 악령적이고, 질병 으로 이해되는 외적 현상들과 그것과의 공모 관계는 모두 하나로 귀결된다. 그것은 마음의 작용으로서 타자에 대한 분리된 생각들—음행, 도둑질, 살인, 간음, 탐욕, 악 의, 사기, 방탕, 시기, 중상, 교만, 어리석음 등의 여러 가지 악한 생각들7:22— 이다. 이렇게 마가는 더러움과 깨끗함의 인간의 전통을 뒤집어 마음의 근본됨과 길 가기의 수행을 일치시킨다.

정결과 부정의 장소는 몸이나 다른 공간에 있지 않고 마음의 내적 성향이며, 이것 이 제자직에 있어서 외적 제의나 규정인 정결법보다 훨씬 더 엄격한 검증이다라는 말 이기도 하다. 이렇게 마가는 예수의 입을 통해 구체적으로 경제적, 정치적, 사회적 관 계를 재생산하고, 그러한 지배와 거리두기의 질서를 형성하는 힘으로서 상징적 질서 의 원천인 정결법이 지닌 의무와 책임, 배제와 고통 부여에 대한 사회적 힘을 거세시 킨다. 사회적 덫으로서 정결법을 넘어 근본 질서로서 마음의 정결과 이에 대한 근거인 하느님의 뜻을 연계함으로써 새로운 의식과 생활을 위한 제자직으로 마가는 제자들 만 아니라 이를 듣고 보고 있는 관객이자 청자인 우리를 초대한다.

길 걷기의 중간 질문:"무엇이 좀 보이느냐?"

막 8:1-26

회상과 배경

길을 열고 길을 가는 것이 '항해vayage'으로 전환되면서 저편으로 건너가는 일은 어려운 것이며, 사실상 목숨을 걸어야 하는 일임을 알린다. 예수께서 광풍을 잠잠하게 하신 사건은 단순히 자연에 대한 예수의 초자연적인 능력에 대한 언급이 아니라 길을 가는 것에 대한 그 의미를 보다 깊이 드러낼 것이라는 전조를 고지하는 것이다. 길 가기가 두 번의 항해로 바뀌면서 그러한 상징적인 행위는 길 가기의 목적을 연결하면서도 그 의미의 차원을 심화 확대한다.

물론 길 가기가 홀로의 걸음이었다면 항해는 제자들과 본격적으로 함께 하는 '넘어감'의 행위이다. 이는 공동적인 시도라는 점에서 마가의 제자도의 성격과 그 핵심이 담겨져 있다. 공동 수행으로서 길 가기는 이미 '저편'과 '이편'의 분열의 경계선을 무너뜨리고 '밖'과 '안' 및 '안'에서의 '위'와 '아래'의 전복과 상호평등에 대한 하나님 나라 제자직 수행에 있어 마가가 전하는 샬롬 통치의 핵심적인 수행이다.

이제 마가의 전반부 내러티브8:26가 끝나면서 잠시 뒤돌아 볼 성찰의 시간이다. 그 간에 소개되어온 하느님 나라의 신비와 그 실재의 드러남과-비유에서 말하듯이 신비/비밀은 드러남을 위해 있다- 관련하여 마가의 예수 사역의 핵심에 대한 초기 진술 1:16-4:34은 예수의 메시야적 특징과 악령과 질병으로 점거된 사회체제 본성의 노출과 이에 대한 저항에 있었다. 그 후 예수의 사역은 지배적 질서-악령/질병/권력-에 대한 사회구조의 혁신적이고 혁명적인 전복을 통한 새로운 통치 질서의 구축4:35-8:21을 보여주고 있었다.

그 구축과 재건의 시작은 바로 12 제자의 '사도'로서의 선택과 하느님 나라에 대한 이해를 위해 비유로 말씀하심과 이를 실천을 통해 확인하는 '항해'로부터 시작한다. 그 '저편으로 건너가기'의 명령에 지형과 행위들이 배치가 되고 이를 통해 통합과 화해의 시도가 이루어진다. 이를 다음의 요약을 보면 더욱 그 의도와 목적이 분명해 보인다.

〈배 여정〉

'저편으로' 첫 여정	4:35-5:1	광풍
귀환	5:21	광풍없음
'저편으로' 두 번째 여정	6:45-53	광풍
귀환	8:13,22	광풍없음

〈첫 번째 항해 & 두 번째 항해 비교〉

첫 번째 여정: 저편으로	두 번째 여정: 이편으로
4:35-5:1	6:45-53
그날 저녁이 되자 예수께서 제자들에게 "호수 저편으로 건너가자."하고 말씀하셨다.	그뒤에 곧 예수께서는 제자들을 재촉하여 배를 태워 건너편 베싸이다로 먼저 가게 하시고
그들이 군중을 남겨둔 채	작별하신 후에 기도하러 산으로 가시니라/ 혼자서 군중을 돌려보내셨다.
예수께서 타고 계신 배를 저어가자	날이 저물었을 때에 배는 바다 한 가운데 있었고...
그런데 마침 거센 바람이 일더니 물결이 배 안으로 들이쳐서 물이 배에 거의 가득 차게 되었다. (제자들이 구원을 부르짖음) (예수께서 바람을 꾸짖으심) 바람은 그치고 바다는 아주 잔잔해졌다. 왜 그렇게들 겁이 많으냐? 아직도 믿음이 없느냐?하고 책망하셨다. 그들은 두려움에 사로잡혀 그들은 호수 건너편 게라사 지방에 이르렀다.	제자들은 마침 역풍을 만나 배를 젓느라고 몹시 애를 쓰고 있었다. (제자들이 두려워 부르짖음) (예수께서 배에 올라 그들과 함께하심) 바람이 그쳤다. 나다 겁내지 말고 안심하여라. 제자들은 너무나 놀라 어찌할 바를 몰랐다. 그들은 바다를 건너 겐네사렛 땅에 배를 대었다.

이러한 항해가 단순히 물리적인 공간으로서 건너감만 아니라 사회경제 체제에 있어서 분리에 대한 건너감의 의미확대도 뜻하는 것이었다. 공동체적 평등 사회의 중요한 예표가 더불어 먹음이고 이것은 5천 명을 먹인 기적과 4천 명을 먹인 기적에서 예시된다. 제자들의 항변인 시장에 가서 음식을 사 먹도록 하고 우리는 감당이 안 된다는 말에도 불구하고 "너희가 먹을 것을 주어라"는 예수의 말씀 속에서 그 의미가 드러난다. 공동식사를 통한 서로의 돌봄 공동체를 하느님 나라의 백성으로서 사는 모습이 무엇인지를 예수는 가르쳤으나, 제자들은 기존 체제 내에서 현실주의자들이었기에 그 기적의 의미를 알지 못했다.

음식 문제와 이에 대해 누구와 먹느냐는 특권의 문제는 7장에서 살펴보았듯이 그 본질적인 영향력을 지닌 '정결 규례'의 의미 물음을 통해 근본 이슈로 파고 들어간다. 이는 악령만이 아니라 바리사이파 사람들과 율법학자들의 근거지인 성전 엘리트들이 예수와 논쟁을 통해 드러난다. 부정한 음식과 깨끗한 음식을 가려주는 정결법이라는 거룩함의 코드가 지닌 지배 질서의 공모적 특성을 벗겨내 그 최종적인 타당성의 터전에 관하여, 예수는 그것이 '하나님의 계명'이 아니라—이는 혁명적인 발언이자 어쩌면 신성모독의 발언일 수 있다— '사람의 전통'으로 재해석한다. 정결법에 근거해서 사회적 특권과 경제적 이득을 누려온 성전 엘리트들에게는 끔찍한? 도전이 아닐 수 없다. 예수는 이러한 신념적이고 상징적인 권위를 지닌 정결법을 상대화시킴과 동시에, 특권의 관행인 마음에서 나온 악한 생각들이 더러운 것이라고 재차 후속타를 날리면서 특권층의 지배 질서의 허구를 파헤친다.

더 나아가 그 정결법 폐지의 예시로 이방인 시로페니키아 여자에 대한 음식 허락을 통해 부정한 대상이방인과 부정한 음식아이들이 먹다 떨어뜨린 부스러기 음식에 대한 정결법의 논쟁을 무효화시킨다. 이렇게 함으로써 예수는 제자직에 있어서 길 가기의 두 원리를 제시한다. 그것은 '하느님의 뜻'에 대한 이해와 더불어 '깨끗한 마음'이다. 이렇게 제대로 알아듣고 안에서 더러운 생각과 말을 내지 않도록 '귀먹은 반벙어리'7:31-37의 귀를 열어주고 혀를 풀어준다. 이러한 치유가 뜻하는 상징은 제대로 알아듣고 제대로 자신의 마음을 말할 수 있는 것에 대한 치유가 얼마나 중요한지를 보여준다는 점이다.

본문 속으로 들어가기

　마가 전반부의 마무리 부분8:1-26은 지금까지 사역의 핵심을 재확인하는 부분이다. 이미 마가는 공동식사가 특권 지배층의 분리 식사의 대용으로써 하나님 나라의 신비를 드러내는 중요한 부분이며, 공동체적 평등과 돌봄의 사회체제가 하나님 나라의 도래에 대한 중요한 상징임을 역설하고 있었다. 그러한 돌봄과 평등이 이편유대인만 아니라 저편이방인에서도 이루어지는 것에 대한 확인을 통해 분리의 통합을 보여주고 있다. 5와 12 숫자와 광주리의 히브리어가 유대인의 문화를 보여준다면, 4와 7의 숫자와 광주리의 헬라어가 이미 이방인의 문화의 특성을 보여준다. 두 이야기의 공통점은 무리를 지어 앉게 하고 감사의 기도를 하늘에 드린 후 축복한 후 제자들이 나누어 주고 풍성히 남았다는 것이다. 이렇게 이편에서 공동 식사는 저편에서도 재차 이루어짐으로써 분리와 차별은 치유되고 통합된다. 더군다나 이들 이방인들은 '사흘'이나 함께 지낸 사람들이어서 고향에서 예수에 대한 배척과는 사뭇 다른 분위기였다.

　예수의 유대 민중들과 이방 민중들에 대한 인기와 그의 기적 행위에 대해 바리사이파 사람들은 이제 나서서 "하느님의 인정을 받은 표가 될 만한 기적을 보여 달라"8:11고 예수를 시험한다. 그만하면 충분히 유명세도 타고 세례요한 죽음 이후의 종교적 리더십도 가지고 있다는 셈 치고 그에 맞는 하늘의 표징을 보여달라는 유혹이자 시험이었다. 예수는 이에 대해 단호히 "이 세대에 보여줄 징조는 하나도 없다"고 하시고 그들을 떠나 배를 타고 바다 건너편으로 가신다.

　배를 타고 건너편으로 가면서 첫 번째 항해와 두 번째 항해에 대한 교훈을 잊은 제자들과 배 안에서 대화가 이루어진다. 예수는 "바리사이파 사람들의 누룩과 헤로데의 누룩을 조심하여라"8:15고 경고하신다. 예수의 빵에 대한 누룩의 의미와 제자들의 이해는 달라서 제자들은 이 말의 뜻을 알아듣지 못하였다. 배에 빵이 부족하다는 것이 아니라 빵을 변질시키는 바리사이파 사람들의 논리와 가르침을 조심하라는 뜻이었다. 오천 명과 사천 명의 무리를 먹이심과 그 남은 광주리 빵의 의미를 제자들은 여전히 알아듣지 못하고 있었다.

보고도 알아듣지 못하는 상황에서 이제 다시 '이쪽'의 '안'인 벳새이다에 이르러 한 소경을 치유한다. 공관복음서 중에서 오직 유일하게 마가복음에만 있는 치유의 내용 진술은 예수가 특별한 치유 동작을 펼치신 대상들이 있다는 점이다. 곧 귀먹은 반벙어리 치유에는 말로만 치유하던 다른 사례들과는 달리 "군중 사이에서 따로 불러내서 손가락을 그의 귓속에 넣으셨다가 침을 발라 그의 혀에 대시고 하늘을 우러러 한숨을 내쉰 다음 '에파타열려라!' 하고 말씀하셨다"7:33-34는 것이다. 또한 벳새이다 소경의 치유에서도 "소경의 손을 잡고 마을 밖으로 데리고 나가서 그의 두 눈에 침을 바르고 손을 얹으신 다음 '무엇이 좀 보이느냐?' 하고 물으셨다"8:23는 점이다. 게다가 그것도 부족하다고 여기셨는지 예수는 "다시 그의 눈에 손을 대시자 눈이 밝아지고 완전히 성해져서 모든 것을 똑똑히 보게 되었다"8:25고 추가적인 2차 치유 행동을 마가는 기록해 놓고 있다.

이러한 귀먹은 반벙어리 치유와 소경의 치유에서의 예수의 특별한 치유 행위는 제자들과 독자들에게 많은 생각을 불러일으킨다. 마가의 진술에 따르면 귀있는 자는 알아듣기를 바랐고, 오천 명과 사천 명에게 일어난 기적을 본 제자들이 이를 보고서 빵의 의미를 알아듣기를 바랐기 때문에 이를 깨닫지 못한 제자들에 대해 치유가 가장 어려운 것은―혹은, 예수조차 공들여 치유해야 할 대상은― 듣고 보는 것 그리고 이를 통해 알게 되는 것임을 마가는 여기서 재차 강조하고 있다. 이것이야말로 제자직의 핵심 요체이기도 하다. '귀가 열리고 혀가 풀리는 것' 그리고 '눈이 밝아지고 완전히 성해져서 모든 것을 똑똑히 보게 되는 것'이 바로 그것이다.

성찰과 여운

"무엇이 좀 보이느냐?"는 질문은 길을 가는 이에게는 중요한 중간 점검의 질문이다. 길을 열고 길을 가면서 공간, 시간, 그리고 관계 속에서 여러 가지를 경험했다면, 이쯤 되어서는 당연히 받게 되는 질문이기도 하다. 그러한 길 떠남과 길 건너감을 통해―도보 여행과 배 항해를 통해― 이제는 그러한 경험으로 무엇을 볼 수 있게 되었는가는 길을 가는 중간 지점에서 그 경험의 요체를 확인할 수 있는 질문이 된다. 왜냐하면 많은 경험이 중요한 것이 아니라 그 길 가기 경험을 통해 어떤 시야를 얻었는가가 진실로 중요해지기 때문이다.

길 가기에서 만나는 공간의 지형, 시간의 감각, 그리고 그 시공간에서 만나지는 대상과 사건에 대한 관계는 모두 비유이다. 옆에 던져져 있음이라는 비유로서 모든 현상, 사건, 대상은 길가는 자에게는 자연적인 안목과 지각을 넘어서 그 너머를 볼 수 있는 지시자로 우리에게 다가온다. 따라서 그러한 현상, 사건, 대상의 만남과 경험을 통해 이제는 귀가 성해져 들을 수 있고, 눈이 밝아져 똑똑히 보는 단계로 우리를 데려간다. 그것이 길 가는 자가 얻는 선물이자 근원적인 인식의 밝아짐이라 할 수 있다. 과연 우리는 예수의 이 질문에 대해 어떤 대답을 할 수 있는가?

1. 편안한 자세로 호흡을 고르게 한 후 거룩한 영의 안내를 요청한다. 오늘 만난 본문의 단어나 문장 혹은 이미지를 주목하고 거기에 연결하여 머문다. 본문이 영혼과 삶을 비추어 준다면 영에 의지하여 그것이 자신을 바라보게 한다.

2. 일상생활에서 당신이 속한 모임이나 조직에서 무언가 부족하지만 그 부족함을 채워야 하는 일에 직면할 때, 그때 내면에서 올라오는 생각들은 무엇이었는가? 그럴 때 각자의 자기 책임과 나의 상대에 대한 돌봄은 어떤 긴장 관계에 있고 나의 태도·행동은 무엇인가? 그로 인해 남은 것들은 무엇인가?

3. 마가가 전한 "하느님의 인정을 받은 표가 될 만한 기적"에 대해 당신의 생각은 무엇인가? 당신에게 기적은 무엇을 뜻하는가? "이 세대에 보여줄 징조는 하나도 없다"면 당신에게는 어떻게 생활하거나 나아갈 것인가?

4. 베싸이다의 소경의 그 당시 장면 속으로 상상력을 갖고 들어간다. 사람들이 당신을 예수께 데리고 가서 손을 대어 고쳐 주시기를 청한다. 당신의 상태는 어떠한가? 치유해야 할 상태는 무엇인가? 그 치유를 통해 무엇이 보여지길 원하는가?

제자직의 실천: 듣기, 보기, 깨닫기

막 8:1-26

길을 열고 길을 가는 것은 허락된 시간과 공간속에서 일어나고 다가오는 수많은 현상들, 사건들, 사람들, 관계들에 대해, 그것들이 장애물이 아니라 길을 여는 표징과 비유라는 길잡이로 삼아 길을 제대로 가는 것에 달려있다. 길을 가는 역량이 그러한 장애물들에 대한 분별이 필요한 것이라면 잘 알아듣고, 보고, 그리고 깨달아 알아차리는 마음의 작용은 필수불가결하다. 마가는 이 점에서 귀, 눈, 마음의 중요성을 여정과 항해의 과정속에서 차례로 언급하고 있다. 그것을 살펴보면 다음과 같다.

장절	내용	대상
3:5	마음의 완악함	회당의 세력
4:11	모든 것을 비유로 말해도 알아듣지 못함	군중들
6:52	마음이 둔해짐/깨닫지 못함	제자들
8:17	깨닫지 못함/보지 못하는 눈, 듣지 못하는 귀, 기억하지 못함	제자들

심지어 공간을 이동해가면서 부딪치는 거부와 저항에서 그리고 항해라는 위험한 상황을 통해 제자들은 그러한 상황을 통한 반대와 역경을 하나의 풀무질로서 이해하여 눈, 귀, 마음을 정화시키는 기회로 갖는다. 그리하여 길을 걷고 항해하는 경험을 통해 눈, 귀, 마음에 대한 새로운 인식의 기준을 얻는다. 그것은 두 가지이다.

그 첫째는 자신의 지각을 넘어 언제나 주의집중을 해야 하는 "하느님의 뜻"3:35이다. 이것은 바리사이파 사람들과 율법학자들의 반대와 친척 가족의 의심의 풀무질 속에서 얻은 일관된 주의집중과 헌신의 목표이다. 비유로서 "하느님 나라의 신비"4:11와 실천에서 "하느님의 뜻"을 찾기는 주목해야 할 첫 번째 좌표이다.

두 번째는 "깨끗한 마음"7:16-23이다. 더러움과 깨끗함이 경계선에 대한 분별이 영혼을 움츠리게 하거나 반대로 영혼을 신뢰하며 그것을 강화시킨다. 문제는 그것이 외적인 형태나 내용이 아니라 자기 마음에서 일어나는 것에 달려있다는 점이다. '여러 가지 악한 생각들'7:22이 근본적으로 우리 인생을 더럽게 만든다.

길 가기는 이렇게 귀, 눈을 열어서 하느님의 뜻에 고정하고 자신의 마음을 정화하여 그 뜻을 실천하는데 달려있다. 인식 수단으로서 이 세 가지는 제자직에 있어 매우 중요한 역량이다. 듣는 것은 말씀에 대한 비유로 이야기하기에서 본격적으로 나오며, 듣고 보는 것을 중요시한 것은 그 처음의 들음과 봄이 현상을 보되 그 뒤의 의미를 깨닫지 못하기 때문이었다. 처음으로 듣고 보는 것은 '감추어져 있는 것'의 표면을 보거나 듣기 때문에 아무리 인기몰이로 사람들이 몰려도 제대로 듣거나 보지 못하는 것이다. 오히려 중요한 것은 제대로 이해하고 듣고 보는 것이다. 왜냐하면, "감추어둔 것은 드러나게 마련이고 비밀은 알려지게 마련이다"4:22의 예수의 말처럼 드러나고 알려지도록 감추어져 있고 비밀로 있기 때문이며, 이것을 자각한 이들에게만 보이거나 들려지도록 하기 위함이기 때문이다. 하느님 나라의 비밀과 그분의 뜻은 액면 그대로 보이거나 들려지지 않는다. 왜냐하면 자각하고 자신의 인격적 위임을 통해 자기 존재를 거는 사람에게만 열리는 문이기 때문이다. 그러기에 대중으로 들어갈 수 있는 영역이 아니라 각자가 뚫고 두드리고 찾고 열어서 들어가야 하는 개인적인 문인 것이다.

육신의 자연적인 안목眼目이 아닌 영혼의 인식을 통해 듣고 보는 것은 누구에게나 주어진 보편적인 잠재성potential이지만 그것을 현재화하는 것은 개인의 응답이 필요하다. 그러기에 비유에 대한 뜻풀이4:34가 있었고, 귀먹은 반벙어리7:31-37와 베싸이다 소경8:22-26에 대한 특별한 치유행위가–신체적 접촉, 상징적 제의 행위, 재확인을 위한 언급과 질문– 있었다고 마가는 진술해 놓고 있다.

마가의 내러티브가 여기까지 오면서 표현한 눈과 귀에 의한 알아듣기, 알아보기에 대한 헬라어 용어들을 보면 더욱 마음이 완고함에서 마음의 깨달음에 대한 제자직의 요구가 얼마나 중요한지를 이해할 수 있다.

– 수니에나이 ^{깨닫다}

4:12: 듣기는 들어도 깨닫지 못하게 하여.

6:52: 떡 떼시던 일을 깨닫지 못하고.

7:14: 너희는 다 내 말을 듣고 깨달으라..

7:18: 너희도 이렇게 깨달음이 없느냐?

8:17, 21: 아직도 알지 못하며 깨닫지 못하느냐?

– 노에인 ^{알다/깨닫다}

718: 알지 못하느냐?

8:17: 아직도 알지 못하며 깨닫지 못하느냐?

– 기노스케 ^{알다/이해하다/인식하다}

4:13: 너희가 이 비유를 알지 못할진대 어떻게 모든 비유를 알겠느냐

– 에이데나이 ^{알다/이해하다}

4:13: 너희가 이 비유를 알지 못할진대 어떻게 모든 비유를 알겠느냐?

4:27: 씨가 나서 자라되 어떻게 그리 되는지를 알지 못하느니라

위와 같이 귀, 눈, 마음의 인식기관의 중요성은 이제 말씀의 들음에서 행동으로 나아가면서 보는 것이 중요해진다. 이것이 바로 마가복음의 전반부1:1-8:26 부분의 최종 내러티브에서 벳싸이다 소경의 치유8:22-26가 나오는 이유이기도 하다. 그리고 제자들에 대한 심화훈련 부분8:27-9:52의 끝에서 또다시 여리고의 소경10:46-52 치유 이야기로 마무리된다. 그리고 11장부터 그동안 갈릴리라는 주변을 떠나 중심인 예루살렘으로-유대인들에게는 우주의 중심지로 이해됨- 들어가며 마가의 세 번째 내러티브 부분인 수난사화가 전개된 것이다.

귀먹은 반벙어리 치유도 그러하지만 베싸이다 소경의 치유에는 여러 과정적 절차와 정성을 들이는 과정들이 전개된다.

- 사람들이 소경 한 사람을 예수께 데리고 와서
- 손을 대어 고쳐주시기를 청함
- 예수께서는 소경의 손을 잡고
- 마을 밖으로 데리고 나가서
- 두 눈에 침을 바르고 손을 얹으심
- "무엇이 좀 보이느냐?" 하고 물으심
- 소경의 응답나무 같은 것이 보이는데…아마 사람들인가 봅니다
- 다시 그의 눈에 손을 대시자, 눈이 밝아지고 완전히 성해져서 모든 것을 똑똑히 보게 되었다.
- "저 마을로 돌아가지 마라." 하시며 그를 집으로 보내셨다.

마가는 한 인간의 치유에 대해 쏟는 예수의 정성과 노력들을 일일이 진술한다. 이것은 누가복음처럼 만연체가 아닌 행동중심의 짧은 글 중심의 마가복음에서는 예외적인 몇 구절 중 하나이다. 그만큼 보는헬, 블레페이스 blepeis 것이 얼마나 중요한지 그리고 이 보는 과정의 전개를 진술하면서 그 감추어진 의미를 제자나 독자들이 알아들으며 드러나게 하고 있다. 헬라어 블레포보다는 단순히 보다.look, see만이 아니라 심층적인 지각·분별discern이 포함되기 때문이다.

이러한 귀, 눈, 마음의 온전한 인식 작용이 왜 중요한 것인가? 그것은 바로 바리사이파 사람들이 와서 한 "예수의 속을 떠보려고 하느님의 인정을 받은 표가 될 만한 기적을 보여달라"8:11와 연결하여 그 이유를 숙고할 수 있다. 그들은 예수에게 종교적 인도자로서 객관적인 증거인 하느님의 징표로서의 기적을 요구하고 있다. 이 질문이 속임수가 되고 그 질문의 핵심적인 의도가 잘못된 이유는 당신이 지도자로서 인기몰이를 얻는 객관적인 표증을 보여주면 당신에 대한 추종이 합법화되는 것이 아닌가라는

질문 성격에 있다. 속임수는 사람들이 그 징표로 당신이 진정한 지도자라고 여길 것이다. 그렇게 따르면 우리는 당신이 대중을 미혹하여 로마에 대적하는 반란군 지도자로 지명하여 당신을 쉽게 감옥에 가두거나 죽일 수 있는 방책을 합법적으로 얻을 수 있을 것이다−사실 이것은 나중에 벌어졌다

질문의 의도가 진정성 있지 않은 것은 예수가 말한 민중의 권력자에 대한 추종이 아니라 공동체적 돌봄과 나눔의 리더십을 결정적으로 악화시킬 수 있기 때문이었다. 한 개인의 초월적 카리스마 리더십은 민중을 우민화하고 절대적 권력을 행사하게 유혹한다. 따라서 예수는 추종이 아니라 길 걷는 자의 동료로서 제자직을 염두에 둔 것에 반하게 되는 것이다. 이편과 저편, 안과 밖, 그리고 위와 아래에 대한 경계 허물기로 사명을 가진 그에게는 의미없는 질문인 셈이다. 이것은 아래 예수의 진술에서 극명하게 드러난다.

> 어찌하여 이 세대가 기적을 보여달라고 하는가!
> 나는 분명히 말한다. 이 세대에 보여줄 징조는 하나도 없다.8:12

즉 하느님의 인정을 받은 표가 될 만한 기적은 하늘의 기적이 아니다. 마가가 말하는 예수가 보여주는 징조나 표징은 이 세상 안에서 일어나는 기적이다. 즉, 이미 길 열기와 길 가기 그리고 길 건너기를 통해 길 가는 자가 표징이다. 이 세상에서 길 가기와 길 건너는 자로서 이편/저편, 안/밖, 위/아래라는 분리의 경계선을 통합하는 자야말로 '하느님의 인정을 받은 표가 될 만한 기적'을 보여주는 셈이 된다. 따라서 하늘의 기적을 바라지 말고 땅의 기적을 보라.

표증은 건너감의 기적에 있다. 저녁에 사흘동안이나 뒤따라 다닌 이방인들을 보고 "참 보기에 안됐다. 그들을 굶겨서 집으로 돌려보낸다면 길에서 쓰러질 것이다…"8:2라고 상황을 인식하고, 없는 중에 있는 것을 공동으로 나누는 행위야말로 하느님의 인정을 받은 표가 될 만한 기적이다. 그러므로 그러한 마음내기의 표징인 '참 보기에 안 됐다…. 길에서 쓰러질 것이다'라고 보고 듣고 실천하는 마음을 내는 이 지상적인 행동이 참된 기적이라는 것이다.

마가는 이에 대해 자신이 들은 현지 민중들의 이야기를 상세히 글로 그 장면들과 이야기를 적어 놓았다. '참 보기에 안스러움'헬, 스프란츠니조마이 splanchnizomai =moved with compassion처럼 목격하는 비참하고 어려운 상황에 대해 마음이 연민으로 움직이고, '길에서 쓰러질 것'헬, 에크리데손타이 엔 테 호도 eklythēsontai en tē hodō을 염려해 길을 가도록 하게 하는 것이야 말로 기적의 징표라는 말이다. 길에 쓰러지거나 길에서 연약해져 혼미해지는 것을 염려하여 이것을 돌보는 눈과 행위야말로 기적중의 기적인 셈이다. 그 표증은 하늘의 징조라기보다는 이 세상을 살아가는 인간의 진실한 행위를 통해 깨달을 수 있는 기적에 있다.

역설하자면, 그렇게 비통하고 힘든 현실과 상황에 대해 돌봄의 정치/실천을 행하는 것은 무언가 특별한 계시적 징표에 대한 능력에 있지 않고 보고 듣고 마음을 내는 자각적 능력이 필요한 것이다. 하느님 나라의 신비는 하늘의 기적을 통해서가 아니라 이 세상에서의 실천의 기적을 통해 그 징표가 보이는 것이다. 따라서, 이지상적인 기적을 위해 귀, 눈, 마음의 정화는 중요한 요건이 된다.

사천 명을 먹이신 기적 이야기와 하늘의 기적을 요구하는 바리사이파 사람들 이야기 끝에는 각각 배 항해의 문장이 담겨져 있다.8:10, 13 이는 그 상황에서 확인해야 할 의미가 있고, 그것을 건너가고, 그것을 넘어서야 하는 의미가 숨겨져 있음을 암시한다. 그와 연결된 이야기로서 "바리사이파 사람들의 누룩과 헤로데의 누룩을 조심하여라"라는 경고가 제자들과 함께 배에 탄 상태에서 이어진다. 배 위에 함께 타고 '길을 건너는passing over' 상황에서 예수와 제자들은 빵에 대해 이야기를 나눈다. 제자들은 빵들의 숫자와 그 부족가져오지 못한 것들을 예수는 하나로서 빵의 의미를 나눈다.

건너감은 이렇게 빵의 의미를 제자들이 스스로 알아듣게 되었을 때 비로소 저편으로 건너갈 수 있게 된다. 그 건너감은 단순히 물리적 공간으로서 저편이 아니다. 그러기에 마음의 영역으로서 저편이다. 빵은 눈이 있으면서 알아보고 귀가 있으면서 알아듣도록 주어진 징표이다.8:18 보고 듣고 마음 쓰는 것에 방향이 달라졌을 때, 보이는 것을 통해 그 너머를 보고 듣고 알아들을 때, 우리는 하느님 나라의 신비를 여는 열쇠를 갖게 된다.

예수는 소경된 우리에게 두 질문을 직접적으로 하고 계신다. 이 실존적인 질문에 응답하지 않는다면 그 다음 과정 또한 마찬가지일 것이다. 이렇게 길열기와 길 가기는 단순히 호기심 어린 방랑과 소요하기가 아니다. 무엇을 보고 무엇을 듣고 무엇을 마음에 품게 되었는가라는 실존적 질문에 대한 자기 경험의 책임있는 응답의 시간이 다가온다. 그 순간을 피할 수 없다. 왜냐하면 그것이 바로 다음 길열기와 길 가기를 보여주기 때문이다. 이 질문들은 그러므로 자기 충족 예언의 법칙처럼 자신에게 어떤 경험이 일어나게 할 것인지 작동하게 된다. 결과적으로 우리는 그러한 또 다른 실패를 다음 본문에서 볼 것이다.

"그래도 아직 모르겠느냐?"[21]
"무엇이 좀 보이느냐?"[23]

다시금 길 가는 자의 정체성을 확인하기

막 8:27-38

회상과 배경

길을 간다는 것은 신체적인 움직임, 즉 몸과 발의 개입만 아니라 의식에 관련된 이슈이다. 어디로, 왜라는 질문이 올라오는 내적인 감각을 동반한다. 그리고 그러한 '의식하기'의 이슈는 공간, 시간 그리고 관계 속에서 무엇을 보고 무엇을 듣는가에 직접적인 영향을 받는다.

8장 1절-26절은 마가복음의 전반부가 끝나면서 한 국면이 정리되는 부분으로, 마가의 내러티브가 이제 8:27에서 10:52까지 전개되는 제자들과의 문답이라는 두 번째 국면의 심층적인 제자직의 의미로 들어가는 문 앞에서 잠시 숨을 고르는 지점이다. 상상하자면 여행자가 지금까지 길 걸어온 것을 잠시 뒤돌아보면서 앞으로 다시 나가기 위한 **숨 고르기 영역**이라 볼 수 있다.

길 가기가 무엇을 보고 무엇을 듣는가에 대한 인식의 재배치에 달려있기에 마가 기자는 악령축출과 질병치유의 더 근본적인 장애로서 듣는 것의 재배열에 대해 7장에서 깨끗한 마음의 중요성을 언급하였다. 안에서 나오는 여러 악한 생각들이 악령과 질병 그리고 소외를 낳기에 부정한 것, 악한 것은 '모두 안에서 나와 사람을 더럽힌다'7:23는 것이다. 밖으로의 투사投射에서 내사內射의 이슈로 가져가면서 '저편'과 '밖'의 이슈의 더 근원적인 것이 '안'에서의 이슈로 파생됨을 언급하고 있다. 그리고 귀먹은 반벙어리에 대한 치유를 통해 '귀가 열리고 혀가 풀려서 말을 제대로 하게 되는' 마음의 에파타열려짐라는 새로운 전환을 스토리는 전개하고 있다.

본다는 것을 치유하는 일은 들린 후에 일어나는 것이다. 마가는 이미 복음의 시작1:1에 있어서 이사야의 글을 인용하면서 길을 준비하기라는 예언의 들음을 시작으로 길 가기의 문을 연다. 8장에서 마가는 본다는 것에 관해 이야기를 전개하면서 그 시작을 "참 보기에 안됐다"는 단어를 사용하고 있다.

> "이 많은 사람들이 벌써 사흘이나 나와 함께 지냈는데
> 이제 먹을 것이 없으니 참 보기에 안 됐다.
> 그들을 굶겨서 집으로 돌려 보낸다면 길에서 쓰러질 것이다"8:2-3

"참 보기에 안 됐다"는 헬라어는 스플란츠니조마이splanchnizomai로서 이는 연민으로 마음이 움직였다는 뜻이다. 그 목적은 또한 '길에서 쓰러지지' 않고 다시 길을 가도록 하는 것에 대한 이슈를 '봄seeing'을 통해 확인한다. 이렇게 본다는 것은 상황의 맥락적 이해와 길 가기에 대한 인식을 포함한다. 기적과 징표는 그러한 인식적인 봄을 위해 주어진 실마리이다. 그래서 이번에는 이방인들을 위해 사천 명을 먹이는 기적 이야기가 있고, 그러한 목격봄에 근거하여 제자들과 함께 항해를-"곧 제자들과 함께 배를 타고 달마누타 지방으로 가셨다"10절- 통한 건너감을 시도한다.

예수와 제자들은 그러한 항해의 과정에서 배를 탄 채 그들이 본 경험에 대한 의미 문제를 나눈다. 예수는 "바리사이파 사람들과 헤로데의 누룩을 조심하라"15절는 경고를 하고, 제자들은 "빵이 없구나"라는 서로 걱정하는 응답이 진술되고 있다. 마가는 이 진술을 통해 제대로 듣고 제대로 보는 일은 또한 '조심하기'의 수행과 관련되어 있다고 말한다. 그것은 쉽게 눈치채지 못하게 부패시키는 지배체제의 논리와 사고방식으로서 '누룩'에 대한 것이다. 하느님 나라를 향한 돌봄의 커뮤니티 구축의 상징으로서 '빵' 나눔은 언제나 그 빵을 변질시키는 권력자와 지성인들의 논리와 가르침인 '누룩'을 경계하지 않으면 함께 나눔의 역량이 구축되지 않는다는 뜻이기도 하다.

두려움과 결핍의 지배체제의 관행을 혁신하고 대안적인 나눔과 평등의 커뮤니티 구축을 위한 샬롬자유, 정의, 평화, 기쁨, 안녕, 나눔의 총체적인 언어의 대안적 사회질서를 위해서는 귀를 열고, 눈이 제대로 작동되어야 가능하다. 빵의 제공과 모두가 이를 나눔이라는 포용적 실천은 그 자체가 기적이며 세상에서 할 수 있는 최선의 하느님 나라의

징조이기에 따로 '하느님의 인정을 받은 표가 될 만한 기적'8:11은 필요가 없다. 이렇게 하나님 나라의 도래는 실존적이고 경험적인 이슈이기에 추상적인 사고나 논증에 의해 알려지는 것이 아니다. 그 일을 실천하는 사람 속에서 이미 발견되고 증득되는 경험인 셈이다.

하느님 나라의 신비가 경험적으로 증득되는 것이라면, 그것을 막는 시야의 회복은 결정적으로 중요한 문제이다. 그러므로 베싸이다 소경의 치유 이야기는 마가의 스토리텔링 전개에 있어서 결정적인 길 가기의 관문이 된다. 마가는 지금까지 이야기 전개 과정을 통해 제자들과 청자들의 귀가 열리고 눈이 정화되고 밝아졌는지를 길 가기 중간 지점에서 묻고 있다.

본문 속으로 들어가기

길 가기 제자직의 수행은 직접적인 자기 경험에 근거한 자기–증득證得:바른 지혜로 진리를 스스로 깨달아 얻음을 통해 이루어지는 것이다. 따라서 다른 사람의 의견이나 그들의 주장과 경험, 객관적인 이해를 위한 정보 수집이 아니라 직접적인 자기 체험에서 스스로 증명되는 전적인 자기–책임의 영역이다. 실천 커뮤니티는 그러한 '홀로'의 길 가기에 대한 자기 체험의 내면적 진실과 함께, 동료관계로서 서로가 함께 길 가기에 대한 능력 부여로서 주기giving와 상호 돌봄의 관계성이 어울려지는 씨줄날줄의 그물망 특성을 갖는다. 그럴 때 다음의 질문에 대한 응답이 가능해진다.

"너희는 나를 누구라고 생각하느냐?"

나 홀로의 입장에서 귀가 열리고 눈이 떠진 상황에서 길 가기가 명료해진다. 그리고 그러한 홀로의 길 가기가 지배체제의 견고한 장벽 앞에서 상호지원과 돌봄의 관계망으로 인해 '우리됨we-ness'이 가능해질 때 길 가기에 대한 누구됨who-ness에 대한 의미 부여가 가능해진다. 개별적 특성의 차이에도 불구하고 마음의 일치라는 하나됨에로 길 가기가 가능해질 때 우리는 이 질문에 대해 응답할 수 있다.

마가에 있어서 남들의 응답이 아니라 자신의 응답 특히 동료로서 의견의 일치와 그 대표적인 대답의 적절함–"선생님은 그리스도이십니다"–에도 불구하고 예수는 자기 정체성에 대한 침묵을 권고 하신다. 그리고 이제부터 그러한 일치된 이해 속에서 제자들에 대한 가르침전통적으로 우리는 이를 '디다케'라고 부른다이 시작된다. 그 디다케의 시작은 예수의 고난에 대한 첫 번째 예고와 관련된다. 이 문장들은 흥미로운 댓구를 이루고 있다.

8:31 예수의 가르침–고난을 받아 죽었다가 사흘만에 다시 살아남/수난예

　고 A

　8:32 베드로의 응답–그래서는 안된다고 펄쩍 뜀 B

　8:33 예수의 응답 – "사탄아 물러가라.." 예수의 꾸짖음 b′

8:34 예수의 가르침 – "나를 따르려는 사람은 제 십자가를 지고 따라야 한

　다"a′

흥미로운 점은 베드로가 예수의 정체성에 적절한 대답을 하고 나서는 예수의 가르침에 반박하고 예수는 이에 대해 꾸짖으셨다는 점이다. 마가는 누가나 마태에는 없는 원래의 자기만의 문장을 지키고 있다. 그것은 "예수께서는 이 말씀을 명백하게 하셨던 것이다"8:32라는 문장이다. 첫 수난 예고의 가르침이 명백하였다는 뜻이다.

여기서 베드로가 그래서는 안된다고 "펄쩍 뜀"과 예수가 사탄아 물러가라며 진술한 "꾸짖으셨다"는 말은 똑같은 헬라어인 에피디마오epitimáō =rebuke로서, 첫 번째 항해에서 건너가기를 하면서 경험한 거친 바람에 대해 "꾸짖으심"과 같은 동사이다. 즉, 길을 가는 데 있어 장애가 된 거친 바람에 대한 꾸짖음에 기초하여, 베드로의 예수에 대한 꾸짖음과 예수의 재차 베드로에 대한 꾸짖음이 병렬되어 있다는 뜻이다. 여기서 에피epi–는 인식론epistemology이란 영어 단어의 어근을 같이 하며, 가르치기 위해보여주기 위해 경고한다는 뜻도 내포하고 있다.

베드로의 그러지 마세요라는 비난의 응답에 대해 예수도 재차 베드로를 비난한 후

에, 그런 상황에서 베드로와 예수 사이에 논쟁이 전개되고 예수의 가르침디다케이 "군중과 제자들을 한 자리에 불러 놓고"34절 시작된다. 그 디다케는 아래와 같다.

- 나를 따르려면 자기 십자가를 지라34절
- 목숨을 살리고자 하면 잃고, 복음 때문에 잃는 자는 살릴 것이다.35절
  목숨과 세상을 저울질하여 평가해라세상을 얻어도 목숨을 잃으면 이익이 없다,
  36-37절
  나와 내 말을 부끄럽게 여기면 장차 재림 때 그를 부끄럽게 여길 것이
  다.38절

예수의 디다케가르침는 행동하라는 지침과 그 지침의 근거·이유, 그리고 장차의 하늘의 약속을 통해 그 행동의 참됨과 그 의미를 점차 강화하는 방식으로 전개된다. 이렇게 제자직의 행동은 '하느님의 뜻'에 대한 사유와 하늘의 보증을 통해 순차적인 강화를 전개하면서 그 행동이 얼마나 중요한 것인지를 지침의 근거·이유와 약속을 통해 명료한 이해를 듣는 이들이 할 수 있도록 주어진다. 군중들이 허기져 보기에 안쓰러워서 그들이 '길에서 쓰러지지 않도록' 빵을 제공한 것처럼, 예수는 디다케를 통해 자신이 '부끄럽게 여기지' 않도록 행동을 고취시킨다.

성찰과 회상

"사탄아, 물러가라. 하느님의 일은 생각하지 않고 사람의 일만 생각하는구나!"의 일침은 깊은 생각을 불러일으킨다. 선생님은 그리스도이십니다라고 나서서 예수의 정체성을 밝힌 베드로의 인식과 그 용기에 대한 여운이 가시지도 않은 때, 예수는 베드로에 대해 3가지의 부정적인 진술을 하고 있다. 첫째로 악령 추방의 그 긴 경험 진술 속에서 정작 베드로가 사탄으로 불렸다는 점이다. 둘째로, 제자로서 '안'이라는 포함됨에서 '물러가라'고 '밖'의 거리를 두는 상징의 제스처를 사용했다. 셋째로, 가장 중요한 언급으로써 사람의 일을 생각하고 하느님의 일은 생각하지 않는다는 제자직

의 본성에 대한 이탈을 언급하셨다는 점이다. 이 '사람의 일'과 '하느님의 일'은 앞서 7장에서 나온 바리사이파 사람들의 위선에 대한 경고, "너희는 하느님의 계명은 버리고 사람의 전통을 고집하고 있다"7:8와 연결점을 갖는다는 점에서 혹독한 비난이기도 하다.

베드로의 '당신은 그리스도이십니다'와 베드로에 대한 "사탄아, 물러가라"의 혹독한 비난 사이에 수많은 것들이 생략되어 있다. 그리고 이러한 그리스도됨의 상승 언어와 사탄됨의 추락 언어 사이의 널뛰기 속에서 마가의 진술을 듣고 있는 청자들의 마음도 널뛰기한다. 길가는 자는 이 상승과 추락의 소용돌이 덫에 걸리지 않고 중심을 잡아서 다시 가야 할 길을 걸어가야 한다. 과연 이러한 마가의 스토리텔링으로 우리는 어떤 시야가 열리고 있는 것인가?

14

본문에 따른
성찰질문

막 8:27-38

1. 편안한 자세와 호흡을 고르게 한 후 거룩한 영의 안내를 요청한다. 그리고 오늘 새롭게 만나지는 문장, 단어에 주목하며 그것이 나에게 말 걸어오기를 기다린다. 지적인 사고가 아니라 가슴이 울리는 단어에 집중한다. 본문의 문장이나 단어가 당신의 영혼, 삶을 비추어 주는 것이 있다면 영에 의지하여 그것이 자신을 바라보게 한다.

2. 당신이 신앙인으로서 살아 가면서 '길 가는 도중에' 있는 자로서 남들이 말하는 그리스도에 대해 무엇을 듣고 있는가? 그리고 당신 자신은 누구/무엇이라고 응답하는가?

3. 당신의 삶에서 가장 궁극적인 고양·승화의 교훈이 일어난 사건─예를 들면 당신은 그리스도입니다처럼 삶의 심층적인 고백이 일어난 교훈의 사건─과 가장 부담스럽게·불편스럽게 제자직의 그룹에서 제외되었다고 느꼈던 때가 언제인가? 그 경험들을 통해 각각 어떤 교훈을 얻었는가?

4. 당신에게 '십자가'로 다가오는─해석은 각자에게 맡김─ 져야 할 것은 무엇인가? 그리고 그 '져야 할 십자가'가 '세상'과 '목숨'에 대해 어떤 연관된 의미를 지니는가? 그 연관의 경계선이 어떤 정도의 한계나 기준 속에서 '부끄러움'과 '영광'의 가름으로 나갈 것으로 생각되는가? A4용지를 십자가로 상징해서 한쪽은 세상, 다른 쪽면은 목숨·생명이라고 생각하고 각각 떠오르는 목표나 의미를 적어보라. 그중에 져야 할 십자가로서 다가온 것은 무엇이며 이것이 어떻게 부끄러움이나 영광의 길로 각각 갈 수 있는 방향에 있는 것인지 묵상한다.

막 8:27-38

민중을 현혹하는 길은 두 가지가 있다. 하나는 노골적이고 표면적인 것으로서 마가는 그것을 악한 영/더러운 영의 지배를 노출함으로 표현한다. 이는 조금만 정신차려 주목하고 보면 그 정체가 드러나며, 그 목소리를 들을 수 있다. 마가가 전한 지금까지 악령축출 이야기에서, 그것에 씌워진 군대귀신 들린 이의 모습 속에서 그리고 베엘제불에 대한 논쟁 등에서 우리는 분명히 볼 수 있었다.

다른 하나는 은밀하며 마치 빛처럼 보이나 가짜 빛이어서 그 속임수의 화려함으로 우리의 눈을 멀게 하는 방식이다. 바리사이파 사람들은 처음에는 저항과 죽일 공모를 위한 실마리로 논쟁하기 위해 예수께 다가왔으나 그 전략을 포기하고 이제는 거꾸로 당신이 하늘 아버지의 아들 신분이라면 "하느님의 인정을 받은 표가 될 만한 기적을 보여 달라"8:11고 떠보는 방식으로 예수를 치켜세운다. 이는 예수가 광야에서 받은 40일간의 유혹의 재현이다. 비록 마가에는 한 줄1:13로 정리되었지만, 이 달콤한 유혹은 바리사이파 사람들의 마음속으로 들어와 예수의 "속을 떠본다."8:11 자신들이 율법, 정결규례 등의 특권을 통해 신분을 유지하고 있는 것처럼, 당신도 하늘의 징표를 통해 자신의 특권적 지위를 드러내라는 뜻이기도 하다. 물론, 그 의도가 순수할 리가 없다. 그러므로 이들 꾀에 넘어가 무언가 하늘의 표징을 보여준다고 하더라도 틀림없이 그들은 올가미를 씌울 궁리를 하였을 것이다.

예수의 응답은 여기서 단호하다. 예수의 신분에 대한 특권적 지위나 민중의 뒤따름의 확실성과 인기도를 감안한 표증의 제시가 아니라, 거꾸로 "이 세대에 보여줄 징조[개역-표징]는 하나도 없다"8:12라며 거기를 떠나 다시 배를 타고 바다 건너편으로 가신다. 마가가 소개하는 예수는 이런 점에서 그 어떤 초월적인[하늘의] 표징에 대한 담지자로서의 모습을 보여주지 않는다는 점에서 매우 이례적이다. 내가 "이례적"이라 함은 신화적 세계관의 2000년 전 당시의 문화 속에서 그 어떤 신비하고, 마술적인 신분의 특성을 자기에게 부여하지 않았다는 점이다. 이는 악령축출과 질병치유의 이적사화에 관련해서 타인들이 어떻게 생각하든 자신의 신분에 대해서는 일관된 것이었다. 이것이 당시의 여러 종말론적인 유랑선포자들과는 다른 모습이기도 하다.

그러나 하늘의 표징이 없다는 예수 말의 깊은 의미의 영역은 따로 있다. 하늘의 초월적 개입이라는 정치적 메시야 사상과는 달리, 어떻게 이 땅에서 도래한 하느님 나라의 신비를 드러낼 것인가에 대해 다른 시각을 갖고 있다는 뜻이기도 하다. 길을 가는 자에게는 그의 삶이 표징이기에 하늘의 표징을 자기 삶의 양태 속에 체화體化, incarnate 하고 있다는 점에서 징표는 그의 심장에 있었던 것이다. 심장과 가는 발걸음이 보여주는 표징 이외에는 객관적인 하늘의 징표는 없다는 이 말은 모든 악령과 거짓된 우상 그리고 환영들의 질서화를 부숴버리는 핵심적인 표현이기도 하다. 그렇게 하늘의 영역은 객관적인 것이 아니라 실존적인 것이며, 물리적인 현상이 아니라 인격적인 것으로 우리의 삶을 실제로 구성하고[영향력을 주고] 있는 문제이다.

길을 가는 것은 눈에 보이는 것을 다시 새롭게 보게 하고, 무엇을 제대로 듣는 지에 대한 민감성을 요구한다. 마가가 전하는 내러티브 중에는 악령 축출과 질병 치유에 있어서 수많은 기적들이 말로 치유하고 회복하는 것으로 전개된다. 하지만 귀를 열고 눈을 뜨게 하는 내러티브는 전혀 그렇지 않다. '저편'에 속한 이방인 시로페니키아 여인에 대한 부스러기 빵 스토리 이후 귀먹은 반벙어리 치유7:31-37에는 몇 가지 구체적인 과정들이 소개된다.

- 그 사람을 군중사이에서 따로 불러냄
- 손가락을 귓속에 넣고, 침을 발라 그의 혀에 대심
- 하늘을 우러러 '에파타열려라'라고 말씀하심
- 귀가 열리고 혀가 풀려서 이제 말을 제대로 하게 됨
- 이 일을 말하지 말라고 침묵 명령을 내림

위와 같은 일은 또한 달마누타 지방으로 건너가는 배 안에서 빵에 대한 의미를 나눈 이야기를 하고서 "그래도 아직 모르겠느냐?"라고 말씀하신 다음이나 베싸이다 소경의 치유 이야기 속에도 그러한 수고스러운 치유의 과정적 모습이 등장한다. 마가의 여행 주제의 빠른 템포 특성을 감안하면 귀먹은 반벙어리나 소경에게 쏟아붓는 상세한 정보 전달은 의외이기도 하다.

- 사람들이 소경 한 사람을 예수께 데리고 옴
- 손을 대어 고쳐주시기를 청함
- 소경의 손을 잡고 마을 밖으로 나가심
- 두 눈에 침을 바르고 손을 얹으심
- "무엇이 좀 보이느냐?"고 물으심
- 눈이 떠지며 보이는 것을 이야기함
"나무 같은 것이 보이는데 걸어다니는 걸 보니 아마 사람들인가 봅니다."
- 다시 그의 눈에 손을 대심과 치유됨
- 다짐시킴: "저 마을로는 돌아가지 마라"하며 집으로 보내심

귀먹어리와 소경의 이야기가 위와 같은 수고스러운 과정적 절차가 있는 치유로서 마가복음의 전반부를 마무리하는 국면에 나오게 된다. 이런 점에서 이러한 배열은 신학적인 의미를 가진 배열임이 틀림없다. 그렇게 들리고, 볼 수 있게 되고 나서, 그 보는 것과 들리는 것이 점차 승화되면서 깊어지게 된다. 나무와 사람들이 보이게 되자 비로소 사물과 사람을 넘어서 길가는 자로서 '누구who'에 대한 질문이 나타난다.

따라서 마가의 내러티브는 단순히 일어난 사건의 배열이라기보다는 신학적 의도가 있는 것이며, 또한 이야기 전개와 관련하여 스토리텔링이 지닌 의미의 흐름 과정에서 제자들과 청자들로 하여금 듣고 보는 것에 있어 '인식의 재배치the re-positioning of epistemology'라는 제자직의 핵심 수행으로 연결되어진다. 이는 마가의 길 가기에 있어 귀먹어리 치유와 베싸이다 소경 치유는 마가에만 나오는 유일한 이야기이다. 그만큼 다른 복음서 기자들은 마가의 이 이야

기들의 독특한 신학적 배치를 이해한 것으로 볼 수 있다 당연히 이는 길가는 자가 길 중도에서 만나는 지점이기도 하다. 길 중간지점에서 어디로부터 어디까지 왔고, 어디로 가야 하는 지에 대한 것은 자신이 듣고 본 것에 기초해 방향을 설정하게 된다.

마가는 그 인식의 재배열을 공간과 시간의 펼쳐짐에 응해서 **저편/이편, 밖/안, 위**예, 성전 엘리트/**아래**예, 민중, 세리죄인의 관계 속에서 길 가기를 시도함으로써 현상과 사건과 만남들을 '알아들 수 있을 정도로'4:33 하느님 나라의 신비를 알리는 비유파라볼레로 해석한다. 이전의 글들에서 여러 차례 언급되었듯이 파라볼레는 현상으로 '던져진cast; 볼레' 것에 '옆으로 함께 있는 그 무엇to be side with; 파라'을 지칭하는 현실성의 실마리로서, 들어서 알아듣고 보아서 깨닫도록 하는 표징·징조의 역할을 한다. 귀가 열리고 눈이 떠지는 수고스러움을 통과하고서 길가고 있는 자에게는 다음과 같은 질문이 본질적으로 던져진다.

> "사람들은 나를 누구라 하더냐?"
> "그러면 너희는 나를 누구라고 생각하느냐?"

길을 가다보면 만나지는 사물, 사건 그리고 사람들에 대해 듣거나 보는 것으로 인해 눈을 밖에서 안으로 돌려서 가치와 의미에 대한 실존적인 질문은 만날 수밖에 없다. 궁극적 실존의 의미됨에 관련하여 '나'를 묻게 된다. 그리고 이는 먼저 다른 사람들의 응답에 대해 그리고 나 자신의 응답에 대해 짝으로 떠오르는 질문을 직면한다. 다른 사람들은 궁극적인 실존의 의미에 대해 무엇이라 이야기하는가? 그렇다면 나는 길을 가다가 이제는 어느 정도 도보로 걷고 배로 항해한 자로서 궁극적인 실존의 의미에 대해 무엇이라고 말할 수 있는가에 봉착한다. 이것이 마가가 전한 길가는 도중에 일어난 내면의 사건이다.

> 예수께서 제자들과 함께 필립보의 가이사리아 지방에 있는 마을들을 향하여 길을 떠나셨다. 가시는 도중에 제자들에게 "사람들이 나를 누구라고

하더냐?"...

"그러면 너희는 나를 누구라고 생각하느냐?"하고 예수께서 다시 물으시
자...8:27-29

마가에 있어 길 가기가 신앙 커뮤니티의 중요한 핵심 주제이기 때문에 장소와 방향
의 구체성이 중요하게 언급된다. 이것은 같이 수록한 마태나 누가에서는 나오지 않는
구절들이 돋보인다는 뜻이다. 그것은 바로 "길을 떠나셨다"와 "가시는 도중에"라는
구체적인 사건의 장소와 방향에 대한 기록이다. "가시는 도중에[헬: 엔 테 호도 en tē hodō=
on the way]"는 단순히 길이라는 공간적 지형을 말하는 것을 넘어서 실천의 과정 속에서
일어나는 실존적 의미에 대한 맥락적 진술이기도 하다. 길가는 자와 길가는 것을 배우
는 자로서 스승과 제자의 담화는 길가는 행위의 과정을 통해서 비로소 만나지는 영혼
의 섬광을 위한 부싯돌 역할로서 질문이 주어진다. 그 질문들은 잠자던 영혼을 일깨
우고 각성된 영혼으로 길을 밝혀 길을 열며 나아가게 만든다.

그렇게 길가는 도중에 길 위에서 만나지는 질문은 그 어떤 무엇what-ness에 대한 객
관적 정보의 교류를 위한 것이 아니다. 궁극적 실존으로서 누구됨who-ness이라는 자
기 정체성을 묻는 것이다. 길가는 자에 대한 궁극적 질문을 '누구'라는 이름으로 받으
면서naming 자신이 누구일 수 있는지 고백과 증언을 통해 자신이 누구인지를 알아가게
된다. 그렇기에 이렇게 '길 위에서' 던져지는 질문은 일방적이지 않고 환원적이며, 머
리가 아닌 가슴을 열게 하는 질문이 된다.

그러한 질문은 귀를 열어 더 깊이에 있는 심장을 여는 질문이게 만들고, 눈을 뜨게
해서 눈 속에 활활 타오르는 불꽃을 안구에 심어준다. 마치 모세가 죽을 때에도 정기
를 잃지 않은 것과 같다. "모세는 죽을 때 나이 백 이십 세였다. 그러나 그의 눈은 아직 정기를 잃지 않았
고 그의 정력은 떨어지지 않았다"-신34:7 그 영혼의 불꽃이 가는 길을 밝힌다. 그런데 여기서
마가는 한 걸음 더 나아가, 한 영혼의 불꽃을 넘어 실천 공동체의 본질로서 우리됨의
핵심인 공동의 푯대인 궁극적 실존의 의미에 대해 응답을 묻고 있다.

"너희는 나를 누구라고 생각하느냐?"

나 홀로의 입장에서 귀가 열리고 눈이 떠진 상황에서 길 가기가 명료해진다. 그리고 그러한 홀로의 길 가기가 지배체제의 견고한 장벽 앞에서 상호지원과 돌봄의 관계망으로 인해 '우리됨we-ness'이 가능해질 때 길 가기에 대한 누구됨who-identity에 대한 의미 부여가 가능해진다. 개별적 특성의 차이에도 불구하고 마음의 일치라는 하나됨에로의 길 가기가 가능해질 때 우리는 이 질문에 대해 응답할 수 있다.

그 응답이 가능해지려면 다음과 같은 일련의 과정이 필요하였다. 사건에 대한 목격, 하늘의 기적이 아닌 이 땅에서의 기적으로서 길 가기에 대한 확신, 건너감에 있어 '빵 한 덩어리'의 의미 이해, 그리고 이를 제대로 보고 살려는 인식의 교정, 또한 개인에게서도 인식의 재배치가 한 번 더 일어나야 한다. 그것은 '우리됨'에 대한 상관적 관계성에 대한 더 심화된 인식의 재조정이 그것이다.

사실, 이 점에 있어서 베드로가 동료를 대신해서 앞으로 '나서서..대답하였'던8:29 것은 아쉬움이 남는다. 그것은 침묵 명령을 받았던 이유도 있지만 나중에는 예수의 첫 수난 예고에 대한 "사탄아 물러가라. 하느님의 일은 생각하지 않고 사람의 일만 생각하는구나!"8:33라는 꾸짖음을 들었기 때문이기도 하다. 정답처럼 만족스럽게 답변했던 베드로에게 일어난 예수의 이 두 응답은 깊은 생각을 하게 만든다. 그것은 인식의 재배치가 어느 정도까지 치열해야 하는가에 대한 질문을 일으키기 때문이다.

복음의 목적이 본래 그리스도에 대한 증언이라고 생각된다면, 예수를 그리스도[메시야]로 공언하는 것을 왜 침묵하게 하셨을까? 메시야의 정체성이 메시야의 제자들에 의해 계시되지 않는다면 외부인들이 어떻게 이를 알아차리고 보편적인 이스라엘의 회복이 가능할 수 있는가? 만일 예수가 베드로에게 꾸짖은 것이 오답이어서가 아니라, 그 답변의 의미, 곧 어떤 종류의 그리스도[메시야]인가에 대한 의미 문제에 대한 반박이라면 이는 인식의 재배치에 있어서 근본적인 변화를 요청받고 있는 꾸짖음이라고 볼 수 있다.

따라서 예수가 제자들과의 문답으로서 가르침통상 이것을 디다케[제자들을 위한 가르침]라

부른다에 관련한 마가의 내러티브 2번째 부분인 8:27-10:52에서 첫 번째 중요한 핵심 가르침을 나누고 있다면, 어떤 인식의 재배치를 그분의 디다케가 요구하고 있는지 깊이 생각해 봐야 한다. 군사적이고 정복적인 기존의 그리스도 인식이 아니라 십자가를 지는 삶으로서 그리스도 제자직의 첫 번째 디다케는 제자들을 실족하게 할만한 치열한 인식을 요구하기 때문이다. 왜냐하면 그러한 치열한 인식의 재배치-듣고 보는 것의 치열한 재배치-는 사실상 살고자 하는 이에게 죽음이, 죽고자 하는 이에게 생명이, 그리고 세상과 목숨 간의 실존적 선택을 요구하기 때문이다. 게다가 신화적으로 표현된 장차 "사람의 아들도 아버지의 영광에 싸여 거룩한 천사들을 거느리고 올 때"8:38 오히려 정작 자신은 부끄러움을 받게 되기 때문이기도 하다.

아버지의 영광과 거룩한 천사들의 도래 장면 앞에서 부끄러움을 삭인다는 것은 부끄러움과 어리석음의 결과로 오는 것이고 이것은 십자가 지기와 그 결과에 대한 영광과 천사의 동반에 대한 종말론적인 약속에 대해 큰 오류인 것이다. 예수는 이점에 있어서 베드로에 대한 침묵 명령과 꾸짖음이 그가 보인 태도의 경거망동함에 있는 것이 아니라 인식의 오류로부터 일어나는 미래에 대한 염려에 대해 '삼가하기'를 경고했다는 점에서 예수의 친절한 돌봄과 따스한 가르침이-비록 그 의도가 숨겨져 있으나-보인다. 이는 결국 나중에 베드로의 3번 부인으로 드러난다.

이렇게 마가복음의 두 번째 디다케[제자들을 가르침] 부분에서는 길 가기에 대해 귀가 열려 알게 되고 눈을 떠 밝아지는 신적이고 영적인 의미의 세계로 들어가게 된다. 첫 번째 가르침이 부끄러움과 하느님의 영광 사이를 가름division이라는 실존적 경계에 대해 '십자가 지기'라는 상징적 초대에 있다면 그 다음은 두 질문의 문을 통과해야 한다.

나는 어떻게 귀를 열고 눈을 뜰 것인가?
너/너희는 나를 어떻게 생각하느냐?

추락과 영광의 이중주

회상과 배경

마가의 이야기가 앞으로 전개되면 될수록 제자직의 소명과 하나님 나라 도래에 대한 훈련에 집중되며, 그 훈련 중에 특히 중요한 것은 드러난 것/노출과 감추인 것/은폐에 대한 분별의 능력과 관련된다. 목격된 사건들은 현실과 궁극 실재 간에 중첩이 있고 현실로 보여진 것 뒤에 감추인 것이 있다. 악령과 질병 그리고 억압과 무력감이라는 현실의 드러난 것에도 불구하고 이런 것은 환영이며 감추어진 실재의 작동함에 관련한 암묵적 신호가 있다. 비유로 말하자면 대부분 사람에게는 이런 징조들의 씨앗은 길가의 마음과 같아서 사탄에 의해 품어보지도 못하고 빼앗기거나, 돌밭처럼 접촉이 되어 싹이 났어도 어려운 상황에서는 곧 뿌리가 제대로 뻗지 못해 사그러진다. 혹은 접촉하여 싹으로 성장하는 기회를 가져도 세상의 걱정과 재물의 유혹으로 열매를 맺지 못하는 현실로 살게 된다.

그러한 결핍의 가능성에도 불구하고, '말씀을 받아들임'이라는 다른 상황이 전개될 수 있다. 농부는 기껏 7~10배 정도 수확의 기대를 가지는 것이 통상적인 것이겠지만 실제로는 기대 이상의 30배, 60배, 100배의 열매를 맺는 풍성함을 얻게 된다. 그것은 길가가 아닌 길 안으로 들어올 때 가능한 것이다. 물론 마가의 여정을 통해 밝혀지는 것은 그 소득이 물질적 '열매'가 아니라 존재의 누림에 대한 것임은 나중에 점차로 드러나야 할 비밀이다.

이렇게 불가능폭력의 지배체제하에서 무력감의 현실에서 저절로 자라는 씨앗의 생명력처럼 실재의 작용은 눈에 안 보일지라도 자기 창조적 활동을 알아서 전개해 나간다. 그러한 새로운, 변혁된 실재의 작동을 보는 분별의 훈련은 제자직에 있어서 매우 중요한 과제이다. 그리고 그러한 분별이 마가복음에서는 '길 위에서'와 '항해 속에서' 이루어진다. 즉, 8장에 들어와 배 위에서 저편으로 건너감 속에서 이루어지는 "배 안에 빵한 덩어리"8:14에 대한 의미 물음은 노출된 빵과 그 뒤의 은폐된 의미 문제를 연결한다. 제자들은 "빵이 없다고 걱정"8:17하면서 노출된 빵의 부족에 신경을 쓰지만, 예수는 빵의 하나됨이라는 숨겨진 의미에 대해 제자들이 알아듣고 깨닫도록 청한다. 자신이 제자라 하지만 실상은 보고도 눈치채지 못하는 맹인 공동체 수준인 셈이어서 그들이 눈 뜨는 것이야말로 마가에게 있어서 제자직 훈련의 핵심으로 간주되고 있다. 그래서 베싸이다 소경의 정성어린 치유 과정은 특별한 의미가 있다. 사실 이쯤까지 함께 길을 간 경험과 배로 항해를 같이한 경험이 있었기에, 마가의 내러티브는 이제쯤 적절한 성찰의 질문이 나올 수밖에 없었다.

마가는 진술하기를 "~를 향하여 길을 떠나셨다. 가시는 도중에~"8:27 제자들에게 질문을 던진다. 사람들은 자신을 누구라 칭하며 또한 너희들은 나를 누구라고 생각하느냐는 질문이 그것이다. 철저하게 길 위에서 향함과 그 길 안에서 행동하심을 눈여겨 보고 있다. 그러한 세팅 속에서 이제부터 마가의 스토리텔링 중반부에서 제자들과의 문답 이야기디네게가 펼쳐진다.

이야기 전반부였던 악령추방과 질병치유의 사건들이나, 비유에 있어서 은폐와 노출의 중첩 구조는 인식에 대한 자각을 촉구하고 있다. 그런 점에서 질문으로 인해 고백의 위기를 맞이한다. 이는 상당히 극적인 상황에 봉착하게 되는 데, 왜냐하면 예수의 수난 예고에 대한 베드로와의 상호 꾸짖음이—베드로: **그래서는 안 된다.**32절와 예수: **사탄아 물러가라**33절— 극한 대조를 이루고 있기 때문이다. 그리고 그러한 충격적 상호 꾸짖음과 반박 속에서 제자직에 대한 첫 번째 훈련 교훈이 '십자가 지기'에 대한 것이다.

여기서 핵심은 "원로들과 대사제들과 율법학자들에게 버림을 받아 그들의 손에 죽었다가 다시 사흘 만에 살아나시게 될 것임"31절에 관련되어 십자가를 짐과 "제 목숨을 살리려는 사람은 잃을 것이고 복음 때문에 제 목숨을 잃는 사람은 살릴 것이다"35절라는 구절들이 짝을 이루며 통합된 의미를 노출시키고 있다는 점이다. 즉, 십자가의 길은 희생과 관련한 신앙적 의미를 넘어서 자기 길을 가는 자의 헌신과 일관성에 따른 성전 엘리트들의 저항과 특권 유지의 기존 체제와 질서와의 피할 수 없는 불가피한 부딪침을 가시화한다. 이미 거친 바람의 역풍 속에서 '제자들 곁을 지나쳐 가시려는'6:48 시도를 통해 건너감에 대한 자신의 헌신을 보여주었고, '물 위를 걸어 오시는' 그 움직임 속에서 자신의 정체성을 -"나다. 겁내지 말고 안심하여라"- 보여주신 분이셨다. 그리고 이제 십자가를 지고 길을 감은 그러한 연장선에서 단호한 의지로서 길을 감을 확인한 셈이다.

마가가 제시한 십자가는 건너감의 구체적인 표징이며, 반대자들인 바리사이파 사람들의 요구인 '하느님의 인정을 받은 표가 될 만한 기적'에 관련하여 십자가를 짐이라는 이 지상에서의 실천이 하늘의 표징을 갈음한다는 뜻이기도 하다. 그러므로 마가가 제시한 십자가의 의미는 종교적인 신앙의 길이나 세상에 대한 금욕주의적 삶에 대한 의미가 아니다. 오히려 다음 두 가지의 의미를 내포한다.

그 하나는 길가는 자의 내적인 일관성으로서 길을 여는 것에 대한 헌신이 그것이다. 또 하나는 사회정치적인 지배체제에 대한 특권과 권력에 대해 무릎 꿇지 않는 강력한 저항이다. '원로들과 대사제들과 율법학자들에게 버림을 받음'은 길가는 자의 일관성과 충실성에 있어 예측된 것이며, 십자가를 짐이라는 행위없이는 탈지배체제로 향한 자유와 해방의 공간을 마련할 수가 없다. 우리는 이를 이미 오천 명을 먹이신 기적 바로 앞에 민중을 돌보지 않고 오히려 예언자 세례요한을 살해한 헤로데 왕 이야기6:14-29를 통해 예견되었음을 알 수 있다. 이 세상 왕의 무도한 권력과 이에 결탁한 예루살렘 성전 엘리트의 폭력과의 공모라는 지배체제에 대항하여 무력감을 넘어서는 대안의 필연성이 제기된 상황에서 십자가 지기가 제시되고 있다.

두 번째는 제자직의 본성에 대한 일반적인 기대로부터 본질적인 본성에로의 전환이다. 당연히 제자인 베드로는 다가올 메시야에 대한 민중의 정치적 기대에 따라 세상의 왕보다 센 존재로서 권력과 통치의 그리스도에 대한 힘의 지배라는 입장에서 말리 고원어는 예수를 꾸짖다라는 뜻이다 있었다. 하지만 예수는 오히려 사탄이라는 심한 말을 되돌려 준다. 이쯤 되면 소경의 눈뜸과 베드로에 대한 꾸짖음의 중반부 시작인 제자들과의 하느님 나라에 대한 문답 이야기에는 예수가 대적하는 대상의 방향이 바뀌고 있음을 알 수 있다. 그것은 지금까지 악령, 성전 엘리트들이 주된 적대자들이었으나, 예수가 힘들게 맞서서 대항하게 될 대상은 이제부터 내부에 있는 '제자들'이 되는 셈이다. 저편과 이쪽의 경계선, 밖과 안의 경계선에 대한 지양과 통합이라는 예수의 샬롬 사역이 이제 '안'인 경계선 내부의 제자들이 지닌 오해와 기존의 신념에 대한 예수의 반박과 새로운 평화 건설은 길 가기의 '깊이'에 대해 멀리서가 아니라 내부에서 더욱 심한 장애가 있음을 암시하고 있는 것이다.

마가의 두 번째 내러티브 영역인 제자들과의 문답인 '디다케 구조'8:27-10:52에서 제자들을 대표해서 발언한 베드로에게 "사탄아, 물러가라헬, 히파게 오피소 모우Hypage opisō mou= get behind me, Satan!"라고 말한 것은 단순히 베드로가 생각한 승리의 메시야 왕국의 전복만이 아니다. 오히려 핵심인 것은 길을 가는 존재가 아니라 뒤로 물러서서 길을 가지 않는 것에 대한 신학적이고 윤리적인 영역이 숨겨져 있는 것이다. 즉, 십자가 지기는 길을 가는 자의 물러서지 않음에 대한 철저하고도 치열한 길 열기에 관련되어 있다.

본문 속으로 들어가기

8장 마지막과 9장 1절의 연계는 마가복음 이야기 흐름 구조에 있어서는 엄청난 전환이 일어나는 지점이다. 마가가 갈릴리를 중심으로 예수의 기적 행위1:21-8:26를 소개하고 나서, 이제 제자들과의 문답이라는 디다케 영역으로 들어가면서 수난 예고와 더불어 제자들에게 따로 가르치는 내밀한 가르침이 점차적으로 발전하고 있음을 유의할 필요가 있다.

8:34 : 예수께서 군중과 제자들을 한 자리에 불러 놓고 이렇게 말씀하셨다
  * 이후 내용: 십자가 지기   대상: 군중과 제자들

9:30b-31: ...예수께서는 이 일이 사람들에게 알려지는 것을 원치 않으셨다
  그것은 예수께서 제자들을 따로 가르치고 계셨기 때문이다.

* 이후 내용: 첫째와 꼴찌의 전복　　　　대상: 제자들12제자?

　9:32b: ... 그 뒤를 따라 가는 사람들은 불안에 싸여 있었다. 예수께서 다시
　　　열두 제자 를 가까이 불러 장차 당하실 일들을 일러 주셨다.
　　　* 이후 내용: 으뜸이 되고자 하는 이는 모든 사람의 종이다. 대상: 열두
　　　제자들

　길가는 자의 끝이 세 번 예고수난 예고되며, 그때마다 궁극적인 삶의 길과 관련하여 진지하게 제자들은 명심하여 가슴에 새겨 들을 기회를 얻는다. 그러한 깨어서 '조심해 살기'의 디다케 구조 안에서 베드로에 대한 꾸중과 혼란을 가져올 수 있는 '십자가 지고 따르기'에는 더 중요한 것이 숨어져 있다. 이것이 마가의 진술 속에서 예수가 보여 주는 비유와 기적 사건의 '감추어져 있음/은폐'의 영역이다. 즉, 결의에 찬 명시적인 진술인 "제 목숨을 살리려는 사람은 잃을 것이며, 나 때문에 또 복음 때문에 제 목숨을 잃는 사람은 살릴 것이다"8:35에 대한 숨어있는 비밀이다. 그것은 다음과 같다.

　절개 없고 죄 많은 이 세대에서
　누구든지 나와 내 말을 부끄럽게 여기면 사람의 아들도
　아버지의 영광에 싸여 거룩한 천사들을
　거느리고 올 때에 그를 부끄럽게 여길 것이다. 8:38

　예수께서 또 말씀하셨다. "나는 분명히 말한다.
　여기 서 있는 사람들 중에는 죽기 전에
　하느님 나라가 권능을 떨치며 오는 것을 볼 사람들도 있다. 9:1

　'아버지의 영광'과 '거룩한 천사들'의 입회와 '하느님 나라가 권능을 떨치며 오는 것을 보기'라는 영광됨은 십자가 지기의 핵심 토대이다. '아버지의 영광'헬, 독세 토우 파트

로스 doxē tou Patros; 영광의 근원어는 '가치'와 관련된다; 8:38과 '하느님 나라의 권능' 헬, 뒤나메이 dynamei=power, strength은 궁극적인 지지 기반이자 인간 행위의 푯대가 된다. 그러기에 이 세상의 정치권력과 종교권력의 그 한계와 환상이 밝혀지고, 장차 오게 될-그래서 지금은 감추어져 보이지 않는- 실재리얼리티의 현실성이 이 세상적인 것의 한계와 그 지배 권력이 환상임을 알려주게 될 것이다.

이 예수의 개인적인 증언의 가르침디다케은 앞서 제자들끼리 항해하며 건너감에서 '예수께서 물 위를 걸어오시는 것을 보고 유령인 줄 알고 비명을 질렀던' 6:49 제자들에 대해 "제자들을 향하여 '나다. 겁내지 말고 안심하여라'"라고 했던 사건의 연속 지점에서 가르치고 있다. 건너감을 '유령'으로 착시현상을 지녔던 제자들에게 지금의 권력들이 오히려 '유령'이고 건너가는 것이 '나다.I am'라는 정체성을 밝혀주며, 그 '나다.I am'라는 자기 정체성은 영광과 권능에 연결되어 있다는 가르침이다.

그리하여 처음에 12 제자들이 선택되었던 '산' 지리적 공간에 있어서 마가에게 산과 광야는 소명에 관련하여 중요한 장소이다으로 핵심 제자들인 베드로, 야고보 그리고 요한을 데리고 가서 예수의 영광스러운 변모의 모습을 보여준다. 이는 예수의 말만 아니라 실제로 그의 존재의 변형에 대한 목격을 통해 제자직에 대한 사명을 고취하고자 한 경험적 학습이었다. 구름 속에서-이는 모세가 호렙산에서 십계명을 받았던 그 당시 분위기를 연상시킨다- "이는 내 사랑하는 아들이니 너희는 그의 말을 잘 들어라" 9:7라는 말을 듣는다.

제자들은 산에서 내려오면서 본 것에 대한 침묵 명령을 받는다. 또한 예수는 권력자들에게 맞선 정치적 소명을 받은 엘리야가 펼친 권능보다 더 한 영광과 권능의 현실성의 도래에 대한 재해석으로서 이사야서의 고난받은 종으로서 '사람의 아들'에 대한 이야기를 제자들과 나눈다. 물론 예수는 새겨 들으라 한 이야기이지만 제자들이 그 현장에서 이것을 알아들었으리라고는 알 수가 없다. 단지 훗날 회상을 통해 그 의미를 확연히 깨닫게 될 것이다.

산을 내려와 이제는 제자들과 율법학자들이 말다툼을 하고 있는 현장에서 이야기가 전개된다. 악령에게 사로잡힌 아이를 둘러싼 논쟁이었고 그 아이의 증상은 '말 못하고 듣지 못하게 하는 악령'9:25에 고통을 받고 있었다. 여기서 중요한 것은 두 가지이다. 하나는 계속 문제가 되고 있는 듣고도 알아듣지 못함과 권력에 제대로 말하지 못함이 그동안의 이슈였기 때문에 이 말 못하고 듣지 못하게 하는 악령이야말로 지금까지의 악령됨의 핵심 정체였던 것이다.이 이야기 이후에는 악령 이야기는 더 이상 등장하지 않는다

두 번째는 악령에게 사로잡힌 아이의 이야기는 지금까지 기적 이야기의 종합판이라는 점이다. 군대귀신의 일부 현상이 보이고-발작하고 땅에 뒹굴기- 야이로 딸과 시로페니키아 여인의 딸 이야기의 반영처럼 아이가 공통된다. 여기서 제자들의 치유에 대한 무능력과 예수의 치유간의 차이는 '믿음'의 이슈라는 것을 제자들에게 알려준다. 그래서 제자들의 질문인 "왜 저희는 악령을 쫓아내지 못하였습니까?"에 대해 "기도하지 않고서는 그런 것을 쫓아낼 수 없다"고 예수는 응답한다.9:28-29 그렇다면 여기서 어떤 종류의 믿음이고 어떤 종류의 기도가 그런 차이를 가져오는가에 대한 질문이 제자와 청자들의 가슴속에 일어날 수밖에 없다.

이렇게 두 번째 디다케 구조 안에서 제자들은 귀신축출과 질병치료라는 표면적인 행위를 넘어서 자신의 존재 기반인 믿음과 기도의 터전에 대한 질문을 받는다. 일차 제자문답이 너희는 나를 누구라 생각하느냐라는 질문이었다면, 이제 두 번째 문답은 어떤 종류의 믿음, 기도에 당신의 존재가 터 잡고 있는가에 대한 더 깊은 질문을 받고 있는 셈이다. 따라서 두 번째 제자문답인 디다케 구조에서 제자직은 매우 본질적이고 깊은 질문이 제자들의 가슴의 중심을-이 또한 청자와 독자들에게도- 겨냥하고 있다.

성찰과 여운

마가가 제시한 길을 걷는 것에는 여러 다차원적인 영역이 존재한다. 개인적내면적인 차원, 관계적인공동체적인 차원, 사회정치적인문화적인 차원이 그것이다. 이 삼차원적인 구조 속에서 길열기와 길 가기는 서로를 끌어당기며, 다른 두 차원없이 한 차원이 존재하는 것은 아니다.

십자가 지기는 분명 관계적이며 사회정치적인 차원에 있어서 길 가기의 예시이다.

내면적인 구조에 있어서 길 가기는 '아버지의 영광'에 대한 신실한 헌신과 관련되며, 사실상 믿음과 기도는 이러한 근원적인 연결에 대한 것이기도 하다. 개인적인 차원에서 듣고 보는 것이 열리는 것과 연결되어 있다는 점도 마가는 지적하고 있었다. 페미니스트들의 표어인 '개인적인 것은 정치적인 것이다.the personal is the political'라는 말이 여기서는 맞는 말이 되기도 한다.

사실상 길 가기의 관계적인 차원돌봄의 관계과 사회정치적인 차원탈지배적/탈특권적 사회체제은 개인의 내면적 차원에서 중심이 잡혀야 하는 것이기도 하다. 혹은 관계적이고 사회정치적인 차원은 그 내면적인 것의 확대일 수 있다. 예수의 영광스러운 변모 이야기는 예수의 신성神性에 대한 진술이나, 신앙의 대상으로서 성자聖子에 대한 교리적인 확증의 증거에 대한 것이 아니다.

이것은 길을 가던 존재가 삶의 여정에서 어느 정도 걸어가 본 휴머니티를 자각하게 되는 신성한 본질의 차원이다. 즉, '아버지의 영광'이 보여주는 실재와의 일치라는 거룩한 신비의 보편적 가능성이 열리는 것이다. 마치 종교학자 루돌프 오토가 신앙의 근본으로서 '두렵고 떨림의 성스러운 경험'이자 말로 표현할 수 없는 경이에로의 몰입과 같다. 생의 비극적 경험이라는 어둠에도 불구하고 빛의 경험이 존재한다. 그 짧은 궁극적인 빛의 현시는 곧 사라지고 다시 현실의 모순과 비극에 직면하게 될지라도 그 빛의 경험은 사라지지 않고 우리의 중심을 세운다.

악령을 쫓아냄은 단순히 능력의 문제만 아니라 듣고 보는 영혼이라는 심지에 불꽃이 점화되는 것으로 작동되는 것이다. 빛이 있다면 어둠이 사라지듯이 그러한 어둠의 사라짐이라는 권능은 영혼의 불꽃이 점화됨으로 일어나는 증상이기도 하다. 믿음과 기도는 이 점에서 우리로 하여금 영혼의 점화에 관련된 방식으로 재고할 필요가 있다.

1. 편안한 자세와 호흡을 고르게 한 후 거룩한 영의 안내를 요청한다. 그리고 오늘 새롭게 만나지는 문장, 단어에 주목하며 그것이 나에게 말걸어 오기를 기다린다. 지적인 사고가 아니라 가슴이 울리는 단어에 집중한다. 본문의 문장이나 단어가 당신의 영혼, 삶을 비추어 주는 것이 있다면 영에 의지하여 그것이 자신을 바라보게 한다.

2. 당신의 삶에서 삶의 고통스러움, 지루함, 실패의 현실속에서도 그 어떤 영광스러움의 계시/출현/목도에 관련한 경험이 있었다면 그것은 어떤 경험이었는가?특이해서 간직하고 있는 꿈의 체험도 포함 당신은 이에 대해 어떤 응답을 하고 있는가?

3. 당신에게 있어서 경전—그것이 어떤 종교의 본문이던 간에—으로서 가르침·말씀·디다케가 당신에게 "마음에 새겨 둔"9:10 것으로 남아있는 것은 무엇인가? 그것이 당신에게 '무슨 뜻인지'10절로 자기 삶에서 물어보고 성찰하며 왔다면 그 뜻은 어떻게 남아있는가?

4. 예수와 제자들의 '악령들인 아이'에 대한 응답의 차이에서 예수는 실재나 신의 문제가 아니라 인간 쪽에서 '믿음'과 '기도'의 문제로 대답하고 있다. 그렇다면 당신에게 '믿음'과 '기도'가 악령의 추방과 관련하여 어떤 관련성을 갖고 있는 것인가? 혹은 당신에게 악령에 의해 붙잡힘은 무슨 의미이며, 어떤 종류의 믿음과 기도가 필요한 것인가?

막 9:1-29

마가의 길 가기에서 두드러진 인식의 프레임은 보이는 현상the phenomenal과 숨겨진 실재the nomenal 사이의 역동적인 변증법이다. 이는 한 예시로 마가가 진술한 제자직 수행에 있어서 배 안에서 '건너감'의 과정8:14-21 속에 보여지는 '빵의 부족'제자들은 물리적 사물로서 빵들―빵의 복수형 아르토우스 artous 사용에 대한 제자들의 관심과 예수의 '빵의 의미'예수는 빵에 대해 단수형 아르톤 arton을 사용하여 정신적인 의미로 oneness에 대해 말함에 대한 언급에서 볼 수 있다. 전자는 드러난 현상에 대한 것이며 후자는 감추어진 실재의 의미를 다룬다.

마가는 씨뿌리는 자의 비유와 등불의 비유에서 '감추어 둔 것은 드러나게 마련이고 비밀은 알려지게 마련이다'4:22라는 말을 통해 등불의 역할에 관련하여 감추어짐/은 폐됨의 드러남과 알려짐에 대해 언급한 적이 있다. 씨뿌리는 자의 비유는 실재the Real-신에 대한 종교학적 용어의 무제약적인 공급으로서 우리가 아는 세상을 넘어 실제 세상the world of the real은 무제약적인 공급과 지원의 자원과 터전이 되며, 등불의 비유에서는 우리 영혼의 감추어짐에 관련하여 등불로서 영혼의 중요성을 이야기하고 있다. 그리고 이 두 비유는 12 사도로 뽑힌 이들의 하느님 나라 길 가기 제자직 선택3:13-19에 있어서 중요한 첫 번째 설교 말씀이었다.

이를 다르게 말하자면, 악령과 질병 그리고 지배체제의 드러나 있는 현상과 그 뒤에 있는 실상에는 역치contra-position의 구조로 되어 있다는 뜻이기도 하다. 전자가 지배하고 있는 것처럼 눈에는 보이지만 실제로는 허상이요, 실제로는 그 뒤의 보이지 않는 실재로서 하느님의 뜻과 통치가 실상이라는 것이다. 드러나 있지 않지만 그러한 실상의 세계는 자라나는 씨처럼 우리의 노력 없이도 ―"하루하루 자고 일어나고 하는 사이에";4:27 - 스스로 성장하여 자라난다. 눈에는 잘 안 보이지만 -"그것은 겨자씨 한 알과 같다";4:31 - 푸성귀보다 더 크게 자라 공중의 새들이 그 그늘에 깃들일 만큼, 눈으로 명확히 멀리서도 구분해 볼 수 있을 만큼의 크기와 남을 품을 수 있는 현실태로 자란다.

그러한 허상으로서 악령과 지배통치의 현실과 보이지 않게 희소하지만 강력한 실재의 연결은 기적miracles이 매개한다. 기적은 그러므로 초현상적인 것과 초월적인 인격의 힘에 대한 상징이 아니라 보는 것에 대한 눈멀음과 보이지 않은 것에 대한 눈뜸의 매개 역할을 하고 있다. 그래서 마가의 진술에서 기적은 예수 자신에 대한 놀라움과 기적의 결과를 일으키는 신적인 인격에 대한 존경을 위한 것이라기보다는 그것을 경험한 자가 온전해져서 일어서서 집으로 돌아가는 복귀의 수단으로 다루어져 있다. 즉, 기적은 눈뜨기 위한 일시적인 수단 역할을 하는 셈이다. 기적과 마찬가지로 말씀으로서 비유도 그러한 역할을 한다. 즉 들리지 않고 보지 못한 것을 알아듣고 보고 깨달을 수 있게 하기 위함이다.

이렇게 기적과 비유로 행해지거나 들려진 것을 넘어서 보고 듣게 하는 것은 길 가기와 건너감의 중요한 핵심 의미이다. 어느 정도 예수와 한 무리가 되어 그동안 이곳저곳을 다녔던 제자들에게 길 가기의 중간쯤의 여행에서 자기 정체성에 대한 질문은 -"너희는 나를 누구라 하느냐?"; 8:29 - 그동안 함께 해 온 그들에게는 적절한 질문이기도 하다. 그렇게 해서 마가의 이야기 전개 속에서 현상적인 것을 넘어 숨겨진 본질적인 것들의 드러남이 반복된다. 이제는 현실과 실재 사이의 이슈가 아니라 숨겨짐·드러남이 제자들 마음의 초점으로 바뀐다.

마가에는 여러 차례 중요한 이야기 전개 속에 예수의 자기 정체성에 대한 침묵 강요의 이야기들이 있다. 사회적 소외에 있던 나병환자의 치유1:44, 호숫가에서 군중의 치유에서 더러운 악령들의 예수에 대한 고백에 대한 예수의 말3:12, 회당장 야이로의 딸 치유5:43, 귀먹은 반벙어리의 치유7:36 그리고 베드로의 고백8:30 등의 각각의 상황에서 침묵-예, "아무에게도 하지 말라고 단단히 당부하셨다";8:30 - 명령이 주어진다. 이 침묵 명령은 새로운 정체성과 새로운 권위의 드러남이라는 사역에도 불구하고 자신의 정체성과 그가 한 일에 대한 감추임을 명하시는 뜻으로 이해된다. 아마도 추측컨대, 이러한 침묵의 명령은 폭로·드러냄·알려짐의 때가 아직 아니었던 것이거나, 그러한 알려짐이 다른 방식으로 알려지도록 적절한 계기적 수단방법이 필요한 것으로 여겨진다.

흥미로운 점은 예수의 자기 정체성에 관한 질문이 던져진 것은 "…방향..을 향하여 길을 떠나셨다. 가시는 도중에…" 일어났다는 점이다. 길을 가면서 그 도중에 그 길 위에서 질문은 던져졌고, 일부만 정답이 되었다. 즉, 그리스도라고 응답한 것과 더불어 곧 사탄아 물러가라는 베드로와 예수의 응답을 교차해 보면 일부는 맞고 일부는 틀린 것이 된다는 점이다. 이에 대한 8장 마지막 절의 예수의 응답은 여전히 가시는 도중에 있는 존재로서 예수는 가 버리신 다음에 다시 오시는 분으로 자신을 묘사한다. 다음 구절을 곰곰이 보자.

> 절개 없고 죄 많은 이 세대에서
> 누구든지 나와 내 말을 부끄럽게 여기면
> 사람의 아들도 아버지의 영광에 싸여
> 거룩한 천사들을 거느리고 올 때에
> 그를 부끄럽게 여길 것이다.
> 예수께서 또 말씀하셨다.
> "나는 분명히 말한다.
> 여기 서 있는 사람들 중에는 죽기 전에
> 하느님 나라가 권능을 떨치며
> 오는 것을 볼 사람들도 있다."8:38-9:1

길을 가는 자로서 자신의 소임을 다한 후─이는 수난 예고를 통해 떠나감을 확인시킨다─ 그는 다시 오는 자로서 자신을 밝힌다. 그렇게 해서 다시 길을 열며 길을 가던 자는 길을 걸어 오는 자로 자신의 미래를 밝힌다. 이런 드러남·감추임의 비유적 메시지를 통해 길을 간다는 것은 눈뜬 자에게만 보이는 실재여서 육신의 자연적인 눈에는 감추어져 있게 된다. 그리고 악령에게 사로잡힌 아이의 치유 이야기9:14-29 속에서 악령을 좇아내는 감추어진 비밀은 '믿음'과 '기도'라는 눈떠진 존재의 영적인 눈과 연결되고 있다.

지금까지 필자의 진술은 이제부터 나눌 내용에 대한 말머리로서 감추인 것의 드러남에 대한 이야기였다. 마가의 진술에서 예수의 정체성에 대한 침묵과 관련지을 때, 예수의 영광스러운 변모 이야기9:2-8는 제자들에 대한 디다케가르침 구조의 첫 번째 위치로서 중요성을 갖는다. 그것은 마가가 길 가는 존재를 알게 되는 방식에 대한 귀와 눈이 있는 사람들에게 끼워놓은 암호와 같기 때문이다.

마가에는 너희는 나를 누구라 하느냐에 대한 질문에 대해 그의 내러티브 속에 코딩해 놓은 사건들이 있다. '예수의 정체성에 대한 결정적인 선언'이라 불릴 수 있는 사건들이다. 이 사건을 이야기하기 전에 '거룩한 기억remembering'이 있다. 그 기억은 대담한 선언으로 시작하는 –"하느님 아들 예수 그리스도에 관한 복음의 시작"– 예언자 이사야의 글에 대한 기억이다.

> "이제 내가 일꾼을 너보다 먼저 보내니 그가 네 갈 길을 미리 닦아 놓으리
> 라"하였고, 또 "광야에서 외치는 이의 소리가 들린다.
> '너희는 주의 길을 닦고 그의 길을 고르게 하여라.'"1:2-3

여기서 보듯이 '갈 길', '주의 길', '그의 길'로 대변되는 길에 대한 외침과 그 기억에 대한 예언자의 목소리 상기re-membering는 우리를 길가는 존재로 불러들인다. 그 희미한 그러나 상기된 기억remebering은 길을 가는 존재를 불러내면서 그에 대한 기쁜 소식의 팡파레를 울리며 시작을 알린다. 물론 이는 모두가 객관적으로 인정하는 역사적 사실로서 그리고 주목해야 할 사건으로서는 아니다. 묻히고 버림받고 무시당한 이 희미한 '거룩한 기억'은 그러나 끈질기게도 한 존재에게 점화되어 불꽃이 되어 타오른다. 비극적 현실과 생존의 버거움 그리고 강력한 지배체제 속에서 모두가 헤매고 있을

때 그 거룩한 기억의 상기시킴은 한 존재의 길 가기를 통해 새로운 현실로 노출되고 눈앞에 펼쳐진다. 제자직은 이러한 거룩한 기억을 상기하고 또한 잇는 것을 통해 그 거룩한 기억에 소속하고자 하는 발걸음을 옮김으로써 부르시는 실재의 구성원member 으로 들어섬이 가능하게 된다.

길 가기의 존재로서 실존하기라는 사명calling은 3가지 결정적인 사건의 내면화와 현실화를 통해 이루어진다. 희미한 거룩한 기억re-member은 궁극실재에 연결된 자로서 샬롬 나라의 구성원member이 된다. 그것은 5가지 예수 자신으로 향한 재귀적인 사건과 관련된다. 그것은 아래와 같으며 그 5가지 중에 9장까지 노출된 3 가지만 언급하기로 한다. 그 5가지는 다음과 같다. 마가는 빠른 템포의 내러티브 전개 속에서 이들 사건을 끼워 넣었고, 이들 사건은 일반적인 눈으로는 쉽게 건너뛸 수 있게 하였지만, 사실은 이 사건들은 중대한 사건이며 머물러서 깊이 사색해야 할 삶의 깊이에로의 초대로서 영적인 '샘'의 역할을 한다. 그리고 그 샘을 발견하는 것은 알아들을 수 있는 귀와 눈을 위해 은폐된 것으로서 발견되기를 기다리고 있다.

예수의 세례/하늘로부터의 목소리: 너는 내 사랑하는 아들이다.1:11

예수의 물 위의 길을 가심: 나다, 겁내지 말고 안심하여라. 6:50

예수의 변화, 하늘로부터 목소리: 이는 내 아들이다 9:7

대사제의 심문 과정그대가 과연 찬양을 받으실 하느님의 아들 그리스도인가?:

그렇다. 너희는 사람의 아들이 전능하신 분의 오른편에 앉아있는 것과

하늘의 구름을 타고 오는 것을 볼 것이다. 14:62

십자가에서 백부장의 고백: 진실로 이 사람은 하느님의 아들이었다.15:39

먼저, 거룩한 기억은 사라지지 않고 한 존재를 점화시킨다. 그것이 첫 번째 사건이다. 이것은 누구도 육신의 눈으로 보지 못한 마음의 눈이라는 열쇠를 통해 열려지는 인식이다.

"너는 내 사랑하는 아들, 내 마음에 드는 아들이다."1:11

두려움과 상처 그리고 외적인 견고한 지배와 비통한 상황의 전개에도 불구하고, 그 기억은 심장을 때리고 머리를 정화시켜 영혼으로서 존재 각성을 일으킨다. 이는 톨스토이와 도스토옙스키를 배출한 러시아 정교회의 전통 중에 신학보다는 숲속으로 들어가 고독 속에서 비전을 얻는 것과도 같고 선주민 문화에서 성인식을 위해 남자 아이는 비전 퀘스트의 시기를 숲속에 홀로 앉아 거룩한 상징을 보고visioning 그것을 얻어 돌아오는 것과 유사할 수 있다.

그것은 내면에서 누구도 인식 못 하는 궁극 실재와의 연결됨이다. 이것은 지성으로 이루어지는 것이 아니라. 거룩한 기억의 실마리로 풀리는, 지금의 두려움과 결핍의 상황에서 생의 깊이에로 돌파해 들어갈 때 열리는 신성한 관계, 거룩한 결속과 소속감이다. 이를 통해 전념commitment이 출현한다. 행위가 파동으로 형성된다. 목표에 대한 의지가 생기며, 삶의 중력에서 그 힘을 벗겨내고 상승의 의식과 행동이 전개된다. 행동은 이러한 신성한 결속·소속에 대한 자연스러운 이행으로 건너간다.

두 번째 신성한 노출의 장면으로 넘어가자. 육지에서 길을 걸어감과 달리 '항해'의 장면은 더욱 위험한 상황으로 전개된다. 어둠과 거친 바람과 물결 속에서 역풍을 만나 건너감을 힘들어하고 있는 장면이다. 이 건너감은 두 번째이며 제자들의 항해는 예수의 재촉으로 일어난 것이다. 이들은 자기 실존이 걸린 건너감에서 역풍을 만나 이러지도 저러지도 못하는 상황에─"괴로이 노 젓는 것을 보시고"개역본─ 봉착해 있다. 건너감을 힘들어하고 있는 그들을 향하여 다가오시며 옆으로 지나쳐 길을 계속 가려는 예수에 대해 '유령' 즉 현실의 존재로 보지 않은 제자들을 향해 예수는 여기서 자기 정체성을 밝힌다. 마가는 매우 미묘한 문장을 소개하고 있다는 점을 숙고할 필요가 있다.

"나다. 겁내지 말고 안심하여라."6:50

건너감을 사는 실존은 자신의 정체성을 밝히는 장소가 역풍에 시달림이라는 실존 상황에서 비로소 드러낸다. 그 은폐된 본질이 드러나는 곳이 바로 건너감이며 제자들이 건너감에 버거워하는 그 순간에 자신의 정체'나다 I am' - 사막의 긴 세월에서 가시나무떨기에서 만난 신의 정체성도 'I am that I am'이었다를 드러낸다. 그러므로 위기는 자신의 본질이 누구이고 자신의 소명이 무엇인지 재확인하는 기회가 된다. 이는 단순히 물 위를 가는 예수의 초월성을 이야기하는 것이 아니다. 기적은 거기에 있지 않다. 길 가는 것에 관해 오롯한 정신과 의지를 보이는 존재가 있다는 것이 기적이기도 하다. 그리고 이는 바로 직전에 예언자로 여기던 세례요한의 헤로데 왕에 의한 죽임 이야기6:14-29와 어울리며 그 의미를 더욱 강화시킨다.

행동으로 계속 끊임없이 길을 열며, 길을 잇고, 건너감을 사는 존재에 대한 자기 정체성이 재 확인되는 세 번째 지점은 바로 이번 본문인 예수의 영광스러운 변모 사건이다.9:2-8 이 사건은 성전 엘리트들이 주목해서 멀리 갈릴리 주변부에 '예루살렘에서 온 바리사이파 사람들과 율법학자 몇 사람'7:1을 직접 보내 예수에 대한 반박과 재차 보내진 '바리사리파 사람들이 와서'8:11 그의 속을 떠보는 직접적인 압박이 고조된 상태 이후에 등장한다. 그리고 물론 제자들이 빵에 대한 인식의 오류8:14-21와 베드로와 예수의 상호 꾸짖음의 사건-베드로의 그래서는 안된다.원문은 '꾸짖다'임와 예수의 예수: 사탄아 물러가라8:31-38- 후에 이 사건은 소개된다.

"이는 내 사랑하는 아들이니 너희는 그의 말을 잘 들어라"9:7

마가의 첫 번째 예수에 관한 이야기 부분1:14~8:26이 마쳐지고 이제 두 번째 내러티브 부분인 제자들과의 문답 부분일명, 디다케[가르침]의 구조 부분; 8:27~10:52으로 들어가면 예수가 직면한 적은 이제 '밖'에 있던 악령, 질병, 혹은 성전 엘리트들이 아니라 '안'에 있는 제자들임을 주목하게 된다. 밖은 점점 사납게 물어뜯기 위해 달려들고 안은 무력감과 생각없음의 중첩된 파도 앞에 다시 '길 가기'는 끊어질 위태한 상태이다. 수난 예고가 전달되었기 때문이다.

함께 길을 가는 동행자로서 선택된 12 제자들 중에 핵심 제자들인 베드로, 야고보 그리고 요한은 예수와 함께 산에 올라가-마가에 있어 산, 빈들은 소명이 일어나는 장소이다- 예수의 모습이 그들 앞에서 변모한 것을 보게 된다. '새하얗고 눈부시게 빛남'과 '엘리야가 모세와 함께 나타남'을 목격하게 된 것이다. 전통의 권위자들인 엘리야와 모세의 동시 목격과 길가는 인생의 보편적 가능성으로서 예수 자신의 순수한 존재로의 변형에 대한 직접 확인이 있었다.

우리는 인생을 살면서 전체가 아니라 그 어떤 순간의 시간과 그 어떤 공간의 짧은 머무름이 자기 생의 전반을 뒤흔들어 놓으며 변화를 맛보게 하는 카이로스무르익은 때의 경험을 가질 때가 있다. 일생에 심지어 한두 경험이지만 그것은 잊히지 않고 자신에게 서서히 빛이 되어 길을 비추며 가야 할 방향과 목표를 얻는다. 나의 경우엔 청년 때 '5.18 광주민주화운동'이 나고 늦은 가을 무등산에서 이른 아침 갈라진 하늘을 본 경험, 폐결핵 후 수이산 에덴 기도원에서 잊지 못할 꿈 하나를 새겨 받은 것, 9·11 기간 중 퀘이커의 펜들힐에서 여러 평화 증언의 목격, 2009년인가 지구를 돌고 있는 세계비폭력행진 관련 기적같이 국제 행진단을 2주간 경비를 감당하게 한 여러 도움들의 경험 등등의 짧은 순간과 공간이 생각난다. 그런 시간과 공간에서 나는 나의 에고를 벗고 존재로의 변형에 대한 잠시 동안의 도약 경험을 하였고, 씨뿌리는 무한한 공급자인 무제약적 실재의 현현과 자기 영혼의 잠재성을 맛보았다.

위험한 시기는 계시의 시기이며, 자신의 전 실존을 흔드는 혼돈과 어둠의 에너지 속에서 자신의 본질을 드러내는 틈이 생기면서 무언가가 새롭게 보이는 길이 열린다. 오직 '새하얗고 눈부시게 빛났다'라고 나중에 고백할 수밖에 없는 그 어떤 절정의 경험이 바닥the bottom과 거의 끝장남에서, 추락이 아니라 고양되는 예기치 않은 순간을 경험할 수 있다. 왜냐하면 실재는 마가가 보여주듯이 자기모순이 없이 진실하고 바닥과 밖으로 그 연결의 에너지를 보내고 있기 때문이다. 길가는 자의 뒤따름을 택한 사람들은 이렇게 드러난 것과 감추인 것 사이의 역설에서 눈뜨고 귀 열어 듣고자 마음을 열어야 할 필요가 있다. 마가는 이에 대해 두 가지를 말한다. 그 첫째는 '하느님 나라의 신비'4:11라는 은폐된 실재를 보기 위해 '하느님의 뜻'3:35에 대한 분별과 헌신이며 둘째는 밖이 아닌 안이라는 '깨끗한 마음'7:21-23의 주문이 그것이다. 마가의 길 가기 스토리는 이렇게 본래의 존재를 비추는 내적인 경험을 통해 멈추지 않고 가야 할 길을 간다.

첫째와 꼴찌의 전복

막 9:30-50

회상과 배경

마가가 길 가기의 중요 장애물로서 감추인 것을 드러내 온 것들 혹은 자연스럽고 정상적인 것으로 여기다가 그 정체와 대결하며 밝히는 실재들은 악령, 질병, 관계의 소외, 교리적 완고함경직성, 등의 실체들이었다. 특히 악령과 그와 관련된 보조적 역할자로서 성전 엘리트들의 공모는 마가복음에서 눈에 가장 중요하게 띄는 반대 세력이다. 흥미로운 것은 마가가 전개하는 반대 세력은 단순히 적대적인 세력으로 육안으로 쉽게 구별될 수 있는 것은 아니다. 더러운 영들이 그 태도와 논리가 역겹거나 혐오할 만한 두드러진 특징을 내세워서 누구나 그들의 정체를 알 수 있게 한 것이 아니기 때문이다. 그래서 마가의 제자직에 있어서 '조심하라' 혹은 삼가라의 경고가 있는 이유이기도 하다. 좀처럼 쉽게 분별할 수 있는 대상들이 아니기 때문이다.

그 사례를 보도록 하자. 악령은 예수의 정체를 밝히며, 예수의 신적인 신분을 알아본다. "하나님의 거룩하신 분"회당에서 신분 노출; 1:24, "하나님의 아들"호숫가에서 군중 치유; 3:11, "지고하신 하느님의 아들"군대 귀신; 5:7의 사례가 그 예시이다. 베드로가 예수의 신분에 대해 말한 것과 악령이 예수의 신분에 대해 알아본 것은 그다지 큰 차이가 아니어서, 베드로의 예수 정체성에 대한 정답은 -"선생님은 그리스도이십니다"; 8:29- 그다지 큰 차별성을 갖고 있지 않다. 단지 그것이 길을 걸으며 자신의 심장에서 고백되는 것인가 아닌가가 차이를 만들어 내는 것이다. 그러므로 당신이 더러운 영을 쉽게 밝힐 수 있다고 상상하는 것은 착각이다. 악령도 제자들처럼 예수의 정체와 고백에 있어서는 감쪽같기 때문이다

이미 율법학자들과의 논쟁에서 바알세불과 성령의 이야기에 대해 마가의 예수 이야기는 '사탄의 나라'와 그 지배자인 '베엘제불'에 대한 비유 이야기3:20-30에서 힘센

사람을 결박하는 것에 관하여 말하고 있었다. 악령추방과 질병치유, 소외된 관계의 재복구는 악한 영이자 강한 힘센 자에 대한 지배력의 해체에 대한 것이기도 하다. 이런 점에서 강한 자들, 힘센 자들의 지배에 대해 몇 가지 의외이지만 예수는 강력한 전략을 제자들에게 대한 훈련문답 가르침디다케, 8:27-10:52에서 전개한다.

그것은 자신의 죽음에 대한 세 차례의 고지이다. 곧 앞으로 있을 죽음에 앞서, 사라질 사람이 마지막으로 남기는 핵심적인 교훈이라는 강력한 시기·때의 설정이 있다. 예사로운 시간이 아닌 것이다. 그러므로 듣는 자는 온 정신을 기울여 들어야 할 시간인 셈이다. 스승의 끝에 대한 예고는 제자들을 종말론적인 실존성으로 밀어붙인다. 한가하거나 산만한 주의로 있을 때가 아닌 결정적인 때카이로스-숙성한 때에 내가 있다는 점에서 예수의 말함과 제자들의 들음은 결정적인 순간에로 들어서고 있다. 이것이 디다케 구조의 첫 번째 프레임에 있어서 시간과 공간의 종말론적 현실성 안에 있는 제자들의 태도유발이라는 구도 속으로 그들의 실존을 밀어 넣는다.독자도 그렇다

두 번째는 예수의 영광스러운 변모와 관련된 '감추어진 정체성'의 노출에 대한 비밀스러운 하늘과 예언자들의 증언과 목격이라는 앎과 체험의 단계이다.9:2-8 파괴, 폭력, 소외, 질병 그리고 무력감에 대한 지배력을 풀어 놓아주어서 지배문화의 올무에서 해방시키고 당사자 개인을 평온으로 회복하며 자아와 타인과의 교제로 촉진시킨다. 두 번째 디다케에서 보여지는 것은 강함·힘셈에 대한 해체와 힘에 대한 새로운 이해의 요청이다. 세 번째 전략은 십자가 지기의 수행이다.8:34-38 십자가는 외적으로는 당시의 지배권력에 대한 길가는 자의 사회정치적인 응답인 동시에 내적으로는 길가는 자의 내적인 일관성과 충실성을 드러내는 상징적 징표가 되기도 한다. '하느님의 뜻'에 대한 '마음의 내적인 깨끗함'은 폭력과 지배의 정치·사회적 구조에 있어서는 '십자가 지기'야말로 하나님 나라의 신비를 체험하는 상징적 태도이자 행위가 된다. 십자가 지기는 아버지의 영광과 천사의 도래라는 권능에로의 약속과 연결되어 있다.8:38-9:1 따라서 이는 희생이 아니라 길가는 자가 지닌 권능헬, 뒤나미스의 표징이며, 신의 영광과 연결되어 있다는 점에서 가치의 궁극성을 내포하고 있다.

마가의 디다케 구조에서 첫 번째 사이클인 첫 수난 예고가 이 십자가 지기와 맞물

려 있다. 십자가 지기로서 제자직은 길가는 자의 정체성과 역할을 보편적인 인류의 사회정치적인 맥락에서 진정한 운명에 대한 싸움과 아버지의 영광과 연관시키며, 또한 그것이 가져오는 생명의 거룩한 교제에 대한 약속과 맞물려 있다. 악에 대한 하느님의 선제적 조치와 관련하여 중요한 것은 "두려워말라. 오직 믿으라"5:36이다. 이것은 다시 복합적으로 스토리가 설정된 '악령에게 사로잡힌 아이' 이야기9:14-29에서도 악령 축출에 있어서 기도의 중요성이 다시 반복된다. 예수의 악령추방은 하느님 나라가 왔다는 핵심 신호이고 하느님의 영이 예수 그리스도 안에서 작동한다는 핵심 신호이기도 하다. 이렇게 십자가 지기의 내적인 힘의 근거는 믿음과 기도로 연결되고, 그 외적인 힘과 범위는 악령 추방이라는 권능과 연결된다.

십자가 지기와 기도는 행위에 대한 '드러난' 요청인 듯 보이나 사실은 '숨겨져 있음'에 관련한 것이기도 하다. 그것은 예수의 변모 이야기가 보여주는 것처럼그리고 그 전의 하늘로부터의 인정[1:11-너는 내 사랑하는 아들이다]과 풍랑 속에 걸어가심을 통한 신분 노출[6:50-나다. 겁내지 말고 안심하여라]처럼 제자직의 행동을 넘어서 제자직의 자기 정체성에 관련된 일관성과 충실성에 관련된 것이다. 즉, 행위가 아니라 실재의 본성, 곧 존재로의 복귀에 대한 것이다.

본문 속으로 들어가기

이번 본문에서는 두 번째의 수난 예고가 전개된다. 이 일은 '예수의 일행'이 '갈릴래아 지방을 지나 가게 되었던' 때에 일어난다. 즉, 예수의 활동 거점이었던 갈릴래아가 이제는 무대에서 사라지고 다른 곳으로 움직여 나가는 도상에서 예수의 제자들에 대한 가르침이 진행된다. 이는 마가의 내러티브에서는 중요한 움직임이다. 즉. 주변부인 갈릴리에서 중심인 예루살렘을 향한 과정적 변화로서 이동을 나타낸다.

예수께서는 집에 들어가 자리에 앉아 열두 제자를 아예 곁으로 부르셨다.35절 길 가는 자들로서 너희들은 '길 위에서 무슨 일로 다투었느냐?"라고 물으신다. 이 질문이 아이러니한 것은 두 가지이다. 길 위에서라는 말을 통해 길 가기 신분을 지닌 자인 우리의 정체성을 은밀히 재확인하는 것이 그 첫째다. 그리고 길가는 자로서 신분을 망각하게 만드는 것이 다툼이며 그 다툼의 원인인 '무슨 일로'에 관련하여 우리의 잘못된 인식의 재배열을 요청하고 있다. 질문의 후속으로 결정적인 가르침디다케이 전해진다. "첫째가 되고자 하는 사람은 꼴찌가 되어 모든 사람을 섬기는 사람이 되어야 한다." 여기에 더 추가된 강조는 이것이다. 누구든지 이런 어린이 하나사회적 약자를 받아들이는 것이 먼저 길가는 존재인 '나 am'와 보내신 하늘 아버지와의 삼중적 중첩의 동일성에 대한 교훈 새김이 그것이다.

> 누구든지 내 이름으로
>> 이런 어린이 하나를 받아들이면
>> 곧 나를 받아들이는 것이고,
> 또 나를 받아들이는 사람은
>> 나만을 받아들이는 것이 아니라
>> 곧 나를 보내신 이를 받아들이는 것이다.9:37

당시 문화에서 죄인과 세리보다 더 작은 자이자 불평등한 관계와 권력 속에서 가장 차별을 받은 어린이를 설정하여 누가 첫째가 될 것인가에 대한 다툼보다 누가 '꼴찌가 되어 모든 사람을 섬기는 사람이 되기'35절에 경쟁이라면 경쟁을 해야 한다는 것이다. 여기서 어린이는 현대인의 스위트 홈에 대한 낭만적인 생각과 다름을 이해해야 한다. 어린이는 지금까지 마가 진술의 흐름에서 보면 가장 무능력과 무가치함의 상징이자 지배질서의 첫 번째 희생자이기도 하다. 예수가 제자직 문답 구조속에서 작은 자 중의 작은 자의 상징으로서 어린이를 주목하며 이런 어린이 하나를 받아들이기라고 선언함으로써 힘센 사람의 신분을 완전히 뒤집어 놓는다. 지위나 힘이 없는 이들인 어린이를 섬기라는 부름은 매우 심각한 도전을 야기시킨다. 즉 지위나 힘의 누림이 아니라 작은 자를 받아들임이 샬롬나라의 비밀이라는 뜻이기도 하다.

두 번째 가르침 사이클에서 그다음으로 나오는 가르침은 우리 측에 속하지 않은 사람들에 대한 배제 아닌 포용의 이슈이다. '우리와 함께 다니는 사람'이 아닌 타자가 스승의 이름으로 마귀를 쫓아내고 있을 때 그를 거부하거나 비난하지 말라는 내용이다.

> 말리지 말아라. 내 이름으로 기적을 행한 사람이 그 자리에서
> 나를 욕하지는 못할 것이다. 우리를 반대하지 않는 사람은
> 우리를 지지하는 사람이다. 나는 분명히 말한다.
> 너희가 그리스도의 사람이라고 하여 너희에게 물 한 잔이라도
> 주는 사람은 반드시 자기의 상을 받을 것이다. 9:39-41

이 두 번째 가르침은 내부에서도 지위 경쟁을 하지 말며, 또한 우리처럼 외부의 유사한 활동을 하는 이들에 대한 배타성을 제거하고 협력하는 선한 이웃이 되는 자세에 대해 가르친다. 유사한 뜻을 가진 이들이라면 말리지 말고 오히려 우리를 지지하는 사람으로서 인식하여 수용하라는 의미이다. 이는 제자직에 있어서 소속을 넘어선 일치와 협력의 가능성을 열어 준다.

두 번째 디다케 사이클은 길 위를 가는 이들이 마땅히 해야 할 '안'과 '밖'에 대한 관계 설정에 대해 명료히 한다. 내부에 있어서는 지위, 힘을 위해 경쟁하지 말고 오히려 어린이처럼 작은 자를 섬기는 자로써 꼴찌를 향한 돌봄의 경쟁을 하는 것이다. 그것은 내부의 자세이다. 외부와의 관계에 있어서는 유사한 미션을 가진 이나 단체와 배타적 자세가 아니라 포용적인 관계를 맺고 하느님의 뜻을 실현하고 확산하는 데 힘을 모으라. 하느님의 뜻을 위한 선한 행위는 약간의 차이에 대해 크게 심각해하지 말고 '물 한 잔이라도 주는'9:41 작은 행위라도 소중히 생각하여 지지하라. 이것은 타자를 향한 선한 이웃되기이다.

이러한 하느님 나라의 시민됨과 제자됨의 자세는 재차 확고히 하는 세 번째 가르침에서 다시 추가로 강조된다. 그것은 작은 자들을 죄짓게 하는 지도자와 안내자에 대한 경고이다.

또 나를 믿는 이 보잘 것 없는 사람들 가운데 누구 하나라도

죄짓게 하는 사람은 그 목에 연자맷돌을 달고 바다에 던져지는

편이 오히려 나을 것이다.

손이 죄를 짓게 하거든 그 손을 찍어 버려라....

발이 죄를 짓게 하거든 그 발을 찍어 버려라....

또 눈이 죄를 짓게 하거든 그 눈을 빼어 버려라....

너희는 마음에 소금을 간직하고 서로 화목하게 지내라.9:42-50

폭력은 라이벌에 대한 의식으로부터 성장한다. 칭송받고 싶은 자가 되고 싶기, 무엇이 가치 있는지를 독점하기, 자신의 안전과 힘 소유를 위해 약한 타자를 희생시키기라는 방식에 의해 폭력의 씨앗이 뿌려지고 성장한다. 그러므로 자신이 무엇을 하고 있는지 어떤 영향력과 힘을 행사하고 있는지 예민한 민감성을 키우는 것이 매우 중요하다는 것을 알린다. 즉, '보잘 것 없는 사람들'이 어떤 영향을 받고 있는지가 측정계바로미터라는 점을 마음에 새기게 한다.

하느님 나라의 백성됨과 그 나라의 제자로서 지도자들은 '보잘 것 없는 사람들 가운데 누구 하나라도 죄짓게 하는 것'은 매우 중대한 범죄이다. 어느 정도인가 하면 그 민감성을 이해하기 위해서 손, 발, 눈 등으로 그들을 죄짓게 하면 그것이 없어서 불구나 병신이 되는 것이 차라리 나을 정도라는 것이다. 그만한 치열함의 민감성이 제자직에 요청된다.

여운과 성찰

두 번째 수난 고지 후, 제자들의 응답은 두려움으로 인한 무응답이었다 "그러나 제자들은 그 말씀을 깨닫지 못했고 묻기조차 두려워하였다."9:31 이는 매우 흥미롭고 깊이 숙고해야 할 응답이기도 하다. 물론 그들의 입장에서 보면 제대로 알아들을 수도 없었지만, 그러한 요구가 상식에 반하는 주문이었기도 하다. 가치없다고 여겨지는 보잘 것 없는 사람에 대한 지나친 관심의 요구와 어쩌다가 죄짓게 할 수도 있는 상황에

대한 심각한 주의 주기는 과민한 민감성을 불러들이는 것은 아닌가? 돌봄의 대상이 되는 타자들이 신분적으로 보잘 것 없기만 한 것이 아니다. 실제로 그들의 깨달음과 습관적 행동이 너무 지나친 관심과 에너지를 요구해서 피로감을 증식시키게 하기 때문이라는 반론도 있을 수 있다. 즉, 어느 면에서는 그 보잘 것 없는 사람들이 '자업자득'으로 불러오는 죄지음에 대해 너무나 철저한 그리고 보편적인 돌봄과 각성을 요구한다는 항의를 할 수도 있다.

그러한 항변으로 올라오는 저항의 목소리는 무감각해지는 마음의 공간을 허락한다. 이러한 경향성과 충동에 물들지 않으려는 윤리적인 자각이 있으려면 예수가 말한 문장 하나에 깊이 생각해 볼 것이 있다.

> 누구든지 내 이름으로 이런 어린이 하나를 받아 들이면
> 곧 나를 받아 들이는 것이고, 또 나를 받아 들이는 사람은
> 나만을 받아 들이는 것이 아니라 곧 나를 보내신 이를 받아 들이는 것
> 이다.

예수는 제자들에게 이 말씀을 새겨듣기 위해서는 '마음에 소금을 간직하기'와 '서로 화목하게 지내기'가 핵심 수행임을 가르친다. 자기 생애의 종식을 예언하는 자리에서 제자들에게 힘을 불어 넣어주고 삶의 실상과 진실을 알려주고자 하는 그 결정적인 순간과 공간에서 제자들의 다음의 응답은 큰 경종이 된다. "그러나 제자들은 그 말씀을 깨닫지 못했고, 묻기조차 두려워하였다." 이러한 실존적인 궁지 속으로 우리를 처박히게 하는 것은 무엇 때문인가?

16

본문에 따른
성찰질문

1. 편안한 자세와 호흡을 고르게 한 후 거룩한 영의 안내를 요청한다. 그리고 오늘 새롭게 만나지는 문장, 단어에 주목하며 그것이 나에게 말걸어 오기를 기다린다. 지적인 사고가 아니라 가슴이 울리는 단어에 집중한다. 본문의 문장이나 단어가 당신의 영혼, 삶을 비추어 주는 것이 있다면 영에 의지하여 그것이 자신을 바라보게 한다.

2. 신앙의 내적 체험의 순간이 있었고, 경험, 이성 혹은 성서를 통해 가르침을 받은 상황에도 불구하고, 당신의 마음이 깨닫지 못하고 묻는 것도 그다지 열의가 올라오지 않는다면 무엇이 필요한 것인가?

3. 당신의 삶에서 앞서간다고 여긴 것이 뒤처진 것으로 다가온 경험이 있다면 무엇인가? 그리고 늦었고 뒤처졌다는 생각이 들었는데 사실상 자신의 앞에 길이 없이 스스로 길을 열어야 했던 경험이 있었다면 무엇인가? 무엇이 그러한 첫째와 꼴찌, 앞섬과 뒷섬을 결정한다고 생각하는가?

4. 공동체 안에서 손, 발, 눈 등의 지도자 역할 하는 사람들이 보잘것없는 작은 자를 실족하게 하는 것에 관해 예수는 강력히 권고한다. 그리고 교제와 언약이라는 소금을 간직하고 서로 화목하게 지내라는 말씀을 제자들에게 주신다. 이것이 당신의 삶과 조직 생활에 어떤 의미로 다가오는가? 혹은 외부의 선은 인정하고-우리를 반대하지 않는 사람은 우리를 지지하는 사람이다-내부의 악은 잘라내라는 이 교훈이 당신의 일상에서는 어떻게 적용되는가?

막 9:30–50

마가복음의 디다케 부분제자와의 문답, 8:27–10:52은 단순히 제자직에 대한 것만이 아니라 대안적인 사회 질서에 대한 새로운 비전과 공동체 구축의 핵심을 알려주는 마가의 두 번째 내러티브이다. 이 내러티브는 세 번에 걸친 고난 예고와 맞물려 있으며 각각은 새로운 사회질서에 대한 중요한 교훈을 담고 있다. 첫 번째 수난 예고와 가르침의 사이클 시작은 길을 '가시는 도중'에서 예수의 질문으로부터 시작된다. 다른 사람들과 제자들은 각각 길 가는 자의 정체성을 어떻게 생각하는지에 관한 질문이 그것이다. 여기서 '하느님 나라의 신비'를 푸는 제자직과 새로운 공동체의 모습은 '십자가 지기'였다.

'십자가'는 단연코 한 가지 해석과 그 현실성만이 존재하는 데 그것은 로마제국의 통치와 신정정치의 공모 체제하에서 다른 주장을 하는 사람에게 내려지는 형벌, 곧 체제에 관해 다른 이야기를 하는 이에게 내려지는 극형인 십자가형이 그것이다. 새로운 대안적 사회체제에 대한 건설은 예수가 악령추출, 질병치유, 소외관계의 회복 등의 공생애 생활의 핵심이다. 마가는 개인의 카리스마화로서 제자직 훈련이 아니라 하나님의 뜻과 깨끗한 마음이 이끄는 공동체 회복에 점점 더 스토리의 무게를 옮기고 있다. 그 예는 호숫가에서 궁핍한 무리를 먹이심에서 나오는 섬기는 자로서의 제자직과 항해하는 배 위에서 하나의 빵 이야기의 핵심이기도 하다. 이것은 지배권력이 갖는 민중에 대한 무관심과 특권에 대해 대비되는 대안적 사회의 비전이기도 하다.

두 번째 수난 예고는 예수의 영광스러운 변모 이후에 나온다. 두 수난 예고 사이의 연결 고리는 8장 끝 절과 9장 첫 절에서 나온다. '절개 없고 죄 많은 이 세대'8:38라는 시대적 풍토의 확인과 더불어 기존 신앙인들의 '부끄럽게 여김'에 대한 태도에 대응하여 '아버지의 영광'38절과 '하느님 나라의 권능'9:1에 대한 언급이 십자가 지기의 타당성과 그것의 존재 이유를 뒷받침하고 있다. 즉, 십자가 지기는 희생이나 순교의 종교적 목적을 넘어서 지금까지 길 열기와 길 가기의 목적과 그 의미를 확고히 하는 실천에 해당한다. 대안적인 사회질서의 구축이라는 다른 말을 할 필요성과 그것이 가져오는 사회정치적인 압박의 필연성 속에서 십자가 지기의 수행이 설정되어 있다. 따라서 이는 길 가기의 확고한 자세를 재삼 말하며, 이를 통해 기존의 사회질서의 흉포함과 그 거짓됨이 드러날 수밖에 없게 만든다.

예수의 영광스러운 변모는 이런 기존 질서의 완고함과 포학함의 체제 안에서 무력감을 넘어 가능성을 향한 핵심적인 기반을 제자직에게 제공한다. 즉, '아무 것도 변하게 할 수 없다'는 집단적 무력감을 전환하는 데 있어서 하느님 나라의 신비를 위해 길 가는 자에게 내적인 비밀이 제공되는 것이다. 각자는 영광스러운 변모를 할 것이다. 나의 눈에 보이지 않아도 '죽기 전에 하느님 나라가 권능을 떨치며 오는 것을 볼 사람들도 있다'9:1는 말씀을 확증시키게 한다.

그런데 마가는 그러한 신비적인 변모의 가능성을 목격한 제자들로 하여금 하나의 태도를 취하게 한다. 그것은 산에서 내려오다가 사람의 아들이 죽었다 다시 살아날 때까지 본 것을 말하지 말라는 당부이다. 그에 대해 제자들의 태도는 다음과 같다.

제자들은 이 말씀을 마음에 새겨 두었다. 그러나 죽었다가
다시 살아난다는 말씀이 무슨 뜻인지 몰라서 서로 물어 보다가...9:10

이 문장은 단순히 제자들만의 이슈가 아니라 마가의 진술을 따라오는 청자와 독자들에게도 던져지는 제자직의 조건을 달고 있다. 즉, 말씀을 마음에 새기는 순수한 차원이 존재한다. 그러나 그들은 "죽었다가 다시 살아난다"는 말씀이 무슨 뜻인지 몰라서 방황하는 아이러니의 순간을 맞이한다. 제자직의 어려움은 바로 이것이다. 말씀을 받아들이기는 한 데 한 가지에서 막힌다. 그것은 죽었다가 다시 살아남의 비밀에 대

한 깨우침의 장벽이다. 이것이 바로 베드로가 '그러면 안된다'고 예수를 꾸짖었던-헬라어 '에피테마오'는 꾸짖다의 뜻이다- 이유와 같다.

'악령에게 사로잡힌 아이'의 스토리는 이 점에서 극적이다. 우선 이 아이의 증상은 앞서 전개된 악령축출과 질병 치료의 종합판이다. 그 아이의 증상이 군대귀신 이야기처럼 발작에 대한 상세한 병 증상 설명이 유사하게 있다. 맹인 치유 이야기처럼 말만 아니라 손을 잡아 일으키는 접촉9:27이 가미된다. 하혈병 여인 치유처럼 '믿음'의 필요성이 공통이다. 나병환자 치유에서 나오는 불쌍히 여김자비심; 1:41, 9:22이 나오며, 귀먹고 말 더듬는 자7:31이하처럼 '말못하고 듣지 못함'9:25이 공통이기도 하다. 그리고 이러한 지금까지의 모든 증세의 종합판에 대해 그 대안이 '기도'라는 점이다. '말 못하고 듣지 못함'은 또한 기존 지배체제의 현실성을 인격화한 상징이기도 하다.

여기서 기도 혹은 믿음은 '하늘의 징표'하느님의 인정을 받은 표, 8:11-13에 대한 초월적인 권능은 아니다. 마가가 진술하였듯이 예수가 분명히 말한 것은 이 세대에겐-마가는 나중에 '절개 없고 죄 많은 이 세대'로 표현, 8:38- 보여줄 하늘의 표징은 없다고 하였다. 그렇다면 그 기도나 믿음은 아이의 스토리에서 보는 악령과 질병의 종합판의 현실과 절개없고 죄 많은 세대에 있어 만연한 무기력에 대한 대안으로서 기도는 자신과 세계의 변화를 가져오는 방법에 대한 신뢰를 배우는 것과 관련 있다. 이는 나중에 저주받은 무화과 나무11:23와 올리브 산에서의 이야기14:37에서 언급된 기도와 연관되어 하느님 나라의 권능9:1에 대한 신뢰라는 이 땅에서 헌신의 태도와 연관된다. 말 못하고 듣지 못함이라는 무능력은 이 세상 왕권이 지닌 통치의 핵심적인 증상이며, 그것에 관련한 치유와 재건은 디다케 구조에 있어 제자직의 목표인 것이다. 마가의 디다케는 '길 위에서' 일어나는 훈련 문답이다. 그 문답의 효용성과 대답의 적절함은 길가·길밖에서는 일어나지 않는다. 이것이 씨뿌리는 자와 등불이라는 하느님 나라의 실재성이라는 근본 비유가 디다케 구조 안에서 재해석되는 이유이기도 하다. 그러나 길 가기라는 상황에서도 돌밭인 장애는 바로 길 위에서 무엇을 하는가이다. 그것이 두 번째 수난 예고에 있어 "예수께서 자리에 앉아 열두 제자를 곁으로 부르신"9:35 이유이다. 이 특별한 행동은 가파르나움에 이르러 집에 들어가시자마자-마가에 있어서 예루살렘중심과 광야/호숫가주변, 그리고 회당중심과 집주변은 중요한 갱신과 변화의 공간 지형들이다. 전자는 폐기되고 후자가 새롭게 인식된다– 물었던 질문, "길에서 무슨 일로 다투었느냐?"와 관련된 행동이다. 12 제자들을 따로 곁으로 불러 알려준 디다케 두 번째 사이클은 우선 3가지가 가르침으로 주어진다.

첫째, 당시 지배체제하에서 가장 작은 자의 작은 자이자 희생자인 '어린이'를 안으며 '내 이름으로 이런 어린이 하나를 받아들이기'였다. 이는 첫째와 꼴찌의 전복에 대한 것이기도 하다.

둘째, 자신들의 그룹에 속하지 않은 이들이 선생님 이름을 팔고 다니는 타자의 선한 이웃됨이다. 타 그룹의 공동선에 대해 포용적 태도를 취하라는 말이었다.

셋째, 보잘것없는 이를 죄짓게 하는 지도력에 대한 강력한 경고이다. 그들을 죄짓게 하는 자는 '그 목에 연자맷돌을 달고 바다에 던져지는 편이 오히려 나을' 정도라는 점에서 내부의 악령에 대한 제거를 말한다.

두 번째 사이클은 제자들의 신앙공동체에 있어서 어떤 체제를 갖추는가에 대한 가르침이다. 그리고 그 후에 나오는 10:31까지의 가르침은 같은 가치가 일상으로–가정과 사회생활로–확대된다.

수난 예고의 프레임은 단순히 다가올 미래에 대한 예고를 넘어서 제자들의 강력한 집중을 위한 것이다. 자신들이 존경하는 스승이 자신의 끝을 세 번씩이나 이야기하는 자리를 통해 무언가를 말하고 있다면 적어도 주의 산만하게 들을 수는 없는 노릇이다. 첫 번째 수난 예고에서 자신들이 따르는 예수와 자기 자신과의 관계에 대한 정체성의 이슈가 언급되었다면, 두 번째 수난 예고 틀에서 전개되는 것은 대안적 공동체와 꿈꾸는 사회질서가 무엇이 되어야 하는지에 대한 것이었다. 전자는 '하느님 뜻'과의 커뮤니케이션 이슈이며 후자는 통치 권력·힘의 이슈이기도 하다.

대안적 사회질서로서 샬롬의 통치는 그 힘이 특권을 위한 경쟁, 누가 가장 위대한, 혹은 힘센 사람이 될 것인가에 대한 실천을 전복시킨다. 샬롬 나라에서는 작은 자들인 죄인과 세리만 아니라 그보다 더 작은 자인 '어린이'로 상징되는 이들의 필요를 포용하고 섬기는 자가 되어야 한다. 마가가 진술한 "어린이 하나를 데려다가 그들 앞에 세우시고 그를 안으시며"36절는 두 가지 의미를 함축한다. 그것은 그러한 작은 자, 연약함이 리더십을 갖도록 하기-그들 앞에 세우시고- 와 연약함을 개인의 가슴과 공동체 안에 포용하기-그를 안으시며-라는 근본적인 태도이다.

이 점에서 하나님 나라에 있어서 관계와 통치 방식은 누군가 '우위·첫째'라는 특권을 배제한다. 어린이는 권리, 힘 혹은 아무런 위대함을 지니고 있지 않은 상징이다. 그렇게 특권의 누림이 아니라 지위와 권리가 없는 이들을 '섬기기'는 하나님 나라의 도래에 대한 표징이기도 하다. 이렇게 해서 이 세상 통치자의 권력과 지배로서의 힘을 무력화하며 힘·위대함에 대한 전적인 다른 의미를 부여한다. 지위와 권리가 없는 이들을 섬기라는 부름은 더 나아가서 심지어 죄짓게 하도록 하는 이들에 대한 심각한 경고를 부른다.

> 또 나를 믿는 이 보잘것없는 사람들 가운데 누구 하나라도 죄짓게 하는 사
> 람은 그 목에 연자 맷돌을 달고 바다에 던져지는 편이 오히려 나을 것이
> 다. 9:42

이러한 심각한 경고는 두 가지의 의미 흐름 안에서 전개된다.

우선, 제자직, 공동체, 새로운 사회질서에서 관계와 관련된 분리로부터 포용inclusion이다. 그 핵심은 영접·받아들이기헬, 덱소마이 déxomai =따스하게 수용하기, 9:37절와 꼴찌가 되어 모든 이를 섬기기헬, 디아코노스 diákonos =섬기는 자, 여기서 dia는 철저하게, 통하여라는 뜻이고 kono는 konis 곧 먼지[dust]이다. 먼지를 철저하게 털어 제거해 주기로부터 디아코니아가 나왔다이다.

영접하기환대하기와 꼴찌로서 섬기기가 샬롬 통치의 근본됨이라면 리더십은 이에 대한 민감성을 주목하는 것으로 전개된다. 따라서 공동체 안에서 -"나를 믿는"- 작

은 자를 실족하게 하는 자죄짓게 하는 사람는 안을 부패시키는 누룩과 같아서 차라리 제거되는 것이 낫다는 경고로 이어진다. 다음 문장의 반복9:43-49을 통해 그 의미가 강화되고 중첩이 된다.

> 나를 믿는 이 보잘것없는 사람들 가운데 누구 하나라도 죄짓게 하는 사람은
> 그 목에 연자맷돌을 달고 바다에 던져지는 편이 오히려 나을 것이다.
> 손이 죄를 짓게 하거든 그 손을 찍어 버려라....이유설명
> 발이 죄를 짓게 하거든 그 발을 찍어 버려라....이유설명
> 눈이 죄를 짓게 하거든 그 눈을 빼어 버려라....이유설명

앞서 마가의 관점에서는 듣고 보고 알아차리는 제자직의 강조에 따라 '눈'이 실족시키는 것과 관련하여 지옥과 연관시키며, 그 영원한 지속에 대한 강력한 경고가 따른다. "지옥에서는 그들을 파먹는 구더기도 죽지 않고 불도 꺼지지 않는다. 누구나 다 불소금에 절여질 것이다."48절 이렇게 공동체 안에서 작은 자들에 대한 잘못된 인도함이 주는 경고는 마가의 전체 진술에서는 쉽게 보지 못하는 예수의 강력한 태도가 특별히 이 내러티브에서 전개된다. 자신이 공동체 안에서 목, 손, 발, 눈의 역할을 하는 지도자들은 새겨들어야 할 정도로 끔찍한 경고의 어투가 설정되어 있다. 이는 어린이/꼴찌의 삶에 대한 공동체 내부의 부패에 대해 무가치함과 무력감의 악령이 스미는 것에 대한 '조심하기'의 -바라사이파 사람들의 누룩과 헤로데의 누룩을 조심하여라, 8:15- 질적인 수준을 답보하기 위한 깨어있기 충격으로 하는 말로 보인다. 즉, 강력한 경고의 위협주기보다 무엇을 지켜야 할지에 대한 제자로서의 자각에 초점이 있다.

마가의 디다케 영역 안으로 들어오게 되면 단순히 제자를 훈련하는 것에 대한 새로운 가르침의 이슈만 있는 게 아니다. 이는 앞서서 말한 훈련에 있어서 가장 심층적이고 본질적인 예수의 영광스러운 변모 이야기 후에 나타난 하나의 고질병과 같은 증상과 마주하게 되는 '위기'를 경험함과 연관되어 있다. 즉, '지금 본 것'9:9에 대해 제자들은 "말씀을 마음에 새겨 두기"10절에 대해서는 잘하고 있었다. 그러나 그 가르침의 핵

심에 다가가야 하는 영역인 "죽었다가 다시 살아난다"[10절]는 뜻이 무엇을 의미하는 지에 대해 혼란스러워하고 있다는 점에서 이는 또 하나의 위기인 것이다. 왜냐하면 그러한 죽었다가 다시 살아남은 단순히 예수의 육체·몸에 대한, 인자[사람의 아들]에 대한 고백의 이슈로 정리되는 부분이 아니기 때문이다. 이는 길 가는 자로서 자기 경험이 죽었다가 다시 살아남이라는 궁극적인 실존 경험에 연관된 것이기 때문이기도 하다.

따라서 제자직의 위기는 단순히 고백의 수준을 넘어선다. 고백이라면 악령도 베드로와 똑같은 수준에서 '하느님이 아들'[1:24, 3:11, 5:7]이라고 그의 정체에 관해 바른 답변을 하지 않았던가! 위기는 고백을 넘어 인식의 전환과 삶으로의 프락시스[실천]와 연관되어 오는 것이다. 하느님의 뜻[씨뿌림의 비유]과 깨끗한 마음[등불의 비유]이 실천의 영역에서 각각 커뮤니케이션과 권력·힘에 있어 어떻게 전개될 수 있는지, 장벽들을 통해 문을 열어가는 능력·권능이 필요한 것이다.

그래서 디다케의 가르침이라는 말씀의 던져짐은 우리를 실존적 위기 속으로 던져넣는다. 그 위기가 선물이 될 수 있는 비결은 그 말씀의 걸어옴이 기존의 우리 생각과 신념을 뒤흔들어 놓도록 위기에 어떻게 자기 가슴을 열어 그 영혼의 흔들림을 허락할 것인가에 달려 있다. 연약함·작은 자가 자신을 인도하게 하는 새로운 민감성이라는 힘이 다시 생성될 수 있을 것이다. 그럴 때 비로소 강한 자, 힘센 자를 결박하기·묶어놓기[3:27]라는 역설적인 힘의 능력을 체험할 수 있으리라. 그러한 능력은 내면의 진실성과 동료 타자와의 관계성에서 경험되는 능력[헬. 뒤나미스]으로부터 올 것이다. 마가가 말한 '하늘의 기적'[하느님의 인정을 받은 표가 될 만한 기적;8:11]은 이 점에서 철저하게 초월적이 아니라 이 지상 삶에서 발견되는 길 가기 능력으로부터 온다는 가르침이 마가의 제자직에서는 혁명적인 사상인 것이다. 그것의 핵심은 첫째와 꼴찌의 전복, 통치자와 어린이의 전복에서 나타난다. 그러한 위기를 통해 패러다임의 전환이 가능해진다.

배경과 회상

마가복음 전체의 길 가기 중도 과정에서 부여된 디다케 부분, 즉 제자들에 대한 가르침은 치열하고도 막중한 훈련 과정을 실존적인 태도로 몰입하여 이해하지 않으면, 현대인으로서 우리는 이천 년 전의 고대 유물인 고서의 한 본문이 표면적으로 보여주는 문화적 차이가 낳는 언어의 낯설음과 별다른 감동없는 언어를 접하게 될 뿐이다. 즉 생동감없는 신앙의 허울을-즉, 나비가 날아간 빈 고치 껍데기- 보며 그냥 지나쳐 버리게 된다. 아니면 잘못 오역하여 잘못된 길을 가는 길잡이로 삼을 여지가 많다. 그러기에 그때나 지금이나 마가가 보는 눈의 중요성을 계속 언급하는 것을 신중하게 대면할 필요가 있다.

길가는 것은 여러 현실의 장벽을 뚫거나 비껴가야 한다. 폭력의 비참함만-악령, 질병, 사회적 소외의 현실- 아니라, 힘과의 공모에서 오는 교조적인 경직성-성전 엘리트들-의 장애들이 있다. 그리고 지적인 상황의 성찰로부터 나올 수 있는 어떻게 해볼 수 없다는 냉소적 현실주의와 반론을-주로 제자들의 반문에서 보인다- 만나게 된다. 그러기에 건너가는 실존적인 항해를 통해 경험적으로 눈을 얻고 신념을 얻어야 하는 신중하고도 의지적인 헌신이 요청된다. 그것은 홀로 가기가 아니라 더불어 가기이다. 따라서 디다케 구조에서는 개인이 아니라 제자들 전체에 대한 공동의 의식을 불러일으키는 질문과 답변이 전개되며, 이를 확장하여 '우리들'과 '그들'의 분리를 넘어서, 이제는 민중들이라는 그들을 먹이심뿐만 아니라 예수의 이름을 빌려 마귀축출을 하고 다니는 다른 제자들에 대한 포용까지 나아간다. 그 이유는 제자들이 직면하고 있는 현실이 지닌 영적인 불결로서 폭력적 상황은 문화와 시스템 구조에 있어 강력하고 힘이 세기 때문이다.

디다케 구조 안에서는 '우리'로서 공동성에 따른 길 가기를 향한 마음의 일치와 자세들이 재 확인되고 있다. 지금까지 예수가 보여준 기적들은 그것들의 예표이기도 했다. 그 예표는 디다케 구조가 시작되는 그 직전에 지금까지 예수의 공생애 사역을 마무리하는 끝부분에서 자신이 보여준 기적 사건들에도 불구하고 '하느님의 인정을 받는 표징으로서의 기적'에 대해 거절하며 한마디로 말한 '이 세대에 보여줄 징조'로서 하늘의 표징은 없다는 분명한 진술에서 볼 수 있었다.8:11-13 그리고 그러한 것을 공언하고 보여주고 있다고 얘기하는 성전 엘리트들과 세상 지배자의 가르침을 '누룩'으로 비유하여 강력한 '경고'8:15를 제자들에게 한 후 소경의 눈뜸 이야기를 배치한 것을 보면 마가의 신학적이고 윤리적인 강조가 어디에 있었는지를 눈치챌 수 있다.

하늘의 초자연적인 표징이 아니라 이 세상 안에서 길 열고 길 가기를 추구하는 것이 역설적으로 표징이 되며 그것이야말로 마가가 예수를 통해 새로운 신앙의 의미를 통찰했던 이유이기도 하다. 그것을 약술하면 다음과 같은 해방의 길 가기 과정이었으며 이 세상적인 것들의 질서와 가치에 대한 전복임이 밝혀진다. 그 전복은 사탄의 지배로부터 신의 주권성으로의 복귀, 즉 억압과 지배의 분리 체제로부터 자유와 해방의 일치와 나눔 체제로의 재편에 관한 이야기이기도 하다. 이를 위한 예수의 공적 선교 예시는 다음과 같다:

- 악령추출, 치유의 상징을 통해 사탄의 지배로부터 사람들을 자유케 하기
- 사회적 추방과 격리로부터 사람들을 사회적 포함의 공동체로 다시 복귀 시키기
- 자유를 억압하는 종교적 이데올로기들안식일, 정결규정에 대해 도전하기.
- 기존의 석화石化된 성스러운 공간을 전복하기. 회당에 숨어있는 악령의 노출과 사적인 공간으로서 일상과 집을 치유의 공간으로 세우기.
- 신의 영역으로 저편, 저위로 올려놓은 종교적 특권과 이데올로기로서 '죄의 용서'를 일상의 중심으로 가져와 대중이 상호 목격하게 하기.

- 사회적 지위와 계급 분할로부터 자유하게 하기. 세리인 레위의 제자로 포함과 죄인과 세리들과의 식사하기.
- 종교적 금욕과 엄격한 경직성에서 신앙을 자유와 축하의 풍성함으로 전환시키기예, 요한 제자들의 금욕실천을 축하와 옳은 일 하기로 대체; 안식일할라카의 본질을 속박에서 자유로 풀어주기로 의미화하기
- 혼돈과 무질서로부터 새로운 능력부여와 질서화의 촉발과 개시로서 신앙의 신실성을 보기. 거친 바다라는 혼돈과 이 세상의 왕적 지배에 대한 대안 찾기.

디다케에서 보여주는 예수의 하느님 나라의 통치와 그 신분됨에 관련해서도 위에 있던 사역과 연결되어 더욱 철저하고 명료한 훈련으로 초대한다. 그것은 뜻밖에도 하늘의 비밀 영역이 아니라 이 세상에서 무엇이 궁극적인 현실인가에 대한 재확인과 이에 대한 눈뜸에 대한 명료화이다. 그 예표는 이미 하느님께 드리기에 대한 '코르반'에 대한 재해석으로서 부모에 대한 무책임한 관계의 언급에서 드러나 있다. 하늘로의 시야에서 땅에 대한 새로운 시야로 인식하면서, 이 세상 삶에서 충실한 삶을 통해 하느님 나라의 신비가 밝혀진다는 점에서 제자직은 중대한 패러다임의 도전에 직면한다. 그것은 기존의 종교적 가르침으로서 초월성에 대한 신념의 전복이자, 이 세상 통치자의 권한과 지배체제의 정상적임에 대한 도전이기도 하다.

따라서 디다케 구조에서 제자들이 집중적으로 훈련받은 것은 이 지상 삶에서 관계의 의미와 통치의 본질인 힘에 대한 새로운 의식과 실천에 집중되어 있다. 사실상 길 가기는 하나의 신념을 넘어 이 땅에서 어떻게 살 것인가에 대한 도전을 받아들임에 관련되어 있다는 것이다. 그러한 새로운 힘·통치에 대한 이해와 훈련은 특별히 예수 자신의 3번에 걸친 수난 예고를 통해 이루어진다는 점에서 심각한 주문인 셈이다.

첫 번째 수난 예고에서 힘과 관련한 오해는 메시야에 관련한 힘의 이해에서 베드로와 예수간의 상호 꾸짖음에서 볼 수 있다. 정치적 승리와 이방인 정복으로서 다윗 왕가를 계승한 힘있는 메시야에 대한 이해를 지닌 베드로와 고난으로서 힘의 무력화라

는 사람의 아들 예수의 이해가 상호충돌하고 있다. 이는 두 번째 수난 예고 앞에 보여진 예수의 영광스러운 변모 사건을 목격하고도 산에서 내려오던 제자들이 '죽었다가 다시 살아난다'는 말씀에 혼란스러워했다는 사실9:10에서 단순히 베드로의 문제만이 아니라 제자들에게 공통된 당혹감이었음을 알 수 있다. 이것이 마가복음에서만 볼 수 있는 제자직의 비전에 대한 특성이기도 하다. 살았으나 죽어있는 힘에 중독된 인생들에 대해 죽으나 실제로는 살아있음에 대한 마가 제자직의 본질 이슈이기도 하다.

두 번째 수난 예고로 시작되는 디다케는 더더욱 힘과 관련하여 폭로된 자각을 제자직에 주문하고 있다. 그것은 몇 가지 이야기로 서로 짜져서 그 의미를 분명하게 드러낸다. 우선 길 위에서 누가 제일 높은 사람인지 논쟁했다는 제자 문답의 서두로 시작하고, 그 다음으로 첫째와 꼴찌에 관한 훈화와 그 예증으로서 당시에 가장 무력하고 작은 자인 '어린이'를 표징으로 하였다는 추가의 진술이 점진적으로 덧붙여진다.

어린이 하나를 데려다가 그들 앞에 세우고 그를 안으시며...9:36

마태와 누가가 이 장면의 중요성을 함께 인용하여 작은 자의 재 중심화를 언급하지만, 마가는 아예 의도적으로 '그를 안으시며'라는 자신만의 독자적인 표현 속에서 이 작은 자의 포함과 리더십이 가져야 할 힘의 성격이 어떠해야 하는지를 더욱 강렬하게 보여주고 있다. 게다가 외부에 같은 뜻을 가진 타자에 대한 같은 길 가기에 대한 포용, 관용과 협력에 대해서도 그러한 리더십을 확장한다. 즉, 내부에서는 작은 자에 대한 섬김을, 외부에는 같은 뜻의 추구자에 대한 선한 협력적 동료되기에 대해 언급함으로써 힘의 본질과 그 사용을 재확인한다.

이렇게 공동체 내부에서 그리고 사회체제에 있어서 힘이 지배가 아니라 섬김 및 주기giving로, 그리고 힘은 타자 지배를 행사하고 그 특권을 누리기가 아니라 작은 자에 대한 돌봄과 보살핌이 힘의 본성이라는 새로운 인식의 요청은 다시 한번 강력한 경고하기를 통해 재확인시킨다. 그것은 보잘것없는 이를 죄짓게 하는 사람은 목에 연자맷돌을 달고 바다에 던져지는 편이 낫다는 경고이다. 이렇게 스스로가 공동체 내부에서 발, 손, 눈의 역할로 지도자 역할을 하는 사람이 그 힘의 오용으로 작은 자들을 실족하게 하는 것에 엄중한 경고가 제자들에게 전달되고 있다. 그러한 경고는 언약으로 영구화하는 '소금'을 통해 실제로 해야 하고 그들이 해야 하는 것은 '화목'헬, 에이레네우오 엔 알레로이스 eiréneuó en allēlois = to be at peace with each other인 것이다.

본분 속으로 들어가기

디다케 구조의 두 번째 사이클에서 두 번째 수난 예고와 더불어 펼쳐지는 제자직에 대한 전반부의 교훈은 내부에서 작은 자에 대한 돌봄과 화목하기평화안에 있기로 마무리된다. 이는 내부의 지도력에 대한 자세이기도 하다. 두 번째 사이클의 후반부에 해당하는 본문은 이제 그 논쟁을 일상으로 가져온다. 전반부가 자신은 힘센 자가 아니라 작은 자로서 섬기는 자이자 꼴찌로서 작은 자를 섬기는 자세를 가져야 한다는 것이 요점이라면, 후반부는 관계와 소유의 문제를 다룬다.

첫 번째는 결혼과 이혼에 있어서 가부장 제도에 따른 파트너 여성에 대한 이해나 그 지위에 대한 논쟁이다. 이는 반대자들이자 유혹자로서 예수를 실족시키기 위해– 원래 마가의 진술에 따르면 사탄의 역할이다– 다음의 문장으로 시작한다.

> 그 때에 바리사이파 사람들이 와서 예수의 속을 떠보려고
> "남편이 아내를 버려도 좋습니까?"하고 물었다.10:2

본문의 10장 1절에 예수의 행선지가 이미 '거기를 떠나 유다 지방과 요르단강 건너편으로 가셨는데'라는 말이 함의하듯이, 이 질문은 이제 변두리이자 활동의 핵심 지역이었던 갈릴리 지역을 떠나 적대적인 영역인 유대지방'이쪽'에서의 적대 지역과 요르단강 건너편이방지역으로 예수는 길 가기를 확장한다. 이 지역들은 갈릴리라는 주변부와 중심인 예루살렘의 중간지역이며 길 가기의 과도적인 영역이기도 하다. 거기서 길 가는 자에 대한 시험과 실족으로의 유혹이–속을 떠보기– 반대자인 바리사이파 사람들에 의해 이루어진다. 그리고 그 질문에 쉽게 일반적으로 대답을 하기 어려운 것은 그

남편이 아내를 버려도 좋은 것에 대한 성서와 율법적 근거가 있기 때문이기도 하다.신 24:1

앞서서 부모에 대한 의무를 하느님께 대한 의무의 정당성 안에서 실행하지 않았던 '코르반'에 대한 이야기에 연장하여 이제는 부부 사이와 관련하여 다룬다. 예수는 단순히 이혼을 금지하는 것이 아니라, 이혼의 정당성 안에 있는 분리와 소유 의식에 대한 정당성에 대한 왜곡을 지적한다. 성서의 정신은 결합과 평등 그리고 각 개인의 안전과 복지의 풍성함에 대한 신의 뜻이 우선이라는 응답이었다. 그래서 따로 제자들과의 말씀 해석에 있어서 상대를 '버림'헬, 아폴루오 apoluó는 기존의 결속을 깬다는 의미임은 충실성을 져버린다는 점에서 간음이라고 설명한다.

후반부의 두 번째 이야기는 재차 등장하는 어린아이 이슈이다. 제자들이 어린이들을 데리고 와 축복해달라고 간청하러 온 사람들을 나무라는 장면에서 예수는 "하느님의 나라는 이런 어린이와 같은 사람들의 것이다"10:14로 말씀하시며 제자들에게 화를 내신다. 예수는 이 장면에서 제자직에 관련하여 어린아이를 '순진한 마음으로 하느님 나라를 받아들이기'로 재해석을 하고 있다. 이것의 숨겨져 있는 핵심 가르침은 제자들이 어린이에 대한 거부로 보여지듯이 새로운 관계로서 가족의 새로운 질서를 세우는 것에 제자들이 이미 실패하고 있다는 진실의 노출이다.

세 번째 이야기는 부자 청년의 아쉬운 예수의 길 따름에 대한 거부 이야기다. 그 스토리는 바로 마태와 누가에는 생략된 "예수께서 길을 떠나시는데"10:17라는 상황에서 일어난 사건이다. 그 부자 청년은 늦더라도 끝에서라도 뵙고자 달려와 무릎을 꿇을 만큼 열심인 사람이었다. 그는 율법을 잘 지키면서도 '영원한 생명'에 대한 갈증에 목말라 있던 청년이다. 그리고 예수도 그에 대해 매우 신중하게 대하신다. 그래서 "그를 유심히 바라보시고 대견해 하시며" 말한다. 한 가지 부족한 소유 집착에 대한 이슈를 거론하자 그 사람은 "재산이 많아서…울상이 되어 근심하며 떠나가" 버린다. 그 안타까운 현장 장면을 통해 예수가 제자들에게 확인하는 것은 '낙타'가 '바늘귀' 들어가는 것보다 부자가 하느님 나라에 들어가기가 더 어렵다는 가르침이다.

예수의 가르침이 너무나 지독스러운 철저한 무소유에 대한 이해로 들려서 제자들은 또한 지난번처럼 놀라 서로 수군거리며 당황하게 된다. 이에 대한 예수의 응답은 놀라울 정도로 확고한 태도이다. 즉, '제자들을 똑바로 보시며' 사람의 힘으로는 하실 수 없으나 하느님은 하실 수 있다는 대답이 들려진다. 이 문장은 대상이 제자들 모두였으며 직접적으로 대면해서 의도적으로 한 말이고, 그래서 그것은 새기고 잊지 않도록 하기 위한 시도였음을 알 수 있다.

그러자 베드로가 나서서 제자들 편을 들어 그 상황을 무마하기 위해 일을 거든다. "보시다시피 저희는 [부자청년과 달리] 모든 것을 다 버리고 주님을 따랐습니다."10:28 이에 예수의 응답은 두 가지이다. 첫째로, 베드로의 말처럼 너희가 그렇게 한다면 현세에서는 박해받으나 축복도 배나 받을 보상이 있을 것이라는 보상에 대해 언급한다. 물론, 이는 그들이 버린 집, 형제자매, 부모, 자녀, 토지의 축복과 관련하여 버린 그들/것과 얻은 그들/것은 똑같은 의미가 아닐 것이다 둘째는 버린다고 해서 다 되는 것이 아니라는 점이다. 뒤따르되 길 위에서 논쟁으로 불거진 이슈처럼 첫째와 꼴찌에 대한 새로운 이해가 필요하다는 제자직에 대한 쐐기 박음의 가르침이다.

성찰과 여운

마가의 디다케에서는 묘한 아이러니가 전개되고 있다. 임종 직전의 예고가 반복되는 심각한 상황에서 제자들의 길 가기가 정신 차리고 활기차게 진행되는 것이 아니라 길가는 상황에서 위태위태한 모습이 극명하게 드러나기 때문이다. 길가면서 예수께서 하시는 교훈이 무슨 뜻인지 몰라 당황하고 웅성거리는 모습에 대해 마가는 노골적인 진술을 하고 있다. 두 번째 수난예고 안에서 디다케는 길 가기 위에서 일어난 논쟁과 다툼의 모습을 보여주고 있고, 예수의 중요한 가르침에 대해 제자들은 마음이 휘청거린다. 그것에 대해 예수의 언급은 관대함이 없다. 즉, "하느님 나라에 들어가 가기는 참으로 어렵다"는 단도직입적인 설명으로 제자들은 주눅이 든다.

거기에 베드로는 나서서 읍소하며 자신들은 다 버리고 따랐다고 고려해 달라는 예외적인 청을 한다. 그 읍소의 청에 예수의 응답은 더욱 강한 펀치이다. "그런데 첫째가 꼴찌가 되고 꼴찌가 첫째가 되는 사람이 많을 것이다."10:31 두 번째 수난 스토리의 마지막 말은 정말 알송달송한 말이다. 그래서 자신들은 하느님 나라에 허락된다는 말인가 아니면 안 된다는 뜻인가? 현실에서 제자직이 긍정적이라는 말씀인가 아니면 그 숫자를 찾아보기 어렵다는 말인가? 제자들에게 한 말인가? 아니면 그 장면에 대한 이야기를 듣고 있는 지금의 청중인 기독교도인 나에게 하시는 말씀인가 아닌가?

제자들도 속으로 혹은 저들끼리는 할 말이 있을 법하다. 악령들린 자와 병자들에게는 관대하시면서 왜 이리 예수는 제자들에게는 너무 심각하신가? 첫 번째 수난 예고에서는 십자가 지기로 놀라게 하시더니, 두 번째 수난 예고에서는 첫째와 꼴찌 이야기로 강편치를 날리는 모습이 혼란스럽다. 따르라는 말인가 아닌가? 예수는 갑자기 왜 이리 심각해지셨는가? 그것도 우리들에게만 왜 이리 엄격하신가? 알 수가 없는 노릇이다.

1. 편안한 자세와 호흡을 고르게 한 후 거룩한 영의 안내를 요청한다. 지금 새롭게 만나지는 문장, 단어에 주목하며 나에게 말걸어 오기를 기다린다. 지적인 사고가 아니라 가슴이 울리는 단어에 집중한다. 본문의 문장이나 단어가 당신의 영혼, 삶을 비추어 주는 것이 있다면 영에 의지하여 그것이 자신을 바라보게 한다.

2. 바리사이파 사람들과 결혼과 이혼에 대한 이슈에 근거로 제시하는 성서 본문처럼 우리에게 힘있거나 기존의 구체제를 지지하는 것으로 보이는 것들 중 그동안 자신의 신념에 위배되는 것으로 보이는 구절들은 어떤 것인가? 예수라면 어떤 식의 응답을 했을 것이라고 추측하는가?

3. 예수가 말한 것을 숙고하라. "누구든지 어린이와 같이 순진한 마음으로 하느님 나라를 받아들이지 않으면 결코 거기 들어가지 못할 것이다." 당신의 신앙적 관점에서 '순진한 마음'이란 무엇을 의미하는 것인가? 어떤 태도를 말하고자 하는 말씀이라 생각되는가?

4. "하느님 나라에 들어가는 것은 참으로 어렵다. 부자가 하느님 나라에 들어가는 것보다는 낙타가 바늘귀로 빠져 나가는 것이 더 쉬울 것이다."라는 말씀을 묵상하라. 경제 이슈와 관련하여 하느님 나라에 들어가는 것은 무엇이 기준이 된다고 생각하는가? 어디까지가 하나님 나라가 허락되지 않는 부자이고 어떤 종류의 부자가 하느님 나라에 들어갈 수 있다고 여겨지는가?

5. 다음을 깊이 묵상한다. 그는 제자들에게 "사람의 아들이 잡혀 사람들의 손에 넘

어가 그들에게 죽었다가 사흘 만에 다시 살아날 것이다"하고 일러 주셨다. 그러
나 제자들은 그 말씀을 깨닫지 못했고 묻기조차 두려워하였다.9:31-32 이 문장을
나에게 적용시켜 심장에 묻는다: 무엇을 깨닫지 못하고 왜 두려워하는가?

힘과 강한 것에 대한 새로운 이해

막 10:1-31

마가 기자가 예수의 길 가기에 대한 주목과 증언에 있어서 매우 강력한 숨은 메시지는 권력·힘에 대한 착시환영에서 우리를 눈뜨게 하는 것이다. 이 세상 삶에 있어서 안전, 성취, 명예, 화려함의 그 핵심에는 권력·힘에 대한 선이해先理解가 작동하고 있다. 이 세상의 모든 사회적 관계와 문화 그리고 제도의 구현은 언제나 그러한 힘에 대한 선이해에 기초하여 형상화된다.

모임 진행자로서 지난 주 종려주일과 오늘 부활주일에 2번째 수난 예고의 디다케 구조인 9:30-10:31을 나누어 공동묵상하면서 확연히 다가온 생각이 하나 있다. 그것은 제자들에게 남긴 "사람의 아들이 잡혀 사람들의 손에 넘어가 그들에게 죽었다가 사흘 만에 다시 살아날 것이다"에 대한 제자들의 깨닫지 못함에 대한 이유가 몸육체에 대한 것이 아니라, 권력·힘에 대한 새로운 자각을 놓쳤다는 점이었다. 우리를 지탱시켜주고, 본래적인 것에 대한 접근을 가능하게 하며, 원치 않은 일에 대한 변화를 일으키는 것이 힘이라면, 두 번째 수난 예고에서 죽었다가 다시 살아날 것이라는 예수의 말에 제자들은 "그 말씀을 깨닫지 못했고 묻기조차 두려워하였다"9:32는 마가의 진술은 독자이자 청자인 우리에게 자비로운 가르침을 줄 수 있는 문장이기도 하다.

사실상, 평범한 개인으로서 지난 60여 년을 살아온 개인사를 돌아보건대, 문화와 사회체제가 이처럼 빠르게 바뀌는 과정을 살아왔나 싶고, 개인적인 고통과 사회적 갈등, 그리고 코로나 시기를 겪으면서 내가 오래 사는 것에 대해 미래가 더 나을 것이라는 전망은 없어졌다. 이미 나는 80세를 나의 끝으로 생각하여 1년 12개월 남은 15년이 총 180개월이며 그중에 이제 3개월을 살았구나라고 나의 날을 계산하면서 의식적으로 살아가고 있기에 오래 사는 것도 고통스러운 데, 죽었다가 다시 살아난다는 것이 이 세상으로 다시 돌아오는 것이라면 이제는 그게 아름다운 일인지 자신이 생기지 않는다. 그러나 그 의미에 있어 '죽었다가 다시 삶'이 육체의 이 세상으로의 재소환이 아닌 힘과 권력에 대한 새로운 경험으로 이해한다면 배움과 성장을 위한 내 남은 인생의 의미에 대해 더욱 치열하게 충실해지고 싶은 마음은 생긴다.

마가의 디다케[제자들과의 문답] 구조의 두 번째 사이클에서 수난 예고 직후에 시작된 제자들과의 첫 번째 문답인 "길에서 무슨 일로 다투었느냐?"의 질문은 정확히 힘·강함의 효용성에 대한 제자들의 선입견으로 시작된 것이었다. 제자들의 응답이 묘하고도 중첩된 의미가 있다는 점에서 흥미로운 진술이기도 하다.

> 제자들은 길에서 누가 제일 높은 사람이냐 하는 문제로 서로 다투었기 때문에 아무 대답도 하지 못하였다.9:34

중첩된 의미란 첫째로 그 논쟁이 길가는 도중에서on the way 발생했다는 점을 말한다. 이는 제자직의 본래 의도인 스승의 길 가기에 대한 본받기에 있어 길가는 것에 대한 집중이 아니라 서로 다투는 데에 초점을 두었다는 뜻이기도 하다. 둘째는, 제자들에 대한 요구가 이미 사천 명을 먹이신 기적을 통해 하느님의 인정을 받을 만한 하늘의 기적은 따로 있는 것이 아니라 이 세상 삶에서 길 가는 자가 그 표징이라는 함축된 뜻에 대한 이해를 제자들이 못하고 있었다는 점에서 충격적인 반전의 모습이기도 하다. 힘과 권력에 대해 2번째 디다케 구조를 밝히기 전에 잠시 앞서 무엇이 전개되었는지 이 두 의미에 대해 성찰하도록 한다.

마가의 내러티브에는 계속적으로 두 번씩 반복되는 이야기 진술이 있다. 이는 앞서서 말한 '이편'과 '저편'의 갈라놓음에 있어 예수 사역의 통합적인 화해 사역의 성격이 보여지기 때문에 나온 이야기이기도 하다. 그러나, 두 번씩 나오는 이유는 그것의 영적인 의미가 중요하기 때문에 명료한 자각을 불러일으키기 위해 유사한 이야기가 재차 나온다. 예를 들어, 오천 명과 사천 명의 먹이심, 두 번의 항해, 그리고 베싸이다 소경과 예리고 소경의 눈뜸이 그것이다. 여기에 추가로 열두 해 하혈증의 여인과 야이로의 12살 딸, 군대 귀신들린 사람과 악령에게 사로잡힌 아이 등도 재반복 이야기로 고려될 수 있다.

두 번째 디다케는 두 번째 수난 예고에서 제자들의 "누가 제일 높은가?"에 대한 논쟁 사건을 다루기 위해서 이 이야기에는 두 가지 함축 의미가 내포되어 있다는 것은 바로 길 가기에 대한 초점 흐림과 이 세상에서 누가 높은가에 대한 것이 중요한 것이 아니라 누가 하느님의 인정을 받고 있는가에 대한 새로운 시야의 흐림이라는 두 가지 의미에서 제자들의 실패에 대해 다룬다. 마가는 이것이 철저히 힘에 대한 근본적인 오해에서 출발하고 있음을 드러내고 있다. 그에 대한 보완적인 설명과 그 근거는 다음과 같다.

첫 번째, 길 가기에 대한 초점 흐림에 관련하여 사천 명을 먹이신 기적 이야기로 돌아가 보자. 예수께서는 이것을 제자들이 직접 군중들에게 먹을 것을 주라고 말씀하신다. 반면에 제자들의 응답은 예수의 지시가 불합리하고 자신들이 할 수 있는 능력을 벗어난 요청이라 생각한다. 그러나 여기서 노출되는 것은 예수의 다음과 같은 관심이었다.

> "이 많은 사람들이 벌써 사흘이나 나와 함께 지냈는데 이제 먹을 것이 없으니 참 보기에 안 됐다. 그들을 굶겨서 집으로 돌려 보낸다면 길에서 쓰러질 것이다. 더구나 그 중에는 먼 데서 온 사람들도 있다."8:2-3

제자들은 예수의 주문이 턱도 없는 것이란 증거로 첫째, 장소가 마을에서 멀리 떨어진 곳이고"여기는 외딴 곳인데", 둘째, 숫자가 감당하기에 너무 많으며"이 많은 사람들을..." 셋째, 수중에 가진 것이 절대적인 결핍 상황[빵이 "일곱 개가 있습니다"임을 예수께 자각시킨다. 당연히 합리적인 증거들이고 그 증거들은 군중들에게 무언가라도 '할 수 없음'을 객관적으로 입증하고 있다.

예수의 관점은 사뭇 다르다. 마가는 그가 돌봄의 공동체로서 제자들을 훈련시키는 이 장면에는 예수가 자신의 초자연적인 능력을 보여주기 위한 시험이 아니라 길을 열고 길 가는 자로서 그의 관심이 어떠했는가에 주목한다. 예수는 첫째로 함께 지내고 있는 이들에 대한 연민어린 관심을 보이며"벌써 사흘이나 나와 함께 지냄", 둘째로 굶주림에 대해 그의 관심은 길 가기에 대한 역부족"길에서 쓰러질 것이다"에 대해 염려를 나타내고 있고, 셋째로 이방인들에 대한 포함과 돌봄"그 중에는 먼 데서 온 사람들도 있다"의 태도를 보인다는 점이다. 여기서 묘하게 표면적인 의미를 넘어선 숨어있는 의미가 드러나는 것은 '길에서 쓰러질까' 염려하는 점이다. 이는 나의 길 가기와 상대의 길 가기에 대한 마가의 신학적인 진술이 돋보이는 점이다

길 위에서 다툼에 대해 마가가 진술하고자 하는 것은 곧이어 나온 '배 안에 있는 빵 한 덩어리'에 대한 해석으로부터 나온다.8:14-21

> 제자들이 잊어버리고 빵을 가져오지 못하여 배 안에는 빵이 한 덩어리밖
> 에 없었다. 예수께서 제자들에게 "바리사이파 사람들의 누룩과 헤로데의
> 누룩을 조심하여라"하고 경고하시자 제자들은 "빵이 없구나!"하며 서로
> 걱정하였다.8:14-16

예수가 '이편'의 유대인들에게 베푼 오천 명을 먹이신 기적 이야기와 더불어 '저편'인 이방인들을 위한 사천 명을 먹이신 기적은 사실상 우리 인생을 춥고 배고프게 만드는 것들에 대한 충분한 소유가−몇 개, 얼마만큼 가지고 있는가의 문제− 아니다. 무리의 숫자와 남은 빵의 개수가 아니라, 길 가기 혹은 길 건너기에 있어서 마음에 새겨야 하는 것은 '배 안에는 빵 한 덩어리'가 있다는 진실이다. 그 빵 한 덩이는 '하나된 마음'을 상징하며 그 마음은 길 가기에서 제자들이 가져야 할 마음이다. 그리고 이는 분리된 타자들을 보살핌의 원 안으로 끌어들이는 주기/기여giving의 정신을 의미했다.

그렇기에 제자들이 예수와 길 가고 항해하면서 배운 길 가기·항해 위에서"배 안에 있는" 빵 한덩어리의 중요성을 잊지 말기를 상기시키며, 예수는 그런 것을 부패시키는 경직된 종교엘리트들과 정치엘리트의 '누룩'을 조심하라고 말한 것이었다. 이 세상 권력자들과 종교엘리트들은 각자도생을 이야기하며, 통치에 대한 복종을 이야기한다. 그러나 제자들에게는 함께 보살핌과 먼저 돌보기라는 대안적 통치라는 마음의 일치

로서 '빵 한 덩어리'를 지킬 필요가 있다는 것이다.

항해는 함께 길 가기를 더욱 강한 이미지로 결속시키는 심화 상징이다. 배 안에서라는 건너감의 도중에서 함께 목격하는 빵 한 덩어리는 얼마나 놀라운 징표인가! 우리가 그렇게 하나가 되어 먹일 수 있는 그 무언가의 '할 수 있음'을 보여주는 징표 아닌가? 이 세상 권력자들과 종교 엘리트들은 자신의 존재 이유를 합리화하기 위해 우리들의 무력감과 할 수 없음을 증명시키며, 자신들이 해주는 것에 고마워하고 받아들이도록 권력 지배라는 '누룩'을 사용한다. 그래서 민중들인 우리 스스로가 서로 나눌 수 있는 능력을 오염시킨다.

먹는 것과 관련하여 이미 안식일에 제자들이 밀밭에서 굶주림으로 밀이삭을 자르는 것에 대한 바리사이파 사람들의 안식일 금지사항 어김에 대한 분노에 대해 예수는 엄청난 말을 했었다. 안식일이 사람을 위해 있는 것이지 사람이 안식일을 위해 있는 것은 아니라는 말이었다. 이 말의 뒷배경에는 굶주림에도 불구하고 그것을 채우며 길을 가고 있던 제자들의 행위가 놓여있다. 즉, 안식일이 길을 여는 것이어야 한다는 것과 제자들이 그러한 길열기를 위해 밀이삭을 잘라 먹었다는 내용이다.

> 어느 안식일에 예수께서 밀밭 사이를 지나 가시게 되었다. 그 때 함께 가
> 던 제자들이 밀 이삭을 자르기 시작하자...2:23

예수가 제자들이 안식일임에도 불구하고 함께 길 가기를 했던 것처럼, 사천 명을 먹이시는 기적 이야기 속에는 예수의 관심사인 이방인 무리가 "길에서 기진"하지 않게 하는 것이 핵심이었다. 그리고 그러한 일을 하는 한 증표로서 '빵 한 덩어리'는 중요한 징표였다. 그렇기에 디다케 두 번째 구조에서 길 위에서 누가 제일 높은 사람인가에 대한 다툼은 그 '빵 한 덩어리'의 의미를 잃은 것이자, 이 세상 통치자들의 '누룩'에 전염된 것이기도 하였다는 뜻이기도 하다.

그런 뒷배경을 이해하고 나면, 이제 디다케 구조의 두 번째 수난 예고에 있어 죽었다가 다시 삶에 대한 개인의 실존적인 갱생의 목표로서 강한 힘 내려놓기와, 힘에 대

한 오용으로서 '누룩'에 대해 조심하기에 대한 가르침이 명료해진다. 디다케의 첫 번째 구조가 '십자가 지기'가 나온 것도 길 가기 태도를 강화하는 '항해'의 철저화이기도 하다. 이는 희생에 대한 종교적인 숭고함이나 금욕적인 삶의 우선성에 대한 가르침이 아니다. 반대와 억압의 권력자들이 최종적으로 부여하는 십자가형에 대한 '그럼에도 가는' 길열기에 대한 단호함을 말하는 것이다.

두 번째 디다케 구조에 있어서 힘과 권력에 대한 이해는 일단 가장 아이러니한 장면인 길 위에서 누가 제일 높은 자·힘센 자인가에 대한 논쟁으로 전개되었다. 그리고 제자 훈련의 두 번째 디다케 구조에서는 그에 대한 대안이 다음과 같이 펼쳐진다. 이는 기존의 지배적인 힘·강한 힘에 대한 전복이기도 하다.

수용과 섬김: 어린이를 상징적으로 "그들 앞에 세우시고 그를 안으시며" 샬롬 공동체의 통치/힘은 이렇게 작은 자/가장 힘없는 자에 대한 관심과 수용이라고 가르친다. 즉, 사회의 위계 체계 안에서 꼴찌의 상징인 어린이에 대한 수용처럼, "첫째가 되고자 하는 사람[지도자]은 꼴찌가 되어 모든 사람을 섬기는 사람이 되어야 한다"는 교훈을 제자들에게 준다. 공동체 내부에서 리더십은 섬김의 리더십이라는 뜻이다. 9:33-37

포용과 선한 이웃됨: 외부에 있어 같은 뜻을 가진 사람들에 대해서는 포용이라는 힘을 발휘하라고 가르친다. "우리와 함께 다니는 사람이 아니었음"이라는 점에서 소속이 중요한 것이 아니라 마귀를 쫓아내는 것에 있어 같은 뜻을 가진 사람들에 대해 관대함과 선한 동료가 되라고 말한다. 연대와 포용은 새로운 힘이 되는 것이다. 9:38-41

바닥과 주변에 대한 보살핌: 다시금 공동체 내부에서 리더십이 민감해야 하는 것은 '보잘 것 없는 사람 그 누구라도' 죄짓게 하거나 실족시키지 않은 것에 대한 자각이 있어야 한다고 가르친다. 자신이 손, 발, 눈의 역할을 하는 지도자라면 그러한 죄짓게 함·실족시킴에 대해 힘은 타자에게 영향을 주는 것이 아니라, 보잘 것 없는 작은 자에 어떤 중압감이 느껴지는 지를 알아차리는 민감성이 요구된다. 9:42-50

파트너로서 결속과 마음의 일치: 가부장제의 지배체제에서 그 어떤 구실이라도 상대에 대한 사랑의 능력을 훼손하는 정당성은 선한 것이 아니다. 합하여 하나가 되는 데 있어 그것이 율법과 규정에 의한 정당함과 부당함이 이슈가 아니라 "마음이 굳어짐"의 결과로 상대를 '버림'헬라어 원뜻은 결속[bonding]을 해체하는 것은 바람직하지 않은 것이다.10:1-12

판단없는 순수한 마음: 하나님의 나라는 스마트한 논리로서가 아니라 어린이와 같이 '순진한 마음'이라는 신뢰와 연결하는 마음의 자세가 필요하다. 그것은 손실과 이익을 계산하지 않으며 판단없이 호기심으로 받아들이는 것을 의미한다.10:13-16

힘의 남용으로서 부유함에 대한 경계: 재물로 하느님 나라에 들어가기 어렵다는 것이 낙타가 바늘에 들어가기 만큼과 같은 수준이라 함은 자신의 지나친 소유가 존재의 능력을 갈아먹기 때문에 극도로 조심하라는 것이다. 땅에서의 부유함은 사실상 "하늘에서 보화"를 얻음으로 오는 기쁨, 자유, 충만함을 염려, 책무, 통제의 두려움과 결핍으로 채우게 된다. 이는 부에 대한 금욕적이라는 뜻보다 부 자체가 이 세상에서 작동하는 메커니즘으로 인한 것이다. 부에 대해 '하늘의 보화'에 대한 새로운 감각은 무거운 책무가 아니라 자유를 위한 것이며, 삶의 진실과 허상에 대한 인식의 오류를 교정하기 위한 요청인 것이다.10:17-27

예수께서 세리인 레위를 제자로 부르시고 그의 집에서 '세리와 죄인들'과의 한 자리에서 식탁교제2:13-17를 하면서 자신은 의인이 아닌 죄인을 부르러 왔다고 하신 이야기를 시작으로 호숫가에서 군중들을 먹이시는 식탁교제의 확대와 심화는 힘에 대한 인식의 핵심을 변혁시킨다. 통제와 지배, 강제와 판단이라는 특권적 질서로서 힘·권력이 아니라 포용, 연결, 돌봄, 능력부여에 대해 새로운 인식의 전환을 하는 것이 샬롬 공동체의 힘이다. 그것은 권력이 아니라 새로운 권위인 것이다.

하늘로부터 오는 표적으로서 힘은 이렇게 나눔과 일치, 연민과 평화로서의 빵의 상징에 있다. 빵이 되어 주고, 빵을 나누는 것에 감사와 축복을 기원하는 것이 새로운 힘이자 권위가 된다. 마가는 예수의 꼴찌가 되어 돌봄을 위한 행위를 세우고, 감사와 축복한 뒤 나누어줌을 통해 연민과 연결, 평등성, 나눔을 통한 일치, 공적 책임성으로서 '빵 한 덩어리' 되기라는 제자직 수행을 계속해서 증거하고 있다.

빵의 나눔은 이렇게 새로운 질서에 대한 눈뜸을 예고하며, 하늘의 징표를 대체하는 충분한 '하느님으로부터 인정의 표징'이 된다. 그것은 일치와 나눔에 대한 상징이자, 힘과 권위가 어디서 나오는지에 대한 깨달음의 문이다. 그리고 또한 조심해야 할 대상도 확인된다. 이 세상적인 지배의 권력과 힘이라는 '누룩'—배타적이고 특권적인 식탁교제—에 대한 삼가하기가 그것이다.

오직 하나의 떡만이 있다는 것은 험난한 고통스러운 인생 항해를 요구한다. 한배 타기의 상징을 통해 배제와 분리의 누룩이 보여주는 지배체제의 힘이라는 거칠은 파도를 건너가야 하는 것이다. 그리고 그러한 건너감으로서의 능력이자 할 수 있음^{능력,} ^{뒤나미스}은 분별이 필요하다. 즉 눈이 떠져 한 덩어리의 빵이 보여야 하는 것이다. 이러한 새로운 힘에 대한 눈뜸은 내부와 외부의 누룩에 의해서 부패되기 십상이다. 오히려 적은 내부에 있기도 하다. 그러므로 마가가 보여주는 예수의 제자직 훈련은 매우 강도가 세다. 왜냐하면 그 적은 외부가 아니라 제자들이 지닌 "보지 못하고 듣지도 못하는 것" 자체가 장애가 되기 때문이다.

그렇게 보지 못하고 듣지도 못하게 하는 것은 실상 기존의 힘에 대한 중독과 마취 상태에 의한다. '깨끗한 마음'^{7:17-23} 혹은 '순전한 마음'^{10:15}의 기반 없이는 그 중독과 마취 상태를 해체하기가 힘들다. 이는 청자나 독자에게도 자신이 정말 제자들처럼 동일한 힘의 중독이나 무지에 머물러 있는지 솔직한 질문을 받아야 할 필요가 있다. 그래서 "너희는 마음에 소금을 간직하고 서로 화목하게 지내라."^{9:50}는 당부는 마음의 상태에 대한 분별과 평화롭게 지내기라는 변형된 힘의 행사에 관한 질문이기도 하다.

18

공동묵상
본문가이드

인간의 권력, 하느님의 권력

막 10:32-52

배경과 회상

마가복음 저자는 유사한 사건을 두 번씩 반복하면서 그 의미를 강화하고 심화하는 방식으로 제자들과 독자청자들로 하여금 깨달음'눈뜸'과 더불어 '마음에 새김'의 기회를 제공한다. 이는 '하느님 나라의 신비'4:11를 이 세상의 논리와 이해로는 쉽게 파악할 수 있는 내용이 아니기 때문이다. 그런 까닭은 사실상 우리가 이 세상 통치자의 정치권력과 종교권력의 '누룩'8:15에 깊이 세뇌되어 있기 때문이기도 하다.

마가가 시작한 길 열기와 길 가기길 내기는 다음과 같은 구약의 예언적 전통을 재해석함으로써 일어난다.

> - 내가 사자를 네 앞서 보내어 길에서 너를 보호하여 너를 내가 예비한 곳에 이르게 하리니 출 23:20
> - 한 소리 있어 외친다. "야훼께서 오신다. 사막에 길을 내어라. 우리의 하느님께서 오신다. 벌판에 큰 길을 훤히 닦아라. 모든 골짜기를 메우고, 산과 언덕을 깎아내려라. 절벽은 평지를 만들고, 비탈진 산골길은 넓혀라. 이사야 40:3-4
> - 반가워라, 기쁜 소식을 안고 산등성이를 달려오는 저 발길이여. 평화가 왔다고 외치며, 희소식을 전하는구나. 구원이 이르렀다고 외치며 "너희 하느님께서 왕권을 잡으셨다."고 시온을 향해 이르는구나. 사 52:7

위에서 보듯이 구약에 있어서 길에 대한 구절들은 구원 전통에 있어서 두 중요한

악마화된 현실에서 길 가기에로의 초대 | 253

흐름인 신적인 전사와 포로로부터의 귀환의 내용을 담고 있다. 억압에서 나와 광야를 통해 길을 내어 유배지로부터 젖과 꿀이 흐르는 자유의 땅으로 돌아오는 데 있어서 하느님의 왕적인 구원과 계약 백성으로서 이스라엘됨에 대한 진술이 그것이다. 그것이 길을 가면서 제자들 특히 베드로가 예수가 말한 수난 예고에 반박한 이유이기도 하다. 그러한 베드로를 사탄이라고 예수가 말한 것에는 마가 기자가 목격한 예수에 대한 복음이 구원과 통치, 그리고 권력에 대해 전혀 새로운 개념과 내용을 담고 있다는 사실을 드러내기 위해서이다.

베드로의 메시야는 사탄의 뜻/의지이며, 예수의 길은 하느님의 의지/뜻의 길이라는 극명한 대조를 함으로써 경각심을 불러일으킨다. 권력에 있어서 적에 대한 승리의 방식이 보복, 거부, 폭력을 통한 미래의 확보, 즉 그 어떤 강제적 힘의 논리에 따른 우위성이 아님을 확인시킨다.

이 하느님의 뜻을 추적해 보면 열두 사도의 선택3:13-19과 디다케의 3구조를 통해 극명하게 확인할 수 있다. 우선 예수 홀로 길을 걸어가며 드러낸 하느님 나라의 신비에 대한 본질1:14-3:12은 이제 열두 제자의 선택을 통해 함께 가는 길 여정으로 바뀐다. 열두 제자들이 경험해야 했던 첫 교훈은 바로 힘과 권력에 있어 베엘제불과 성령3:20-30의 방식에 대한 차이, 곧 '힘센 자를 묶는' 방법3:27에 대한 차이였다. 그 힘에 대한 두 방식 소개, 즉 누가 내 어머니이며 형제들인가에 대한 정체성과 관련하여 혈육이 아닌 '하느님의 뜻을 행하는 사람'으로서 언약의 가족을 소개한다. 성령에 의한 방식은 서서히 나중에 간접적으로 드러난다.

하느님의 뜻이라는 새로운 언약으로 맺어진 샬롬 커뮤니티를 유지하는 근원적인 힘은 두 가지이다. 그 하나는 실재는 땅이 열매 맺도록 하게 하시는 신의 무제약적인 공급성―씨 뿌리는 사람4:1-9―이고, 그러한 신의 뜻은 인간의 노력에 의존하지 않고 '하루 하루 자고 일어나고 하는 사이에 씨앗은 트고 자라나고' '저절로 열매를 맺게 하는' 본성적인 힘을 지닌다.4:26-29 그러한 본성적인 저절로 성장하는 힘의 결과로 땅을 탈취당한 '공중의 새들'을 품어 안는 '보살핌'과 '지원'이 작동되게 한다.겨자씨의 비유, 4:30-21

둘째는 인간 안에 있는 존재력에 대한 보장이다. 그것은 등불의 힘이다.4:21-25 그 등불은 본래 부여된 것으로써 원래 꺼지지 아니하며 단지 잘못 둔 것으로 인해-뒷박 아래나 침상 밑에 두기- 그 빛이 안 보이는 것이지 등경 위라는 제자리에 두기만 한 다면 그 빛은 누구나 볼 수 있다. 나중에 예수는 이 등불의 등경 위에 둠에 대해 비유 적으로 '깨끗한 마음'7:17-23으로 또한 어린이처럼 '순진한 마음'10:15으로 표현하고 있다.

실재의 저절로 성장하게 하는 힘과 인간 영혼이라는 등불의 힘은 가장 근본적인, 그리고 탈취할 수 없는 본래적으로 부여된 천부의 힘이자 능력이다. 우리를 둘러싼 보 살핌의 실재신와 인간 내면의 등불이라는 깨달음은 제자직에 있어서 처음으로 앞으로 길을 가는 데 있어서 여정의 핵심 나침판이다. 그러한 핵심 두 나침판을 통해 다시금 관계적 자아로서 우리는 공동체적인 식탁교제에-배제가 아닌 포함의 정치·경제, 예 로서 세리와 죄인과의 식탁교제 및 군중을 먹이심- '저편'의 거주자들과 '이편'의 '바 닥'에 있는 자들에 대한 포함과 통합을 육지에서 길 가기와 항해를 통한 건너감의 실 습이라는 제자직의 의미와 하느님 뜻에 중심두기를 배운다.

디다케 구조에서 2차로 다시 반복되는 제자 훈련8:27-10:52은 실재의 본성과 인간내 면의 빛이라는 본질적인 바탕 속에서 관계 맺음의 본성과 힘의 사용에 대해 베엘제불 의 방식과 그것을 실행하는 이 세상의 지배권력베엘제불의 신하/하수인에 대한 철저한 대 안을 확인한다. 디다케가르침의 3 구조는 각각 예수의 수난 예고와 맞물려 있고, 그 수 난 예고는 또한 각각의 '길 가기'의 장면에서 펼쳐진다. 그만큼 마가의 제자직 훈련은 길 가기라는 행동프락시스에 지형적인 메타포를 사용하여 진행된다.

디다케는 철저하게 대안적인 힘·권력에 대한 것이며 이는 이미 말했다시피 1차 제 자직 훈련을 반복하여 그 의미를 심화하고 확산하는 것이다. 그 1차 제자직은 각 개별 적인 존재를 둘러싼 실재열매을 위한 무한한 공급과 그 보살핌의 실재성와 자기 본성됨등불의 의 미를 이해하는 것이었다. 2차 제자직 훈련은 그 나눔과 보살핌이라는 가치실천 공동 체의 교제코이노니아에 적합한 힘의 이해와 그 행사에 대한 것이다.

디다케의 첫 번째 사이클은 '십자가 지기'라는 길가는 자의 철저한 충실성이자 그 힘에 대한 것이다. 이는 세상을 얻는 것이 아닌 목숨―실재의 본성과 영혼의 본성 안에 거주함―을 잃지 않고 살리는 방식에 대한 것이었다. 이 방식은 '절개 없고 죄 많은 이 세대'8:38에 휩쓸리지 않고 절개를 지키며 장차의 '아버지의 영광'과 '하느님 나라의 권능'을 볼 수 있는 희망으로 살게 만든다.8:38-9:1 그러므로 십자가 지기는 희생이 아니라 이 세대를 본받지 않고 하느님의 뜻에 대한 충실성의 길이자, 그 힘을 지키며 이 세상에서 사는 대안의 길이기도 하다.

디다케의 두 번째 사이클은 두 영역으로 나누어 제자직과 일상에 대한 교훈으로 펼쳐진다. 제자직에 있어서는 힘에 있어서 제일 높은·강한 사람에 대한 개념의 전복으로서 힘에 대한 것이다.9:33-37 이 세상에서 첫째가 되고자 하는 이 세대의 욕망에 대해 하느님의 나라 백성으로서 제자들의 태도는 '꼴찌가 되어 모든 사람을 섬기는 사람이 되기'임을 강조한다. 그 구체적인 메타포는 이 세상의 권력 체계에서 가장 희생당하고 가장 작은 자인 '어린이'를 영접하기이다. 여기서 새로운 힘의 전복이 일어난다. 그것은 동일시의 전복이다. 즉, 이런 어린이 한 명의 영접이 길가는 존재인 인자와 하늘 아버지를 받아들임과 같다는 파격적인 전복의 동일시이다. 이는 이 세상 리더십의 전복이기도 하다. 강제와 특권의 힘으로서 지도력과는 전적으로 다른 것이다. 아버지의 뜻을 전파하는―더러운 영 축출과 그의 지배를 축소하기― 사람이라면 같은 소속이 아니어도 포용해야 하며9:38-41, 스스로가 공동체 안에서 손, 발, 눈이 되고자 하는 지도자는 보잘 것 없는 자에 대해 죄짓게 하기·실족시키기에 대해 삼가기라는 조심성과 민감성을 가져야 한다.9:42-48 이것은 이 세상 누룩으로 부패시킬 수 없는 영원한 언약 소금이며 그러한 언약의 마음으로 배제 없이 '화목'의 리더십을 실천해야 하는 것이다.

이러한 정신에 기초해서 후반부에서는 일상으로 그 의미가 확대된다. 일상에서 보자면, 부부관계에 있어서는 가부장 제도의 남성의 특권에 대한 정당성을 놓는 것이며, 사적인 관계에서 파트너와의 관계는 본질적으로 결합과 파트너로서의 책임이라는 신실성을 유지해야 한다.10:1-12 또한 일상을 계산과 판단의 성인 마음이 아니라 어린이처럼 '순진한 마음'으로 하느님 나라를 수용하기라는 태도가 우선인 것이다.10:13-16 심지어 경제에서도 부자됨에 대한 새로운 이해가 필요하다. 나눔의 실천을 통해 '하늘에서 보화'10:21가 부요함의 비밀이며 그것을 방해하는 세상의 재물은 이웃들과 나눔으로써 하느님 나라에 들어가기를 힘써야 하는 것이다.10:17-27 그러한 철저한 실행은 인간의 뜻으로는 안 되기에 그러한 힘과 능력을 받기 위해서는 할 수 있게 하시는 하느님께 의지할 필요가 있는 것이다.

본문 속으로

디다케의 구조가 '길 위에서' 일어나는 장면임은 이미 설명했지만, 세 번째 사이클은 '길 위에서'에 중대한 예감이 펼쳐진다. 그것은 제자들에게 무엇이 장차 일어날 것인지에 대한 예고이기도 하다.

> 예수의 일행이 예루살렘으로 올라가는 길이었다.
> 그 때 예수께서 앞장서서 가셨고 그것을 본 제자들은 어리둥절하였다.
> 그리고 그 뒤를 따라가는 사람들은 불안에 싸여 있었다. 10:32a

이 문장에 잠시 머물러 보면 여러 가지를 예측할 수 있다. 첫째로 지리적 방향에 있어서 이제는 갈릴리라는 주변에서 자신을 적대하는 중심인 예루살렘을 향해 목표가 설정되어 있다는 점이다. 그 종착점으로서 예루살렘을 둘러싼 유대지방을 거쳐 가면서 그 과도기적인 걸어감의 영역에서 받았던 반박과 저항이 이제는 곧 사납고 거칠은 '저편' 영역 속으로 항해했던 것과 똑같은 경험을 본격적으로 맞이할 것이라는 예감이 그것이다. 이렇게 함으로써 예루살렘의 전통적인 위치를 전복시키는 것은 말할 것도 없다.

흥미롭게도 이제는 예수가 '앞장서서' 가시는 본을 보이시고, 제자들은 그야말로 뒤따라 가면서 불안증세를 보인다. 항해할 때 보였던 제자들의 행동을 재현시키는 분위기이다. 항해에서 제자들에게 '나다.I am'라고 밝혔던 예수는 '예루살렘으로 올라가는 길'에서 자신의 수난 예고에 대해 가장 구체적으로 어떤 일이 벌어질지를 밝힌다. 누구에 의해 무엇이 일어날 것이고, 어떤 방식으로 일어나며, 그 결과는 어떤 것이 펼쳐질지를 제자들에게 말씀해 주심으로써 대비하게-'조심하라'의 경고로- 하신다.

무엇을 대비하는 것인가? 여기서 결정적인 것은 다시금 펼쳐지는 두 수석 제자들인 야고보와 요한이-지난 번은 베드로였다. 이렇게 해서 제자들 모두가 예수의 기대치에 못미치는 행동을 보여준다- 영광의 자리를 물려받고자 요청을 하였다는 점이다. 첫 번째 디다케 구조가 길 위에서 십자가 지기를 통해 하나님의 영광을 장차 받을 수 있다는 말에 깊이 생각해 보진 못한 이들은 그 '영광의 자리'에 대한 요구로서 오른편과 왼편의 자리를 부탁하는 이야기가 전개된다. 여기서 힘의 특징으로서 '특권'을 -'내 오른편이나 왼편 자리에 앉는 특권'10:40- 삼가하기에 대한 교훈이 들려진다. 그 특권의 특질은 다음과 같다.

> "너희도 알다시피 이방인들의 통치자로 자처하는 사람들은
> 백성을 강제로 지배하고 또 높은 사람들은 백성을 권력으로 내리누른다.
> 그러나 너희는 그래서는 안 된다.
> 너희 사이에서 누구든지 높은 사람이 되고자 하는 사람은
> 남을 섬기는 사람이 되어야 하고 으뜸이 되고자 하는 사람은
> 모든 사람의 종이 되어야 한다.
> 사람의 아들도 섬김을 받으러 온 것이 아니라 섬기러 왔고,
> 또 많은 사람들을 위하여 목숨을 바쳐 몸값을 치르러 온 것이다" 10:42-45

길 위에서 누가 높은 사람인지 다툼을 하였던 제자들에게 다시금 하느님의 영광의 자리에 앉을 사람들은 '하느님께서 미리 정해 놓으심'이는 사람에 관한 예정의 이슈가 아니라 자리의 성격에 관한 예비하심을 뜻한다; 10:40으로서 설명한다. 이 세상 권력의 통치 성격은 정확하게 '강제로의 지배'와 '백성을 권력으로 내리누름억압'으로 구성된다. 하나님 나라의 통치 성격은 정확히 이와 반대이다. '남을 섬기기'와 '모든 사람의 종이 되기'로 이루어진다. 그러한 이치로 인해 사람의 아들도 똑같이 그 이치에 따라 섬기러 왔고, 많은 사람을 위하여 심지어 목숨을 바쳐 몸값을 치르는 종의 신분으로 행한다. 다스림의

성격이 완전히 다른 것이 하느님 나라의 방식인 것이다.

디다케의 세 가르침의 사이클이 끝나고서 예수가 행한 기적은 '다시 길을 떠날 때'10:46 이루어진다. 길 가기를 다시 하면서 움직이고 있을 때 그 길가에 앉아 있던 '바르티매오라는 앞 못 보는 거지'를 치유하게 한 기적을 예수께서 행하신다. 그의 치료는 몇 번의 자비에로의 호소로 결국 이루어지며 예수는 "가라, 네 믿음이 너를 살렸다"로 그를 치료한다. 그리고서 그 소경은 예수를 따라나선다.10:52 이것으로 디다케 구조는 예리고 소경 치료로 끝이 난다.

성찰과 여운

제자직 훈련 담화로서 디다케의 세 구조가 베싸이다 소경의 치유로 시작해서 예리고 소경의 치유로 마무리된다는 점은 흥미로운 시사점을 보여준다. 이는 길을 열고 길을 가는 자에게 눈뜬다는 것이 무엇보다 중요한 핵심이기도 하기에 제자직은 무엇에 대한 눈뜸인지를 알려주는 장면들이기도 하다.

길 가기라는 제자직은 우리에게 무엇을 보는가에 대한 궁극적인 질문과 연관되어 있다. 먼저 그것은 무엇을 소유하는가에 대한 우리의 의식을 전환시킨다. 나의 길 가기가 무엇을 소유하는가에 대한 의식에서 진행되는 것이 아니라 무엇을 보고자 하는가에 대한 의식과 연관된다는 사실이 길 가기와 연관되어 있다. 그것은 아브라함의 소명받음으로 소유와 친척 그리고 본토를 떠나 유랑할 때 무엇을 소유할 것인가가 아니라 원복original blessing에 대한 차원의 영토를 찾아 떠난 것과 유비된다. 아브라함, 이삭 그리고 야곱이라는 믿음의 조상들처럼 복음의 제자직은 무엇을 보고 있는가라는 관점에서 자신의 길 가기를 정렬시킨다.

그러한 길 가기 표지 중의 하나는 디다케에서 보여준 것처럼 권력·힘에 대한 새로운 의식과 연관되어 있다. 제자직은 우리를 둘러싼 실재와 내면의 등불에 관련된 커뮤니케이션으로서 연결됨과 더불어 권력/힘에 대한 재조율로부터 일어난다. 그 재조율이란 강제와 억압으로서의 통치력이라는 힘power-over, power-under이 아니라 섬김과 나눔의 치열함으로서 힘power-with인 것이다. 사적인 것을 넘어서 '많은 사람들을 위하여 목숨을 바침'10:45이라는 공공성에 대한 철저한 헌신으로서 '몸값을 치르기'는 그러한 하느님의 뜻과 하느님 나라의 영광을 위한 섬김의 일관성과 충실성의 표현이다. 이것이야말로 소수의 특권에 의한 통치를 전복하는 근원적인 힘의 행사임을 마가는 제자직 훈련의 중간 평가에서 최종적이자 궁극적인 터전임을 길위에서 제자들과의 담론의 결과를 제시한다.

특권에 눈멀어 있는 제자들은 길을 가는 예수의 길 위에 앉아 있는 예리고의 소경을 본받을 필요가 있다. 길 위에서 누가 높고, 영광의 자리를 차지할 것인가에 대한 생각에 빠져 있기보다는 예수의 길 가기를 눈치채고 그 길 위에서 물러서지 않고 앉아서 길가는 예수와 마주하는 일이 중요하다는 것을 우리는 어떻게 깨달을 수 있겠는가? 그가 눈을 뜨는 목적도 이에 준한다. 즉, 예수는 치료하며 말한다. "가라. 네 믿음이 너를 살렸다." 길 가는 자는 맹인을 가게 하는 자로 치유하고, 치유된 자는 '예수를 따라나섬'으로 그 치유의 힘을 사용한다. 치유된 것으로 끝나는 게 아니라는 뜻이다. 길 가기가 치유의 목적이기 때문이다. 그 길 가기의 증명은 이제 반대와 저항의 중심인 예루살렘에서 다시금 증명될 것이다. 예수는 많은 이들을 위한 몸값ransom-대속; atonement에 관련하여 이렇게 이 세상 권력의 환상과 야망에 대한 죽기에 관해 이야기하고 있다.

1. 편안한 자세와 호흡을 고르게 한 후 거룩한 영의 안내를 요청한다. 그리고 오늘 새롭게 만나지는 문장, 단어에 주목하며 그것이 나에게 말걸어 오기를 기다린다. 지적인 사고가 아니라 가슴이 울리는 단어에 집중한다. 본문의 문장이나 단어가 당신의 영혼, 삶을 비추어 주는 것이 있다면 영에 의지하여 그것이 자신을 바라보게 한다.

2. 길을 가면서 당신은 야고보와 요한처럼 예수께 다가가 "선생님, 소원이 있습니다. 꼭 들어 주십시오"라고 청할 때, 예수께서 당신에게 질문한다고 생각하여 깊이 그 질문을 숙고해 보라. "나에게 바라는 것이 무엇이냐?" 당신은 요즈음 당신의 인생 여정에서 무엇을 청하고 있는가? 그리고 당신의 청에 대해 예수께로부터 무슨 응답을 하실 것으로 생각하는지 가슴으로 숙고한다.

3. 바르티매오라는 앞못보는 거지가 길가에 앉아있던 장면을 회상하며, 당신의 경우에는 길을 가는 궁극의 실존성으로부터 어느 정도의 거리와 방향에 있다고 생각하는가? 궁극의 실존성으로부터 치유되고 싶은 당신의 '보이지 않음'의 영역은 무엇인가?

4. 마가의 디다케 구조제자들에 대한 가르침과 문답; 8:27~10:52에서 당신의 영혼과 접촉하는 장면은 무엇이었는가?

5. 당신은 힘에 대해 이전에 가지고 있던 생각과 마가의 디다케에서 예수가 요청하는 제자직에 있어서의 '힘에, 권력/권능/영원한 생명/영광스러운 변모/믿음/순전한 마음/재물/

하늘보화/오른편이나 왼편 자리에 앉는 특권/섬김/자비...'에 대해 어떤 차이를 느끼고 있는가? 그것이 당신의 내면이나 일상에 어떤 영향을 주고 있는가?

18

**공동묵상
진행자 노트**

힘의 황금률

막 10:32-52

누구든지 내 이름으로 이런 어린이 하나를 받아 들이면 곧 나를 받아들이
는 것이고, 또 나를 받아 들이는 사람은 나만을 받아 들이는 것이 아니라
곧 나를 보내신 이를 받아 들이는 것이다. 9:37

너희 사이에서 누구든지 높은 사람이 되고자 하는 사람은 남을 섬기는 사
람이 되어야 하고, 으뜸이 되고자 하는 사람은 모든 사람의 종이 되어야
한다. 10:43

내가 비폭력대화에 따른 중재 훈련NVC을 2년간 받았음에도 불구하고 회복적 서클
모델로 갈등과 폭력에 대한 대안적 실천에 몰입했던 중요한 이유는 훈련의 짧음이라
는 대중적 접근의 가능성이 보였기 때문이다. 그러나 점차로 이 모델에 빠져들면서 **서
클의 통합적 전망에 헌신하는 이유의 핵심은 '중재 모델보다 더 예민한 진행자의 힘
사용에 대한 삼가기'**라는 이유에서였다. 서클 진행자는 자신이 모임을 자신이 이끌어
가는 것이 아니라 공간을 유지하고 흐름의 방향과 공간의 에너지를 주목하면서 경청
과 연결 그리고 공동의 의미를 확인하고 가는 방식을 취하기 때문에 진행자는 권력·
힘을 행사하는 일이 없다. 설사 있을 수 있는 그 힘의 행사도 모임 시작에서 동의로 맺
어진 '우리들의 약속ground rules'이 가져가기 때문에 서부 영화의 보안관처럼 마을을 책
임지고 나서서 불청객들을 홀로 대응해야 할 일도 없기 때문이다.

오랜 서클 진행의 실천 경험으로부터 점차 민감해진 진행자나 특정 참여자의 힘
의 행사와 특권으로 인한 경계선 침해에 대한 경험들은 머리를 통한 사유에서만 아니

라 실제로 구체적인 모임의 관계 속에서 일어나는 상호작용을 금방 느끼고 자각하게 했다. 그리고 그러한 경험으로 인해 마가복음에서 전개되는 지형학적인 '이편' 대 '저편', 이편 속의 '위' 대 '아래'에 대한 통합과 균형의 길 가기를 권력·힘의 관점에서 다시 보게 만들었다. 그동안 보이지 않던 제자직의 본성과 그 의미가 권력·힘에 대해 얼마나 치열한 입장에 서 있는지를 다시 보게 된 것이다. 실상 제자직에 대한 두 번째 가르침 영역인 디다케 구조8:27−10:52가 기존의 권력/힘에 대한 전복적 이해를 통해 이루어져 있다는 것도 큰 충격이었다.

마가가 증언하는 권력·힘의 이해는 예수께서 두 가지 입장에 대한 치열한 반박과 대안의 모색이다. 그 첫째는 '외부/밖'인 이 세상 통치자의 권력 남용으로써 다스리기에 대한 개념이며, 둘째는 '내부/안'의 특권의식과 그에 대한 공모를 삼가기에 대한 것이다. 이미 디다케가 '길 위에서' 이루어져 있고, 아쉽게도 길가는 데 전념하기보다 제자들이 서로 누가 가장 높고, 인자의 영광 좌우에 누가 앉을 것인가라는 논쟁에 몰두하고 있었다는 증언은 예수의 전복적인 힘·권력에 대한 설명과 맞물려 제자직에 있어서 이 문제가 얼마나 핵심적이며 중요한 이슈인지를 독자·청자들이 알아차리게 해 주고 있다. 마가는 이 세상 권력과 그 힘의 행사에 대해 예수의 핵심적인 발언을 진술한다.

> "너희도 알다시피 이방인들의 통치자로 자처하는 사람들은 백성을 강제
> 로 지배하고 또 높은 사람들은 백성을 권력으로 내리누른다."10:42

예수 당시의 이 세상 통치자의 권력이 지배하고 내리누르는 '다스림'의 역할로서 권력을 이해했다는 사실은 현대에서도 똑같다. 니콜로 마키아밸리의 〈군주론〉에서 그는 권력은 타인의 상태에 강제적인 영향을 미치는 것으로 이해한다. 권력은 계급이라는 상하 배타적 위계구조 하에서 지배와 정복의 힘을 의미하였다. 그러한 이해에서 그는 "내가 사랑을 받는 것보다 사람들이 나를 두려워하는 것이 더 낫다," "권력의 언어는 무력이다," "목적은 수단을 정당화한다" 등의 유명한 말을 남겼던 것이다. 권력

이 그러한 특권적 힘의 행사로 이해되었기에 권력 남용의 무례함과 난폭함이라는 비윤리성이 허용된다고 본 것이다. 이러한 행동들의 근간에는 권력이 타인을 통제하고 지배하는 것이라는 이해가 깔려 있기 때문에 가능한 것들이다.

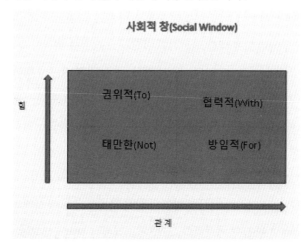

비폭력평화교육과 회복적생활교육에 자주 등장하지만 교육자들이 그다지 참조하지 않은 힘에 대한 인식도표가 있다. 그것은 위에 있는 '사회적 창'이라는 도표이다. 이는 힘과 관계에 대한 수업진행자나 지도자의 역할이 어떠한 지를 판단하는 도표이다.

내가 관계에 있어서 타자에게 일방적이거나 영향을 미칠 때 '권위적power-to'이고, 상대의 의견에 종속하거나 전적인 허용상태일 때 혹은 오히려 타자의 영향을 받을 때 '방임적power-for'이다. 관계에 있어 아무런 관심이나 영향을 주고받지 않을 때 '태만한power-not' 상태이다. 가장 이상적인 상태는 힘과 관계에 있어서 나와 타자가 서로 긍정적인 영향력을 미칠 때 '협력적power-with'이다. '협력적인power-with' 상태는 '지배적power-over; 권위적인 상태의 변형'이지도 않고 '종속적power-under; 방임적 상태의 변형'이지도 않다.

가르침과 배움에 있어서 그리고 생활지도에 있어서 대부분 활동가나 교육자가 '협력적power-with' 관계의 진행방식을 경험하지 못하기 때문에 이 사회적 창은 단순히 이론적인 영역에 머물러 있으나 사실 서클대화나 서클수업은 정확하게 이를 반영한다. 그 예시가 '삶을 변혁시키는 평화훈련AVP'나 '청소년평화지킴이HIPP'의 수업 진행에서 일어나는 방식이다. '강제로 지배하고 권위로 내리누르는' 통치자의 권력은 실상 청소년기 수업방식이 일상과 정치문화에 표현된 것일 뿐이다. 종교와 교육이 통치자의 권력과 가부장적인 권력을 이미 태동시키고 있는 셈이다.

탈지배 체제의 사회와 경제 사회를 꿈꾸는 마가의 길 가기 커뮤니티 실천은 '다스림'에서 '섬기기'에로 힘에 대한 근본적인 이해와 그 터전을 뒤집어 놓는다. 예수가 바리사이파 사람들의 '하느님의 인정을 받는 하늘의 징표'의 요구에 대한 거부로 하늘의 징표는 없다고 말한 것은 이 세상 삶에서 권력과 힘에 대한 '협력적power-with' 관계에 대한 실천이 하늘의 징표를 갈음한다는 파격적인 선언인 것이다. 이것이 디다케 구조 안에서 치열한 제자직 훈련의 핵심이 되는 첫 번째 구조의 첫째와 꼴찌의 전복, 그리고 세 번째 구조의 섬기는 종을 관통하는 가르침의 매트릭스이다.

마가는 힘을 다스리기가 아니라 타자의 삶에 생명을 주고 풍성케 하기라는 능력부여em-power-ment의 관점을 제시한다. 그것이 기적에서 '가라, 네 믿음이 너를 살렸다'라는 표현에 나타난 상징적인 의미이다. 좌절감과 무력감 속에 있는 타자를 일어서게 하여 길을 가게 하기라는 행위 속에서 기존의 권력이 지닌 돈, 명예, 지위, 존경, 물리적 안정, 세력화가 아니라, 일으키기와 섬김·줌이 새로운 힘, 더 정확히 말하자면 새로운 권위로 마가는 권력을 소개하고 있다. 즉, 선한 권능이 권력의 의미인 것이다.

저편화와 바닥화의 배제와 특권의 권력화에서 소외된 죄인과 세리의 식탁교제로부터 오천 명과 사천 명의 대중을 먹이기라는 식탁교제의 보편화와 하나의 '빵'의 의미로서 포함공동체community of inclusion의 실습은 디다케 구조 안에서 더욱 강화되며 통치와 권력에 대한 의미에 대해 완전히 뒤바꿔놓고 있다. 그래서 첫 번째 디다케 구조에서 승리와 정복의 메시야관을 가진 베드로에 대해 '사탄아, 물러가라'8:33고 한 예수의 말을 채록한 마가의 내러티브는 권력·힘에 대한 철저한 이해와 이로부터 공동체를 지키는 것이 얼마나 중요한지를 자각시키기 위해 리더십 훈련에 있어 그 핵심으로 놓고 있는 것이다. 이는 마태, 누가, 요한 공동체와 분명하게 다른 자신의 특성을 마가 커뮤니티가 제시하고 있는 중요한 기여이다.

마가에서 예수의 선한 힘/권력에 대한 이해는 다음과 같다.

> 1. 힘은 타인의 상태·조건에 영향을 미치는 것이다.
> 2. 힘은 모든 관계와 상호작용 안에 이미 존재한다.
> 3. 힘은 메가 담론인 정치경제만 아니라 우리의 일상행위 속에서 찾아볼 수 있다.
> 4. 힘은 사회연결망 안에 있는 타자에게 선한 능력을 부여하는 데서 얻어진다.

위를 설명하면 다음과 같다.

첫째, 힘은 재력, 무력, 강제력없이도 세상을 바꿀 수 있는 근원적인 자원이다. 그 것은 배제, 소외, 무력감, 고통에 대해 주목하기, 경청하기, 공감하기 등의 연결을 통해 누구에게나 본원적인 힘을 촉발시킬 수 있다. 사회적 그물망으로서 세상살이에 있어서 우리의 삶의 공간은 이미 원하든 원치 않든 서로가 영향력을 미치고, 그리고 받는 장field으로 되어 있다. 그것을 자각하는 것은 온전한 삶의 길을 가는 데 있어 중요하다.

둘째, 힘이 모든 관계와 상호작용 안에 이미 존재하고 있다면, 그러한 관계와 상호작용에 대해 강압적이고 비판적이며 엄격한 모습으로서가 아니라, 연민어린 공감이라는 양육적인보살피는 태도로 모든 관계와 상호작용을 선택하는 것은 중요한 의미가 있다. 협력적 힘power-with을 통한 동질감, 평등, 호혜로서 관계를 치유하는 정의를 세우는 것은 필요한 일이다.

셋째, 다스림과 강제의 권력으로서 정치경제라는 거대담론과 거대문화는 언제나 우리의 일상생활에서 그 패턴이 어떠한지의 결과로 주어진다. 거대 문화로서 정치·경제·문화적 증상이라는 독버섯들의 양태는 미시문화인 일상생활의 팡이실 패턴에서 자라기 때문이다. 따라서 일상생활에서 힘과 권력에 양분을 주는 두려움과 결핍의 실천을 어떻게 결속bonding; 연결과 공공성에 대한 최대의 선과 이익을 가져오는 데 주목할 것인가하는 새로운 상상력을 품을 필요가 있다. 현대물리학은 미시세계퀀텀세계와 거시세계천체물리의 세계 간에 얽힘과 비국소성의 법칙이 존재한다고 밝히고 있다. 따라서 혼란과 불예측성의 엔트로피 증가의 세상에서 분리에 대한 주목, 경청 그리고 연결의 프랙탈 몸짓을 일으키는 것은 지배의 거대권력을 해체하는 중요한 대안이 된다.

넷째, 힘은 소유로서 탈취와 강제 부여하기의 행사로 있는 것이 아니라 타자에게 선한 능력을 제공함으로써 그가 생명을 부여받고 일으킴을 통해 행사된다. 주기/기여/증여는 인간의 가장 강력한 본성이며 휴머니티의 본원지이다. 그물망으로서 상호의존의 세상에서 악령은 '상관마who care? why care?'의 신념 속에서 살아간다. 이 악령이라는 힘쓰는 존재에 대해 저항하고 대안적 실천이 가능한 것은 타자의 성장에 대한 선한 능력을 제공하는 실천에 있다. 이 점에서 힘은 개인적인 속성이 아니라 그물망 안에서의 공동체의 속성이다. 서클에서 실습하는 것처럼 주목, 경청, 연결, 명료화, 선택, 격려와 지원은 선한 힘·능력이 자라는 토양이자 자원이 된다. 소유에서 나눔은 힘의 패러다임을 바꾸는 실천이다. 그러한 나눔한 빵의 식탁교제의 확대은 신뢰를 형성하고, 열정, 기쁨, 자유를 확산시킨다.

마가의 수난과 부활 고지는 자신들의 전통에서 보여준 출애굽과 길에 서로 잇기에서 이집트라는 "지배와 소유"의 억압체제부터의 해방이라는 모티브를 재해석하여 실존화하고 공동체화하는 시도인 셈이다. 예수는 제자들이 꿈꾸던 메시야 내각에 있어서 특권적 지위"누가 가장 높은 자인가?"에 대한 지위 다툼과는 일별한 '젖과 꿀이 흐르는 땅'에 대한 새로운 삶의 목표를 제시한다. 그것은 서로의 필요에 대한 연민과 보살핌으로서 젖과 꿀이 흐르는 상호 능력 부여의 체제로서 통치 구조였던 것이다. 그 구조가 잘 작동되는지 아닌지는 그 당시의 가장 힘이 연약한 자인 '어린이'에 대해 환대하는가에 달려있다고 상징적인 측정 장치를 제시한다.

> 누구든지 내 이름으로 이런 어린이 하나를 받아들이면 곧 나를 받아들이
> 는 것이고, 또 나를 받아들이는 사람은 나만을 받아들이는 것이 아니라 곧
> 나를 보내신 이를 받아들이는 것이다. 9:37

그러나 디다케 안에서 이 문장은 단순히 권력이 어떤 자세로 있어야 하는가에 대한 것만 암시하는 것은 아니다. 마태 공동체가 공동체 안에서 그리고 세상에서 살아가는 원리로서 '황금률' 곧 내가 타자에게 받기를 원하는 것이 있다면 먼저 내가 그것을 남에게 베풀라는 원리가 마가 공동체에서는 그 황금률이 바뀐 것을 의미한다. 마태는 그러한 황금률을 양과 염소의 심판 때, 타자인 감옥에 있는자, 굶주린 자, 헐벗은 자에게 주기로 재상징화한다.마25:31-46 그러한 주기/증여가 곧 그리스도에게 한 것이라는 의미를 부여한다.

마가의 황금률은 힘과 권력의 행사에 있어서 황금률을 적용한다는 점에서 그 독특성이 엿보인다. 가장 고통받고 있는 자이자 가장 무력감과 힘 남용의 대상인 어린이물론 이는 신체적인 모양으로서 어린이에 대한 낭만적인 태도를 불러일으킴이 아니라 힘과 권력의 상태에 있는 사회적 실존으로서 어린이를 말한다를 설정하여 그를 잘 대접하기·섬기기를 지도력에 요구하고 있다. 그러나 이는 단순히 윤리적이고 도덕적인 행위로서의 요구나 가르침을 넘어선다. 그러한 요구는 도덕적 필요에 의한 것이 아니라 신적인 존재의 자기 동일성의 원리라는 존재론적 일치에 의해 요구되는 필연성에 기반한다. 즉, 그러한 어린이를 받아들이는 것은 그리스도를 영접하는 것이고 또한 아버지 하느님을 받아들이는 것과 동일시된다는 점에서 전복적인 요청인 것이다.

이렇게 해서 힘·권력은 상호관계의 그물망 안에서 선한 능력의 주고받음과 연관되며, 단순히 새로운 힘·권력관계의 필요 때문만이 아니라, 실상은 그리스도 의식Christ-like consciousness과 신성의식의 본질에 있어 자기 동일성의 원리가 작동되는 문/열쇠가 되기 때문에 그렇다는 존재론적인 연결성의 터전에 대한 이해를 마가의 제자직은 가

지고 있다. 그러한 새로운, 대안적인 힘·영향력의 교류는 실질적으로 신의 현존, 곧 '하느님 나라의 신비'의 현실화manifesting에 대한 작동원리라고 본다. 그러한 힘의 영향력과 행사는 어떤 사회적 체제나 사회 현실이 나타나게 할 것인지를 예고한다. 왜냐하면 모든 현재의 지배체제라는 결과적 증상들은 권력남용이라는 원인과 그것에 대한 타당성의 인지로부터 출발하기 때문에, 원인을 대치하는 보살핌과 능력 부여로서 새로운 힘·권력 관계는 새로운 현실들을 출현시킬 것이기 때문에 그렇다.

이러한 설명을 통하여 제자직으로 선출받았을 때 씨앗의 비유와 등불의 비유를 먼저 마음에 새기도록 한 이유가 밝혀진다. 보살핌과 능력 부여의 씨앗은 무제약적으로 뿌려지며 이에 대한 계산 없는 '순전한 마음'으로서 등불이라는 영혼의 신실성을 작동시킬 때 일어날 것이다. 현실의 참혹한 현상들이 영원한 것이 아닌 악령의 거짓된 '환영'들의 증상이며 이것들은 치유가 될 것이고 장차 오실 그분의 영광을 볼 수 있는 현실이 가시화될 것이라는 마가 기자와 그의 공동체가 지닌 신념이 디다케에 핵심으로 자리잡고 있다. 그렇기에 십자가 지기는 희생이 아닌 섬김에 대한 일관성과 충실성의 수행인 것이다.

그러한 이해의 선상에서 마가복음에서 부활은 예수의 몸이라는 신체적 소생의 의미에서 부활을 다루지 않는다. 이미 사천 명을 먹이시고 건너감이라는 항해의 배 안에서 '빵 하나'에 대한 논의에서 암시된 것처럼, 그것은 삶의 가치에 있어서 보살핌과 섬김의 하나됨이라는 커뮤니티 의식의 자각을 뜻하고 있다. 이것이 이제 본격적으로 예루살렘이라는 적대적 공간으로 진입하기 직전에 여리고 소경의 눈뜸 이야기10:46-52가 있는 이유이기도 하다.

19

**공동묵상
본문가이드**

저주받은 것에서 살려내야 하는 것

막 11:1-33

배경과 회상

예수의 제자 문답은 갈릴리라는 주변부the maginal에서 예루살렘이라는 중심부the cen-
tral를 향한 과도기 여정 속에서 제자직의 의미를 새기고 있었다. 우리는 마가가 디다
케 구조속에서 길가는 예수의 태도와는 극명하게 다른 제자들의 태도를 언급하고 있
음을 확인해 왔다. 수난 예고 본문들을 살펴 보면 그 태도를 확연히 알 수 있다.

> 그 때에 비로소 예수께서는 사람의 아들이 반드시 많은 고난을 받고 원로
> 들과 대사제들과 율법학자들에게 버림을 받아 그들의 손에 죽었다가 사
> 흘 만에 다시 살아나시게 될 것임을 제자들에게 가르쳐 주셨다. 예수께서
> 는 이 말씀을 명백하게 하셨던 것이다. 이 말씀을 듣고 베드로는 예수를
> 붙들고 그래서는 안 된다고 펄쩍 뛰었다. 8:31-32

> … 그는 제자들에게 "사람의 아들이 잡혀 사람들의 손에 넘어가 그들에게
> 죽었다가 사흘 만에 다시 살아날 것이다" 하고 일러 주셨다. 그러나 제자
> 들은 그 말씀을 깨닫지 못했고 묻기조차 두려워하였다. 9:31b-32

예수의 일행이 예루살렘으로 올라 가는 길이었다. 그 때 예수께서 앞장서
서 가셨고 그것을 본 제자들은 어리둥절하였다. 그리고 그 뒤를 따라가는
사람들은 불안에 싸여 있었다. 예수께서 다시 열 두 제자를 가까이 불러
장차 당하실 일들을 일러 주셨다. "우리는 지금 예루살렘으로 올라 가는

악마화된 현실에서 길 가기에로의 초대 | 271

길이다. 거기에서 사람의 아들은 대사제들과 율법학자들의 손에 넘어 가 사형선고를 받고 다시 이방인의 손에 넘어갈 것이다. 그러면 그들은 사람 의 아들을 조롱하고 침 뱉고 채찍질하고 마침내 죽일 것이다. 그러나 사람 의 아들은 사흘 만에 다시 살아날 것이다." 10:32-34

각 수난 예고에 대한 본문들을 살펴보면 제자들의 태도는 반발, 두려움 그리고 어리둥절함과 불안에 싸여 그 감정적 태도가 전체로 확산된다. 그리고 어떻게 사람들의 손에 넘어가 죽임을 당할 것인지에 대한 자세한 설명도 강화된다. 세 번째 수난 예고에서는 심지어 '조롱하고 침 뱉고 채찍질하고 마침내 죽일 것'이라는 자세한 설명이 덧붙어 있다. 그러한 설명 후에 나오는 진술은 매우 강력한 전환을 예고하고 있다. '그러나 사람의 아들은 사흘 만에 다시 살아날 것이다.'

예수는 수난 예고에 대한 제자들의 움추림과 불안에 상관없이 점차 강력한 자기 표현을 하고 있다. 첫 번째 수난 이야기에서는 사람의 일보다 하느님의 일을 고려하기를, 두 번째 수난 이야기에서는 낙타가 바늘귀로 들어가기 어려울 만큼의 하느님 나라에 들어가기를 그리고 세 번째 이야기에서는 섬기기 위해 '많은 사람들을 위하여 목숨을 바쳐 몸값을 치르기'10:45라는 강력하고도 치열한 실천을 언급하고 있다. 10:45의 '다수를 위한 몸값 치르기'는 기존의 해석인 '대속적 속죄'가 아니라 길열기 및 길 가기를 위한 신실성과 지배체제에 대한 평등과 평화의 하느님 나라 구축에 대한 내적인 헌신을 의미한다. 몸값 치르기는 길 가기에 대한 실존적이며 사회정치적인 투신의 일관성에 따른 권력구조에 대한 저항과 대안 세력의 형성에 그 강조점이 있는 것이다.

예수가 '다시 열두 제자를 가까이 불러 장차 당하실 일들을 일러 주신' 것은 '예루살렘으로 올라 가는 길'10:32-33 가기의 의미에 관한 것이다. 그 진술은 표면적으로는 '대사제들과 율법학자들의 손에 넘어가 사형선고'를 받고 다시 이방인 손에 넘어가는 모욕과 수치의 장면에 대한 것이겠지만, 실제로 알아차려야 하는 것은 '사람의 아들은 사흘 만에 다시 살아날 것'이라는 점이다. 이것은 물론 사람의 아들이 부활한다는 것이 어떤 의미로 받아들이냐에 대한 해석의 차이에서 오는 실족의 가능성은—드러난 것이 오히려 그 의미를 감추게 함— 존재한다. 그렇기에 따로 불러서 당부하고 직접 비유에 관한 해석을 해준 이유는 그러한 실족의 가능성을 피해 제대로 알아차리도록 준비시키기 위함이었다.

마가는 디다케 세 번째 이야기에서 한 가지 장면을 묘사하고 있다. 그것은 예루살렘으로 올라가는 길을 예수가 직접 몸으로 보여주기 위해 '앞장서서' 가시고 계셨고, 그러한 그의 모습을 보고 있는 제자들은 '어리둥절'했으며, 심지어 뒤따라가는 이들도 '불안에 싸여' 있었다는 진술이다. 이렇게 예수의 길 가기 의도와 다른 행동을 보여주는 제자들에게 한 가지 확실한 예수의 말은 '다수를 위한 몸값'이라는 응답이었다.

그렇게 장님공동체가 되어버린 제자들에게 친절한 한 가지 교훈 사건이 있다. 앞 못 보는 한 거지가 예수가 가는 길 위에 앉아서 주변의 방해와 만류에도 불구하고 거듭 외치며 '제 눈을 뜨게 해 주십시오'라 외친다. 이에 대해 예수는 '가라, 네 믿음이 너를 살렸다'라고 치유해 주었다. 눈을 뜬 그는 예수를 따라나선다. 제자들의 엉거주춤한 모습과 대비되어 한 소경이 용감하게 눈뜨고 길을 따라나서는 새로운 모양새가 나타난다. 누가 진실로 제자인지 알쏭달쏭한 장면이 마지막 수난 예고 이야기 끝에서 전개되고 있는 셈이다. 교훈을 많이 받는 것보다 하나의 '행동'이 제자직에서 중요하다는 의미일 것이다.

본문 속으로 들어가기

마가의 내러티브는 예수의 신성에 대한 교리적인 이해가 아니라 하나의 질문으로 엮어진다. 그것은 '너희는 나를 누구라 하느냐'이다. 이는 수업 시간에 교사가 던져진 질문에 대해 의자에 앉은 학생이 대답하는 생각하기와 이해의 대답을 요구하는 것을 넘어선다. 이 질문은 길 위에서 펼쳐지는 삶의 직접적인 응답, 곧 프락시스실천에 대한 실존적이고 사회정치적인 응답을 요구한다. 고백을 넘어서 삶의 실천성과 관련되어 있다는 점에서 영원한 질문이기도 하다.

마가는 이제 종교정치의 당국자들과 맞대결하기 위한 여정을 위해 '예루살렘으로 올라가는 길'을 선택한다.10:32, 11:1 그렇다고 예루살렘 안으로 들어가 숙식을 하는 것은 아니며 오히려 예루살렘 맞은편 동네인 '벳파게와 베다니아'에서 숙소를 정하시고 예루살렘으로 들어갔다가 볼일을 보시고 나오신다. 아래 본문들의 배열들을 살펴보면 명확하다.

> 이윽고 예수께서 예루살렘에 이르러 성전에 들어가셨다. 거기서 이것저것 모두 둘러보시고 나니 날이 이미 저물었다. 그래서 열두 제자들과 함께 베다니아로 가셨다. 11:11

> 이튿날 그들이 베다니아에서 나올 때에...무화과 나무 저주
> 그들이 예루살렘에 도착한 뒤...성전의 장사치의 물건들을 둘러 엎으심
> 저녁 때가 되자 예수와 제자들은 성 밖으로 나갔다.11:12~19

> 그들은 또다시 예루살렘으로 들어 갔다...예수의 권한, 포도원 소작인 비유, 세금, 부활논쟁, 첫째 계명, 율법학자들의 가식, 과부의 헌금 예수께서 성전을 떠나 나오실 때에...11:27~13:1

예루살렘 '속으로' 들어가긴 하되, 베다니아를 숙소로 쓴다는 것은 예루살렘의 중심위치를 주변화하며, '머물 곳'으로 여기지 않는 마가의 지형학적 의미 배치는 그동안의 길열기와 길 가기에 있어서 신학적인 의미의 연장이다. 즉, 예수가 예루살렘으로 들어가는 이유는 그동안의 관습에 대해 교정하기에 있고, 그의 활동이 이 세상 통치방식에 대한 대결과 전복에 있다는 것의 표현이다. 베다니아에서 제자들과 함께 머물며 그간에 인식되어 온 중심the center의 교정하기에 대한 철저한 훈련과 알아차림의 시간을 갖고 있음을 보여주고 있다. 이는 시온주의에 열망하는 당시의 전통적인 유대 갱신주의 운동이나 보수적인 민족주의 운동과는 전적으로 배치되는 행동이기도 하다.

권력의 중심지이자, '이편'의 '위'에 해당하는 예루살렘에 대한 여정은 여태까지 무

리와 했던 장면과는 사뭇 다르다. 그동안 해온 예수의 길 가기에서 무리에 대한 설교와 달리 앞으로 전개되는 예수의 말하기는 설교를 넘어서 열띤 논쟁에 가깝다. 교묘한 덫 놓기 질문에 대한 예수의 치열한 논박이 전개된다. 논쟁을 가져오는 사람들은 개인이 아니라 뒤에 배경이 되는 세력과 신념을 가져오고 있다. 이에 대해 예수는 결코 수동적이지 않고 일일이 그러한 잘못된 견해들을 논박하며, 단순히 말이 아니라 상징적 행위를 통해 그의 교훈을 극대화한다. 그러한 극대화의 하나는 이미 예루살렘으로 올라가는 길'예루살렘 입성'에서 펼쳐지는 '어린 나귀'에 올라앉으심에 있다.

정복자로서 이 세상 통치자로마황제가 택하는 승리의 승마 행진제왕적 입성이 아닌 짐을 싣는 '어린 나귀'를 타고 입성하며, 앞뒤로 따라가는 사람들은 호산나 함성을 지른다. 이들의 함성 내용은 예수에 대한 오해된 기대와 그 당시 민중의 열망과 기대가 담겨 있는 메시지이다. 그러나 청자나 독자는 이러한 일시적인 인기와 호응이 얼마나 예수의 진심과는 멀어져 있는지를 알아차린다. 어린 새끼 나귀를 타고 예루살렘에 들어가서 제자들과 이것저것 둘러보시고 함께 베다니아로 가셨다는 것은 의미심장한 문맥이기도 하다. 호기심과 기대가 아니라 상황인식을 하고 다시 베다니아로 물러나심을 뜻하기 때문에 앞으로 전개될 것이 분명하고도 단호한 그 어떤 일정이 다가오고 있음을 알려주는 문장이기도 하다.

예루살렘 안에서의 일정은 가장 상징적인 사건으로 시작된다. 이튿날 베다니아에서 나올 때 열매 없는 무화과나무에—심지어 무화과나무 철이 아니었기도 했다— 대한 저주부터 예수의 사역이 시작된다. 예수의 저주에 대해 마가는 다음과 같은 문장도 덧붙인다. "제자들도 이 말씀을 들었다."11:14 성전에 들어가서 또 다른 예기치 못한 일을 예수는 행한다. 기도나 예물을 드리는 것이 아니라, 성전 안에 있는 장사치들을 '내쫓고' 그들의 물건들을 '둘러 엎으시'며 '강도의 소굴'이라 나무란다.11:15-17 이 일로 인해 결국 참지 못하고 분노한 대사제들과 율법학자들은 이제 예수를 죽일 모의를 적극적으로 꾸민다.11:18 성전뜰에서 난리를 친 예수에 대해 질서 파괴범인 그를 가만 둘 수 없었던 것이다.예수는 그간의 성전 문화와 관련해서 그의 행동이 가져올 결과에 대해 몰랐던 것일까? 예수는 성전에 대한 헌신을 보여주지 않고 대신에 강도의 소굴이라는 비난과 장사치의 물건을 엎으심으로 인해 스스로 성전 엘리트들의 분노를 사게 되었다. 물론 후대 주석가는 이를 '성전 정화'라고 제목을 붙였지만, 그 당시 당국자들에게는 불손한 폭력이었을 것이다.

흥미로운 일은 다시 그다음 날 아침에 일어난다. 제자들은 무화과나무 곁을 지나면서 저주받은 나무가 의미심장하게도 '그 나무가 뿌리째 말라 있는 것'을 보게 된다. 그리고 예수는 이에 대해 믿음과 기도의 힘에 대해 역설하면서 새로 하나를 추가한다. 그것은 다음과 같다.

> 너희가 일어서서 기도할 때에 어떤 사람과 서로 등진 일이 생각나거든 그
> 를 용서하여라. 그래야만 하늘에 계신 너희의 아버지께서도 너희의 잘못
> 을 용서해 주실 것이다. 11:25

제자들에게 뿌리째 말라버린 무화과나무의 교훈으로 단순히 믿음·기도에 대한 전념과 더불어 '등진 일에 대한 용서'를 주문하였다는 것은 의미심장한 일이기도 하다. 이미 두 번째 디다케 내용에서 리더십과 관련한 죄의 유혹과 관련하여 예수는 "너희는 마음에 소금을 간직하고 서로 화목하게 지내라"9:50라는 부탁을 했었다. 이와 연관하여 다시 잘못에 대한 용서에 대해 장차 일어날 상황과 미래 조건들에 앞서 부탁했다는 것은 의미심장한 일이다. 용서는 미래에 일어날 내부의 악령에—공동체 내부의 상하 권력 구조 그리고 구성원들 간의 배제와 이탈의 가능성— 대한 중요한 길 가기 실천이기 때문이다. 성전 엘리트들과의 치열한 논쟁을 앞두고 시들어 죽어버린 무화과나무의 교훈으로 용서를 제시했다는 것은 미래 제자들 내부에 일어날 일에 대한 예측의 준비시킴과 연결된다.

성전 안에서 가슴에 독이 오른 대사제들과 율법학자들과 원로들이 떼로 몰려와서 아주 점잖게 절제하며 묻는다. "당신은 무슨 권한으로 이런 일들을 합니까? 누가 권한을 주어서 이런 일들을 합니까?"11:28 이들의 부드러운, 그리고 객관적인 호기심으로 가장된 질문은 예수로부터 직접적인 대답을 듣지는 못하였다. 예수는 종교적 권위

자로 자처하는 그들이 모른다면 나도 알려주지 않겠다는 함구무언이다. 왜냐하면 그들은 자기네끼리 대답을 찾아보았으나, 가능성 있는 구실 좋은 대답이 모두 하느님의 진리나 민중의 기대에 어긋나게 되어 자신들의 권위가 땅에 떨어질 염려가 있었기 때문이다. 힘의 논리를 지닌 '강한 자들'은 이렇게 스스로의 꾀에 넘어가 자신을 얽매게 만든다. 이는 자신의 가르침과 자기가 하는 행동이 일치하지 않기 때문이다.

무화과나무는 구약의 여러 곳에서 나타나는 하느님의 은총과 그에 대한 충실성과 영예에 대한 상징을 뜻한다. 그 예는 렘24장, 암7장, 호9:10, 시105:33 등에서 보여진다. 그러한 영예로운 자로서 무화과나무가 저주를 받아 뿌리째 말라비틀어짐을 통해 마가의 내러티브는 제자직에 있어서 무엇을 살려내야 할지를 암시하고 있다. 열매의 문제는 또한 뿌리의 문제이기도 하다는 뜻이기도 하다.

성찰과 여운

철이 되지도 않은 무화과나무에 대해 열매가 없다고 저주를 내린 사건의 결과로 예수께서 제자들에게 이에 대해 하신 말씀이 "마음에 의심을 품지 않고 자기가 말한 대로 되리라고 믿기만 하면 이 산더러 '번쩍 들려서 저 바다에 빠져라' 하더라도 그대로 될 것이다'11:23는 내용이었다. 그리고 이 구절은 그동안 고금을 통해 대다수 기독교인들에게는 큰 힘이 되곤 하였다. 그런데 이 구절이 과연 개인의 삶에 방해가 되는 조건들에 대하여 믿음의 무제약적 권능에 따른 해결을 역설한 것인지에 대해서는 의문이 간다. 이 특정한 논쟁의 상황에서 개인 삶에 신앙이 있다면 무슨 일이라도 해결될 것이라는 요술 방망이 이야기를 예수는 일반 대중에게 말하고 있는 것일까?

오히려, 본문이 그런 취지에 대한 것이라면, 그 어떤 조건하에서 믿음의 무제약적인 능력을 말하는 것인가에 대한 질문이 다시 올라온다. 예수께서는 부자의 소유 문제와 관련한 제자들과의 문답에서 부자보다 낙타가 바늘귀로 빠져나가는 일이 더 쉬울 것이라는 말에 충격을 받은 제자들을 향해 '똑바로' 보시며, 사람의 힘으로는 할 수 없으나 하느님은 하실 수 있다고 말씀하셨다. '하느님께서는 무슨 일이나 다 하실 수 있다'는 말이 오늘의 본문인 마음에 의심치 말고 자기가 말한 대로 되리라고 믿기만

하라고 하는 말과 연결되어 있는 것처럼 여겨질 수 있다.

　그러나 오늘 본문인 11:23은 두 가지 조건을 달고 있다. 하나는 '구하는 것이 무엇이든 그것을 이미 받았다고 믿기만 하면 그대로 다 될 것이다'24절라는 조건이다. 구하는 것이 아니라 받았다고 믿는다는 점이 다르다. 두 번째 조건은 기도할 때 마음이다. 등진 일이 생각나거든 그를 용서하라는 것이다. 기도할 때 간구해야 하는 것이 있을 것 같은 데 먼저 용서하는 일이 선행된다. 왜냐하면 내가 상대를 용서하면 하늘 아버지께서 나의 잘못을 용서하시기 때문이다. 원인과 결과가 여기에 맞물려 있다. 먼저 내가 용서하면 아버지의 용서라는 결과가 주어진다. 그렇다면, 산을 들어 바다에 빠뜨리는 신앙과 기도의 힘은 어느 영역에서 작동된다는 것인가? 제자직에 있어서 어떤 조건이 맞아야 그러한 신앙·기도의 무제약적인 힘을 느낄 수 있다는 것일까? 예수께서는 믿음과 기도의 본성과 특성이 무엇과 같은 지에 관해 뭘 말씀하시고 계시는 것인가? 다른 이해의 방법이 여기에 있는 것인가? 지금까지 전통적으로 이해한 산을 들어 바다에 빠뜨리는 신앙의 의미는 도대체 어떤 의미로 알아들어야 할 것인가? 그 한 해석의 실마리는 단순히 이 한 구절에 집착하지 않고 지금까지 마가의 제자직 교훈의 흐름에서 봐야 한다는 사실이다. 그 당시의 제자들과 현대의 독자·청자에게 이 문장을 제대로 이해하는 것이야말로 마가가 증언하는 길 가기의 핵심에 들어서는 화두이자 핵심 열쇠가 된다. 이 교훈의 의미를 다시 살려내는 것이야말로 지금까지 잘못 이해한 대중 설교들로부터 마가 기자의 길 가기 진술이 지닌 참된 의미를 다시 살아있게 하는 것이다.

1. 편안한 자세와 호흡을 고르게 한 후 거룩한 영의 안내를 요청한다. 그리고 오늘 새롭게 만나지는 문장, 단어에 주목하며 그것이 나에게 말걸어 오기를 기다린다. 지적인 사고가 아니라 가슴이 울리는 단어에 집중한다. 본문의 문장이나 단어가 당신의 영혼, 삶을 비추어 주는 것이 있다면 영에 의지하여 그것이 자신을 바라보게 한다.

2. 당신이 예수의 여정에 따라 이제 삶의 의미 영역에 관련하여 주변the marginal에서 중심the central으로 들어간다고 생각해 보라. 중심에로 들어간다는 것은 무엇을 뜻하고, 그 중심에로 당신의 준비물과 그 중심에 있어야 할 것과 그 중심을 방해하는 것은 무엇으로 알아차리기를 원하는가? 주변에서 중심에로의 전환에 대한 경계선의 표징을 당신은 자기 삶에서 무엇으로 알아차리는가?

3. 마가의 진술에 따르면 성소는 두 가지 영역이 불가피하게 교차된다. '기도'와 '장사거래'의 현상이 그것이다. 이를 길 가기에 있어서 당신 삶의 내적인 중심의 근원지로 이해한다면 각각은 당신 안에서 어떻게 펼쳐지고 있는가?

4. 예수는 말한다. "누구든지 마음에 의심을 품지 않고 자기가 말한 대로 되리라고 믿기만 하면 이 산더러 '번쩍 들려서 저 바다에 빠져라' 하더라도 그대로 될 것이다." 이 말이 당신의 삶에서 어떻게 다가왔는가? 어떻게 새롭게 그 의미를 이해할 수 있는가?

5. 당신의 마음이 현재 가 있고 의지를 내고 실행하고 있는 일들을 나열해 보라. 다음의 질문을 그 일들에 적용해 보라. "'당신은 무슨 권한으로 이런 일들을 합니까? 누가 권한을 주어서 이런 일들을 합니까?' 이를 통해 무엇이 발견되고 있는가?

길 가는 자에게 일어나는 기적

막 11:1-33

예수께서 "나에게 바라는 것이 무엇이냐?"하고 물으시자 그는 "선생님, 제 눈을 뜨게 해 주십시오"하였다. "가라. 네 믿음이 너를 살렸다." 예수의 말씀이 떨어지자 곧 소경은 눈을 뜨고 예수를 따라 나섰다.10:51-52

'당신은 무슨 권한으로 이런 일들을 합니까? 누가 권한을 주어서 이런 일들을 합니까?'11:28

지금까지 마가복음의 안내대로 따라왔다면 길을 걸어간다는 것은 하느님의 뜻을 자기 심장으로 내면화마음에 새김하고 그것을 살아가는 실천을 통해 '하느님 나라의 신비'를 현실화하여, 주변과의 관계속에 통합하고 확장하는 것임을 서서히 알게 된다. 이를 위해 중요한 것이 알아차림이라는 분별이며, 따라서 제자직에 있어서 디다케[제자직 훈련문답] 내용의 시작과 마무리가 베싸이다의 소경 치유와 여리고의 소경 치유로 되어 있다는 것은 마가복음 내러티브에 있어서 의미심장한 배치이기도 하다.

눈에 보이는 대로 이 세상에 대한 지각perception만으로는 이 세상 체제와 권세에 의한 패러다임에 갇혀 있어 새로운 현실성으로서 '하느님 나라의 도래'는 감추어져 있어서 자각되지 않는다. 마가가 제시하는 일상 의식의 덫·올무에서 벗어나는 길은 훈련을 통한 내면의 인식awareness을 통해 가능해진다. 이것은 비유와 기적을 통해 그동안 지녀온 낡은 옷, 낡은 가죽부대를 벗겨내고undone−이것이 마가의 속죄atonement의 비밀이다, 새 천조각이 아닌 통으로써 새 옷, 새 가죽부대의 요청2:21-22이 필요한 이유이다. 새 포도주로서 하느님 나라의 도래라는 샬롬의 경지는 새 부대새로운 의식에 담아야 한다.

현대인에게 '기적'은 잃어버린 단어이다. 특히 마가복음의 기적 이야기는 세속화되다 못해 성숙을 신비의 추방으로 간주해 온 스마트한 현대인들에게는 미신과 가까운 고대의 골동품이 되어버렸다. 특히 보수적인 기독교인들에게 기적은 예수의 신성에 대한 충성에 있어 하나의 이념적인 '부적符籍'이 되었다. 그것은 초월적이고 성취적인 능력을 가진 외적인 힘을 간직함으로써 신앙의 도약을 꿈꾸는 상징적인 초이성적이고 임시적인 관계를 형성해 준다. 물론 심리학에서 플라시보 효과Placebo Effect의 중요성도 있기에 의식이 미치는 긍정적인 영향도 있기는 하다. 그 반대로, 진보적인 기독교인들은 기적은 반이성적이고 전근대적인 풍습과 미개한 사고체계로 도외시함으로써 기적이 제공하는 의미의 영역을 상실하여 표면적이고 물질적이며 심리적인 사막화의 길로 안내함으로써 정신적인 공허감을 더욱 부채질하였다. 이 두 극단에서 우리는 마가복음에 나타나는 기적을 어떻게 새롭게 이해할 수 있는 것인가?

마가복음 공동묵상의 진행자로서 나는 그동안 길열기와 길 가기에 몰두하면서 이 이슈를 피해 왔던 것은 사실이다. 그것은 마가가 제시하는 진리의 현시the manifesting of the Truth가 감추임과 노출함의 역설적인 변증법을 사용하고 있고, 통찰이 다가오다가도 희미하게 미끄러져 나가고, 모호하다가도 갑자기 계시의 현현처럼 감명으로 다가오기에 나의 사고로는 미치지 않은 까닭이었다. 징조는 알아차리되 사고로는 잡히지 않은 뇌 용량의 한계와 경험의 추상화가 지닌 한계를 맛보기를 여러 번 하면서 계속 기적이 '살아있는 그 무엇'의 실재감實在感으로 흐르기를 내버려 두었다. 그러나 이제 본문 11장의 저주받은 무화과나무 이야기를 끝으로 기적 이야기는 마가에서 사라지므로─막16:9-22이 후대의 추가로 이해한다면 부활의 기적 이야기는 빼고 말하고자 한다─ 이쯤에서 나의 묵상이 정리될 필요가 있어 보였기에 자기 이해의 잠정적인 정리를 위해 기적에 대한 주제를 다루고자 한다.

기적은 길 가기에 있어서 우선적인 포착과 주목하기에 있어서 "때가 다 되어 하느님의 나라가 다가왔다"1:15라는 예수의 첫 선포와 활동에 대한 길내기의 상징sign; 헬, 세메이온sémeion이다. 기적은 눈에 보이지 않은 실재의 도래와 그 현실성을 목격하도록 안내하는 신호token, indication이다. 이는 목격자를 위한 친절한 안내이자 선물이다. 그래서 이 세상 통치의 덫과 그 권세의 지배하에 살아가는 사람들에게 그 너머의 현실을 잠시 보게 하는 눈뜨임의 순간을 현시한다.

그 권세의 총체적인 현실을 마가의 세계에서는 '더러운 영'·사탄·악령·귀신들림의 실존적이고 형이상학적인 상태로 표현하고 있다. 그러한 세상은 저 멀리 위의 초자연적인 영역의 이슈가 아니라 이 지상 현실의 현상적인 모습들이기도 하며 살아있는 더러운 영의 세력화가 관계, 삶의 양태, 내적 지향과 가치, 제도와 기구화, 체제의 집단화 속에 형상적으로 구현되어 작동하고 있다. 즉, 그러한 더러운 영의 세력은 실제로 우리의 의식과 마음, 관계와 삶의 목적, 통치와 문화를 유형화하고 몰두하게 만들며 모두가 그것의 지배하에 실제로 영향을 받고 있는 에너지체이다.

기적은 그러한 악령적인 지배와 현실성의 덫에서 우리의 의식을 일깨워 그것이 망상이자 억압적인 덫이며, 가상적인 환영임을 자각하게 하는 암시적 표징mark을 부여해준다. 마가는 그러한 시대적 풍조의 가장 현실화되고 성스럽게 여겨진 회당일상의 가장 거룩한 공간에서 악령추방을 통해 심미적이고 통찰적으로 그러나 눈뜨고 주목하고 있는 목격자와 독자들에게 암시를 주어 쉽게 드러나지 않고 살며시 전개되는 방식으로 내러티브를 진술해 놓고 있다.

> 이것을 보고 모두들 놀라 "이게 어찌 된 일이냐? 이것은 권위 있는 새 교훈이다. 그의 명령에는 더러운 악령들도 굴복하는구나!"하며 서로 수군거렸다. 1:27-28

이 회당에서 악령 추방의 이야기가 어부 네 사람을 첫 번째로 부르신 다음에 일어난 일이고 보면, 일반적인 군중의 목격과 제자들에게 암시적으로 보여주는 교훈으로서 목격은 노출과 은폐의 역설적인 비유 방식으로 전개되어 있다. 일반적인 사람들에게는 기적은 놀라움과 이야깃거리로 충격을 받고 흘러 지나간다. 즉, 새로운 노출의 충격이 있지만 은닉된 것은 보지 못한다. 그러나 눈여겨보는 사람에게는 이것은 은닉된 것의 새로운 자각을 위한 눈뜨임의 표징이 된다. 거기서 일반 군중과 제자됨의 차이가 서서히 발생한다.

그리고 이러한 드러남/감추임의 기법은 마가복음의 제자직에 있어서 누가 '안'이고 '밖'에 있게 되는지 계속해서 자리바꿈이 일어나게 만든다. 그렇게 해서 예수와 함께 그동안 있었다고 하는 혈연적 가족, 예수와 함께 제자 무리 속에 있었다는 친밀함과 말씀 들음의 소속감에서, 실존적 헌신과 결단의 프로세스에 있는 자만이 제자직의 안으로 들어오고 그동안 제자라고 믿었던 사람들이 밖으로 재-위치되는 전위轉位 trans-position가 끊임없이 일어난다. 베드로를 사탄아 물러가라고 말한 사례든지, 예리고 소경이 치유 후 곧장 예수를 따라 나선 것이 그러한 전위의 한 모습이다. 이렇게 하여 소유권이나 자리의 권리를 주장할 수 없고 오직 내적인 실존적 관계를 통해 제자직은 유동적인 역동성을 지니며 펼쳐져 나간다는 점에서 제자직 훈련에 경각심을 마가는 보여준다.

기적은 두 가지의 영역을 우리에게 길 가기에서 확인시켜 준다. 그 첫째는 인식론적인 영역으로서 커뮤니케이션의 영역이다. 두 번째는 관계적인 면에서 힘·권력·상호영향에 대한 영역이다.

그 첫 번째 영역인 길 가기에 있어서 커뮤니케이션은 '저편'과 '이편'의 경계지음에 대한 전복과 통합의 인식론적인 인식의 확장이다. 기적 이야기의 핵심 내용인 악령축출과 질병치유 그리고 사회적 관계 단절의 재통합에 관련된 식탁교제와 그것의 보편적 확장으로서 군중의 굶주림에 대한 보편적 식사라는 기적 이야기는 그러한 분리와 단절로서 갈라놓은 이편과 저편을 새롭게 조명한다. 더러운 영은 이러한 지형적인 마음의 공간을 '이편'과 '저편'으로 갈라놓고 저편을 무인식과 무관심으로 방치하게 만든다. 그렇게 해서 저편의 종합적인 악령화인 '군대귀신 들린 이'와 주민들의 방관 이야기5:1-20와 이편의 종합적인 질병화와 무력화인 악령에게 사로잡힌 아이 이야기9:14-29는 대표적인 저편과 이편의 분리에 따른 결정판 이야기이다.

항해 이야기에서 '건너감'은 이에 대한 인식론적 치유의 이야기에 대해 해당한다. 즉 그러한 분리를 치유하는 것이 길건너기의 주요 목표가 된다. 예로서, 두 번에 걸친 빵을 먹이심과 '하나인 빵' 이야기가 나오고 있고, 두 번에 걸친 어둠속에 배로의 건너감—첫 번째는 함께 배에 탐, 두 번째는 제자들만 재촉시켜 보냄— 이야기가 길 가기를 심화시키기는 이야기로 배치되어 있다. 여기서 마가는 예수는 길가고 저편으로 건너 가는 존재임을 부각시킨다. 특히 두 번째 항해 이야기에서는 제자들의 건너감에 대해 혼자라도 그들을 지나쳐 건너가기를 시도하며, 자신의 존재가 그러한 건너감에서 '나다.I am'라는 실존적 정체성을 밝히고 그것을 제자들이 인식하기를 설정해 놓았다. 물론 이는 제자들에게는 두려움으로 인해 암시적인 것으로 인식되었고, 그것을 철저히 인식된 것은 예수의 사후에서 다시금 회상하면서 밝혀질 이야기이기도 하다.

마가복음의 첫 번째 기적 이야기 부분을 넘어 제자들 문답 훈련인 디다케 부분8:27-10:52에 들어오면 이제 기적 이야기는 두 맹인 이야기의 시작과 끝 사이에서 각 스토리들이 전개된다. 세 번에 걸친 수난 예고와 더불어 시작되는 힘·강함·권력·영향에 대한 분별로의 초대가 제자직 훈련에 있어서 집중적으로 조명된다. 이미 첫 수난 예고가 베드로와의 정치적 메시야 시각과의 다툼에서 벌어지며 십자가 지기의 새로운 통치개념이 소개된다. 두 번째 수난 예고는 길가면서 누가 제일 높은가의 논쟁 이슈였고, 이는 가장 작은 사회적 지위인 '어린이'를 받아들이기로 제시한다. 그리고 세 번째 수난예고는 영광의 자리에 대한 왼편과 오른편의 자리다툼과 연결되어 '모든 사람의 종'이 되고 섬기며 '다수를 위한 몸값'을 치르기를 리더십의 핵심으로 제시한다.

이렇게 보면 제자직에 있어서 더러운 악령의 모습은 높은 이·강한 자로서 권력·힘·영향력에 대한 것으로 내부화된다. 저편과 이편의 수평적 도식the scheme of horizon이 이제는 이편에서 '위'와 '아래'의 수직적 도식the scheme of vertical으로 전환되어 권력 문제로 전이된다. 예수는 이편과 안쪽이라는 배타적이고 특권적인 공동체와 사회 체제에 있어서 강제로 다스림이라는 통치가 아니라 섬김과 꼴찌가 되기 그리고 사회적 약자에 대한 돌봄의 영향력으로 힘·통치를 재규정하면서 평등과 연민의 공간을 위한 혁명적인 상상력을 제시한다.

더러운 영이라는 실체는 이렇게 그 자체로서가 아니라 개인의 신념, 사람들과의 사회 관계, 조직내의 위상, 권력의 통치 구조와 사회체제로 확장되어 기능적인 영역에서 실제로 작동하고 있는 실재이다. 예수는 자유와 해방의 실존적 측면에서 길 가기만 아니라 사회·정치적인 영역에서 무력감에 대한 사회적 소외에 대한 보살핌, 그리고 특히 경제적인 영역에서 가난과 배제의 고통을 해소하는 방식으로 당시의 상식과 이성적 현실주의를 뛰어넘는 돌봄의 정치·경제학을 제시하고 있다. 그러한 방식으로서 자비의 보편적인 수혜로의 서비스에 대한 실천이 베짜이다와 여리고의 두 소경 치유 기적으로 연결되어 있다는 점은 마가 내러티브에 있어서 기적의 의미가 알아차림의 새로운 의식에 관련되어 있음을 알 수 있다. 인간을 인간화하고 사회를 인간화하는 눈뜨임은 실상 사회관계에 있어서 그물망으로 얽혀진 이 세상의 관계와 체제에 있어서 힘·권력·영향에 대한 새로운 자각과 연관되어 있다는 것이다. 그런 새로운 자각은 실로 기적 중의 기적인 셈이다.

기적은 지금까지 진술한 것처럼 분리의 고통에 따른 커뮤니케이션의 회복과 힘·권력·영향에 있어서 아래·바닥·작은 자에 대한 섬김과 꼴찌로의 리더십에 대한 새로운 감각으로 의식의 문을 열기와 관련되어 있다. 그리고 그 전개가 의미하는 것들은 다음과 같다.

기적은 인간의 환영에 대한 진실에로 교정이다.

분리와 단절, 힘의 지배라는 것은 망상이자 더러운 영의 지배 아래에 있는 구속이며, 이것은 진실이 아닌 환영 속에서 현실이자, 꿈속에서 꿈꾸는 자의 현실과 같다. 기적은 그러한 환영으로서 삶을 사는 것을 종식시키는 자유와 해방의 문을 열어주는 인식론적 도구이자 기회가 된다. 환영은 지금까지 보아온 '이편'과 '저편'의 추상적인 분리, 상관없다는 무-관심의 영적인 세력에 대한 인정과 굴복, 이 세상 통치의 다스림과 위·힘셈의 지배의 추상과 관념의 실재화와 연관되어 있다. 기적은 이러한 환영에 대해 빛으로의 전환과 인식을 통해 그러한 환영이 궁극성ultimacy을 지니지 않은 임시적인 가짜현실임을 노출시킨다. 보이는 그러한 환영은 진실이 결여되어 있고, 따라서 참이 아니며, 거짓이기에 그 참된 능력은 없다.

기적은 악령과 질병의 치유에 감추어진 비밀을 알려준다.

그 감추어진 비밀이란 두려움과 결핍이 악령의 본질이자 질병의 핵심 에너지라는 점이다. 이러한 두려움과 결핍은 잘못된 인식과 지배적 체제가 그 에너지를 먹고 유지하는 비밀이기도 하다. 기적은 그러한 두려움을 악령축출에서 사회적 격리의 회복을 위한 치유를 통해 축출시킴으로써 악령의 지배에서 벗어나게 한다. 공동 식사의 예시를 통해 그리고 사회적 약자에 대한 보살핌을 통해 각자도생이라는 '결핍'의 작동 기제를 해체함으로써 온전하게 제정신으로 돌아오게 한다. 기적은 이렇게 두려움과 결핍을 해소하여 근원적인 치유와 온전함에로의 길을 연다.

기적은 우리 각자의 가슴에 영을 정확히 조율시켜 아들됨/자녀됨을 회복시킨다.

기적은 예수의 신성과 그의 초자연적 능력에 주목하기와 그의 신성을 기리기라는 수동적인 형이상학적 패턴이 아니다. 오히려 기적을 통해 '사람의 아들'로서 우리의 본성적 일치와 그 본래적 가능성을 재확인하여, 더러운 영과 잘못·죄 이전에 본연의 순수무구한 영적인 온전함과 완전함에 대한 회복을 확인시켜 준다. 그런 점에서 기적은 능력부여em-power-ment이자 인식의 재교정이다. 각자의 본질은 신적인 충만함과 온전함을 보전하고 있다. 이것이 마가가 진술하듯이 예수가 자신을 사람의 아들휴머니티의 본래성으로 인식하고 있는 이유이며, 각자의 신성한 휴머니티 가능성을 돌보고 되찾기처럼 가슴에 영을 조율시키는 이유이기도 하다. 다르게 말하면 기적은 하느님의 자녀는 두려움과 결핍 없이 창조되었음을 확인하고 기적은 그러한 재창조의 작업을 회복시킨다.

기적은 속죄atonement와 연관되며 이는 풀어주는 것과 연관된 실천을 요구한다.

속죄는 하마르티아 곧 자기 인생이 하느님의 뜻이라는 과녁의 목표로부터 벗어남이며 실수mistake는 그 목표를 취하는take 데 있어서 잘못 선택함mis-이라는 인식적 오류를 뜻한다. 인식적 오류를 제거하는 것이 "속죄atonement- 원래 장애를 '제거하다'는 뜻이다"이다. 속죄는 목표에서 벗어나게 만드는 두려움을 제거하여 인생이 목표로 하는 과정에서 벗어나지 않고 다시 목표인 '하느님의 뜻'과 일치되는 방향으로 새롭게 재조율시킨다. 그러한 방향으로 인식을 재정위시키는 작업은 용서와 화목의 실천에 있다. 관계 이슈에 대해 예수는 말한다. "너희는 마음에 소금을 간직하고 서로 화목하게 지내라"9:50 이는 무화과나무 저주 이야기 해석에 있어서 신앙과 기도의 중요성을 다룰 때 다시금 기도와 관련하여 짝이 되어 인생의 저주를 풀어주는 것으로써 용서의 역할에 대해 특별히 언급되어 있다. "너희가 일어서서 기도할 때에 어떤 사람과 서로 등진 일이 생각나거든 그를 용서하여라. 그래야만 하늘에 계신 너희의 아버지께서도 너희의 잘못을 용서해 주실 것이다."11:25 기도라는 내면의 자세는 이렇게 관계에 있어서 용서라는 석방해주기·풀어주기를 통해 그 능력이 활성화된다. 우리의 영혼이 정신적 감옥에서 석방되고 풀려나는 것은 이러한 하느님 뜻에 일치하는 신앙·기도와 더불어 상대를 자신의 악몽과 실수로부터 풀어주는 용서를 통해 회복된다. 속죄는 모든 실수를 풀어버리며 따라서 두려움도 풀어버린다. 그 이유는 속죄atonement는 진실로 하나님의 자녀로서 하나됨at-one-ment으로 결속되어 있기 때문이다. 이것이 진정한 기적이다.

기적은 진정한 자아를 재정립하며, 영의 인도아래 자아는 해함을 받지 않고 영원히 자유롭다.

마가가 말하는 길 가기의 원형으로서 예수의 모범된 삶은 사람의 아들[인자]로 자신을 나타낸 신성한 인간성을 모방하고자 하는 우리에게 귀감이 된다. 그의 능력은 성령에 의해 내적인 신의 자녀됨에 대한 자기 정체성에—너는 내 사랑하는 아들, 내 마음에 드는 아들이다. 1:11— 의존하고, 하느님의 뜻에 대한 자기 일치를 통해 발해지는 능력이다. 이것이 진정한 자아·영혼의 길이며, 죽음에 대항하고 두려움과 이 세상 그 무엇에도 결핍 없는 자유의 길을 열어 준다. 그러한 신의 뜻과의 내적인 일치는 '십자가 지기'와 '다수를 위한 몸값으로 내어주기'가 가능한 자신의 정체성을 유지한다. 마가는 세 번에 걸친 수난 예고에 다시 살아남을 육체의 소생이 아니라 두려움이 죽일 수 없는 영원한 생명으로서 신의 뜻에 자신을 일치시키는 것과 그로 인해 죽일 수 없는 무제약적인 생명의 자유를 말하고 있다.

기적은 우리의 지각을 새로운 인식에로 변형시킨다. 그것이 그토록 중요한 '등불'

이야기의 핵심이며, 두 소경 치유의 핵심적인 의미이다. 길 가기에 대한 눈뜸을 통해 기적은 '보게 하고' 일어서서 스스로 길을 '가게 하는' 능력에 접속시킨다. 그러한 눈뜸은 이제 실천으로서 능력이 부여된다. "가라. 네 믿음이 너를 살렸다."10:52라는 결과적인 확증은 눈을 뜨고 길을 가는 존재로 우리를 세운다. 그러한 능력이 어디로부터 오는지 이제 우리는 안다. 이것이 성전 엘리트들이 종교적 권력을 가지고 있음에도 알아보지 못하는 인식론적 장벽이다. 그들은 묻는다.

"당신은 무슨 권한으로 이런 일들을 합니까?
누가 권한을 주어서 이런 일들을 합니까?"11;:28

거짓은 그럴듯하게 외적인 권력으로 진실을 위장할 수 있고, 참됨을 위한 물음을 제시할 수는 있다. 그러나 그것을 경험하지는 못한다. 그러한 권한은 길가는 자의 내적 소명의 영역으로 내적인 직관과 하느님의 뜻과의 결속·일치에서만 응답할 수 있는 질문이기 때문이다. 질문은 할 수 있으나 그 질문의 해답에 도달할 수 없다는 것 그리고 역으로, 오히려 자신들이 하느님의 뜻의 적대자가 되어 있다는 뼈저린 자성의 여지가 가능한 기회는 길가는 자를 직면해서 자신을 돌아 볼 수 있는 '순수한 마음'10:15의 여지가 있어야 가능하다. 하느님의 뜻에 대한 분별과 그에 대한 자발적 복종과 전적인 헌신이 질문에 대한 대답으로 가능해진다. 그러기에 예수는 이렇게 말했던 것이다: "그것은 사람의 힘으로는 할 수 없으나 하느님은 하실 수 있는 일이다. 하느님께서는 무슨 일이나 다 하실 수 있다."10:27 기적은 진실로 사람의 힘에 대한 절망과 더불어 하느님의 뜻이 갖는 가능성에 자신을 열어, 그 길이 자신의 운명destiny이 되게 하는 것이다.

길이 자신의 운명이 되게 한다에 관해 무화과나무 저주에서 오는 말라죽음의 교훈은 이를 입증시킨다. 예수의 "마음에 의심을 품지 않고 자기가 말한 대로 되리라고 믿기만 하면 이 산더러 '번쩍 들려서 저 바다에 빠져라' 하더라도 그대로 될 것이다'11:23라는 말은 신앙의 전지전능한 힘에 대한 약속이 아니다. 그것은 인간의 자유를 방해하는 엘리트들의 지배체제라는 '산'의 방해에 대해서도 뚫고 이를 넘어서는 자유와 헌신의 길 가기라는 운명을 말하고 있는 것이다. 이미 마가 기자가 1장 처음 예언에서 소개한 것처럼 주의 길을 곧게 하기 사명에 있어 그 길을 막는 거대한 방해물인 '산'이라 할지라도—여기서 산은 악령화된 질서 체제와 성전 엘리트들의 공모 시스템을 뜻한다— 길가는 자의 길을 막을 수는 없다는 것이다. 따라서 산이 바다로 옮겨지는 물리적 이동이 기적이 아니다. 오히려 산같은 장애에도 불구하고 그 산을 개의치 않는 길가는 자의 선택과 헌신의 자세가—신뢰와 신앙의 자세— 기적인 것이다. 뿌리가 말라버린 무화과나무 교훈에서 그 핵심은 길가는 자의 헌신적인 태도가 운명으로서 자기 인생이 되는 길 가기와의 일치에 있다. 이렇게 기적은 물리적 사건이 아니라 길가는 자의 자기 운명으로써 선택이라는 내적 사건을 뜻하고 있다.

20

공동묵상
본문가이드

중심과 힘의 이데올로기를 해체하기

막 12:1-27

배경과 회상

마가복음에서 비유는 길 가기에 있어서 중요한 역할을 한다. 이미 보았듯이 비유의 원어인 파라볼레는 함께 앞에 던져져 있음이란 뜻으로 앞에 현시된 것은 언제나 뒤에 감추어진 것을 비추어 주는 실마리의 문·통로·수단의 역할을 한다는 뜻이다. 이렇게 앞에서의 노출과 명시는 그 뒤의 감추임과 은닉의 실재를 연결해 주는 이중적 의미를 갖고 있다. 그러한 연결로서 기적도 일종의 비유이며 그러한 행위를 통해 보이지 않은 실재의 영역으로 목격자와 청자를 안내한다.

마가복음의 '씨뿌리는 자의 비유'4:1-9는 열두 사도의 선택 후 제자직에 있어서 핵심인 베엘제불과 성령의 비교를 통해 진정으로 강한 자에 대한 분별3:20-30과 혈육몸의 한계 인식과 지연친함의 관계의 한계를 넘어선 참된 가족됨3:31-35에 대한 확인 후 주어진 비유이다. 이는 마가 전체를 관통하는 '복음'이라는 씨앗에 대한 전반적인 마음의 태도와 사회 체제에 대한 근본적인 이해를 위한 핵심 터전이 된다. 특히, 디다케 구조에서 이 비유는 제자들에 대한 가르침에 있어 핵심 포인트가 된다. 즉, 사탄의 방해로서 '길가'8:33, 보잘 것 없는 이에 대한 실족시키기/죄짓게 하기로서 '돌밭'9:42, 그리고 재물의 방해와 염려라는 '가시덤불'10:22이 그것이다. 이에 대해 백배의 결실로서 현세와 내세의 영원한 생명의 축복으로서 '옥토'10:30가 주어짐으로 비유의 진실성과 현실성이 제자직에 주어진다.

비유의 진실성과 현실적 효험성에 대한 깨달음/알아차림은 '듣고 잘 받아들임'4:20, 듣기의 헬라어는 아코우오 akoúō이며 여기서 영어 음향학"acoustics"이 파생한다; 받아들임의 헬라어 파라데초마이 paradechomai는 환영하며 개방적으로para 받아들인다,dechomai란 뜻이다와 관련된다. 이

| 마가복음의 급진적 평화실천 제자도

는 특히 어린이의 영접·받아들임9:37, 헬, 데초마이 dechomai과 연관되어, 그 받아들임이 그리스도와 하늘 아버지를 받아들임이라는 일관성과 연결된 마가복음의 황금률 핵심이 된다. 여기서 중요한 것은 어린아이의 받아들임이 상징적으로 의미하는 힘·강함·권력에 대한 새로운 비전이다.

이미 9장에서 언급했듯이 어린이는 단순히 심리적인 차원에서 순진한 마음을 표상하는 것만 아니라 사회적 차별과 약자로서 어린이라는 권력의 희생자에 대한 수용/받아들임에 대한 새로운 사회체제 건설에 매우 강력한 표징이다. 디다케 내용 안에서 이 세상 통치자, 강제, 다스림 대신에 어린이, 섬김, 꼴찌, 모든 이의 종됨은 지배적 질서의 전복과 진정한 새 질서의 실천에 일관성을 부여한다.

필자가 트라우마 치유에 기초한 내면대화에 관련하여 내면가족체계IFS 실습에 관심을 두고 관찰한 바에 따르면, 자신의 현재 부정적인 삶의 태도 원인이 아기로 세상에 태어났을 때 1살 이전의 방치와 아무도 없음에 대한 기억들을 가지고 있던 몇몇 내담자들의 내면작업을 한 적이 있었다. 이렇게 일상의 기억에조차 없는 무의식적인 경험, 5~7세의 유아의 외로움이나 버림받음, 신체적 처벌에 대한 무력감, 자기−표현할 수 없는 무의식적인 기억의 두려움과 침묵은 성인 나이에도 살아서 일상의 자극 상황들에 활성화되어 부적절한 행동이나 과도한 심리적 상태로 몰고 간다. 마가는 어린이에 관련되어 지배체제의 억압과 폭력 증상에 대해 이미 여러 언급들을 하였다. 그 예가 회당장의 딸5:21 시로페니키아 여인의 딸7:24 그리고 귀먹고 말 못하는 아들9:14이다.

어린이는 특권에 가장 멀리 있는 사회적 차별의 약자이면서도 제자직이 실천해야할 '섬김'의 대상이기도 하지만, 더 핵심적인 것은 제자직에 있어서 탈지배적이고 보편적인 실천으로서 '평등'과 '나눔'의 새로운 질서의 받아들임과 신뢰의 핵심 상징이기도 하다. 이는 특히 강함·힘셈·지위·권력으로서 힘power에 대한 지배적 사회체제의 정당성과 그 관행을 무너뜨리는 표징sign이기도 하다. 어린이에 대한 능력부여empowerment로 표현되는 이 대안적인 사회 질서로서의 평등성과 약자에 대한 연민어린 주목은 디다케 안에서 보여지는 다양한 구절의 '누구든지'헬, 티스 tis = everyone, 호스 hos =whoever 라는 단어가 상기시키는 보편성에서 엿보인다.

8:34 나를 따르려는 사람은 누구든지 자기를 버리고 제 십자가를 지고 따라야 한다.

8:35 누구든지 제 목숨을 살리려는 사람은 잃을 것이며, 나 때문에 또 복음 때문에 제 목숨을 잃는 사람은 살릴 것이다.

9:37 누구든지 내 이름으로 이런 어린이 하나를 받아 들이면...곧 나를 보내신 이를 받아 들이는 것이다.

9:41 너희가 그리스도의 사람이라고 하여 너희에게 물 한 잔이라도 주는 사람은 누구든지 반드시 자기의 상을 받을 것이다.

9:42 또 나를 믿는 이 보잘 것 없는 사람들 가운데 누구 하나라도 죄짓게 하는 사람은...바다에 던져지는 편이 오히려 나을 것이다.

10:11 누구든지 자기 아내를 버리고 다른 여자와 결혼하면...간음하는 것이다.

10:15 누구든지 어린이와 같이 순진한 마음으로 하느님 나라를 받아 들이지 않으면 결코 거기 들어가지 못할 것이다.

10:43 너희 사이에서 누구든지 높은 사람이 되고자 하는 사람은 남을 섬기는 사람이 되어야 하고...모든 사람이 종이 되어야 한다.

이 예외없는 조건으로서 '누구든지'는 포함과 돌봄으로서 섬기기의 새로운 하느님 나라의 질서에 있어 철저하고도 근본적인 변혁의 비전이 제시되어 있다. 이것을 지키는 것은 언약 관계 속으로 우리가 초대되는 것이어서 '소금을 두고 평화를 이루는'9:50 진정한 제자직 실천에 관련된다. 즉, "너희는 나를 누구라 생각하느냐?"는 질문에 대해 고백과 증언의 차원을 넘어 이제는 삶으로 나타내는 보편적이고 평등한 실천성을 요구한다는 점에서 마가복음의 제자직은 매우 치열하고, 변혁적이며, 보편적인 제자직 실천의 일관성과 충실성이 핵심이 되고 있다. 이는 새로운 가족 제도, 신앙공동체 그리고 사회체제로서 연결되는 새로운 의식이자 새로운 질서인 것이다. 그 핵심에 있는 것은 받아들임과 다가감, 섬김과 돌봄의 연결 자세이다. 그리고 이 연결이야말로 새로운 힘·통치·권위의 본모습이기도 하며, '하느님 나라의 신비'의 드러남이기도 하다.

어린이라는 메타포를 위시하여 십자가 지기, 꼴찌되기, 섬기는 자로서 모든 이의 종되기와 같은 일련의 단어들은 이 세상 제왕과 강한 영웅적 힘의 모티브를 해체한다. 이러한 반영웅적인 특징을 지닌 마가의 내러티브는 예루살렘 입성에서도 강력하게 드러난다. 우주의 중심으로서 예루살렘'다윗의 도성'의 탈–중심화로서 마가는 어린 나귀를 타고 입성하는 패러디제왕적 입성의 전복, 성전을 둘러보시고, 상인들의 물건을 둘러 엎으심, 그리고 성전에서 물러나감이라는 성전의 탈중심화, 그리고 영예의 상징인 무화과나무의 저주 등을 통해 힘·권력의 중심을 흔들어 놓는다. 마가는 예루살렘에서 예수의 사역을 통해 거룩과 권력의 공모 시스템에 대한 핵심 이데올로기를 해체하면서 길열기와 길 가기의 일관성을 계속 보여준다.

마가복음이 독특하면서도 빛나는 것은 마가 기자가 예수의 탄생이나 성장의 성스러운 뒷배경없이 '하느님의 아들 예수 그리스도에 관한 복음의 시작'이라는 단도직입적인 소개하면서 거룩한 탄생이라는 프리미엄을 올리지 않았다는 점이다. 오히려 갈릴리라는 주변에서 복음의 핵심인 길 가기 내용의 빠른 속도와 그 흐름 전개를 이제는 예루살렘이라는 '중심부'에 있어서는 천천히 그리고 격렬한 흐름으로 바꾸어 놓았다. 그리고 힘/권력/중심/강함에 대한 지배 이데올로기를 대변하는 이들과의 논쟁을 통해 하나씩 그 논쟁의 부적절함과 이데올로기적인 공모의 감추어진 정체를 드러내고 있다.

그 예로서 겉치례가 무성한 무화과나무로서 성전계급들의 열매없음에 대한 비판, 성전이 기도의 집에서 강도의 집으로의 전락함이라는 예수의 비판과 대결에서 이미 3번째 수난 예고10:33-34에서 언급한, 배신, 불공정한 재판, 고문, 처형이라는 길 가기의 응답 결과들에 대한 예감을 피할 수 없게 만들고 있다. 이렇게 힘/권력/중심에 대한 기존 지배체제에 대한 우회없는 직접적인 길 가기로서의 맞섬은 그것을 본 '제자들을 어리둥절'하게 하고, '그 뒤를 따라 가는 사람들은 불안에 싸여'10:32 있게 하는 예고와 예감이 서서히 드러난다. 마가의 전면적인 빠른 템포의 행동 스토리 뒷면에 이렇게 관련자들의 느린 심리적인 응답과 그 노출이 드러나는 것은 마가의 독특한 내러티브

스타일이다. 아무리 예수의 의도와 가르침이 그들에게는 당황스러워도 이에 직면한 적대자들인 성전 엘리트들이나 뒤따르는 제자들은 이제 이것이냐 저것이냐 혹은 예인가 아니오인가에 대한 선택을 피할 수 없게 된다.

본문 속으로 들어가기

지배적 질서의 중심부에서 무엇이 벌어지고 있었는가? 전통의 약속과 그 현실, 이세상 통치자들의 안전과 보호의 미명하에 다스림의 약속과 그 허구, 거룩함의 가르침과 그 권위와 정치권력과의 공모와 속빈 강정으로서의 가식적인 진실 등은 예루살렘 안에 들어가 대결자들과의 논쟁을 통해 서서히 드러난다.

성전에서 장사치의 물건들을 둘러엎었다는 이야기의 부드러운 제목인 '성전 정화'는 사실상 '성전모욕죄'에 해당하는 일이다. 거룩함과 권력구조의 공모와 관련하여 성전 엘리트들은 두 가지 권력을 행사한다. 하나는 상징적인 권력으로서 거룩함에 대한 정의와 그 전통의 소유권에 대한 특권의 누림이다. 내가 시골 목회를 할 때 시골 어르신이 나이도 어린 공무원들 앞에서는 먹던 담배도 뒤로 감추는 것은 다름 아닌 지위가 갖는 특권이 가진 힘 때문이었다. 미국 유학에서 차에 성경과 미니스터목회자라는 팻말을 놓고 정차하기 곤란한 곳에 임시 주차를 해도 딱지를 안 떼인다는 이야기를 들은 것은 그 지위가 갖는 기독교 국가인 미국사회의 사회적 특권 때문이다. 그 상징적 지위로 인해 열외의 권리를 누리고 영향을 타자에게 미치는 것이 지위의 특권이다. 다른 하나는 경제적 특권과 연결되어 있다는 점이다. 이른바 흠없는 제물의 구별과 정결 규정에 따른 제물의 관리가 장사치들과 성전 엘리트간에 연관되어 있었다. 장소 사용과 제물에 대한 커미션이 관행으로 뒤따랐기 때문에 예수의 성전에서 장사치의 물건 뒤엎기는 그러한 경제적 특권에 대한 노골적인 위협이 되었다. 성전 모독은 성전 엘리트들의 상징적 권력과 경제적 특권에 대한 공모라는 가림막을 벗기는 행위기 때문에 이들이 뛰쳐 나와서 예수와 논박을 하고 대결을 하는 것은 어쩌면 당연한 결과이기도 하다.

첫 번째 논박자들은 '대사제들과 율법학자들과 원로들'11:28이었다. 그들은 산헤들린이라는 성직자들 핵심 구성원들이다. 이들은 종교적 상징으로서 권력의 최고봉에 속하며 중심 중의 중심에 있는 이들이다. 당연히 그들의 질문은 '무슨 권한으로, 누가 권한을 주어' 이런 일들을 하는가에 대한 권한의 소유권에 대해 질문한다. 그것이 그들의 정체성과 일상의 문화였기 때문이기도 하다. 물론 이 질문에는 의도가 있고, 답변하기 어려운 함정이 도사리고 있다. 아마도 하늘로 받은 것이라는 대답을 듣기 위해 의도한 질문이고 이에 신성모독죄를 적용하려 의도했으나 질문을 되치기로 당한다. 이들에게는 질문은 올바로 할 수 있으나 대답은 스스로 할 수 없음을 통해 거짓된 혹은 가장된 권위를 가지고 있음을 드러내고 있다.

반면에 예수는 이들과 맞서서, 이스라엘이라는 포도원에서 일하는 지도자들은 다 소작인들이며, 부재자 지주로부터 자기 역할이 위임받은 자들이기에 지도자들의 역할은 소작인으로서의 역할임을 밝힌다. 이 포도원 소작인의 비유는 지도자들로 자처하는 이들은 언제나 소유권자에 대해 의식하지 않으며, 멀리 가 있는 지주의 뜻과는 반대로 해 왔다는 비판이 핵심이다. '이 포도원은 우리 차지가 될 것'12:7이라는 경향성을 언제나 갖고 있어서 주인의 뜻을 어겨왔다는 것이 그동안 지도자들의 태도라는 것이다. 더 나아가 그들은 스스로 '집 짓는 사람들'이라는 전문가, 지적 엘리트라고 생각하지만, 그들이 쓸모없게 보는 가치, 생활태도, 삶의 방식, 민중의 역할이 사실상 하느님 나라의 통치에 있어 리더십을 가질 것이라는 사회 변혁과 대안의 사회 체제로 갈음될 것이라는 예수의 강력한 경고를 받게 된다.예, "집 짓는 사람들이 버린 돌이 모퉁이의 머릿돌이 되었다." 12:10

두 번째 논박하는 이들은 '바리사이파와 헤로데 당원'12:13이다. 이 구절이 놀라운 점은 바리사이파는 유대 전통의 극우 보수들이며 헤롯당원은 비종교적인 정치그룹인데 예수를 "트집잡아 올가미를 씌우려고"12:13 서로 상관없는 이질 집단이 함께 같은 뜻으로 공모해서 한자리에 한 뜻으로 예수께 다가왔다는 점이다. 주권자인 하나님께만 예물이나 성전세를 내는 것이 옳다고 보는 기존의 유대적 관점에서 로마제국의 황제인 카이사에게 세금내는 것이 옳은가 그른가에 대한 판단요청은 당연히 올가미이기도 하다. 게다가 "선생님은 진실하시며 사람을 겉모양으로 판단하지 않으시기 때문에 아무도 꺼리시지 않고 하느님의 진리를 참되게 가르치시는"12:14 분으로 한껏 치켜세워 아부하는 사탕발림의 말은 질문이 매우 영악스러운 것임을 말해주기도 한다.

그러나 여기에서도 예수는 그 질문이 함정임을 알면서 더 나아가 '동전'에 쓰여있는 이미지와 글을–가이사의 초상과 '하느님의 아들' 칭호가 붙어있음– 통해, 가이사의 것과 하나님의 것에 대한 각자의 소유자에게 '돌려줌'헬, 아포디도미 apodidómi; 여기서 apo는 'from'이며 didomi는 'give back'의 뜻으로, 그 출처·근원으로 되돌려준다는 뜻이다에 대해 말한다. 이렇게 해서 하느님으로부터 나온 것은 하느님에게로 되돌려야 한다는 암묵적인 교훈이 드러난다. 즉, 모두가 지금은 카이사에게 이 지상의 것을 되돌려주고 있으나 하느님의 것은 하느님께로 되돌려야 한다는, 다시 말해 하느님께로도 되돌려야 할 것이 있다는 암묵적인 교훈이 담겨있는 것이다. 그러므로 듣는 청자는 누구의 것들인지 잘 분별할 필요가 있고, 하느님의 것에 대해서도 신경을 쓸 필요가 있다.

세 번째 부류는 '사두가이파 사람들'이다. 이들은 제2성전 시대의 유대 분파로서 바리새인, 엣세네파와 함께 고대 유대사회의 3 주요 종교 및 정치 집단의 하나다. 이들은 성전 엘리트, 귀족과 부유층으로 구성되어 예루살렘 성전 숭배를 하며, 토라 5권의 문자적인 해석을 믿고 바리새인들의 구전 전통과 해석을 거부하며 천사, 영, 사후 세계의 존재를 부인한다. 이제는 권력층의 다른 그룹인 사두가이파 사람들까지 나서서 예수에게 올무를 씌우려 부활에 관한 논쟁에 뛰어들어 맏형수를 놔두고 죽은 형제들에 관련하여 그 아내는 누구의 아내가 되겠냐는 율법해석에 대한 이슈를 제기하고 있다.

이 질문이 지독하면서도 지나친 율법해석의 교리적 맹신인 점은 여인의 수치심과 자율성을 전혀 고려하지 않는 추상적인 진지성과 사고방식의 굳어진 마음이 지닌 고착화를 보여준다는 점이다. 게다가 민중들의 가난, 소외, 질병의 현실성 앞에서 사고의 방향과 내용이 민중들의 고통과 연결되지 않고 침소봉대의 추상적 개념에 대한 논쟁 초점에 관심과 에너지가 가 있다는 점이다. 그들의 율법의 5 경전인 토라에 대한 좁고 왜곡된 해석의 이데올로기적 기능에 대해 예수는 넘어가지 않고 아예 질문의 방향을 틀어버린다. "죽은 이들의 하느님이 아니라 살아 있는 이들의 하느님"12:27에 대해 새로운 프레임으로 생각하도록 문제 제기의 근거를 바꾸어 놓는 것이다.

성찰과 여운

거룩함이 권력과 연결될 때 거룩은 필연적으로 변질된다. 이뿐만 아니라 권력은 '거룩함'을 권력 지향과 권력 소유에 있어 가장 저항할 수 없도록 거룩함으로 포장하여 자신의 특권을 유지하고 확대시킨다. 종교의 이름으로 상징적 권력과 특권을 추구했던 그 당시의 종교 엘리트 그룹 모두와 헤롯당까지 예수를 못마땅하게 생각하고 붙잡아 죽이기 위해 공모하며 덫을 놓기 위해 찾아와 자신들의 신념 체계를 이용하였다는 것은 마가 진술의 특기할만한 요소이다.

예수의 적대자들을 통해 드러나는 것은 그 적대자들이 그 어떤 거짓과 위선의 질문을 가져오든 간에 예수의 응답은 그러한 질문의 깊이에 있는 '진정한 것에 대한 성찰'에로의 가능성 문을 열어 준다는 점이다. 첫 번째 그들의 질문은 무슨 권한으로 너는 일을 행하고 있느냐는 것이다. 진실과 거짓을 가름하는 질문이요, 나의 움직임과 행동의 이면에 있어 내 정체성을 여는 질문이기도 하기 때문이다. 두 번째 그룹의 질문은 가이사에 대한 복종과 헌신, 곧 이 세상 권세에 대한 대부분의 충성과 복종의 분위기에서 여전히 우리는 '가이사의 것'과 '하느님의 것'을 알아볼 수 있는가의 질문을 던져준다. 여전히 이러한 세상의 추세에 있어 '하느님의 것'을 어떻게 알 수 있는가가 질문 속에 감추어져 있기도 하다. 게다가 세 번째 그룹의 '부활'의 논쟁과 관련하여 '사소한 것'과 '중대한 것' 사이의 구분은 무엇이며, '죽은 자'와 '살아 있는 자'의 구분은 무엇인가에 대한 질문이 논쟁자들의 질문을 통해 다시 우리 청자들에게 던져진다. 무엇이 그러한 활동의 권한, 무엇이 하느님의 것을 알아보게 하는 지, 그리고 무엇이 죽은 자와 살아 있는 자를 구분 짓게 하는가를 단순한 대응으로서 반박을 넘어, 적대자들의 질문을 통해 더 깊은 근원적인 본질을 탐색하게 하면서 제자직 수행에 나침판이 되게 한다. 마가의 진술이 적대자들을 통해 본원적인 것을 성찰하고 나눌 수 있는 에너지를 얻어 길 가기를 더욱 강화하는 본보기를 보여주고 있다.

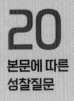

20
본문에 따른
성찰질문

막 12:1-27

1. 편안한 자세와 호흡을 고르게 한 후 거룩한 영의 안내를 요청한다. 그리고 오늘 새롭게 만나지는 문장, 단어에 주목하며 그것이 나에게 말걸어 오기를 기다린다. 지적인 사고가 아니라 가슴이 울리는 단어에 집중한다. 본문의 문장이나 단어가 당신의 영혼, 삶을 비추어 주는 것이 있다면 영에 의지하여 그것이 자신을 바라보게 한다.

2. 이 세상이라는 포도원에 있어 당신은 어떤 역할로 포도원에 있는가? 다른 소작인들처럼 부재자 주인을 의식하면서 '이 포도원을 우리 차지가—나의 소유가— 될 것'에 대한 노력과 경향성에 대해 얼마만큼 동조하거나 거리감이 있는가? 당신은 이 포도원에서 무슨 일을 하고 있다고 생각하고 있는가?

3. 이 세상 전문가들과 엘리트들인 '집 짓는 사람들'이 버린 돌이 당신의 삶이라는 집 짓기에 '모퉁이의 머릿돌'이 된 것에 무엇이 있는가? 이것을 통해 당신은 거할 집home이나 성전은 어떤 특성의 집이나 성전이 되기를 기대하고 있는가?

4. 부활에 대해 어린 시절의 주일학교를 넘어서서 성인으로서 당신에게 남은 '죽은 것'과 '살아 있는 것'은 무엇인가? 부활이 당신에게는 어떤 정의나 의미가 있기를 기대하는가?

막 12:1-27

이 초상과 글자가 누구의 것이냐?

카이사르의 것입니다.

그러면 카이사르의 것은 카이사르에게 돌리고

하느님의 것은 하느님께 돌려라. 막 12:16-17

마가복음의 지정학적인 메타포로서 길열기와 길 가기는 이제 예루살렘 입성을 통해 주변·가장자리the marginal로 여겨진 갈릴리에서 중심the central으로 간주되어 온 예루살렘·신전에서 강렬히 펼쳐진다. 그 이유는 논쟁자들의 교묘하고 영악스러운 질문에 우회하지 않고 직접 맞받아치는 논쟁의 한가운데에 예수 스스로가 서 있기 때문이다.

마가복음의 내러티브는 그간의 디다케 구조8:27-10:52가 끝나고 이제부터 예루살렘에서 사역11:1-13:3으로 연결되며, 이 사역 후 종말론적인 교훈이 제자들에게 주어진다.13:4-37 디다케 구조에서 중심을 차지한 제자들은 예루살렘 사역에서는 주변으로 물러가 있고, 대적자들과 벌이는 논쟁이 중심을 이루면서 그 논쟁 한가운데서 제자들의 목소리는 침묵하고 있다. 이는 이미 세 번째 수난 예고에서 보여진 것처럼 앞장서서 가시는 것을 본 제자들은 '어리둥절'하고 있고, 뒤따라가는 사람들은 '불안에 싸여' 있었다는 현실이 맞는다는 것을 암묵적으로 보여주고 있다.10:32 그만큼 상대방의 논쟁은 교묘하고 치열하였고 민중들이었던 제자들은 지적이며 정치적 권력을 지닌 엘리트들과의 논쟁 소용돌이를 감당할 수가 없었던 것이다.

그동안 마가복음의 공동묵상 가이드를 통해 그리고 진행자 노트를 통해 특히 디다케 구조에서 중점적으로 사색해 온 힘/권력/강함에 있어 다스리기/십자가 지기, 첫째/꼴찌, 지도자/종, 다스리기/섬기기의 극명한 대조를 통해 이 세상 통치 질서로부터 하느님 나라의 통치 질서로의 철저한 변혁적 수행에 관해 우리는 사색해 왔다. 11장 27절부터 12장에 펼쳐지는 대적자들과의 논쟁은 예루살렘의 성전 엘리트들과 함께 전개된다. 성전에 들어가 기도의 집을 장사치의 소굴로 바꾸었다는 날카로운 비판과 장사치의 물건을 둘러엎음으로 인해 움직이기 시작한 이들은 그 당시 종교 권력을 이루고 있는 모든 그룹이었다. 그 첫 번째가 산헤들린을 장악하고 있는 '대사제들과 율법학자들과 원로들'11:27이었고, 둘째는 신앙과 정치에 대한 이해가 이념적으로 전혀 반대여서 상종도 하지 않던 '바리사이파와 헤로데 당원'들12:13이었다. 셋째 그룹은 구전 전통을 믿었던 바리사이파 사람들과 달리 모세 오경만 믿고 천사, 부활, 영 등은 믿지 않던 귀족층을 포함한 종교적 현실주의자들인 '사두가이파 사람들'12:18이다.

당시에 사막에 은둔한 엣세네파 사람들을 제외하고는 종교 권력의 모든 그룹들이 예수를 고발하고 올가미를 씌우기 위해 각각 교묘한 질문을 통해 예수를 시험하고 있는 이야기 전개를 보고 있자면, 그만한 위세와 지적인 훈련이 왜 이리 사악하도록 틀어져 버렸을까 하는 질문이 든다. 전통의 순수한 지혜나 지위의 위엄에 따른 체면과 관대, 혹은 지적인 양심화의 목소리가 사라지고, 한 인간을 실족시키기 위해 총출동한 이런 매몰찬 분위기를 무엇이 만들고 있는가라는 질문이다. 이미 예수는 바리사이파 사람들의 시험인 '남편이 아내를 버려도 좋습니까?'라는 질문에 답하는 과정에서 그들의 상태를 말한 적이 있다. "모세는 너희의 마음이 굳을 대로 굳어져서 이 법을 제정해 준 것이다."10:5

예루살렘의 모든 종교 권력 그룹들이 한 가지 목표로 처음으로 마음이 맞아 움직이고 있는 것을 보면 '마음이 굳을 대로 굳어짐'이 얼마나 핵심을 찌르고 있는지 알 수 있다. 이토록 굳어진 마음을 가지기까지에는 종교적 신념과 소유 그리고 사회적 지위가 주는 '특권'의 중독이 눈을 멀게 했을 것이다. 율법이라는 종교적 전통, 영향력이라는 정치사회적 지위로서의 신분, 그리고 부와 소유를 통한 안정적인 지배는 예외적인 존재로서 '특권'의 달콤함을 멀리할 수가 없는 법이다.

사실상, 악령은 실체로서 다른 곳에 있는 것이 아니었고, 악령의 대리자로서 이들

그룹은 로마제국의 식민지 억압과 수탈의 상황에서 종교 권력의 떡고물을 나누어 갖고 있었다. 민중의 고통과 비참한 현실 앞에서 종교와 권력의 최고봉에 서 있는 입장에서 그들이 보여줄 수 있었던 질문들 뒤에 숨어있는 사고의 방향, 관심의 초점, 일상에서 열정의 목표가 엉뚱한 곳을 향하여 있었고 침소봉대한 추상성과 논리에 머물고 있다는 점은 악령에 대한 익명의 대리자 역할을 충분히 하고 있다는 게 마가 기자의 암묵적인 혜안이기도 하다. 질문심문할 지성은 가지고 있으나, 대답은 가지고 있지 못한 지성, 죽일 힘은 가지고 있으나 살릴 수 있는 권위는 없는 권력, 진실에 가까이 갈 수는 있으나 정작 그 앞에서는 이익을 챙겨야 하는 무감각한 양심이 더러운 영과 신화적인 내통을 보여주고 있다는 게 마가의 진술인 것이다

마가가 제자직에서 철저하게 훈련하고 있는 목표는 그러므로 이러한 악령화된 현실이라는 지배체제의 견고함과 지배 질서 통치자들의 굳은 마음 앞에서 단순히 지적인 동의로서 '너희는 나를 누구라 생각하느냐?'의 응답을 원치 않는다. 길 가기는 고백의 위기를 통과할 수밖에 없는데 그것은 단순히 지적인 동의로서 당신은 그리스도이다라는 답변이 아니라 실천에 있어서 권력/힘/강함의 영향력에 뒤로 물러서지 않는 '십자가 지기'의 의식적인 프라시스실천성인 것이다.

이미 악령축출과 질병치유의 기적 이야기를 통해 이해된 것처럼 '하느님의 뜻'을 위한 길을 연다는 것은 사회적 소외와 단절의 회복, 몸의 질병 치유를 넘어선다. 그것은 온전한 정신과 주체성, 공동체 안에서의 평등한 관계로서 나눔과 일치, 섬기기로서의 영향력 등의 탈지배 체제의 수행으로서 비폭력적인 수행을 치열하게 요청한다. 마가의 이러한 정신적이며 사회정치적인 제자직 수행을 나는 '돌봄의 정치학'이라고 명명한다.이는 필자가 쓴 누가복음의 평화영성에서 '자비의 정치학'이라 붙인 것과 비슷하다

마가에서 이미 전개된 여러 묵상들을 통해 우리는 '저편' 대 '이편'의 대립과 저편에 대한 무관심, '이편'에 있어서 '밖'과 '안' 그리고 '아래'와 '위'의 균열과 관련하여 '밖'과 '아래'에 대한 무감각성이라는 도식을 통해 이러한 경계를 통합하고 건너감cross-ing-over이 얼마나 중요한지를 개괄해 왔다. 마가는 하느님의 피조물에는 원래 없는 지형학적인 이런 추상적인 사고의 구분이야말로 더러운 영의 지배체제임을 확인한 것이

다. 마가에 있어서 거룩함은 이러한 단절의 고통을 없애는 관계 회복으로서 재창조작업the re-working of creation에 있었고, 하느님 나라의 도래는 지상을 넘어선 하늘의 표징이 아니라 세상 삶에서 돌봄의 정치학이 펼치는 고통에 대한 관심과 민감함, 평등과 나눔, 교제와 일치 속에서 전개되고 있었다.

돌봄의 정치학은 처음으로 산에 올라 12사도를 삼으시고 베엘제불과 성령에 관한 첫 이야기를 통해 예수께서 알려준 제정신 아님의 핵심이 힘에 대한 숭배와 갈라져 싸움이라는 내분3:20-30에 있음을 처음으로 제자들에게 교훈으로 알려준다는 점에서 '힘센 자를 묶기'3:27의 실천과 연결된다. 향후 전개되는 강한 것을 묶기는 더욱 강한 힘이 아니라 돌봄의 작은자 되기, 섬김의 종되기10:44-45로 나타난다. 한나 아렌트가 악의 평범성banality에 관해 말하면서 일상적으로 행하는 무관심이 구조적 수준의 평범성으로 잦아들게 한다고 통찰한 것처럼, 예수는 권력이 지닌 다스림의 강제가 특권적인 '저들'만의 리그에서 오는 것이 아니라 돌봄의 일상적 무관심으로부터 일어난다는 통찰을 마가의 변혁적인 사회질서의 건설 비전에서는 처음부터 이해하고 있었던 것이다.

그 한 예로서, 예수는 제자들의 역량 유무에 상관없이 돌봄의 실행을 요구한다. 사천 명의 무리들에 대한 먹이심 사건이 그것이다. 예수는 말한다. "이 많은 사람들이 벌써 사흘이나 함께 지냈는데 먹을 것이 없으니 참 보기에 안됐다. 그들을 굶겨서 집으로 돌려보낸다면 길에서 쓰러질 것이다. 더구나 그중에는 먼 데서 온 사람들[이방인]도 있다." 오천 명의 기적 사건과 더불어 너희들이 돌보라는 이 연민어린 관심은 결핍과 빈약성에도 불구하고 있는 것에 대한 축복과 기적으로 이어진다.8:1-10

'돌봄'은 시민의 사회적 역량이자 한 존재의 복지와 삶의 풍성함을 향해 필요한 모든 것을 보살피는 사회적 활동이다. 무엇보다도 돌봄을 중심에 놓는다는 것은 신의 자녀됨과 우리의 상호의존성을 인지하고 포용하는 것을 의미한다. 예수의 제자들은 당시의 종교인들과 달리 신에 대한 지적인 이해가 아니라 역량과 실천으로서 돌봄의 실습을 요구받고 있었다. 오천 명과 사천 명의 기적 이야기는 예수의 초자연적 능력이 아니라 그러한 돌봄의 실습이 얼마나 중요한지를 두 번씩이나 반복해서 복습시키고 있음을 마가는 보여주고 있다. 따라서 형이상학 못지않게 정치학이 필요하며, 돌봄이 형이상학과 정치학을 관통하는 일관성과 충실성의 근간이 된다.

예수 시대의 제국적 식민주의의 수탈 경제와 지금의 이윤, 성장, 경쟁의 경제 구조로서 신자유주의적 자본주의가 지닌 악령의 지배는 적자생존, 각자도생의 시장가치와 개인주의의 안위, 그리고 초개인화된 금수저 엘리트 지배를 견고히 한다. 작금에 있어서 더러운 영의 가치철학은 이러한 체제하에서 이상적인 시민이란 개인적으로 수완이 있고, 자율적이며, 기업가적인 도전 정신을 심장에 품고, 자급자족할 수 있는 사람을 말한다. 그들만의 리그가 배타적으로 벌어지면서 1~2퍼센트의 귀족 계급은 공공성을 기반으로 하는 복지국가의 해체, 민주적 제도의 편법화, 특권 유지를 위한 시민 참여의 와해를 정당화한다.

사회 취약계층의 여러 분야에서 양로원, 병원, 농가, 장애우, 소수자, 다문화 이민자, 도시 환경과 재생, 이혼가족의 아동, 미혼모...등등에 돌봄의 서비스가 필요하고, 사회가 점점 더 대도시화와 복잡성으로 엮여져 가는 상황에서는 더욱 필요하고 확산할 필요가 있다는 사실은 누구나 다 잘 알고 있다. 그리고 심지어 부자들과 특권계급은 자신의 가사도우미, 정원 관리인, 유모, 요리사, 운전사, 보안요원, 일정 관리사, 집사 심지어 반려동물 돌보미 등을 확대 고용한다. 이렇게 특권계층은 돌봄을 누구보다 많이 누리면서 돌봄을 자신의 고유한 사적 특권으로 인식한다. 돌봄을 이렇게 주변화하고 권력의 보조 수단으로 수단화하면서 특권의식은 강화되고 견고화된다. 돌봄이 개인 이슈이며 돌봄 종사자들은 특권층의 전문주의에 비해 열등하며 그러한 대접을 받은 것이 당연하다는 인식은 우리의 상호취약성과 상호연결성 그리고 돌봄의 공공성을 인지하기를 거부하는 데서 비롯된다.

지역 돌봄 사업이 대기업의 프렌차이즈화되어 가면서 소멸되어 가고 공동체의 결속을 해체하면서 누구나 공유하며 즐길 수 있었던 공간들이 사유화되어 가고 공공 공간들이 사라지고 있다. 공공성과 사회 자본협력, 신뢰, 공동체적 가치에 근거한 사회정치적 분위기는 경쟁과 이익을 중심으로 한 개인의 능력 중심으로 재편되면서 배척과 혐오에 따른 사회 분위기가 조성된다. 이렇게 돌봄이 결여된 세상은 점차 권력층과 지성인의 공모, 법적 제도의 토큰이즘tokenism, 일부 차별 대상을 공직에 임용하면서 기존의 지배체제는 유지하기을 통해 사회적 안전망의 취약성에 대한 무신경과 무관심의 문화와 그 토양을 확대시킨다. 그러한 사회 체제하에서는 엘리트의 용기, 사랑, 정의 등의 단어는 존중받지만 돌봄은 앞서 진술한 대로 돌봄 노동이라는 하층계급화의 카테고리로 전락하게 된다. 돌봄이 공공선의 사회적 구조로 승화되는 것이 아니라 바닥 계층으로 하락되는 악순환을 갖는 것이다. 그리고 돌봄을 여성화하여 가부장 제도를 유지시킨다.

영어의 돌봄care은 원래 고대 영어단어인 caru에서 왔다. 이 단어는 살아있는 생명체의 요구와 취약함을 전적으로 돌보는 의미가 있다. 예수는 열두 제자 선정 이후 베엘제불과 성령 이야기 속에서 힘센 자를 결박하기 이슈-나중에 그 결박은 돌봄 시스템과 돌봄 공동체로 해결책을 찾는다- 이외에 대안적인 가족 형성 이슈를 제시한다. 이는 혈육, 지연 관계가 아니라 의식적으로 '하느님의 뜻'으로 결합한 대안적인 가족 구성과 관련한 것이다. 이는 현대에서는 결혼하지 않고 힘든 청소년들과 가정을 꾸리기나 이성애가 아닌 선택 가족예, 성소수자 커뮤니티의 탈지배 가족구성 모색처럼 돌봄 구조의 생활화에 대한 비전 이야기로 이해할 수 있다. 이미 이는 전쟁터에서 군의관이 적군의 부상을 돌보는 이념의 자연스러움을 확대하는 것과 같은 것이다. 필자의 이야기 초점은 보편적 돌봄을 공공의 가치로 돌보는 사회 구축이라는 전반적인 사회체제의 변화 모색이라는 이상에 대한 것이다.

예수가 전망한 제자직은 단순히 예수의 형이상학적인 본성으로서의 그의 정체성에 대한 고백이 아니다. 이미 말했듯이 돌봄의 수완과 그 훈련으로서 실천이 전제된다. 여기에는 두려움과 위협에 대한 안전한 공간으로서 공동체성 구축, 결핍의 무력화에 대항한 필요에 대한 상호지원 시스템예, 마가의 여성 제자들은 예수의 길 가기 사역에 돌봄의 역할을 해왔다 확산이 필요하다. 현대에는 공공 공간과 공공 자본으로서 공공성 확충, 그리고 풀뿌리 민주주의의 지역리더십 확장 등이 필요하다. 이런 돌봄의 정치학 실천은 개인의 능력 위주에서 각자도생의 생존 논리를 넘어 공공성과 관련한 이해 확대를 통해 상호의존과 상호지원의 공공 인프라 건설과 돌봄 시스템 구축에 대한 비전으로 확대된다.

오늘의 본문 중의 하나인 '카이사르의 것은 카이사르에게, 하느님의 것은 하느님에게' 돌리라는 것은 여러 의미로 해석될 수 있다. 첫 번째 가장 심각하게 해석된 제도권 해석은 종교와 정치의 분리 개념으로 이해한다. 이 세상적인 것과 영적인 것은 서로 다르며, 따라서 각각 다르게 접근할 필요가 있다는 이해이다. 두 번째 이해는 저항적 보수주의 입장에서 모두가 세속적이고 물질적인 문화 속에서 살아가는 경향성을 띠고 있을 때, 소수의 무리는 하느님에 대한 충성을 잊지 말아야 한다는 의미 해석이다. 이들은 기존의 삶에 대해 분리와 배제의 방식으로 따로 이 세상을 잊고 하느님에 대한 충성과 헌신을 가치있게 본다.

필자는 이미 전의 글들에서 보인 대로 이 문장을 세상에서의 분리가 아니라 이 세상에 뿌리박으면서 사회적 실천 능력으로서 '강제로 다스림'의 사회체제와 그 논리로부터 '섬김'의 사회체제에 대한 헌신으로 이해한다. 관계의 단절로부터 일어나는 위협, 강제, 희생, 상실, 무력감, 무가치함의 비극적인 현실은 하나의 실재와 하나된 가족으로서 형제자매됨이라는 일체성에로의 자각과 이를 통한 창조작업의 한 통로인 돌봄의 실천을 요청한다. 예수는 오천 명의 기적과 사천 명의 기적 사건에서 모든 차이와 구별에도 불구하고 군중들에게 돌봄이라는 보편적인 축복을 모범으로 보이셨다.

본문에서 '돌린다'는 헬라어 아포디도미apodídōmi는 apo=from; didomi=give back, return 원래 출연한 소유자from로 다시 되돌려 그분의 소유권으로 돌아가게return 하는 것을 말한다. 돌봄은 카이사르와 하느님의 양편에 대한 타협이나 절충 혹은 순종적인 시민이 된다는 것이 아니라 창조주 하느님의 창조작업에 대해 그분의 것을 그분에게로 환원시키는 저항적인 제자운동이자 창조작업을 복원하는 적극적인 시민운동인 것이다. 이러한 적극적 선택과 하느님의 것으로서 '돌봄'을 그분에게 돌림으로서 하느님의 주권성을 지상에서 확대한다는 것은 그때나 지금이나 마가가 제시한 제자직의 일관성과 충실성에 있어서 시대를 뛰어넘는 소명이 된다.

한나 아렌트의 악의 평범성에 대한 이슈처럼 종교 권력과 정치 엘리트들이 마음의 굳어짐과 지배질서 유지의 권력 행사에 대해 무엇보다 돌봄의 민감성 훈련이 요구되는 현실을 우리는 살고 있다. 예수가 말한 대로 마음에서 나오는 것인 '음행, 도둑질, 살인, 간음, 탐욕, 악의, 사기, 방탕, 시기, 중상, 교만, 어리석음'7:22 등은 지배 질서의 마음의 굳음과 강제적인 통치 메커니즘의 결과로 볼 수 있다. 이 점에서 예수가 보이는 모두를 위한 보편적인 돌봄의 정치학은 신앙 운동인 동시에 사회변혁 운동으로서 혁명적인 패러다임인 것이다.

21

중심의 해체와 새로운 권위

막 12:28-43

배경과 회상

마가복음을 지금까지 주목하며 스토리 전개에 따라왔다면, 매우 간단한 사건 진술로 보이는 것들이 길열기와 길 가기의 전체 구조의 역동성 속에서 보이게 되는 것들이 있음을 알 수 있다. 이미 비유와 기적이 주는 명시성the apparent과 잠재성the latent이 엮여 있고, 노출과 감추임이 중첩되어 있다. 즉, 보여지는 것들로 다 설명이 끝나지 않는다. 비유와 기적은 눈에 목격되는 것을 넘어 다른 영역을 가리키고 있다. 그리고 그 다른 영역은 항상 이성의 논리로 설명되지 않은 모호한 영역이 남아있고, 그것이 우리의 이해와 앎knowings을 흔들어 놓는다. 왜냐하면, 주변the marginal과 중심the central이, 이편this side과 저편other side의 영역이 해체되고, 탈중심화되며, 재중심에로의 역동성이 스토리의 상황과 역할자들에게 일어나기 때문이다.

필자는 이러한 해체와 재복구의 이야기[내러티브]를 '전복적 담론'이라 부른다. 이미 여러 차례 이 용어를 쓴 적이 있지만, '전복'이란 말은 우리의 일상적인 이해와 기대 그리고 가치와 신념에 위배되고 그 제시가 낯설고 당황스러운 상황으로 몰고 가기 때문에 붙인 용어이다. 그중에 중요한 예가 길을 가면서 디다케 구조 안에서 세 번째 주기의 이야기에 있던 제자직의 리더십에 있어 '내 오른편이나 왼편 자리에 앉는 특권'10:40에 관련하여 기존의 이해와 신념을 전복시킨다. 제자들에게 주는 담화로 확인해 보자10:41-45.

* 기존의 이해/관습/문화: 이방인의 통치자로 자처하는 사람은
백성을 강제로 지배하고

또 높은 사람들은 백성을 권력으로 내리누른다.'
* 전복의 명령: 그러나 너희는 그래서는 안 된다. 너희 사이에서
누구든지 높은 사람이 되고자 하는 사람은
남을 섬기는 사람이 되어야 하고, 으뜸이 되고자 하는
사람은 모든 사람의 종이 되어야 한다.
* 전복의 근거/이유: 사람의 아들도 섬김을 받으러 온 것이 아니라 섬기러
왔고, 또 많은 사람들을 위하여 목숨을 바쳐 몸값을 치르러 온 것이다.

그러나 이러한 '전복'은 단순히 정치권력에 대한 투쟁이나 저항의 논리에서가 아니다. 그 전복은 환상illusion을 교정하고 감추인 진실의 회복을 위한 것이다. 이것은 예루살렘에서 성전 엘리트들의 권력과 대결하면서 똑같은 패턴이 일어난다. 기존의 이해와 신념 혹은 가르침을 가지고 교묘하게 올무를 씌우려는 반대자들의 질문에 있던 이해와 신념에 대해 예수는 '자극'을 '반응'으로 응답하지 않고 '전복'하면서 환상을 교정시키고 진실을 복원하는 전복적 담론을 사용한다. 사악한 의도의 질문을 진실이 복원되는 기회와 그 가능성으로 맞이하면서 그 계략적인 의도를 꺾고 대결에 직면해서 스토리의 의미 국면을 전환시킨다. 물론, 그 전환이 상대방의 자세와 태도를 바꾸지는 못했지만—어차피 그 목적이 하나인 죽이려고 달려드는 사람들을 어떻게 말릴 수 있으랴?— 옆에서 지켜보는 제자들이나 스토리를 듣는 청자들에게는 중요한 교훈의 기회가 될 수는 있을 것이다.

필자에게 그 중요한 교훈은 두 가지로 다가온다. 첫째는 진실이 드러나도 마음이 굳어져서 변화가 없는 근본 이유는 무엇인가하는 질문이다. 그것이 바로 특권의 중독성에 대한 것이다. 그 어떤 진실을 들어도 스스로 고치거나 변화되고자 하지 않은 이유는 혹은 알아듣지 못하는 석화石化된 마음은 권력/힘/특권의 중독에 그 영혼이 마비가 되었기 때문이다. 이는 바로 마가가 노골적으로 말하지 못하고 숨은 메시지로 담은 '내면화된 악령화'이다. 그리고 이것이야말로 권력/힘/특권의 정체임을 노출시킨다. 둘째는 제자들과 청자들로 하여금 길열기와 길 가기의 실천에 있어 적대자를 직면

할 때 두려움없이 자기 내면의 진실을 비폭력적으로 그리고 더 큰 진리의 전체성 안에서 대응하는 것에 대한 훈련의 기회로 목격하는 것이다. 그 어떤 대결의 경우에도 더 큰 진실을 배우는 가능성의 기회로 전환하는 것은 숭고한 배움이다.

전복적 담론이 방해와 대적자를 만났을 때 더 큰 진실의 가능성에 자신을 헌신하는 것은 길 가기가 목표가 따로 있어서가 아니라 과정이 목표이기 때문이다. 그리고 그것은 바로 하늘이 땅에 내려오도록 하는—하느님의 뜻을 이 땅에서 분별하는— 방법이기도 하다. 이것이 겉으로는 '하늘의 기적' 즉, 하느님의 인정을 받은 표가 될 만한 기적 8:11은 아니지만 실제로는 하느님의 인정을 받을 만한 세상적인 표징이기도 하다. 강도의 소굴로서 성전이 '만민이 기도하는 집'으로, 권력자의 착취를 '포도원 소작인'의 신분으로, 온통 카이사 소유의 세상에서 '하느님의 것'에 대한 분별과 그것을 하느님께 돌리기, 교리가 가진 소유과 권리의 이데올로기로부터 죽어있는 자가 아니라 살아있는 이로 서서 하느님을 섬기기가 그 예시이다.

인간의 힘으로는 이런 일을 할 수 있는 능력이나 권한은 어디로부터 오는 것인가? 예수는 직접적으로 말한다. "그것은 사람의 힘으로는 할 수 없으나 하느님은 하실 수 있는 일이다. 하느님께서는 무슨 일이나 다 하실 수 있다."10:27 더 나아가 말한다. "하느님을 믿어라. 나는 분명히 말한다. 누구든지 마음에 의심을 품지 않고 자기가 말한 대로 되리라 믿기만 하면 이 산더러'번쩍 들려서 저 바다에 빠져라' 하더라도 그대로 될 것이다."11:22-23 물론, 이는 믿음의 만병통치약 기능을 말하는 것은 아니다. 예수 자신도 그렇게 문자적으로 산을 옮겨본 기적을 행하지도 않았다. 중요한 것은 '산'으로 표현되는 권력의 길 가기에 대한 장애에 관련하여 자기 중심을 하느님의 뜻에 철저히 헌신을 하는 사람은 힘/권력/특권의 거대한 메커니즘 앞에서 길 가기의 장벽에 움츠리지 않은 용기가 생긴다는 뜻이다.

그런 예시는 바르티매오라는 소경이 산과 같은 장벽을 만났을 때 이미 보여준 바이다.10:46-52 소경인 바르티매오헬라어의 의미는 '부정한 아들'이란 뜻는 사회적 낙인, 소경으로서의 무력함, 군중이라는 거대한 산과 같은 장벽을 삶에서 느낀다. 어느 날 길가에 앉아 예수가 지나간다는 소식을 듣고 그는 그 산과 같은 장벽을 극복했다. 그의 신앙은 다음과 같다.

1. 그가 소리친다 자비를 구하기
2. 그가 다시 크게 소리친다 군중들이 조용히 하라고 말리며 꾸짖음
3. 벌떡 일어나 다가간다 예수가 부름
4. 예수를 따라 나선다 네 믿음이 너를 살렸다는 말씀을 들음

작은 자인 '부정한 아들'바르티매오은 믿음의 주도권을 쥠으로써 "네 믿음이 너를 살렸다.헬, 헤 피스테스 수 세소켄 세"라는 인정과 더불어 길을 동반한다. 이 소경의 눈뜸은 예루살렘 입성후 힘센 자/큰 자/권력자들의 반대와 제자들의 침묵 속에서 여전히 마가의 내러티브 전개에 여운을 주는 이야기이다. 왜냐하면 예루살렘 안에서 다가오는 이들은 오히려 예수의 길을 막기 때문이기도 하다. 마가에서 예수가 펼치는 비전적인 담론 흐름에서 이 작은 담론은 여리고 작은 목소리로 남아있지만 사실상 마가의 내러티브가 전개하는 제자직의 의미 영역에 있어서는 결정적인 위치를 차지하고 있다.

본문 속으로 들어가기

예수는 이미 세 번씩이나 장차 일어날 일, 즉 예루살렘에 들어가면 만나게 될 일에 대해 예고하였다. 그의 예고는 사실 수난에 대한 비극을 말하려고 하는 것이 아니라- 이는 제자들이 오해한 것이다- 예수의 강력한 실천을 말한 것임을 예루살렘 입성 후의 사건 전개에서 확인하게 된다.

마가의 내러티브는 이제 예루살렘 대립 주기11:1-13:3로 들어간다. 그 대립 후 다시 예수의 두 번째 설교13:3-37가 이어지며 마지막은 수난 내러티브14:1-16:8로 종식된다. 대립의 마지막 주자는 한 율법학자다. 마가에 있어서 대립 이야기는 이제 이 스토리로 종식된다. 그만큼 대립의 최종점에 있다. 그의 질문은 "모든 계명 중에서 어느 것이 첫째가는 계명입니까?"였다.

종교개혁 이후로 마가복음의 본문에 대한 가장 많은 오해와 남용은 세 가지이다.

하나는 "카이사의 것은 가이사에게, 하느님의 것은 하느님에게"라는 본문이다. 이미 진술한 것처럼 이것은 신의 왕국과 세속의 왕국의 구별됨에 대한 것은 아니다. 오히려 세속의 왕국이 아무리 지배를 하고 있어도 하느님의 것에 대한 여지와 그 헌신을 이야기한 것이다. 다른 하나는 지금의 본문이다. 그리스도인의 첫째가는 계명에 대해 본문을 결과로 받아들이는 정통기독교인들은 하느님 사랑과 이웃 사랑의 계명에 대한 당연함으로 받아들인다. 그러나 결과가 그러할지라도 여기에는 당연하지 않은, 부자연스러운 교훈이 숨어있는 것이다.

율법학자의 질문은 표면적으로는 자연스럽게 진행된다. 즉, 눈에 띄는 적대감이나 모략적인 시도도 눈에 띄지 않고 호기심어린 질문으로 다가온다. 그 질문에 예수께서 유대민족이면 보편적으로 알고 있는 쉐마신6:4-5를 첫째 계명으로 설명한다. 쉐마는 집안에, 손목에 그리고 아이가 생일이 되면 생일 케이크에 글씨 쓰듯이 생일 축하 빵에 꿀로 쉐마를 써서 아이가 그 달콤함을 쉐마와 연결하도록 할 정도로 중요한 계명이다. 문제는 예수는 그 쉐마 전통에 대해 이질적인 하나의 계명을 더 추가했다는 점이다. 그것은 '네 이웃을 네 몸같이 사랑하라'는 레19:18을 연결하였다는 것이다.

이 두 번째 계명은 거룩한 백성이 되는 길에 대한 하느님의 계명들 정점에 있다. 그 앞에는 땅의 수확중 남은 이삭이나 과일은 거두지 말고 가난한 자와 외국인에게 남겨두기10절, 남의 물건 훔치거나 속이지 않기11절, 이웃을 억눌러 빼앗지 말고, 악담이나 소경의 길을 막지 않기14절, 불공정한 재판하지 않고, 이웃을 죄인으로 고발하지 않기16절, 형제를 미워하지 않고, 동족에게 앙심으로 원수갚지 않기18절가 나오고 나서 이웃을 네 몸같이 사랑하기라는 문장이 결론적으로 나온다는 점이다. 그리고 각각의 계명들은 "나는 야훼이다"로 각 구절 후에 반복하여 누가 이것을 말하는지 상기시킨다.

'하느님에 대한 사랑'이라는 쉐마 중심의 유대인들에게 예수가 이웃사랑이라는 이질적인 계명을 동등한 결합으로 묶어내면서 미묘한 전환과 도약이 일어난다. 이 연결이 그간 당연한 것은 아니었음을 몇 가지 이유로 밝히고자 한다.

1. 그것은 마가가 이미 유대인 전통의 왜곡에 대해 "코르반" 단어 사용부모에게 해 드

려야 할 것을 하느님께 바쳤다는 뜻임; 7:11-12에서 언급된 것처럼 계명이라는 굳어진 그리고 비윤리적인 마음과 태도에 대한 비판을 나타낸다. 이는 모세오경과 율법이 중심인 교조적인 율법학자들에게는 자신들이 보지 못하고 있는 것에 관해 도리깨질과 같은 충격의 언급이 된다.

2 마가복음에서 강하게 강조한 하느님 사랑의 기반—이는 씨뿌림과 등불의 비유에 나타남—위에 길 가기의 방향이 평등한 사회적 계약과 섬김과 나눔의 관계에 대한 헌신이라는 새로운 통합 질서를 내세웠다는 점에서, 율법의 지킴이 가진 좁은 해석을—그래서 부적절한 해석— 넘어서 첫째와 둘째 계명의 동등성으로 인한 충격적인 통합이 제시되었다.

3 "너는 하느님 나라에 가까이 와 있다"는 예수의 응답은 율법학자의 하느님 사랑과 이웃사랑이 '모든 번제물과 희생제물을 바치는 것보다 훨씬 더 낫다'는 올바른 대답에 관련하여 유일하게 그가 '슬기롭게 대답하는' 것으로 보시지만 다른 한편으로는 이는 아쉽다는 뜻으로도 이해되어야 한다는 점이다. 이것은 부자 청년이 계명을 다 지키고도 재산으로 인해 아쉽게 돌아간 것처럼 율법학자가 자신이 아는 '옳은 앎'의 위치가 예수께서 보시기에는 길 가기라는 실천에 연결되지 못하고 앎의 지식으로 있다는 점에서 아쉽고, 그것이 지식인의 한계라는 점을 밝힌 것이다. 이 지적이 다가오지 않는다면 지식으로서 베드로가 옳은 대답을 했으나 예수의 길을 말리는 장면에서 사탄이라고 꾸지람을 당한 이야기를 회상하면 이해할 수 있다. 옳은 대답·앎은 마가복음에 있어서는 제자직에 있어서는 부족한 지점이 있다. 십자기 지기와 섬기기라는 실천이 답보되어야 하는 것이다. 그렇게 마가에 있어서 제자직은 철저히 실천과 행동 중심적이다.

다시 돌아가 대중 기독교의 세 번째 오해는 과부의 헌금 이야기이다.12:41-44 필자는 70년대~80년대 교회부흥과 교회건축 붐이 불던 시기에 중학교부터 청년시절까지 부흥회에 많이 들은, 특히 교회건축 때 가장 빈번히 들은 이야기는 이 과부가 전 재산을 다 털어 헌금함으로 예수의 칭찬을 들었다는 이야기였다. 그만큼 이 이야기는 "어느 누구보다도 더 많은 돈을 헌금궤에 넣"43절도록 하는 부흥 설교자의 단골 이야기였다. 그러나 이 이야기에는 반전의 의미를 품고 있다.

1. '헌금궤 맞은 편에 앉아서...돈을 넣는 것을 바라보고 계셨다'란 문장의 '맞은편'이란 단어는 헬라어 카테난티 katenanti로서 '맞서서 over against, opposite'란 뜻이란 점이다. 이미 마가복음은 지형학적 의미를 사용하고 있음을 우리가 배워왔듯이 이 말은 상대의 행동에 대한 부정적인 의미를 내포하고 있다. 이것이 드러나는 것은 13:3의 구절이다. "예수께서 성전 건너편 올리브산에 앉아 성전을 바라보고 계실 때에..."라는 문장에서 성전 '건너편'도 똑같은 의미의 헬라어이며 이는 성전의 무가치나 성전의 탈중심화를 의미하는 파격적인 문장인 것이다.

2. 이 스토리는 앞에 있는 율법학자를 조심하라는 이야기와 맞물려 나오는 대조의 이야기이다. 예수가 말한 율법학자들을 조심해야 하는 이유는 몇 가지가 구체적으로 열거되어 있다. 기다란 예복 걸치기, 장터에서 인사받기 좋아함, 회당과 잔치 자리에서 높은 자리 차지하기, 과부들의 가산 등쳐먹기, 남에게 잘 보이기 위해 기도 오래하기 등이 그것이다. 그리고 결론을 "이런 사람이야말로 그만큼 더 엄한 벌을 받을 것이라"12:40고 선언한다. 율법학자들의 특권 그리고 위선이 가져온 병폐의 예시 중 하나는 과부들의 가산을 등쳐먹기이며 이와 연관되어 가난한 과부 한 사람도 그들의 가르침에 희생자가 되었다는 점이다. 이 이야기는 이미 디다케 구조에서 리더십의 오용과 무관심에 대한 강력한 경고와 연장되는 이야기이다. "또 나를 믿는 이 보잘 것 없는 사람들 가운데 누구 하나라도 죄짓게 하는 사람은 그 목에 연자맷돌을 달고 바다에 던져지는 편이 오히려 나을 것이다."9:42

따라서 이 본문은 가난한 과부의 전 재산을 다 털어 헌금하는 것은 칭찬받을 일이 아니며, 그렇게 그러한 민중·작은 자들을 거룩의 이름으로 착취하는잘못된 길로 인도하는 이들에 대한 율법학자들의 잘못된 역할에 대한 비난과 엄중한 경종이 담겨있는 대비의 이야기, 혹은 비극적인 이야기인 것이다. 그 가난한 과부는 지식인과 성직자라고 불리는 저명한 인사들의 가르침을 받아 의심하지 않고 자신의 전체 몫을 다 바쳤다. 이점에서 우선적으로 비난 받아야 할 사람들은 지식인/성직자들의 허위와 무책임에 있다. 권력/힘/지식이 타자에게 어떻게 영향을 미치는가는 길 가기에서 성찰해야 할 중요한 핵심 요소이다. 언제나 가르침은 추상적이거나 공중의 공간에 좋게 개념으로 있어야 하는 것이 아니라 땅으로, 현실로 가져와 그 적절함이 펼쳐지는지를 봐야 하는 실천성을 요구한다.

성전에서 마지막으로 남은 하나의 가르침은 다윗의 자손과 그리스도의 연관성이다. 이는 로마제국의 식민지배하에서 정치적혹은 힘을 지닌 메시야 왕국의 열망에 대한 분위기에서 그리스도헬라 문화의 용어, 유대 문화는 메시야는 다윗의 자손과 연관이 없으며 심지어 다윗보다 시간적으로 우선이라고 설명하고 있다. 이는 마가 공동체의 흥미로운 분리이다. 왜냐하면 이렇게 이해하는 순간 이제는 유대 갱신주의 속에서 있던 마가 공동체의 원시기독교는 유대교가 낳았지만 더 이상 유대교가 부모가 아닌 다른 보편성의 특성을 지닐 수 있게 되기 때문이다. 그 가능성은 어떻게 전개될지는 아직 아무도 모른다. 그러나 "다윗 자신이 그리스도를 주님이라고 불렀는데 그리스도가 어떻게 다윗의 자손이 되겠느냐?"12:37라는 진술은 거룩함에 대한 종교적 권위를 이제는 다른 곳에서 찾을 수 있다는 말이기에 엄청난 패러다임이 전환되는 선언을 하는 셈이다.

성찰과 여운

예루살렘 입성 이후 성전을 중심으로 벌어지는 강한 자/힘센 자를 비폭력적으로 결박하기 과제3:27는 매우 치열하였다. 권력과 지위를 가진 다양한 그룹들이 각기 교묘한 그러나 어려운 질문을 가지고 와서 예수를 결박하려 했지만, 예수는 점점 더 자유로워지는 영혼의 권위가 무엇인지를 보여주었다. 교묘한 올무에 걸리지 않고 맞서

직면하여 더욱 본질로 이끄는 그의 대답은 거기 있는 이들 대다수의 감탄과 '기쁨'12:37을 자아냈다. 그러나 여전히 올무를 기획하고 있는 소수 특권자들은 이야기의 진실에 대해 기뻐하기보다는 다른 전략으로 예수를 잡아 죽일 생각에 골몰한다.

그리고 당시 상황에서 절묘하게 대답한 예수의 응답은 박제가 되어 후대에 그 슬기로움은 잊고 추상적인 교훈이 되어 오늘날에는 다시 오용되어 버린다. 이 세상의 통치자와 하느님을 두 왕으로 섬기기, 잠자는 영혼의 연장선에서 부활하기, 가난해도 하느님께 내야 할 헌금은 중시하기, 예수의 두 계명은 그냥 개념이라는 계명으로 있기 등은 변하지 않는다. 그때나 지금이나 별다른 깨달음의 변화가 없는 듯하다. 이런 악마화된 실존 상황에서 나에는 무엇이 중요해지는 것인가? 마가의 진술은 어떤 효험성과 충실성을 나에게 요청하고 있는 것인가?

사실 우리는 예수께 조용히 부탁하는 것은 아닐까? 날 불편하게 하지 마세요. 불편하지 않은 정도에서 진실이라면 들어볼 의향이 있어요. 그 이상을 넘어오면 글쎄...좀 생각을 해봐야 할 듯해요. 종교적 진리보다 미학적인 즐거움이 날 기쁘게 하기에 뭐라고 지금은 말할 수가 없네요. 그래도 나는 특권이 주는 쏠쏠한 누림이 괜찮던데요...그걸 빼앗아 간다면 내 존재는 도대체 무엇에 기반해야 한다는 것인가요?

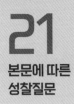
1. 편안한 자세와 호흡을 고르게 한 후 거룩한 영의 안내를 요청한다. 그리고 오늘 새롭게 만나지는 문장, 단어에 주목하며 그것이 나에게 말걸어 오기를 기다린다. 지적인 사고가 아니라 가슴이 울리는 단어에 집중한다. 본문의 문장이나 단어가 당신의 영혼, 삶을 비추어 주는 것이 있다면 영에 의지하여 그것이 자신을 바라보게 한다.

2. 당신의 영혼에 가장 첫째 되는 계명으로써 암묵적으로 당신의 삶을 형성해 온 것이 있다면 그것은 무엇인가? 종교적 실존으로서 당신의 가장 중요한 삶의 계명이 예수가 말한 두 계명과 어떤 가까움이나 거리 감각이 있는가? 예수의 말에 대한 지금 당신의 존재 감각으로서 다가오는 느낌은 어떤가? 무거운가 아니면 가벼운가? 얼마나? 왜 그런 것 같은가?

3. 오늘 본문인 율법학자 이야기38절-40절 내용 속으로 들어가 보라. 당신에게 어느 정도 규율이나 원칙이 중요하다고 여겨질 때, 그것은 무엇인가? 어떤 장소/공간에서, 당신은 어떤 대접을 받기를 원하는가? 자신이 정당하다 생각하는 수준의 대접은 무엇인가? 그 근거는 무엇인가?

4. 성전·성소·교회와 관련하여 여러 역학적 힘과 관계들이 당신의 삶에 발생하고 있다. 당신에게 성소는 어떤 의미였으며, 마가를 통해 어떤 변화나 차이 아니면 확증을 가지게 되었는가? 성소·교회는 당신의 존재에 어떤 질문을 던지는가? 당신의 대답은 무엇이었는가?

막 12:28-44

디다케 구조8:27-10:52에서 다룬 제자들과의 문답과 예루살렘 입성후 성전엘리트들과의 대결 부분11:1-13:3은 모두 권력/힘/첫째되기와 관련된다. 그 사이에 '불량한 아들'이라는 뜻의 이름인 바르티매오 소경의 치유가 신학적 맥락 속에서 이 양쪽을 연결하는 사건으로 자리 잡고 있다.

예수가 디다케 구조에서 억압적 통치의 전복으로서 통치자/높은자/강한 자의 리더십에 관해 제자들에게 말한 것은 '위대하다는 것은 섬긴다'는 뜻으로 통치의 본래적 성격을 재위치시킨다. 사람의 아들의 서비스/섬김헬, 디아코니사이 diakoneesai은 제자도디아코노이 diakonoi라 불리우는 이들의 리더십를 위한 터전이 된다. 이 구조에서 섬김의 상징적 대상은 지배 체제와 가부장 제도에서 가장 고통받고 취약한 '어린이'이다. 어린이는 사회적 계급으로서 '가장 작은 자the least'이며 제자도는 이러한 작은 자에 대한 섬김의 자발적인 꼴찌됨으로 이루어지는, 이 세상에서는 상상할 수 없는, 그래서 혁명적인 길이다. 그것은 새로운 길이다.

예루살렘 입성후 성전뜰에서 벌어지는 적대자들과의 대립적인 논쟁들은 매우 치열하였다. 각각의 성전 엘리트 그룹들이 교묘한 질문으로 예수를 시험하고 덫에 넘어갈 대답의 구실을 찾고 있었다. 먼저는 산헤드린 출신의 "대사제들과 율법학자들과 원로들"11:28의 출현으로 그들은 권한 이슈를 제기한다. 예수는 포도원 소작인의 비유를 통해 권력의 상대화, 권력자들이 책임져야 할 부재자 지주에 대한 이야기로 응답한다.

그 다음은 종교와 정치에 상호 이질적인 융합그룹인 "바리사이파와 헤로데 당원 몇 사람"12:13인 소수 정예가 와서 카이사르의 것과 하느님의 것에 대한 올가미 질문을 하였다. 게다가 세 번째 다른 그룹인 '사두가이파 사람들'이라 불리는 종교적 보수 귀족층이 와서 죽은 형 아내의 소유 문제를 부활과 연결시켜 혼란스러운 질문을 한다. 그리고 마무리로 '율법학자 한 사람'12:28이 다가와 율법의 핵심 계명을 묻는다. 예수께서는 이러한 교묘한 질문들의 올무에 걸리지 않고 더욱 본질적인혹은 더 큰 진리인 것으로 응답하는 치열한 논박이 진행된다.

성전 뜰에서 강도의 소굴이 되었다고 장사치들을 쫓아낸 그의 행동은 성전/거룩함을 중심으로 사회적이며 상징적인 권위를 지닌 이들이 얼마나 은유적으로 똑같이 질문이라는 칼을 가지고 달려드는 지를 여실히 보게 된다. 이에 대해 예수의 응답은 분노나 저주가 아니라 기도의 집에 있던 것처럼 본질적인 것·진정한 것을 드러내는 형태로 마음의 중심은 요동 없이 있는다. 이는 그가 제자들에게 말했던 섬김이 진실에 대한 섬김이고, 사람의 아들은 '모든 사람의 종' 그리고 '많은 사람들을 위하여 목숨을 바쳐 몸값을 치르기'헬, 린트론 안티 폴룬 lytron anti polloon =a raonsom for many의 말처럼 많은 이들의 유익함을 위해 전념하기의 예시이다.

반면에 예수가 말한 '율법학자들'의 위선과 특권남용은 심각한 정도임을 밝힌다. 그 예시로는 화려한 예복, 인사받기, 높은자리 앉기, 과부들의 가산 빼돌리기, 남 보이는 데서 길게 기도하기 등으로 나열된다.12:38-40 한 율법학자가 예수의 두 계명에 대해 찬탄12:28-34했지만, 그들의 실속은 이렇게 위선과 특권남용이니 조심하라고 제자들에게 경고한다. 내부에서 리더십의 오용에 대한 체크가 '어린이' 섬김과 관련되어 있었다면, 예루살렘의 논쟁 부분에서 등장하는 사람은 '과부'이다. 사회적 약자이자 당시의 남성 노동중심 사회에서 의존이 필요한 '가난한 과부 한 사람'12:42이 언급된다. 그녀가 가진 돈 모두를 헌금궤에 넣는 모습을 통해 예수는 율법학자들의 잘못된 가르침으로 인해 가난한 과부가 얼마나 희생되는지를 예시하면서 이러한 비극에서 나타난 사례를 통해 통렬하게 율법학자들을 조심해야 한다는 것이다.

한 율법학자가 '모든 번제물과 희생제물을 바치는 것보다 훨씬 더 나은 것'12:33이 하느님을 사랑하기와 이웃을 사랑하기로 승인했지만, 그 또한 결국 머리의 이해와 달리 구체적인 삶에 있어서는 지배와 착취의 시스템 안에서 살아가고 있다는 지적은 핵심을 찌른다. 지성인이자 성직자로서 권력에 대한 특권을 누리며 지배체제와 공모하고 있다는 현실은 폐부를 찌르는 진실이다. 약자들의 가산을 등쳐먹으면서 예복으로 위엄을 보이고, 사람들로부터 인사를 받으며 높은 자리를 탐내고, 경건의 모양새는 길게 갖는다는 예수의 통찰은 고금을 통해 적절한 지적이기도 하다.

내부로는 새로운 탈지배체제의 나눔과 평등 공동체를 추구하는 제자직의 부패를 가져오는 권력 문제와 더불어 외부로 만나는 성전 특권계급들의 부패된 권력 현실을 꿰뚫게 하는 측정 기준으로서 어린이와 과부는 각각 탈권력의 중요성을 확인하는 바로미터가 된다. 상호관계에 있어서 타자에게 영향을 미치는 힘으로써 권력이 강제와 지배, 특권과 차별로 이어지는 시스템과 문화는 강한 전염성이 있기에 "조심하라"12:38는 것은 권력과 관련된 제자직의 중요한 덕목이다. 길 가기에 있어서 복음을 지키고 따르는 것과 더불어 권력의 '누룩'8:15을 경계하는 것은 매우 중요한 교훈인 것이다. 거룩함의 핵심인 성전에 들어가 눈여겨 보신 것"거기서 이것저것 모두 둘러 보시고..."; 11:11과 헌금궤 맞은편에 앉아서 사람들이 헌금궤에 돈을 넣는 것을 바라보신 결과12:41가 특권과 착취라는 권력 시스템이 성전을 중심으로 돌아가고 있다는 예수의 날카로운 비판은 더욱 권력에 대해 민감해지고, 그의 본질적인 것을 향한 직관은 더욱 강렬해지고 있다.

그동안 길가는 자에게 있어서 물리적 공간은 매우 중요했었으나, 성전으로 대표되는 물리적 중심에서 이제 더 이상 그런 공간에 머물 필요가 없어지게 되었다. 그가 둘러보고, 성전 의식을 담당하는 권위자/권력자들을 대화로 확인해 보고, 그들의 가르침과 실제 현실을 헌금궤 맞은편에서 지켜보면서 이제는 강도의 소굴이 되었다는 것을 깨달아지는 것은 권력[특권]의 속성이 그러하기 때문이다. 그렇다면 물리적 공간으로서 성전·거룩한 장소가 오염이 되어 그 본질을 잃어버렸을 때 제자들은 어떤 새로운 권위에 의존하여 나아갈 필요가 있는가? 이것이 마가복음에 또한 남겨진 길가는 자의 숙제가 되었다.

지성인이자 성직자 중의 한 사람인 율법학자는 예수에게서 '너는 하느님 나라에 가까이 와 있다'12:34라는 인정을 받을 수는 있었으나, 문제는 그 그룹이 지닌 문화와 시스템이 부패했기에 예수는 율법학자 한 개인의 지적인 동의보다 율법학자들의 행태와 문화 그리고 그들의 권력구조의 시스템의 중독에 대해 말씀하고 계신 것이다. 그래서 그 한 개인이 '슬기롭게 대답하는 것'에 대해서 그를 제자로 삼고자 부자 청년처럼 나를 따르라는 말을 하지 않는다. 즉, 예수는 율법학자에 대해 기대하는 것이 없다 아는 것과 프락시스는 다르다는 것을 알기에 "율법학자들을 조심하여라"는 말씀을 그 한 율법학자와의 대화 직후 특히 강조하여 말한 이유이기도 하다.

개인 한 사람으로서 지성인/성직자가 하느님 나라에 가까이 갈 수 있는 인도자로 만나는 것은 일반 기독교인에겐 쉬운 일도 아니며, 거기에 지성인과 성직자 계급이 지닌 관행과 시스템은 철저히 그 어떤 타당한 '거룩한 공간'의 구실로 장사와 착취, 권력 지배의 공모에 견고한 성채처럼—예수는 이를 '산'으로 표현; 11:23— 길가는 제자직에 장벽이 된다. 탈지배 체제로 사람을 초대하고 사회를 변화시키는 거대한 장벽산을 움직여 통로를 내는 것은—산을 들어 바다에 빠뜨리기— 이제 어떻게 가능한 것인가?

이제 이때쯤은 예수께서 디다케 구조 안에서 세 번씩이나 수난 예고를 펼치면서 제자들에게 교훈담화를 통해 훈련시키는 이유를 어렴풋이 이해되기 시작한다. 그것은 그가 종교개혁 전통의 가르침에 익숙한 제도권의 크리스찬들이 이해한 것처럼 십자가 후의 부활이니, 고통 후의 영광에 대한 교리적 개념의 가르침을 주고자 했던 것은 아니었다. 오히려 자신의 죽음을 배수진으로 치고, 남은 얼마간의 절대적인 시간의 현실성 속에서 가고자 했던 길의 확실성과 숭고성을 전달하고자 하는 가슴과 가슴의 진리 전달키에르케고르의 용어에 대한 열정과 의지에 대한 표현이었다. 길 가기의 필연성은 다음과 같다.

1) 방향과 목적: 우리는 지금 예루살렘으로 올라 가는 길이다.
2) 배신과 불의한 대접: 거기서 사람의 아들은 대사제들과
                    율법학자들의 손에 넘어가 사형선고를 받고

3) 이중적인 부당한 재판의 직면:　　이방인의 손에 넘어 갈 것이다.

4) 모욕의 감내:　　　　　　그러면 그들은 사람의 아들을 조롱하고 침뱉고 채찍질하고

5) 살해당함:　　　　　　　마침내 죽일 것이다

6) 미래의 약속:　　　　　　그러나 사람의 아들은 사흘 만에 다시 살아날 것이다.

'모든 사람의 종'이자 '많은 사람을 위한 몸값'으로서 길가는 자의 표본인 '사람의 아들'은 더러운 영의 내면화인 권력/강제/특권에 의해 펼쳐지는 배신, 부당한 판결, 모욕, 죽음에 대해 더욱 치열한 길 가기를 행함으로써 두 가지의 미래를 보장받는다. 첫 번째 권력/강제/특권이 행사하는 힘이 결국은 진실로부터 멀어진 채 오직 할 수 있는 힘이란 배신, 판결, 모욕, 죽임이라는 타자를 '망하게 하기'3:27-"지탱시키지 못하게 하고 망하게 하기"의 기능뿐이라는 사실의 폭로이다.

두 번째는 오히려 그러한 배신, 판결, 모욕, 죽임이 잠시 멈추게 할 수는 있어서 길 가기는 '다시 살아날 것'이라는 길 가기의 핵심 에너지와 그 진실성의 확증이다. 그런 것들로 인해 길 가기의 참됨이 살아 드러나며, 생명력이라는 길가는 자의 영혼을 더욱 점화하는 불꽃이 되게 만들 것이라는 확증이 그것이다.

비록 그러한 다시 살아날 생명력은 이전의 육체 모습으로는 아닐지라도 살아있는, 죽일 수도 없고, 방해할 수도 없는 영혼의 길 가기 움직임이 된다. 그러기에 예언은 말하는 자의 자기 삶의 헌신에 대한 자기-증험적인 표현이며 그것은 운명destiny으로서 자신의 삶이 참됨을 확증할 것이다. 운명이라 함은 자신이 그동안 길을 가는 자로 길 가기를 의지적인 선택으로 가져왔었다면 이제는 전환점으로 배신, 판결, 모욕, 죽임의 상황을 통해 길 가기가 자신의 선택을 안내하며 길가는 것 자체가 자기 목숨과 영혼이 되어버리는 길의 성육신incarnation=embodiment으로서 존재화를 말한다.

길 가기가 의지가 아니라 이제는 영혼에 등불로 존재함으로써 예수가 부자청년의 슬픈 뒤돌아서기에 대한 제자들의 당혹감에 대해 확고히 응답할 수 있었다. "부자가 하늘나라에 들어가는 것보다 낙타가 바늘귀로 빠져나가는 것이 더 쉬울 것이다"10:25에 대한 다른 가능성으로서 새로운 능력의 열쇠를 말할 수 있었던 것이다. "그것은 사

람의 힘으로는 할 수 없으나 하느님은 하실 수 있는 일이다. 하느님께서는 무슨 일이나 다 하실 수 있다."10:27

그 진술은 물론 요술 방망이처럼 모든 욕심과 원하는 것이 이루어진다는 뜻은 아닐 것이다. 이는 '하느님 나라에 들어감'에 한정된 집중된 태도로서 길 가기를 말한다. 그 말은 다시금 저주받은 무화과나무의 교훈에 대해 예수가 말한 것과 일치된다. "누구든지 마음에 의심을 품지 않고 자기가 말한 대로 되리라고 믿기만 하면 이 산더러 '번쩍 들려서 저 바다에 빠져라' 하더라도 그대로 될 것이다"11:23 물론, 앞서 말한 대로 이 믿음의 힘은 길 가기에 대한 '마음의 의심'이 없이 권력/첫째/특권의 '산'이라는 장애물에 대한 길 열기의 가능성과 그것을 실현하는 민중"누구나"의 주체성에 대한 신뢰를 뜻한다. 그리고 그것은 또한 아이러니하게도 권세·위엄을 지니고 있던 산헤들린 성직 계급의 수장들인 '대사제들과 율법학자들과 원로들'을 움직여 직접 나오게 해서 예수께 다가와 궁금해서 물었던 질문과 연관된다. "당신은 무슨 권한으로 이런 일들을 합니까? 누가 권한을 주어서 이런 일들을 합니까?"11:28

디다케 구조에서 가장 힘들었던 적대자들인 내부의 제자들첫 번째 수난 예고에서 길가면서 누가 첫째인가의 논쟁, 그리고 세 번째 수난 예고에서 영광된 예수의 왼쪽과 오른편 자리의 특권에 대한 요구에 대해 교훈 주기와 예루살렘 입성후 성전 뜰에서 펼쳐지는 성전 권력자들의 대적하는 질문에 대한 교훈 주기에서 우리는 길 가기의 두 가지 실존적인 질문을 받는다. 첫 번째 질문은 "당신은 나를 누구라 생각하느냐?"라는 질문이다. 이것은 단순히 신앙의 모범인 예수에 대한 교리·고백의 문제가 아니라 나의 정체성에 관한 질문과도 연결된다. 나에게 그의 길 가기 삶이 어떻게 나와 연관되며, 나에게 소중한 관계가 될 수 있는가의 질문이기 때문이다.

두 번째 질문은 바로 성전 엘리트들의 질문이다. "당신은 무슨 권한으로 이런 일들을 합니까? 누가 권한을 주어서 이런 일들을 합니까?" 아이러니는 이들은 스스로는 대답을 할 수 없으면서도 성직 계급으로서 중요한 질문을 한다는 점이다. 이 질문은 길가는 자로서 나의 행동/움직임/선택/하는 일/소명이 어떤 권위그렇게 할 수밖에 없는 진실의 가치와 이치됨에 대한 수용에 기초하여 내가 활동/일하고 있는가에 대한 질문이다. 이는 또한 나의 일하기·활동의 궁극성ultimacy−궁극성은 내가 무엇을 좋아하거나 가치 있게 여길 때, 모든 것을 초월하는 최종적이며 실존적인 관심이나 가치를 말한다의 토대를 살펴볼 수 있게 한다.

예수는 하는 일의 궁극성에 대해 한 가지 교훈을 이야기한다. 그것은 그리스도와 다윗의 자손의 불연속성에 대한 응답이다. "다윗 자신이 그리스도를 주님이라고 불렀는데 그리스도가 어떻게 다윗의 자손이 되겠느냐?"12:37 이 응답은 그 당시 민중들과 율법학자들이 기대하던 정치적인 승리의 메시야 왕국에 대한 일반적인 기대와 가치 기준에 대한 마가의 신앙공동체가 추구하는 그리스도에 대한 새로운 이해를 보여주는 문장이다. 혈연, 지연, 전통의 기대와 그 계보와 다른 독자적인 그리스도·메시야 사상의 태동을 알리는 문장이기도 하다. 즉, 힘·권력·강함에 의존하지 않은 길가는 존재의 원형으로서 그리스도·사람의 아들에 대한 가능성을 알린다.

마가의 제자직에 있어서 사람의 아들됨·그리스도의 의미는 단순히 고백이나 교리로 설명되지 않는다. 여러 악령축출과 질병치유 사건에서 예수는 자신의 정체성 노출에 대해 침묵을 요구하였다. 제자직도 선택 후에 끊임없는 체험을 통한 깨달음의 연속과정이 요구되고 있다. 바르티매오가 "다윗의 자손이신 예수님, 저에게 자비를 베풀어 주십시오!"10:47라고 소리쳐 치유를 받았지만 그는 올바른 이해로 인해 치유받은 것은 아니다. 그의 주체적인 행동이 그를 인도한 것이다. 예수의 예루살렘 입성에서 군중들이 "호산나, 우리 조상 다윗의 나라가 온다. 만세"11:10라고 환호성을 울린 것이 올바른 이해로부터 오는 것은 아니었다. 목격과 교리적 선언 혹은 추상적 이해라는 단박의 깨달음은 마가복음에서는 찾기 힘들다. 오히려 여전히 예수의 행로를 함께 모호하게 걸어가면서 기존의 권위를 내려놓고 새로운 의식과 경험이 명료해질 때 찾아온다는 점에서 끝까지 가봐야 비로소 그분이 누구이고, 따라서 내가 누구인지를 또한 알게 될 것이다.

성전 체제의 몰락과 깨어 있기

막 13:1–37

회상과 배경

본문 13장은 원래의 마가복음 내러티브의 흐름에 따르면 3절까지가 예루살렘 안에서 성전 엘리트들과의 논쟁 부분이고 4절부터 끝절까지가 두 번째로 하는 제자들에 대한 설교 부분이다. 그러나 이미 성전 주위에서 일어나는 논쟁에 많은 함축된 주제들이 담겨 있었기에 장절로 끊어서 13장이 포함한 성전 몰락의 예고와 두 번째 예수의 가르침을 이곳에서 한 번에 다루기로 한다.

이미 여러 차례 살펴보았듯이 길열기와 길 가기에 있어서 마가복음에는 지형학적 의미가 신학적으로, 실존적으로 부여되었다. 중심인 회당에서 가정과 빈들, 호숫가로, 주변·가장자리인 갈릴리에서 예수 사역에 대한 민중들의 호감과 중심인 예루살렘에서 성전 엘리트들의 반감이 배열되어 있다. 심지어 예루살렘 입성에서도 중심인 성전은 논쟁을, 그리고 예루살렘 진입을 돕는 머물 장소로 예루살렘 밖인 베다니아 그리고 나중에는 겟세마네, 감람산이 영적인 중심으로 재편되어 예루살렘 주변 대 예루살렘 본진이 구별되고 있다.

성전은 우주의 중심이고, 하느님께서 거하시는 곳이며, 유대 종교의 모든 방향이 이 한 곳을 향해 직간접적으로 향하고 있었기에 유대 민족에 있어서 성전은 개인의 정체성과 집단의 정체성이 모이는 곳이다. 마가의 예수 행태에 관련하여 예루살렘 입성 후 성전 활동에 대해 주목해 보자면 그 움직임만으로도 무언가를 시사한다.

이윽고 예수께서 예루살렘에 이르러 성전에 들어가셨다. 거기서 이것저것 모두 둘러보시고 나니 날이 이미 저물었다. 그래서 열 두 제자와 함께

베다니아로 가셨다.11:11

그들이 예루살렘에 도착한 뒤, 예수께서는 성전 뜰 안으로 들어가 거기에서 사고팔고 하는 사람들을 쫓아내시며 환전상들의 탁자와 비둘기 장수들의 의자를 둘러엎으셨다... 저녁 때가 되자 예수와 제자들은 성 밖으로 나갔다.11:15,19

그들은 또다시 예루살렘으로 들어 갔다. 예수께서 성전 뜰을 거닐고 계실 때에 대사제들과 율법학자들과 원로들이 와서..."나도 무슨 권한으로 이런 일들을 하는지 말하지 않겠다"하고 말씀하셨다....예수께서 성전을 떠나 나오실 때에...11:27;13:1

고대 유대문화에서 성전의 일상적인 역할과 그 신성한 위치를 고려해 볼 때, 예수가 성전에서 하신 일이 둘러보거나, 물건을 뒤엎거나, 논쟁하는 것으로 예수의 사역이 채워지고 또한 성전 밖으로 나가심이 계속 언급된다. 결정적인 것은 제자들이 성전을 떠나 나올 때 한 말이다. "선생님, 저것 보십시오. 저 돌이며 건물이며 얼마나 웅장하고 볼만합니까?" 황금으로 도배해서 햇빛을 받으면 장관을 연출하는 위엄 어린 성전에 대해 예수는 말한다. "지금은 저 웅장한 건물들이 보이겠지만 그러나 저 돌들이 어느 하나도 제자리에 그대로 얹혀 있지 못하고 다 무너지고 말 것이다."13:2 그리고 나서 연출되는 장면은 다음과 같다.

예수께서 성전 건너편 올리브산에 앉아 성전을 바라보고 계실 때에...13:3

마가는 성전의 무너짐에 대한 예언과 예수의 '성전 건너편 올리브산[감람산]에 앉아 성전을 바라보심'에서 확실하게 성전 체제의 몰락과 미련 없음에 대한 증언을 하고 있다. 이는 단순히 물리적인 공간의 의미에서만 그런 것이 아니었다. 우리는 실제로 성전 뜰에서 펼쳐진 여러 성전 엘리트 그룹들로부터 온 논쟁자들과의 대결을 통해 거룩함과 힘·권력의 공모 관계를 통해서도 이미 거룩의 현실성이 사라졌음을 이야기 전개를 통해 지켜봐 왔다.

"다 무너지고 말 것이다"헬, 카타루오 kataluó=kata[down, against]+luo[loosen, release]라는 예수의 언급은 충격적인 언급이며, 성전 건너편 올리브산에서 성전을 바라보며 '그런 일'에 대해 언급하고 있다는 것은 성전 체제의 몰락에 대한 역사적인 상황AD 70년 로마군대에 의한 예루살렘 함락과 성전파괴만 아니라, 실존적이며 신학적인 의미에서 성전 역할에 관해 더 이상 그 가치가 다했다는 대범한 선언이기도 하다. 이 둘의 상황에 대해 잠시 그 배경을 살펴볼 필요가 있다.

66년부터 사회정치적인 상황으로는 유대-로마 전쟁이 발발하였다. 유대의 혁명적인 임시정부가 로마통치로부터 이스라엘 회복과 예루살렘 방어를 위한 불복종을 선언하였다. 그해 11월 로마의 시리아총독 갈루스가 진압군을 데리고 왔지만 북쪽만 점령하고 일시 퇴각을 한 후, 유대 저항군은 이러한 일시적인 승리가 하느님의 지키심이라는 이데올로기를 전파하며 독립을 확고히 하기 위해 열심당원들을 중심으로 지지자들을 모았다. 그후 로마 장군이자 네로 사후에 황제가 된 베르파시안이 정벌군 장군으로 티투스를 파견한다. 티투스는 70년 4월 예루살렘을 포위하고 5개월간 치열한 전투 후에 성전은 불타버린다. 이는 기원전 2세기에 일어난 마사다 전투 후에 가장 치열한 전투였다. 예루살렘 몰락 후 이스라엘은 1948년까지 나라없는 백성으로 살게 되었다

아마도 유대-로마전쟁기의 60년대 중반 이후에서 AD 70년 예루살렘 몰락시기 사이에 마가복음이 써졌으리라 추측되는 상황에서 검으로부터 공동체를 보호하기 위해 직접적으로 저항할 수 없었던 마가는 간접적으로 '카이사의 것, 하느님의 것'12:17과 이방인의 통치자가 하는 '강제로의 지배'와 '백성을 권력으로 내리누름'10:42에서 카이사와 이방인의 통치자 언급을 하고 있다. 그러나 예수가 본 지배체제는 단순히 강제의 다스림으로서 '지배'만 아니었다. 성전 엘리트들의 '지배에 대한 공모' 시스템에 대한 저항에 대해 언급하고 있다. 지배는 당사자만 아니라 협력자에 의해 일어나는 것임을 보고 힘·권력의 탈중심화를 향한 대안적인 돌봄의 공동체라는 비폭력적인 사회 건

설 프로젝트에 대해 제자직 리더십을 재형성하고 있었던 것이다.

이렇게 사회정치적인 현실에서 로마제국의 침탈이라는 사회적 이슈로부터 가야할 길에 대해 '검으로 맞서기'라는 시오니스트들에, 열심당원들의 '다윗의 도성' 수호에 대한 힘·권력의 쟁취에 대해 예수는 그것이 근본적인 개혁이라 보지 않았다. 더구나, 실존적이고 신학적인 의미에서 '성전'의 재회복이 성전 체제가 지닌 성전의 탈−본질화와 역기능 그리고 거룩이라는 이름하에 펼쳐지는 상징적인 폭력의 심각성을 간파한 예수는 성전의 탈신성화라는 대안적인 방향을 찾고 있었다. 그 심각성 예시가 성전주의자들인 율법학자들의 예복착용과 높은 자리 앉기 그리고 과부들의 가산을 등쳐먹기 등이다; 12:38-40 이것이 예루살렘 입성을 통해 명확하게 본 성전 체제의 현실이었다.

필자의 "성전의 탈신성화"라는 말은 너무 급진적이고, 가혹하며, 당황스러운 단어로 보일 수도 있다. 그러나 지금까지 마가복음 기자의 증언에 귀 기울여 왔다면 이 말은 충분히 이해될 수 있는 말이기도 하다. 성전의 합법성에 대한 부정은 그때나 지금이나 엄청난 이슈이다. 그러나 여기서 핵심은 우주의 중심이자 자기 실존의 중심인 성전 체제에 기반한 모든 사회 문화의 기반이 무너져 나가 버렸을 때 무엇이 그 거룩함을 채우고 무엇이 거룩함·신성함이라고 부를 것인가라는 궁극 질문이 이 '흔들리는 터전' 위에 자연스럽게 올라오게 된다.

본문 속으로 들어가기

유대−로마 전쟁AD 66-70년에 있어서 60년대 말 마가복음을 기록한 시대적 상황은 유대의 일시적인 승리 기쁨으로 인해 '야훼께서 지켜주신다'는 야훼의 전쟁 개입 프로파겐다 신앙과 예루살렘 방어에 대한 헌신과 독려가 모든 참된 유대인들에게 이데올로기로 전파되던 때였었다. 전쟁을 확실한 메시야 승리 시대의 징조로 간주했던 그 격량의 시기를 마가는 '종말론적 시간'의 표징으로 보고 다음과 같은 깊은 성찰을 마가복음에서 두 번째 제자에 대한 가르침 부분으로 그 내용을 채운다.

그런 일이 언제 일어나겠습니까? 그리고 그런 일이 다 이루어질 무렵에는

어떤 징조가 나타나겠습니까? 저희에게 말씀해 주십시오. 13: 4

그러나 예수의 대답은 그 질문에 직접적이지 않다. 오히려 한 가지를 당부한다. "아무에게도 속지 않도록 조심하라헬, 블레페테 메 티스 히마스 플라네세 blepete mé tis hymas planēsē." 마가복음에서 제자들에게 들려준 첫 번째 가르침은 '들으라'4:3, 헬, 아쿠오에테 였으나 두 번째 가르침의 핵심은 '조심하라헬, 블레페테, 13:5, 23'로 바뀐다. 왜냐하면 종 말론적인 시기에는 여러 현상들이 나타나 현혹시킬 것이기 때문이다.

- 거짓 그리스도의 출현6절
- 난리, 전쟁, 흉년7-8절
- 나로 인해 법정에 끌려감9-11절
- 가족, 형제들의 상호고발과 모든 이들로부터 미움12-13절

그러한 종말론적인 현상들이 나타나게 될 때 삼가 조심해야 한다. 조심한다는 것 은 눈에 보이는 혼란스러운 것에 휩쓸리지 않아야 한다는 뜻이며, 인내가 필요한 시기 라는 뜻이다. "그러나 끝까지 참는 사람은 구원을 받을 것이다."13절 이때는 견디면서 기다리는 시기이다. 게다가 이러한 종말론적인 시기에는 파국의 징조들이 나타난다. 14절이 이를 설명한다.

황폐의 상징인 흉측한 우상이 있어서는 안 될 곳에 선 것을 보거든 독자는 알아 들으라. 유다에 있는 사람들은 산으로 도망가라.

이 증표가 로마제국의 잔인한 무력행사와 성전에 대한 파괴이든, 아니면 그 시대 의 다른 퇴폐한 문화의 성찰이든 간에 우선은 피하고, '주께서 그 고생의 기간을 줄여 주시기를' 기도하기를 권면한다. 또한 거짓 그리스도와 거짓 예언자들이 나타나 "뽑 힌 사람들을 속이려고 여러 가지 기적과 이상한 일들을 할 것이나", 현혹되지 말고 '조

심하라'고 권고한다. 그 시기는 해, 달, 별이 빛을 잃고 하늘에서 떨어지며 모든 천체가 흔들리는 파국의 상황에 들어가는 것처럼 보일 것이다. 그래도 조심하고 있으면 사람의 아들이 권능을 떨치며 영광으로 오는 것을 보게 되고, 천사들을 보내 사방으로부터 뽑힌 사람들을 다시 모을 것이다. 이런 점에서 파국은 끝이 아니다. 신실한 인내를 가진 사람들은 다시 구제될 것이기 때문이다. 즉, 절대적인 허무로 전락하지 않으며, 구원의 때가 도래할 것이니 희망을 품을 필요가 있다는 것이다.

그러한 희망의 신념은 단순히 머릿속에서 그려지는 추상적인 상상력이 아니다. 실제로 눈으로 볼 수 있는 데, 그것은 '무화과나무의 교훈'이다. 눈에 보이는 무화과나무의 "가지가 연해지고 잎이 돋으면 여름이 가까워진 것을 알게 된다."28절 이는 절대로 사라지지 않을 확실한 것이다. 그러니 그날과 그 시간은 알지 못하니 오직 "조심해서 항상 깨어 있으라"33절는 것이다. 이 환란 날에 언제 사람의 아들이 다시 올지 혹은 먼 길을 떠난 집주인이 언제 올지는 천사도 아들도 알지 못하니 오직 할 수 있는 하나를 하라. 그것은 조심해서 항상 깨어 있는 것이다.

> 늘 깨어 있으라. 너희에게 하는 이 말은 또한 모든 사람에게 하는 말이다.37절

깨어 있음헬, 그레고레오 grégoreó=stay awake은 단순히 제자들에게만 주어지는 것이 아니라 모든 이에게 보편적으로 주어지는 환난 날의 덕목이다. 이는 마치 먹이에 굶주린 갈까마귀나 독수리들이 하늘을 비행하고 있을 때, 자기 할 일을 하면서도 귀를 쫑긋 세우고 사방을 지켜보는 토끼를 연상한다.

> 그것은 마치 먼 길을 떠나는 사람이 종들에게 자기 권한을 주며 각각 일을 맡기고 특히 문지기에게는 깨어 있으라고 분부하는 것과 같다.34절

흥미로운 것은 그러한 환란의 종말론적인 시기에 움츠려 있는 것을 부탁하는 것은

아니다. 거짓 그리스도와 거짓 예언자들이 지도자를 현혹하고 여러 기적과 이상한 일을 하며, 천체가 흔들리는 사회 격동기를 경험하게 될 때, 생존보다 '먼 길을 떠난 사람'이 부여한 그분이 부여한 일을 찾아야 한다. 그리고 일부는 문지기가 되어 그 일을 하는 것을 보호하고 주인에 대해 삼가 기다리며 깨어 다가오심을 맞이할 자세를 지닐 필요가 있다. 물론, 단순히 이는 주인 맞이하기 위함만은 아니다. 밤에 깨어 있음으로써 더 진실로 해야 할 것들이 보이기 때문이기도 하다.

성찰과 여운

이번 13장에서 제자들은 두 가지 이미지에 대해 배운다. 첫 번째 이미지는 '화려한 것'으로 보이는 이미지에 현혹되지 않는 것이다. "선생님, 저것 보십시오. 저 돌이며 건물이며 얼마나 웅장하고 볼만합니까?"13:1라는 '웅장하고 볼만한 것'으로서 이미지는 언제나 이 세상 권력이 보여준 겉모습이자 우리 인생들 대부분이 길 가다가 걸려 넘어지는 정신팔이의 핵심이다. 더군다나 거룩한 곳인 성전이 화려하고 웅장하기까지 하다면 거룩함의 신념과 미관상의 볼거리와 맞물려 우리는 저항할 수 없이 그 매력됨에 대부분 빠져들 수밖에 없게 된다.

두 번째 이미지는 180도 바뀐 것으로 흉측한 것에 대한 이미지이다. 흉측한 것은 우리를 두렵거나 혐오하게 만들어 고개를 피하게 만든다. 흉측한 것은 생리적으로나 본능적으로 거부하게 만들고, 머리를 돌리게 만든다. 그래서 깊이 생각해 볼 기회를 얻지 못한다. 깊게 성찰해 보지 못하기에 흉측한 것 중의 가장 흉측한 것으로서 '거짓 그리스도와 거짓 예언자'들이 하는 기적과 이상한 능력의 일들이 현혹이라는 사실을 알지 못한다. 게다가 흉측한 것으로 인해 깨어 있어야 하는 귀중한 수행의 기회임도 자각하지 못하기에 우리는 이런 것들로부터 '달아나기'를 선택한다. 그래서 그것들이 위세와 위용을 갖도록 허락한다.

마가복음에서 마지막 설교인 제자들에게 당부하는 이 종말론적인 시기에 대한 권면인 '조심해서 항상 깨어 있으라'33절는 이 두 이미지의 현혹으로부터 휩쓸리지 않을 것을 권고한다. 왜냐하면 그것들은 일시적으로는 현상으로 나타나 있으나 궁극적으로는 '무너져버릴 것들'이거나 '사라져 버릴 것들'이기 때문이다. 이제 예수는 제자가 되기 위해 귀를 열어 '듣는 것'에 대한 성실성의 요구만 아니라 더 나아가 영혼의 눈이 떠져 지켜보는 것을 요구한다. 듣는 것과 조심하며 깨어 있기는 길가는 자의 핵심 역량이다. 왜냐하면 인생의 길은 종점·목표에서 다가오는 것이 아니라 그 둘에 의해 항상 열려져 나타나는 것이기 때문이다.

1. 편안한 자세와 호흡을 고르게 한 후 거룩한 영의 안내를 요청한다. 그리고 오늘 새롭게 만나지는 문장, 단어에 주목하며 그것이 나에게 말걸어 오기를 기다린다. 지적인 사고가 아니라 가슴이 울리는 단어에 집중한다. 본문의 문장이나 단어가 당신의 영혼, 삶을 비추어 주는 것이 있다면 영에 의지하여 그것이 자신을 바라보게 한다.

2. 당신에게 '성전'이 그 어떤 형태로든 당신의 삶에 지지나 힘의 기반이 되는 거룩함의 이미지·형상화로 있는 것으로 의미할 수 있다면 그것은 어떤 방식으로 표현되고 있는가? 어떤 종류로 그리고 어느 정도로 '웅장하고 볼만한' 것으로 치장되어 있는가? 어느 정도만큼 허용할 것인가? 왜 그러한가?

3. 당신은 삶에서 일어나는 일들과 관련하여 이것이 자신에게 휩쓸리거나 현혹되지 않고 떨어져 '조심해서 깨어 있기'라는 기회로 여길 수 있으려면 어떤 조건이어야 된다고 생각하는가? 당신이 현혹되거나 휩쓸리는 '일어나는 일'을 참고로 이에 대한 대답을 묵상해 보라.

4. 당신에게 '황폐의 상징인 흉측한 우상'의 관찰이나 '있어서는 안 될 곳에 선 것'의 이미지 관찰은 무엇이 있었는가? 특히 여러 기적과 이상한 일 중에서 흉측한 우상이나 있어서는 안 될 곳에 선 것으로 다가온 것의 경험이 있었는가? 무엇으로 그것을 분별할 수 있는가?

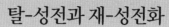

탈-성전과 재-성전화

막 13:1-37

마가에 따른 예수 행적을 뒤쫓아가면서 예루살렘 입성후 그의 발걸음이 어떻게 움직이고 머무르는지 살펴보면 흥미로운 관찰이 생긴다. 처음에는 예루살렘 입성후 성전 상황을 파악하시고 -"성전에 들어 가셨다. 거기서 이것 저것 모두 둘러 모시고 나니…"11:11- 베다니에서 숙소로 밤을 지낸다. 그리고 숙소를 떠나 다시 예루살렘 안으로 들어가기 전에 길 가다가 무화과나무 저주 후 다시 "성전뜰 안으로 들어가…"11:15 이번에는 좀 긴 사건으로 성전에서 상인들을 쫓아내는 사건이 일어난다. 그리고서 "저녁 때가 되자 예수와 제자들은 성 밖으로 나갔다."11:19 마지막으로 다음날 아침 다시 말라버린 무화과나무 옆을 지나면서11:20 교훈을 얻고 성전 뜰로 들어가11:27 여러 성전 엘리트 그룹들과 다양한 논쟁을 거치고 성전을 떠나 나온다. 이번에는 문장도 "성전을 떠나 나오실 때"로 명료하게 진술되었을 뿐만 아니라, 저 성전이 "다 무너지리라"고 예고한다.

거기에 덧붙여 마가복음에서 중요한 제자들에게 향한 두 번째 설교13:4-37가 시작된다. 그 시작이 또한 "성전 건너편 올리브산에 앉아 성전을 바라보고"13:3 종말론적 시간에 어떻게 제자들은 인내하며 견뎌야 하는지를 말씀하신다. 두 번째 설교 내용은 "아무에게도 속지 않도록 조심하여라"13:5이자 "그 때가 언제 올는지 모르니 조심해서 항상 깨어 있어라"13:33이다. 이는 당시의 분위기와 달리 하느님께서 하늘의 군대를 거느리고 예루살렘 성전을 보호하러 움직이지 않으실 테니 견디고 깨어 있으라는 어조가 설교의 밑바닥에 깔려있다. 이 어조는 이미 예수 사역 초기 이야기 중에 회당에서의 악령축출 이야기1:21-28에서 성전 대용의 공간이 이미 악령에게 점유되어 있다는 암시에서 예고되어 있었다. 그리고 이제 성전뜰에서 성전의 장사치 점유와 성전관리의 책임자인 성전 엘리트들의 정신구조mindsets와 신념이 무엇인지 노출하면서 성전 체제의 붕괴를 진술하고 있는 것으로 보아서도 알 수가 있다.

이 스토리들에는 성전 체제에 대한 몇 가지 의미가 함의되고 있다. 그 첫 번째는, 위와 같이 성전이 본질에 있어서는 오염이 되어 있고-기도의 집이 아닌 강도의 소굴- 그 효용적 기능이 과부 등의 섬김이 아닌 착취 시스템이어서-무화과나무의 저주와 성전 엘리트의 호의호식과 과부의 비극적인 헌금 이야기- 성전은 저절로 무너지고 말 것이라는 소극적인 진술의 의미이다. 즉, 그 하는 일의 결과가 그러하니 그 존재의 이유도 사라질 것이라는 인과 관계의 진술이다. 이 진술은 유대-로마전쟁AD 66-70의 결과로 예루살렘 함락과 성전 파괴의 역사적 사실로 그 예고가 사실로 나타난다.

두 번째는 마가가 진술한 실존적이고 신학적인 해석으로 성전이 무너져 내려야만 한다는 적극적이고 대안적인 모색의 의미이다. 이것은 제자들과 독자들이 마가복음의 내러티브 전개를 따라오다 보면 당연히 얻게 되는 말씀의 환유 기법을 통해 그 속을 이해하게 되는 내용이다. 특히나 디다케 구조에서 힘/통치/권력에 대해 철두철미한 민감성을 갖고 다루었던 제자 훈련 과정에서 얻어진 교훈과 연결될 때 명확한 사실이었다. 그래서 그 훈련 과정이 끝나고 예루살렘에 들어갈 때 '어린 나귀 타기'의 퍼포먼스의 상징적 역할이 있었던 것이다. 디다케 내용의 '어린이', 전환부의 '어린 나귀', 그리고 성전에서 '과부', 이 셋의 역할은 지배체제의 본성과 그 시스템의 폭력성을 암시하는 노출자이고, 거룩함이 그러한 권력남용과 공모를 하는 것에 대해, 마가 기자와 그가 소속한 신앙공동체는 그러한 성전의 본성과 기능은 무너져야 한다는 것을 신념화하고 있다.

앞에서 이미 보았듯이, '빵 하나'를 위한 건너감의 사건8:14-15이 보여주는 타자를 향한 보편적인 그리고 하나된 나눔과 보살핌의 커뮤니티 형성이 제자직이 뚫고 나가야 할 목표가 되었다. 그래서 "나를 믿은 이 보잘 것 없는 사람들 가운데 누구 하나라도 죄짓게 하는 사람은 그 목에 연자 맷돌을 달고 바다에 던져지는 편이 오히려 나을 것이다."9:42라고 하면서 내부의 철저하고도, 섬김에 초점을 지닌 리더십을 요구했던 것이다. 그리고 또한 마음에 의심을 품지 않고 "이 산더러 '번쩍 들려서 저 바다에 빠져라' 하다라도 그대로 될 것이다."11:23라며 기도와 용서의 힘을 강조했던 것이다. 물론 여기서 '산'은 당연히 길 가기를 막는 장벽이며눅3:5 참조 권력의 지배라는 철옹성과 같은 계급구조를 말한다. 이 구절은 믿음의 무소부재한 보편적 힘을 말하는 것이 아니라 산의 제거에 대한 마가의 제자직에 있어서 소명의 목표와 그 확고함의 내용인 지배와 억압의 권력 구조의 갱신에 대한 본질적인 사명을 말하고 있다.

남는 중요한 이슈는 이것이다. 인생의 본질적인 삶의 목표와 그 의미가 '거룩함'이라는 단어와 그 의미부여에 의해 형성되는 것이라면 지금까지의 성전 숭배와 그것을 문화화 하는 성전 체제의 무용성이 제기될 때 특히 새롭게 출발하는 원시그리스도교 공동체는 그 새로운 '거룩함'을 어떻게 찾아야 하는가라는 질문에 직면하게 된다.

전통 유대교는 주후 70년 성전 제도가 무너지고 1948년 국가로서 재복귀할 때까지 기나긴 역사 동안에 그들이 할 수 있는 것은 나라없이 사방으로 퍼져 회당을 건설하여 성전 대신 예배하고 배우며 공동체 의식을 함양시키는 것이었다. 또한 랍비 유대교로 전향하여–바알셈 토브, 코츠커 등의 랍비들이 유명함– 토라 공부, 계명 준수, 윤리 및 도덕적 행동 육성의 전통을 세우는 것들이었다. 그리고 성전 중심의 제물 의식은 가정에서 할 수 있는 것으로 하여 특히 출애굽 이야기를 중심으로 상징 음식을 먹는 등의 문화적 변용을 거치게 된다. 더욱이 세키나와 같은 신성한 임재 사상과 성전이 미래에 다시 세워질 것이라는 종말론적인 희망과 함께 성전 상실의 애도를 의식rituals 화 했다는 것이다. 이 모든 것은 시오니스트들의 운동에 기초하여 성전을 향한 이스라엘의 전통을 유지하고 새롭게 하는 유대 갱신주의 운동으로 나가게 된다. 물론 이러한 흐름은 마가복음 이후 유대교의 역사적 변화이다.

이와는 달리 원시그리스도교인 마가공동체는 다른 길을 걷는다. 이미 유대교 내에서 새로운 갱신운동인 마가의 신앙공동체는 예수를 그리스도라 고백하고 새로운 길로서 '거룩함'에 대한 새로운 이해가 있었다. 성전을 대신하는 새 성전에 대한 이미지와 그 내용이 있었기에 점차 기존의 유대교와 분리된 경건과 실천의 삶으로 개인이 아닌 공동체 구성원이 함께할 수 있었다. 그렇다면 그 대안은 마가에서 어떻게 보여지는 것인가? 즉 마가 공동체가 꿈꾸었던 거룩함의 장소를 어디에 두었는지 이해하는 것이 마가의 내러티브가 종결로 나아가는 이쯤에 중요한 성찰 주제가 된다.

마가가 탈지배의 섬김과 나눔이라는 샬롬 커뮤니티를 건설할 때, 그것은 영적으로 그리고 사회정치적인 통치에 있어 새로운 방향을 설정하고 있다. 그것을 실천할 일꾼으로서 제자들의 선정 후 그들을 훈련하며 가르치는 내용이 두 설교 부분에 나와 있다. 첫 번째 설교부분4:1-34에서는 '들으라'헬, 아쿠에테 akouete; 4:3이며, 두 번째 설교 부분13:4-37에서는 '조심하라' 헬, 블레페테 blepete, 13:5이다. 이 제자직 형성의 초대로서 '들음'과 세상풍조에 대한 '조심함' 사이에 상징적인 치유가 바로 제자직 훈련에 있어서 처음과 끝에 나오는 두 번에 걸친 소경의 눈뜸8:22-26; 10:46-52이다. 깨달아서 마음에 새기는 것이 그 핵심 훈련으로 되어 있다. 이것은 말씀의 비유적 성격과 기적의 비유적 성격으로 인해 강화된다. 설교의 비유적 성격과 기적의 비유적 성격이라 함은 외인에게는 비밀로 감추어져 있지만 알아듣고자 주목하는 이에게는 '드러나기 위해 감추어진'4:21 역설적인 성격을 비유가 갖기 때문에 알아 듣고자 하고 조심하는 태도를 요구한다.

듣는 것에 관해 마가는 무엇을 말했던 것인가? 무엇을 알아 들어야 하는 것인가? 첫 번째 설교 부분에서 그것은 명료하게 다음과 같다.

첫째, 세상은 성전이다.

하느님은 일하고 계시며, 그 일은 씨를 무제약적으로 그리고 마음의 터와 상관없이 뿌리신다. 그분은 신실하며 터에 관한 판단 없이, 결과에 대한 평가 없이 씨를 뿌리신다. 온 세상이 그분이 활동하는 영역이다. 그분은 세상에서 일하신다. 그분이 일하는 이유는 그 땅이 열매 맺도록 하기 위함이지 도로 가져가려 함이 아니다. 그 목적은 그 밭이 스스로 누리도록 하기 위함이다. 자신의 선한 열매가 스스로에게 결과로 일어나도록 하기 위함이지 강제나 의무를 지우고자 함도 아니요, 그 잘못의 댓가로 벌을 내리는 것이 목적이 아니다. 오직 씨를 뿌리는 자비와 진실이 있을 뿐이다. 배타성,

무관심, 환란, 고통이라는 길가, 돌짝밭, 가시덤불은 수용자의 몫이며, 하느님은 상관하지 않고 차별하지 않으신다. 신이 활동하시는 곳이 성전이며 그곳은 세상이다.

둘째, 씨앗은 스스로 자라며 성장한다.

사탄의 활동과 여러 역경의 자연 상태가 있음에도 불구하고 씨앗은 인간의 돌봄과 책임의 소홀함에도 불구하고, '하루하루 자고 일어나고 하는 사이에 싹이 트고 자라난다.' 그 분의 뜻으로서 씨앗은 스스로 움트고 자라나며 인간은 '그것이 어떻게 자라는지 모른다.' 그렇게 인간의 이성과 논리로서는 이해 불가능한 영역에서 스스로 자란다. 이는 '땅이 저절로 열매를 맺게 하는 것'으로서 하느님의 창조물이 스스로 이 씨앗하느님의 뜻·의지을 품고 키워내게 하는 것이며 우리 인간은 단지 목격자로 있을 뿐이다. 그만큼 씨앗은 강한 힘과 생명을 갖고 있다. 이러한 보이지 않는 과정을 신뢰하는 것이 제자이다. 제자가 하는 일은 자신이 수고와 노력을 하지 않은 것을 '추수 때가 된 줄을 알고 곧 낫을 대는' 수단의 역할을 하는 자세이다. 때를 알고 낫을 대는 정도의 나섬과 움직임이 필요하다.

셋째, 네 안에 '등불'을 제자리에 걸쳐 놓는다.

제자로서 당신 안에 어둠은 진실이 아니다. 이미 불이 켜져 있고 환히 빛나는 '등불'이 네 안에 있으나 감추어져 있을 뿐이다. 됫박이나 침상 밑에 두었던 것을 '누구나 등경 위에 얹어' 두면 그것으로 스스로 그리고 보편적으로 누구에게나 빛난다. 인간의 이성과 논리로 알아볼 수 없는 미지의 것을 그때 가서는 알게 된다. 왜냐하면 그 등불로서 감추어 둔 것은 드러나게 되고 비밀은 알려지는 인식의 메커니즘이 작동하기 때문이다. 그것은 영혼의 길이다. 등불이라는 영혼이 제 자리에 중심으로 자리 잡을 때, 어둠으로 흔들리지 않는다.

거룩함은 그렇게 세상에서 일하시는 실재the real One가 계시다는 인식과 내 안에 '등불'이라는 영혼의 감각으로 그 장소가 증여·부과 된다. 거룩함의 소여성所與性-선물로 공간 안에 주어지는 있음이라는 본성은 밖의 세상과 안의 내면에 이미 부여된 것으로 감추어져 있을 뿐이다. 그리고 그 감추어진 것은 당연히 드러나기 위해 주어진 것이다.

열두 사도 선택 후 첫 번째 제자들에 대한 가르침 부분이 실재와 영혼의 본성에 대한 것이었다면, 이제는 '건너감'행해를 통한 경험적 학습으로 위의 내용을 실존화하는 과정을 밟는다. 그러한 실재와 영혼의 터전 위에서 관계의 연결과 통합으로서 '하나됨'의 샬롬 실천을 나눔으로 익히는 것이다. 그것이 오천 명과 사천 명의 무리를 먹이심을—각각 상황은 이편인 유대인과 저편인 이방인임— 통해 두려움과 결핍을 극복하게 한다. 그러한 두려움과 결핍은 사실상 실재와 영혼에 대한 기억상실/무자각에서 나온 것이다. 이를 위해 예수는 하늘을 향해 실재the Reality와 연결하고 축복함으로써 그러한 두려움과 결핍을 넘어선다. 제자들에게 이런 나눔을 통해 두려움과 결핍을 넘어서는 항해의 의미를 알려주고 눈앞에 보이는 '한 덩어리로서의 빵'에 대해 주목할 것과 건너감의 교훈을 배 안에서 제자들에게 가르치신다. 그리고 그것을 부패시키는 성전 엘리트들과 이 세상 통치자의 '누룩'가르침, 신념을 조심하라고 한다. 여기서 처음으로 '조심하라'는 제자직의 두 번째 부분의 교훈이 예고된다.

실재와 영혼에 대한 근본적인 이해가 자각된다면 그것을 세상 안에서 실현하는 것은 문제가 되지 않는다. 거룩함의 교리적 이해와 규범적 행동이 중요하다고 믿는 율법학자들의 거룩성 보존 방식으로서 정결법의 중요성에 관하여 예수는 거룩함을 정결케 하는 것은 법이 아니라 마음의 이슈라고 말한다. 거룩함이 깨끗함과 연결된다면 그것은 외적인 규정이 아니라 '깨끗한 마음'의 이슈라는 것이다. 왜냐하면 더러운 것은 사람의 '안에서 나오는 것 곧 마음에서 나오는 것'7:20-23이기 때문이라고 설명한다.

이렇게 해서 실재[신]의 일하심으로 씨앗을 품고 있는 이 세상의 가능성과 영혼의 현실성 이슈에서 더 나아가 '거룩함'the sacred을 외적인 장소나 객관화시키는 규정에서 '깨끗한 마음'의 영역으로 이제는 그 장소를 보이지 않은 내면의 공간으로 이동시킨다. 마음으로 거룩함의 영역을 옮김으로써 이제 거룩함도 솔로몬이나 헤롯이 세운 건물 성전에서 출애굽의 초막 성전처럼 움직일 수 있는 역동성을 부여받는다. 그것은 세상에서 일하는 실천 영성의 기반이 된다. 이것을 더 확실히 강화하는 것은 고정된 징표로서 '하느님의 인정을 받은 표가 될 만한 기적'8:11-12에 대한 예수의 응답이다. 이세대에 보여줄 징조는 없다는 그분의 응답은 이 세상에서 길 가기 그 자체가 표증sign이 된다는 뜻이기도 하다. 항시 일하는씨뿌리는 실재, 영혼으로서 등불, 그리고 깨끗한마음은 이제 움직이며 길가는 그 과정적 행위 속에 실현되어 드러나 보여진다. 길 가기 그것이 표증이 된다.

다시 돌아와, 마가의 제자들에 대한 두 번째 설교 부분13:4-37에로 돌아와 보자. '조심하라'블레페데는 종말론적, 세기말의 시간을 지나면서 '황폐의 상징인 흉측한 우상이있어서는 안 될 곳에 선 것을 보는'13:14 이들에게, 그러므로 특히 제자들에게 주어진행동 권고이다. 이는 이미 치열하게 길을 가면서도 누가 위이고 예수의 영광의 자리에누가 왼편 오른편에 앉을 것인지 다투고 있던 제자들에게 디다케 구조8:27-10:52 안에서 심각하고도 철저하게 가르치는 권력/특권의 사용에 대한 조심하기 경고에 이미 나타난 것이다. 마가는 그렇게까지 실습 경험을 해준 악령추방과 질병치유의 본보기에서 자각하지 못한 제자들의 '길 가기'에 권력과 특권의 강력한 매력의 위험을 알리고있었다.

이렇게 흉측한 우상은 우리의 정신구조에 미치는 지배하는 권력과 특권의 매력에대한 것이며, 이것은 그 화려한 외양을 입고 그 본성인 '황폐'를 가리기에 겉 위장된 흉측한 우상을 더욱 조심해야 하는 것이다. 사실 이것은 이미 부자청년 이야기처럼 소유-모드the mode of having를 중심으로 확대되어 여러 다른 소유-행성들이 붙어 일관된우주라는 사회정치 체제와 문화를 만들어 낸다. 그래서 우리의 존재-모드the mode of being를 가린다. 있어서는 안될 곳에 버젓이 서 있는 당연함으로 형상적 실재성을 행사한다. 그 예로서 이 세상 통치자들의 '강제로 지배하고...권력으로 내리 누르는'10:42현상을 현실화하고, 성전 엘리트들의 시비걸기와 깐죽거리기를 통해 자신들의 특권보호를 위해 길가는 존재를 가만두지 않는다.

조심해서 깨어있기13:33는 사회 환경으로서 종말론적이든, 내적으로 위기라는 종말론적 경험이든 간에 몇 가지 중요한 실천을 요구한다.

첫째, 거짓 그리스도와 거짓 예언자들을 믿지 말라.

그들은 외양으로 '뽑힌 사람들'에, 마가 공동체를 속이려고 여러 가지 기적과 이상한 일'13:22을 그럴듯하게 보여줄 것이다. 그것이 그들의 특권적 지위를 세워주거나 지배체제에 공모하는 타협적인 가르침과 행동이라면 그들은 '거짓'이므로 조심하라. 이미 봐왔듯이 그리스도가 '여기' 혹은 '저기' 있다고 객관적인 표징을 보여준다고 하더라도 앞서 첫 번째 가르침을 교훈으로 하여 그들에게 휩쓸리지 말라. 참된 것은 실재, 영혼, 그리고 깨끗한 마음에서 나오는 작은 자에 대한 돌봄과 섬김이다. 그들이 맺는 열매로부터 그들의 정체를 볼 수 있다.

둘째, 냉담한 현실에서 세상적 권력과 특권의 질서를 바꾸려는 노력이 아무 소용이 없다는 것에 조심하라.

길가는 존재의 거룩함을 믿는 것으로 인해 "법정에 끌려가 회당에서 매를 맞는" 상황에서 움츠리지 말라. 오히려 그것은 민중으로서 그대가 이 세상 통치자들인 "총독들과 임금들 앞에 서서 나를 증언하게 되는"13:9 기회로 여겨라. "복음이 모든 민족에게 전파되는"13:10 기회로 깨달아라. 또한 재난의 징조들이 보이고, "해는 어두워지고, 달은 빛을 잃고 별들은 하늘에서 떨어지며 모든 천체가 흔들리는"13:24 상황이 오더라도 그것에 흔들리지 말라. 왜냐하면 그때야말로 사람의 아들이 권능을 떨치며 영광에 싸여 오는 것을 보는 때요 천사들을 보내어 뽑힌 사람들을 모으는 시기일 것이기 때문이다.13:26-27

확실히 조심해서 깨어 있어서 알아 들어야 하는 것은 이러한 종말론적인 시기가―외적으로든 내적으로든― "일어나는 것을 보거든 사람의 아들이 문 앞에 다가온 줄"13:29로 알아듣는 것이다. 그러므로 종말론적인 시기는 변혁의 순간이요, 성취로 나가는 순간이며, 본질적인 것을 접촉하여 추락과 황폐 대신 상승과 영광의 기회인 것이다. 두 가지 약속에 근거하여 조심해서 깨어 있어야 하는 것에 대한 보장이 주어진다. 그것은 이미 말한 것처럼 종말의 시기가 믿는 자에게는 오히려 사람의 아들이 영광 중에 오심을 보고 믿는 자들이 모이는 약속이 그것이다. 또 하나는 "하늘과 땅은 사라질지라도 내 말은 결코 사라지지 않을 것이다"13:31라는 궁극적인 약속에 근거한다.

　이러한 것들은 인간의 의지/뜻으로서는 할 수 없으나 "하느님은 하실 수 있는 일"10:27이다. 그 근거는 바로 내가 무슨 말·일을 하는 것에 가르쳐 주실 '성령'이 계시기 때문이다. "말하는 이는 너희가 아니라 성령이시다."13:11 성령은 길가는 자의 신성한 정체성을 부여해주고1:10-11, 사탄의 두목인 베엘제불의 권력과 강함에 사로잡히지 않게 활동할 권능을 준다.3:23-29 그리고 안내하고 내주하여 내 안에서 진실을 안내한다.13:11 이렇게 성령의 임재와 능력은 예수의 정체성과 사역, 신자의 권능 부여, 하나님 나라 통치의 안내에 있어 새로운 거룩함의 안내자가 된다. 성령의 이러한 안내로 인해 우리의 성전은 생활 성전이 되고 이제는 움직이는 성전이 된다. 거룩한 교제와 커뮤니티는 그러한 새 성전의 예표이다. 탈지배체제의 섬김과 돌봄이 커뮤니티에서 일어날 때 그 살아있는 관계성이 성전이 되는 것이다. 이것이 이 땅에서 보는 하늘의 징표, 하느님의 인정을 받는 표징이다.

위태로운 제자직

막 14:1-31

도입과 뒷배경

마가의 내러티브에 있어 제자들에 대한 두 번째 가르침은 '조심해서 깨어 있어라'13:33로 요약된다. 이는 첫 번째 가르침에서 '들으라'와는 매우 대조되는 가르침이다. 그 변화는 상황 인식의 변화에 따른다. 첫 번째 가르침이 선택과 훈련에 초점이 있었다면, 두 번째 가르침은 종말론적 시대를—역사적이면서도 실존적인 의미에서— 살아가는 제자도에 대한 가르침으로 전개된다. 마치 두 번의 항해·건너감에서 첫 번째는 예수가 함께 배를 타고 가며 모범을 보이지만 두 번째 항해는 제자들이 스스로 가야 할 것에 대해 방향을 분별하고 가야 하는 것과 평행을 이룬다.

마가의 종말론적인 시기에 대한 교훈은 이미 말한 대로 냉담하고 비참한 현실에서 세상 권력과 특권의 질서를 바꾸려는 노력이 무가치하고 효험이 없다는 것에 대한 경고이다. 이는 "너희가 무엇을 듣는가 스스로 삼가라. 너희의 헤아리는 그 헤아림으로 너희가 헤아림을 받을 것이다"4:24a라는 말과 연관되어 조심하며 깨어있기의 주제가 제자직에 소개된다.

종말론적 시기의 가르침에 관하여 다시 정리하고 본문으로 들어가자면 다음과 같다. 우주의 중심이자 선조들의 신앙의 중심으로 전통적으로 알려진 성전 체제의 붕괴 그리고 사회정치적인 변혁기인 유대-로마 전쟁AD 66-70년의 도래는 '파국/끝'의 섬뜩한 현실을 전망케 하고 있었다. 강제로 권력으로 내리 누르는 이방 통치자의 검과 법의 지배체제, 성전 엘리트들의 특권 유지와 지배체제와의 공모 시스템 그리고 신은 성전을 버리지 않는다는 시오니스트들에, 열심당원들의 로마군에 대한 반기와 예루살렘 및 성전 수호로서 다윗 왕국의 건설이라는 민족주의적 저항이 급변하는 변혁의 세기말적 증상들을 보여주고 있었다.

마가의 신앙공동체는 그러한 변혁적 시기에서 다가올 파국에-예루살렘 붕괴와 성전파괴- 있어 보수적인 시오니스트들의 권력 지배의 근본적인 변혁을 가져오지 않은 다윗 도성의 수호에 대한 그들의 이데올로기에도 찬성하지 않았다. 로마군에 의한 검의 강제에 맞서서 보수적인 전통주의자들인 율법주의자들과 성전 엘리트들 그리고 혁명적 비전을 위한 시오니스트 좌파들의 다윗의 영광 복원에 관련된 힘의 정치라는 영향 속에서, 마가는 이미 예수를 통해 본 탈지배적 샬롬의 새로운 질서로 향한 제3의 길로 가는 데 있어 그들의 공동체가 흔들리지 않기를 바랐다.

성전의 화려함과 웅장함이 무너져 내리고 흉측한 우상이 있어서는 안 될 곳에 선 것을 보게 되는 종말론적 시기는 피할 수 없는 상황이기에 인내하면서 보이는 현상들에 현혹되지 않고 조심해서 깨어 있기를 권고한다. 종말론적이란 시대적 정황에 있어 전쟁의 소문과 파괴의 현실만을 뜻하는 것은 아니다. 웅장한 성전의 무너짐이라는 상징 질서의 파괴는 형이상학적 격변과 혼란의 '끝'을 내면에 일으키게 된다. 그것을 무마하기 위해 '거짓 그리스도'나 '거짓 예언자'들이 그럴듯한 기적과 기사를 행하더라도 휩쓸리지 말 것을 재차 당부한다. 그때나 지금이나 높이 세워진 독보적인 교회들의 권세가 무너져 내릴 것이라는 선언은 종말을 분별하여 새로운 질서의 여명에 동참하라는 뜻에서 심각하게 그리고 긴급하게 제시되는 권고이다.

중요한 점은 전쟁의 시간, 종말의 징조, 흉측한 것들의 나타남이 종말의 시간은 아니라는 점이다. 그때와 그 시기는 하느님만이 아실 뿐만 아니라, 그 종말의 시간에는 오히려 '사람의 아들이 구름을 타고 권능을 떨치며 영광에 싸여 오는'13:26 시기이다. 그날은 먼 길을 떠난 집주인이 돌아오는 시간이니, 특히 '문지기'역을 맡은 이들은 조심해서 항상 깨어 있을 필요가 있다는 것이다. 그러므로 지배자들의 정치 위협과 압력, 거짓 선지자들의 미혹된 선동군사적 혁명의 메시야 승리주의 등에 협조하지 않음으로 오는 미움과 박해에도 불구하고 그들 및 그 현상들에 대해 주의하기를 반복하며 권고한다.삼가하라는 13장 5, 9, 23, 33절에서 계속 반복된다 그만큼 예수가 보여주는 비폭력 급진주의는 그 당시나 지금이나 쉽지 않은 소수의 길인 것이다.

물론 예수의 비폭력 급진주의가 반군의 정치적 메시야주의보다 어째서 나은 것인지는 깊이 분별해야 할 제자와 청자들의 몫이기도 하다. 이는 머리만 바뀌는 지배의 역사가 아니라 자유와 해방의 역사를 위한 근본적인 통찰이 요구된다. 그뿐만 아니라 단순히 바라보는 것만 아니라 투신이 필요한 부분이기도 하다. 예수는 말한다, 종말은 파국과 끝을 위해 있는 것이 아니라 재건과 변혁을 위해 있는 카이로스성숙한 때의 시기라는 것을. 옛것의 부정을 통한 새것의 가능성을 위해 옛 모델 위에 기초한 질서의 건설이 아니라 새 부대와 새 포도주의 언급처럼 정신적이고 영적인 투쟁으로서 조심하여 깨어있기가 필요한 것이다.

예수는 단순히 보이는 사회경제적 질서 이면에 어떤 권세의 힘과 통치의 하늘 영역을 우리가 소망할 것인가로 안내한다. 이것은 하늘의 권세에 있어 어떤 우주의 질서가 마땅하고 가장 높고 궁극적인 법도인지를 묻는 것이다. 마가는 비폭력적인 통치의 우주적 질서의 비전에 헌신하는 '십자가 지기'의 법도가 종말론적인 시기에 궁극적인 풋대임을 놓치지 않고 있다. 그러기에 그의 길 가기는 죽음을 두려워하지 않고 앞으로 나아간다. 이제 마가의 내러티브는 예수의 생애 끝이 어떠한지를 설명하는 데로 들어간다.

본문 속으로 들어가기

마가의 내러티브는 이제 종말에 대한 전망적 예견을 넘어 마지막 분위기에 대한 기록으로 넘어간다. 제자들에 대한 두 번째 가르침이 끝나고 나서 이제는 결론 부분으로 들어가는 것이다. 결론 부분은 세 영역의 이야기로 배치되어 있다. 첫 번째는 공동체가 예수와 마지막을 함께 보낸 부분14:1-52, 두 번째는 두 번의 재판 과정14:53-15:20 그리고 예수의 처형과 그 후 이야기15:21-16:8; 16장 9절 이후는 후대의 덧붙임이다가 그것이다. 이 흐름은 이미 예수의 세 번째 수난 예고10:33이하대로 배신과 넘겨짐, 재판과 고문, 처형과 부활의 전개로 진행된다.

예수의 마지막 길 가기의 끝에 나타나는 이야기는 먼저 베다니에 있었던 "향유를 부음"과 유월절 식사 준비라는 두 에피소드에 의해 도입된다. 지금까지 기독교의 역사 2천 년의 세월을 통해 교리적 기반과 신학적 성찰의 패턴 형성 과정에서 성서를 참조로 하여 기독교 신앙공동체의 신앙체계의 정형화를 위한 안정적 기반을 형성해 온 중요한 기여가 이 두 스토리이다. 그 이야기를 다루기 전에 마가의 14장 내러티브는 숨 가쁜 긴장의 분위기 속에서 전개되는 것이며, 이미 전에 말한 노출/은폐의 전복 이야기로 구성되어 있다는 사실을 이해해야 한다. 앞으로 전개될 결말 부분의 각 장면은 편하게 정보를 듣는 이해의 광경들이 아니다. 듣는 청자의 가슴을 후비며 격동의 에너지를 불러일으키고 이야기 표면 뒤에서 이면의 이야기가 말을 거는 긴장의 연속선이 흐른다. 왜냐하면 각 이야기에는 긴장과 더불어 미묘한 갈등 구조가 숨어있기 때문이다.

예수의 머리에 향유를 부은 여자 이야기14:3-9는 기존의 해석 전통에 따르면 예수의 메시야 준비−이는 본문의 문자적 이해에 관련성이 있음− 혹은 교회성장 부흥사들이나 대형교회 목회자들로부터 헌금 착취 이데올로기에 많이 쓰인 본문이다. 그러나 다른 래디컬한 시각에서는 예수의 '머리에 기름을 부음'3절은 말 그대로 왕의 대관식·등위식에 대한 숨은 의식의 시각에서 여성의 지위에 대한 파격적인 권한 부여의 전복적 해석이 가능한 본문이다.

예수가 한 "온 세상 어디든지 복음이 전해지는 곳마다 이 여자가 한 일도 알려져서 사람들이 기억하게 될 것이다."9절라는 말은 사실상 그 '여자가 한 일'의 의미가 무엇이며 사람들이 기억할 때 '무엇'을 기억하는가에 대한 해석학적 모호성은 시대와 상황의 조건에 따라 달라져 왔다. 마가복음 공동나눔 모임에서 길열기와 길 가기의 주제로 지금까지 온 관점에서 보면, 긴장과 갈등의 역동적 구조 속에서 무언가 전환이 되어가는 상황을 이해할 수 있다. 즉 겉으로는 파국과 종말로 전개되는 명시적 나레이션이 있지만 이미 종말론적 시기에 대한 가르침에 있어서 두 번째 무화과 나무 이야기의 '가지가 연해지고 잎이 돋음'13:28의 언급에서 새로운 가능성이 숨겨진 나레이션이 전개된다. 그 긴장과 갈등의 새로운 전개 과정은 다음과 같다.

공간에 있어서 시온산과 예루살렘 그리고 성전 체제의 탈중심화와 예루살렘의 대역

장소의 언급이다.

그것은 '성전 건너편 올리브산에 앉아 성전을 바라보고'13:3 무너짐의 종말론적 징조에 대한 언급과 대사제에게만 가능한 왕위 등극식 혹은 그리스도메시야−문자적 뜻은 기름부음을 받은 자이다됨에 대한 숨은 의식이 '베다니아'14:3에서 전개되고 있다는 긴장과 갈등 그리고 새로운 전복이다. 마가에 있어서 길 가기는 이미 여러 번 확인한 대로 지형적 공간의 중요성이 강조되어 왔음을 기억해야 한다. 새로운 징조의 장소가 광야, 호숫가, 가정이었고, 웅장한 성전의 몰락의 예언 후에 베다니아와 또 다른 공간인 겟세마네, 골고다 등은 새로운 전위the frontline의 공간이 된다.

신학적 의미의 재형성 장소로써 '나병환자 시몬의 집'에 대한 특별한 언급이다.

마가는 처음부터 회당에서 더러운 악령의 목소리 출현과 축출1:26−28과 더불어 질병치유에 있어서 나병환자의 몸의 치유만 아니라 사회적 단절에서 공동체로의 복귀1:40−45가 이미 예수의 공생애 시작에 대표적인 기적 이야기로 소개하고 있었다. 유대 정결법에 따르면 질병과 나병환자는 '더러움'으로 피할 대상이지만 강도의 집이 되어버린 성전 파괴 예언후 거룩한 작업의 시작을 작은 자 중의 작은 자, 즉 이 세상 통치에 있어서 가장 소외된 자인 나병환자−시몬이 1장의 그 나병환자였었는지는 분명하지 않다. 그러나 예수 일행이 음식을 함께 먹고 있을 정도였다면 치유된 전력을 지닌 나병환자 시몬일 가능성이 크다− 가정집에서 존귀함·거룩함에 대한 의식이 일어난다.

특별한 절기라는 시기, 성전 엘리트 그룹의 언급과 그들이 하는 일에 대한 언급이 명시되어 있다.

'과월절 이틀 전 곧 무교절 이틀 전'에서 언급된 절기는 이집트 포로생활이방통치자 아래의 압제와 억압로부터의 자유와 해방의 기억에 대한 절기이다. 그리고 이는 문설주에 피를 발라 죽음의 영으로부터 생명을 지켜낸 하느님의 자비와 보살핌을 기리는 절기여서 그 자유와 해방의 길 가기를 기리기 위해 누룩이 들어가지 않은 빵을 먹는 특별한 '기억의 재생'을 위한 절기이다. 성전 엘리트들'대사제들과 율법학자들'의 하는 일이 그러한 자유와 해방으로의 인도하기가 아니라 "어떻게 하면 몰래 예수를 잡아 죽일까 하고 궁리"1절를 하는 무대 세팅에서 향유 붓기의 이야기가 전개되고 있다. 본래 부여된 특별한 시기와 리더 역할의 적절함이 요구되는 상황에서 그와 반대되는 상황이 전개되는 긴장과 갈등이 진행된다.

따라서 '이 여자가 한 일'과 사람들이 '기억'해야 할 것의 전복이 일어나고 있다. 거룩한 절기라는 시기와 거룩함의 유지와 안내에 대한 리더들이 하지 못한 일을 민중이자 한 작은 자인 여자가 한 '거룩함'의 연결과 복원의 일이 그것이다. 예수가 말한 사람들이 기억remember해야 하는 것과 그러한 일의 계승자로서 참여member하는 것은 누구나 다시re- 하는 것과 관련한 일이었다. "누구나 다 불소금에 절여질 것이다"; 9:49

두 번째 에피소드인 '최후의 만찬'은 특히나 긴장과 갈등의 핵심 포인트가 주어진 이야기이다. 원시 기독교공동체가 후대에 내려와서 교리와 의식의 정례화를 통해 제도화 과정을 밟으면서 본문은 성만찬의 중요한 근거 본문이 되어왔다. 세례와 신앙공동체로 입교하는 의식의 핵심 본문이 된 것이다. 그렇게 함으로써 우리는 마가복음의 내러티브가 지닌 상황의 설정과 긴박성이라는 상황을 놓치고 만다. 본문의 에피소드와 관련하여 마가의 길 가기 내러티브는 무엇을 전하고 있는 것일까?

마지막에까지 예수는 길 가기의 일관성과 충실성을 보여주고 있음을 진술한다.

예수의 길 가기는 앞에서 항해의 역풍 속에서 갈가기/건너가기에 고역을 치르고 있는 제자들에게 길을 뚫고 가기를 시도하시며 '나다.I am'라고 자기 신분을 밝힌 곳6:50에서 그리고 '제 십자가 지기'의 투신에 대한 제자도 훈련에서 이미 드러나 있다. 그것이 명확화하게 된 것은 바로 처형 직전에 제자들과의 마지막 함께하는 순간에서 보여 준 몸과 피의 전적인 줌증여에서 확증된다. 이는 예수가 말한 "사람의 아들도 섬김을 받으러 온 것이 아니라 섬기러 왔고 또 많은 사람들을 위하여 목숨을 바쳐 몸값을 치르러 온 것이다"10:45의 연장선에 있는 일관성과 그 충실성에 대한 응답이다. 자기 실존을 걸고 '흘리는 계약'헬, 헤이마 테스 디아데케스 heima tēs diathēkēs과 관련되어 언급되고 있다. 계약covenant은 '철저하게'dia=thoroughly '동의하여 맺는' 것títhēmi= set by agreement이다. 이는 길가는 자가 신과 타자와의 관계에서 보여주는 일관성과 충실성의 자기 줌 self-giving인 것이다.

함께 빵을 먹고 있는 사람이 배반을 할 것이라는 경고로서 제자직의 값비싼 비용을 예고한다.

제자들은 누구보다 예수와 함께 시간과 삶을 같이 보냈고, 비유를 직접 해석하여 들었으며, 눈으로 직접 보고 들은 사람들이었다. '자리에 앉아 음식을 나누고 있는'18절 그들이었고 같은 빵을 먹고 있었지만 그중 한 사람은 배신을 선택하게 될 것이라는 점은 아이러니하고 몹시 당황스러운 말이다. 마지막 순간에 같은 빵을 먹고 같은 축복을 받은 예수의 제자들 중 한 명의 배신을 예고하는 것은 마지막 만찬에 있어 중요한 경종이 된다. 이는 이미 종말론적인 파국의 시기에 '조심해서 깨어 있으라'라고 말한 예수의 말이 어느 제자는 그렇지 못하고 오히려 미혹되어 결정적인 길 가기의 의미화 순간에 길을 잃어버리는 순간으로 들어가고 있음을 증언한다.

최후의 만찬 에피소드 앞과 뒤에는 이 최후의 만찬이 어떤 분위기에서 전개되는 지를 조심해서 깨어 있어야 함을 알려주고 있다.

자기 몸과 피를 전적으로 주는 카이로스성숙된 시간의 순간 직전에 가리옷 유다는 대사제를 찾아가 예수를 팔아 넘겨주겠다는 공모자가 된다. 배신과 스승을 내어줌이라는 마음의 결단이 한 사람에 의해 일어난다. 그러나 그것은 그 한 사람만이 아니다. 한 빵을 먹은 사람 중 한 사람이 배신을 할 것이라는 경종을 들은 자는 유다만 아니다. 그것은 이 최후의 만찬이 끝나고 예수를 제자들 "모두가 버리게 될 것이다"에서 예고되어 있다. 베드로가 나서서 강하게 그런 일은 없다고 부인하지만 예수는 오히려 "세 번이나" 부인할 것이라고 확인시킨다. 또한 "다른 제자들도 다 같은 말을 하였다"31절고 마가는 진술해 놓고 있다. 그러나 예수의 이 말은 비난이 담겨 있는 것은 아니다. 성서의 기록대로—내가 칼을 들어 목자를 치리니 양떼가 흩어지리라— 이루어지는 것으로 이해하고 있기 때문이다. 통치자들이 목자를 칼로 치면 양떼는 당연히 흩어지리라. 그러나 다시 인자가 올 때 흩어진 이스라엘을 다시 모으리라13:27는 것도 섭리이다. 모두가 버리고 배신하는 상황과 상관없이 예수는 일관성의 한 마디를 말한다. "그러나 나는 다시 살아나서 너희보다 먼저 갈릴래아로 갈 것이다."28절

제자들은 예수가 나병환자의 한 비천한 가정집에서 샬롬의 비폭력적인 통치자로 세우는 한 여인이 한 일에 대한 기억만 아니라 나중에 흩어질 때 또 하나의 기억을 되살려야 할 것이다. 그것은 '다시 살아나서 너희보다 먼저 갈릴래아로 갈 것이다'라고 한 방향과 기다림 그리고 재회의 약속에 대한 기억이다.

성찰과 여운

예수가 제자들과 마지막으로 함께 보낸 시간이자 유월절 식사의 결정적인 순간에서 겉으로 보여지는 공동체 결속과 보이지 않은 뒷배경에서 각자 흩어짐의 역설적 긴장 그리고 노출과 은폐의 전복을 이번에 다루는 본문에서 볼 수가 있다. 예수의 샬롬 통치에 대한 진정성있는 가르침과 반대로 두 번째 항해에서 제자들의 역풍에 대한 방향잡고 나아가기의 실패는 여기에서도 여실히 드러난다. 아이러니는 자신의 몸과 피를 주고 받는 몸성전과 생활성전의 계약과 그 시작이 한 개인의 넘겨줌에 대한 음모와 배신의 준비, 예수의 제자들 모으기–피를 흘려서 세운 계약– 시도, 그리고 다시 모두의 배신이라는 상호 모순의 상황들의 중첩과 동시성이 있다는 점이다.

기존의 기독교 교파들은 성례전이라는 꽃장식을 통해 이 본문을 화려하게 장식하여 우리에게 가르치고 있지만 마가 기자는 명확하게 이 본문을 통해 두 가지를 진술하고 있다. 첫째는 예수와 함께 "한 그릇에 빵을 적시는 사람"이 배신을 한다는 것과 둘째는 그렇지만 예수는 부활하여 "먼저 갈릴래아로 갈 것이다"라는 길 가기의 재확인과 지속성에 대한 약속이 있다는 점이다. 신앙은 따라서 소유나 전통 혹은 객관적 보증이 아니다.

길 가기의 막기와 살인의 음모는 외부에서 일어나는 현실이다. 심지어 그들은 스

파이를 심어 공동체를 와해시킨다. 하지만 배신은 내부에서 일어나는 현실이다. 무엇이 유다로 하여금 그토록 예수와 함께 있다가 스승을 넘겨 주겠다는 생각이 일어나게 했는지는 알 수 없다. 어쩌면 기대가 달랐고 예수가 선택한 길 가기에 대한 지적인 실망이 있을 수 있다. 베드로는 또한 무엇을 믿고 '모두가 주님을 버릴지라도 저는 주님을 버리지 않고' 끝까지 갈 것이라는 장담을 대범하게 했던 것일까? 예수는 베드로의 행동 표현이 가장 절실한 상황에서 지난번의 예처럼 "당신은 그리스도이십니다"라고 정답을 맞힌 때도 그러했고, 이번에도 지지와 용기를 내는 베드로에게 '세 번이나' 부인할 것이라는 심한 말을 도대체 왜 했던 것일까?

또 하나 남는 질문은 이것이다. 길 가기의 모범을 보여주신 당사자에 대한 외부 권력자의 살해 공모와 그 힘의 승리에 의한 예수의 사라짐과 그 계승자들인 제자들의 몰이해, 배신 그리고 제자직의 완전한 실패를 통해 마가는 무엇을 보여주고자 하는 것인가? 비참한 현실에서 사회정치적인 권력에 의해 대안의 리더십과 그 구성원들이 사라질 때 희망의 횃불은 어떻게 지펴지는 것인가?

1. 편안한 자세와 호흡을 고르게 한 후 거룩한 영의 안내를 요청한다. 그리고 오늘 새롭게 만나지는 문장, 단어에 주목하며 그것이 나에게 말걸어 오기를 기다린다. 지적인 사고가 아니라 가슴이 울리는 단어에 집중한다. 본문의 문장이나 단어가 당신의 영혼, 삶을 비추어 주는 것이 있다면 영에 의지하여 그것이 자신을 바라보게 한다.

2. 당신은 매우 값진 것을 가지고 한 낭비가 '거룩한 쓰임'의 '갸륵한 일'로 여길 수 있는 상황이 되거나, 그게 가능한 일이라면 어떤 종류의 일이 그렇다고 생각드는가? 혹은, 주변인들은 이해 못하고 낭비라 생각이 들지만 내 자신은 그 낭비가 의미있는 아깝지 않은 낭비라 생각되는 종류의 것들은 무엇이 떠오르는가? 어떤 경계선이 그런 차이를 만들어내는가?

3. 당신은 마가의 제자직에 있어서 가장 정점에 있는 오늘의 본문을 읽으면서, 외부로는 죽일 음모와 내부로는 배반의 상황에서 이것은 내 몸 이것은 내 피라고 하시는 예수의 제자들과의 마지막 나눔 스토리에서 제자직에 관해 어떤 교훈이나 숙고함을 얻는가?

4. 당신의 육체적인 죽음의 순간을 상상해본다. 죽음 직전에 동료나 지인들과 함께 마지막 순간을 보내며 무엇을 마지막 순간에 간절히 할 수 있다고 생각되는가? 그것은 당신에게 어떤 의미인가?

마가복음의 저술연대는 13장을 통해 추측해보면 유대-로마전쟁AD66-70년 시기에서 예루살렘 성전 함락 직전인 약 68-69년 쯤에로 보인다. 서기 70년 로마제국의 티투스 장군이 예루살렘을 포위하여 함락하고 나서, 유대인 지도자 엘리아젤 벤 야이르 밑에 유대인 열심당원시카리옷파-단검을 품은 이들이라는 뜻들 약 960명이 마사다에서 최후의 항전을 하여 73년에 결국 남은 사람 대부분이 자결한 비극적인 마사다 전쟁이 그 뒤를 이었다. 이후로 1948년 이스라엘 재건까지 오랜 세월을 유대인들은 흩어진 백성 디아스포라으로 살게 된다.

종말론적인 분위기를 살았던 이 시기에 마가 저자는 여러 복잡한 기존 체제에 대한 예감에 있어서 '끝the end'과 관련하여 제자직의 향후 비전에 대한 조망을 두 번째 제자에 대한 가르침에 녹여냈었다. 마가가 진술한 종말에 대한 진술은 시대의 사회정치적인 상황인 현상학적 징조만 아니라, 종교신념 체제의 형이상학적 영역에서 오는 어둠의 긴 터널에 대한 실존적인 각성과도 연관된다.

이미 마가 진술을 통해 보았듯이 그가 본 현상은 사회정치적으로는 로마제국의 억압과 수탈이라는 검과 강제의 법에 따른 제국주의에로의 피할 수 없는 속국화만 아니다. 외부 세력에 공모하며 기존의 성전 체제의 특권과 제국주의에 대한 공모의 성직 계급들의 완고한 보수성도 미래를 어둡게 한다. 게다가 열심당을 포함한 시오니스트들의 하느님이 성전이 있는 예루살렘을 지킬 것이라는 민족주의적 힘의 항전에 대한 강렬한 전쟁 선동이 민중들의 마음을 흔들어 놓아서 모든 것이 뒤흔들리고 불안하며 뒤숭숭한 분위기였다.

이런 상황에서 마가는 이미 디다케 구조 부분에서 이 세상 통치자의 특성인 '강제로의 지배'와 '권력으로 내리누름'10:42에 대응하는 권력의 새로운 의미인 '섬김'을 제시하였다. 그것의 한 상징이 사회정치적으로 가장 작은 자이자 희생자인 '아이'를 파격적인 상징으로 내세운다. 그리고 종교 엘리트들에 대해서는 예복을 입고 자신을 드러내며 윗자리를 차지하고 착취하는 것에 대한 비판적 시각을 보여준다. 그것이 바로 또한 사회에서 가장 작은 자인 '과부'의 현실이었다. "과부들의 가산을 둥쳐 먹고" "있는 것을 다 털어" 과부가 헌금하는 것을 당사자가 당연하게 생각하도록 하는 시스템에 대한 고발도 있었다.12:40-44.

그러한 현실에서 종말론적 전망은 우주의 중심이자 유대문화의 핵심인 장엄한 성전이 "다 무너지고 말 것이다"13:2라는 엄청난 충격적인 예고가 들려진다. '황폐의 상징인 흉측한 우상이 있어서는 안 될 곳에 선 것'13:14에 대한 언급에서 간접적으로 로마 제국의 위용에 대한 경고와 더불어 열심당원처럼 검으로 싸우는 것을 말린다. 이는 이미 길열기와 길 가기의 마가의 전망이 기존 체제의 복구가 아닌 대안적인 대동 사회 체제의 건설이라는 근본적인 시각을 가졌기 때문이다.

이점에 있어서 마가는 깊은 현시/은폐의 종말론적 시각을 보여주고 있다. 보이는 흉측하고 비참한 현실에서 보이지 않은 새로운 징조와 그것에 대한 시야를 열기가 그것이다. 그 이유는 이미 마가가 싸우고 있는 대상이 단순히 가이사, 빌라도, 성전 엘리트들이라는 인물들이 아니라 이들을 수단으로 내세우며 뒤에 있는 권세, 즉 '더러운 악령'과 베엘세불에 관련하여 이 세상을 누가 진정으로 통치하고 있는가에 대한 전망과 연결되어 있는가에 대한 근본 시각이 여기에 놓여있기 때문이다.

즉, 하느님의 주권성에 대한 치열한 '보이지 않은 전쟁'이 권세에 관련하여 전개되고 있다. 수난의 구체적인 기록을 통해 우리의 '앎knowings'과는 다른 방식으로 십자가 지기라는 수행을 통해 기존 민중의 메시야에 대한 전복이 마가의 내러티브에서 전개되고 있다. 종말론적 시기는 그 점에 있어서 '참'과 '거짓' 그리고 '영원한 것'과 '일시적인 것'을 드러내는 위기의 시기이자, 때가 찬 진실규명의 카이로스 시기이기도 하다. 위기의 시기에 조심하고 깨어있음으로써 흔들리지 않고 새로운 질서와 새 세상에 대한 탈지배적이고 비폭력적인 대동 세상의 창조적 소수로서 살아남는 것은 마가 신앙

공동체의 중요한 과제였던 것이다.

이 종말론적 시기는 정신적 영적 투쟁의 시금석이 된다. '해는 어두워지고 달은 빛을 잃고 별들은 하늘에서 떨어지며 모든 천체가 흔들리는'13:25 실존적 심연의 시기는 절대적인 기회가 된다. 끝은 파국과 시작을 동시에 갖고 있기 때문이다. 창조적 소수에게는 사람의 아들이 권능을 떨치고 오는 것을 보게 되고 흩어진 백성들 중에 '뽑힌 사람들이 모아지는'27절 갱생과 변혁의 시작이 된다. 종말론적인 '끝'의 시기에 있어 파국과 시작의 상징은 '무화과나무'의 예시이다. 시기를 놓치고 권력의 화려함으로 잎사귀만 보여주고 있는 기존의 지도자들은 저주를 받아 '뿌리채 말라 버림'11:20이라는 결과를 보리라. 그러나 조심하여 깨어 있는 사람들에게는 희망의 징조를 무화과나무로부터 눈으로 보게 된다. '가지가 연해지고 잎이 돋으면 여름이 가까워짐'13:28이라는 희망의 징조를 보고 배울 수 있다.

마가가 예수의 생애로부터 매료되어 주목하게 된 이유 중의 하나는 예수 생애의 끝이 어떠했는가에 대해 결정적인 시간에 그분은 어떤 것을 행하였는가에 대한 깊은 성찰이었다. 마가 진술의 특이함은 거룩함sacredness에 대해 결정적인 기초를 두 에피소드를 통해 세웠다는 점이다. 물론 이는 일반인이나 기존의 교리에 익숙한 기독교인들에게는 보이지 않은 새로운 기초이다. 종말론적인 전망을 통해 말로 제자들을 일깨우신 예수는 다시금 이제 상황을 통해 시청각적인 목격을 할 기회를 준다. 이것은 물론 그가 길 가기에서 보여준 샬롬의 탈지배적이고 비폭력적인 새로운 질서에 대한 처형되기 직전의 마지막 교훈이기도 하다.

마가는 첫 번째 에피소드인 '향유를 붓기' 이야기14:3-9는 매우 심각한 상황에서 시작되고 있음을 암시하고 있다. 그 이유는 절기와 등장인물에 대한 명명naming이 스토리 앞서 펼쳐지고 있음을 전한다. 곧, '과월절·무교절'이라는 시기의 표현과 '대사제들과 율법학자들'이 그 시기에 무엇을 했는지에 대한 언급이 미리 언급되어 있다는 점이다. 종교 엘리트들이 결국은 '몰래 예수를 잡아 죽일 궁리'를 결정적으로 모의했다는 것이다. 이렇게 상황은 매우 절박하고 시기는 매우 종교적 의미를 담고 있는 결정적인 때였다.

그러한 상황에서 예수는 성전의 몰락 예고 후 새로운 복원과 재창조의 작업을 한다. 그렇게 함으로써 기존의 체제에 대한 대안적 전복의 상징적 길열기를 보여준다. 첫 번째 에피소드가 대안적 전복의 상징적 길 열기에 대해 무엇을 보여주고 있는 것인가?

웅장한 성전에서 '나병환자 시몬의 집'으로 그 역할과 기능이 이동하고 있다.

제자들이 "저 돌이며 건물이며 얼마나 웅장하고 볼만합니까?"13:1라고 감동한 성전에 대해 "돌들이 어느 하나도 제자리에 그대로 얹혀 있지 못하고 다 무너지고 말 것이다"13:2에 대한 탈창조de-creation의 예고가 앞서 있었다. 이제는 볼품없는 나병환자의 집이 재창조re-creation의 공간이 된다. 장엄한 성전에서 헌금궤에 과부가 '겨우 렙톤 두 개'라는 제공과 대비하여 아웃사이더나병환자의 초라한 가정집에서 어떤 여자가 '매우 값진 순 나르드 향유 옥합'을 깨뜨리는 제공의 공간으로 바뀌면서 나르드 향유의 향기가 퍼지는 공간으로 바뀐다. 누가 기자가 예언의 실마리 공간을 말구유라는 바닥the bottom을 통해 '구세주를 알아보는 표징'으로 삼은 혁명적인 전복이 일어났다면, 마가는 이렇게 소외된 자들의 공간에서 음식을 나눔이라는 친교코이노니아─ 친교, 공동 참여, 교제, 공유, 협동, 기부, 교통함의 뜻 속에서 자신의 헌신이 있는 곳으로, 외적인 화려함의 가장假裝의 이미지에서 나눔과 헌신, 일치의 살아있는 관계의 공간으로, 재창조라는 의미에서 거룩함에 대한 뜻세우기를 하고 있다.

파격적으로 메시야그리스도: 기름부음을 받은 자라는 왕위에 대한 등위식은 성전엘리트인 대사제들이 아니라 민중에 의해 이루어지고 있다.

'어떤 여자'로 불리는 이름없는 한 민중, 작은 자에 의해 사회정치적의 영역에서든 종교적이든 지배체제의 특권층의 대표자가 아니라 이름없는 한 여인에 의해, 그리고 당시 유대교의 정결법에 가장 배제된 자1:40-45 참조; 육체적 질병과 사회적 분리라는 관계적 질병은 같이 간다의 장소에서 가장 존엄한 의식이 '보는 눈을 지닌 자들'이 알아볼 수 있는 방식으로 펼쳐지고 있다. 이것을 이해하는 것은 매우 힘든 것이기에 '거기 같이 있던 몇 사람들이 매우 분개하여' 낭비라며 언성을 낼 정도였다. 참으로 웃기는 일은, 자기 소유도 아닌 것을 가지고 분개한다는 점이다. 그만큼 그 여인에 대해 자신들이 마땅히 가르칠만한 도덕적 위치에 있다는 생각을 가지고 있었다는 것이리라 거룩함에 대한 의미와 권한부여를 소외된 자의 집에서 작은 자 그룹의 하나인 무명의 여인에 의해 기존의 인식체계를 가진 내부 사람들의 비난과 외부 엘리트들의 살인모의 시·공간에서 실시되었다는 마가의 진술은 엄청난 파격적인 진술인 것이다. 그리고 그러한 내부의 비동의와 외부의 박해는 시대를 넘어 언제나 있어 왔다.

갑자기 김지하의 〈금관의 예수〉 대본이 마가의 이 에피소드에 연결된다는 생각이 든다. 문둥이가 예수상 피에타와 이야기하는 장면이 그것이다. 그 대본에서 예수는 말한다. "네가 내 입을 열었다. 네가 내 머리에서 금관을 벗겨내는 순간 내 입이 열렸다. 네가 나를 해방하리라." 지배와 억압의 사회체제 속에서 성전 엘리트들의 특권에 대한 공모와 내부 소음의 상황에서 마가는 명확한 상황 설명 대신에 아릿한 실루엣 처리를 하면서 예수의 말을 전한다. "이 여자는…자기가 할 수 있는 일을 다 한 것이다."14:8 판단의 지성인들이 있는 내부의 비판에도 불구하고–그 돈을 가난한 사람들에게 나누어 줄 수 있다는 판단만큼이나 예수는 이미 그러한 가난한 이들을 위한 봉사를 앞선 여러 장에서 본을 보여주었었다– 결단과 헌신의 행동을 이야기하고 있는 것이다.

예수의 말인 복음이 전해지는 곳마다 '이 여자가 한 일'도 전해지고 사람들이 '기억'하게 될 것이라는 말은 흥미로운 노출/은폐의 비유이다. 노출/은폐의 중첩된 역설로 인해 과연 그 여자가 한 일이 무엇이고 후대의 사람들이 어떻게 기억할 것인지도 모호하게 남아있다. 해석학적 접근이 필요한 메시지라는 뜻이다. 공식적인 기독교 전통의 설교는 예수의 신성에 대한 헌신이나 교회에 대한 자발적 헌금의 이데올로기 해석으로 흐르고 있다. 그러나 길열기와 길 가기의 관점에서 보면 갱생과 변혁의 전복 이야기로 해석하는 것이 더 의미가 있다.

두 번째 에피소드는 기독교 전통의 성례전의 성서적 근거가 된 '최후의 만찬' 이야기이다. 기독교가 오랜 세기를 지나면서 전통이 세워지고 교리가 만들어지면서 이 에피소드는 추상화되고 탈맥락화되어 교리의 아름다운 장식품이 되어졌다. 그래서 예수의 품성에 대한 가르침으로, 성례전 의식으로, 언제나 귀감과 새로운 각오의 신앙 공동체의 이상적인 모습으로 이미지화되어 왔다. 그러나 이 에피소드도 결정적인 전복의 이야기이다. 이것을 이해하려면 이 '최후의 만찬'으로 이름붙인 에피소드 앞과 뒤에 이 에피소드를 여는 이야기와 이 에피소드를 닫는 이야기의 상호연계를 주목해야 한다.

이 최후의 만찬 이야기를 이끄는 이야기는 가룟 유다의 예수를 파는 배신의 공모가 설정되어 있다. 그 공모는 이미 '향유 붓기' 이야기 앞에서 성전 엘리트들의 예수 살인 모의와 연결되어 그 모의의 구체적 실현으로써 내부 공모자와의 결탁이라는 흐름을 형성한다. 그래서 내부에 스파이를 집어넣을 수 있었던 '대사제들'은 −이들의 역할이 이렇게까지 전락되다니− '유다의 말을 듣고 기뻐하며' 매수의 돈을 주게 된다. 거래가 이루어진 것이다.

최후의 만찬 에피소드는 만찬 속에서 그러한 공모의 이야기를 배경으로 흘러가고 있으며 그것을 언급한다. 그리고 제자들과의 마지막 만찬을 마무리하고 나서 펼쳐지는 이야기에는 수석 제자인 베드로의 장담과 −"비록 모든 사람이 주님을 버릴지라도 저는 주님을 버리지 않겠습니다."− 이에 호응하는 다른 제자들 모두의 같은 장담이다. 마가는 물론 예수는 이에 대해 베드로에게 오히려 '세 번' 부인을 할 것이라고 응답한 것을 기록하고 있다. 이렇게 최후의 만찬은 성례전으로 교리화하기 전에 그 맥락적 상황이 엄중하고도 비극적인 상황인 제자들의 배신이라는 주조음主調音이 세팅되어 제자들과의 마지막 시간이 보내지고 있는 것이다. 그렇다면 여기서 우리의 일반적인 이해와 다른 어떤 전복이 일어나고 있는 것인가?

제자들의 배신을 통해 미래의 제자직에 관해 일어날 수 있는 일에 대해 조심해 깨어있기에 대한 엄중한 경고의 성격이다.

마가에서 제자직은 '들으라'와 더불어 '삼가하며 깨어있으라'로 구성되어 있다. 전자는 제자로서의 들어서기에 해당한다면 후자는 제자된 자로서 이 세상을 사는 방식에 관련된다. 듣는 것을 알아차리는 것만큼 더 어려운 것은 삼가며 깨어 있는 것이다. 사회정치적인 억압에 대한 두려움, 기존의 신앙체계에 대한 눈에 보이는 특권과 장엄한 이미지의 신앙 관습의 흡입력, 그리고 민족주의적 힘의 전쟁 이데올로기에 정신 팔림 등은 마가의 신생 신앙공동체를 위협하고 있다.

'그들이 자리에 앉아 음식을 나누는'18절 함께 음식 먹기의 경험과 공동의 한 분에 대한 경험을 나누고 있음에도 불구하고, '한 그릇에 빵을 적시는 사람'20절 중에 배신자가 나오게 된다는 것을 경고한다. 심지어 그냥 유월절을 기리는 그 어떤 빵사물로서 그것이 아니라 스승이 직접 내 몸과 내 피라 말한 것을 공유하면서도 벌어지는 배신을 공개적으로 지적한다. 이것이 미래 공동체에 얼마나 힘듦을 가져올지를 알기에 마가는 예수의 입에서 좀처럼 듣기 어려운 말을 하셨다고 적어놓고 있다. "그는 차라리 세상에 태어나지 않았더라면 더 좋을 뻔했다." 이는 이미 항해의 건너가기에서 예수가 하나됨이라는 빵을 부패하는 바리사이파 사람들의 누룩과 헤로데의 누룩이—그들의 신념과 가르침으로서 누룩— 하나됨의 공동체라는 빵을 어떻게 부패하게 할 수 있는지에 대한 사전 경고의 확고한 재확인과도 같다.8:14-15.

반면에, 길열기와 길 가기의 철저한 일관성과 충실성을 마지막 순간에도 보여주고 있다.

예수는 이미 십자가 지기의 필요성과 더불어 자기 삶이 섬기기 그리고 '많은 사람들을 위하여 목숨을 바쳐 몸값을 치르기'10:45로 제자직의 모범을 보여왔다. 이는 '하느님의 뜻'에 대한 일관성과 충실성의 연장선에서 전개된다. 그러기에 외적인 살인 공모와 내부인으로서 제자들의 알아차림과 깨달음의 실패에도 불구하고 예수는 하느님의 뜻에 대한 일관성과 충실성을 놓치지 않는다. 오히려 그런 상황들의 역풍과 장벽들에도 불구하고 무리들에게 떡을 먹이신 사건에서처럼 '빵을 들어 축복하시고..떼어 나눠 주심'14:22; 참조-6:41, 8:6을 실행한다. 섬김과 자신을 내어주기에 변함이 없다.

예수의 언행은 제자직과 관련해서 마가의 진술 방식은 먼저 모델로 보여주기를 통해 귀를 열고 보고서 알아듣는 방식을 먼저 제공한다. 그리고 마가의 내러티브 중간에서부터는 제자들의 자기 시도 기회가 설정되어 있다. 물론, 굶주린 무리를 먹이기, 항해하기, 기적을 베풀기에서 제자들은 다 실패하지만, 그러한 실패의 이야기에도 1차로 끝나지 않고 2차의 디다케 구조로 제자들을 가르치고, 예루살렘 입성 후 종말론적 상황에 있어서도 제자들을 각성시키기에 대한 신실함은 변함이 없다. 이는 이미 제자들의 항해에서 폭풍우와 사나운 파도에서 건너감을 실패하고 있을 때, 건너감을 통해 '나다.I-am; 헬, 에르고 에이미'라고 자기 정체성을 드러낸 곳이 건너감 자체였던 것을 이해하면, 이곳에서 다른 종류의 사회정치적인 폭풍우와 파도에서도 그의 행동은 일관된다.

이 에피소드는 기존의 상식과 기대를 전복시켜 유월절의 의미와 그 패턴을 180도 바꾸어 '기억'의 재생에서 신앙의 실존적 각성으로 의미를 바꾸어 버린다.

마가의 노출과 은폐의 비유적 관점에서 보면 이 에피소드의 숨겨진 '알아듣고 깨닫는' 교훈은 제자직의 주체성에 대한 마지막 시청각 가르침이 핵심이라는 점이다. 풀어 말하자면, 유월절의 무교병누룩없는 빵을 먹는 데 있어서 이 에피소드는 과거 출애굽 사건의 억압의 이집트로부터 자유의 가나안땅에로의 진군하기의 연속성에만 머물러 있지 않다. 그 빵을 전통을 이어가는 대신에 자신의 몸과 피라는 인격으로 전환시킴으로서 제자들로 하여금 실존적 의미에 대한 자각에로의 각성과 전복을 시도하고 있다는 점이다.

그것은 바로 '네 믿음이 너를 살렸다'라는 치유사역에서 예고되어 있었지만, 과거 전통에 대한 답습으로서 '기억'의 재생이 아니라, 길 열고 길 가시는 예수의 생명과 의지의 직접적인 접속과 일치로서 몸과 피의 나눔이라는 여기서 지금here and now의 실존적 일치를 보여준다는 점이다. 즉, 이는 외적인 권위의 의존이나 복종이 아니라 분여分與를 통한 거룩함의 보편적 성육화그리스도의 뜻이 각자의 마음에 생생히 현존함를 시도한다. 키에르케고르의 말로 하자면 전통의 가르침에 대한 지적인 동의가—키에크케고르의 유명한 '기러기와 살찐 거위' 설교가 이것이다. 즉 상승의 날음이 아니라 설교를 들되

살찌어가는 거위들이라는 기존 기독교 신앙의 습관화된 반복을 지적한다─아니라 '존재 전달'이자 '주체화'인 셈이다.

그러므로 이 두 번째 에피소드는 무리들을 먹이셔서 길을 가게 한 것처럼 빵을 들어 축복하고 이제는 무리가 아니라 '제자들'에게 나눠 주시며 존재 전달과 역량강화의 주체성을 세운다는 점에서 마가의 치열하고도 철저한 각자의 심장에로의 내생명화內生命化를 부여한다. 이것이 첫 번째 에피소드인 향유부음에 있어 성소 이전trans-position의 이야기로 연결하고 심화하여 개인의 '성전화' 즉, 몸 성전과 생활성전으로서의 마가 제자직의 핵심을 처형 직전에 보여준다. 이렇게 마가의 내러티브는 제자직의 이상을 완결해 나가고 있다.이 의미를 들을 수 있는 귀가 있는 분에게 들려지기를!

기존의 물리적 성전의 붕괴와 새 성전의 암묵적이고 은폐된 재건의 패러다임 전환은 제자직의 의미와 연결된 부분이며, 이것은 14장 하반부에서 다시 은폐된 상태에서 서서히 그 의미를 좀더 노출하게 된다. 그러나 14장 상반부의 본문이 지닌 이 두 에피소드는 그동안 제도권의 기독교 신앙인들에게 모범답안으로 보였던 거룩한 성삼위 2격인 그리스도에 대한 신앙 견고히 하기의 흐름에서는 매우 당혹스러운 이야기일 수 있다. 필자도 이렇게까지 마가복음 공동나눔에 있어 그런 기대를 하지 못하고 있다가, 점점 마가복음의 단순하면서도 치열한 숨은 맥락적 의미가 다가오는 것에 당황스럽기는 마찬가지이다. 나 자신도 본문들이 다가와 말을 걸고 발견되는 것을 따를 뿐, 예측된 것이 아니라는 점에서 그렇다.

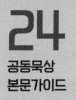

도입과 뒷배경

복음서에서 장절이 가장 짧은 마가복음에도 불구하고 14장은 가장 긴 절로 구성되어 있다. 마가복음 내러티브의 간략하며 빠른 템포에 익숙하던 우리는 내용을 따라가는 것을 넘어, 이렇게 비극적인 흐름에 대해서는 느리고 상세하게 기록하고 있는 마가 기자의 동기와 의도를 생각해 봐야 한다. 아니, 생각을 넘어 그 마음과 공명하는 자기 심장과의 조율 시간을 가질 필요가 있다. 그러기 위해서는 주일에 한 본문을 메시지로 만나는 예전의 습관과 다르게 마가복음과 함께 처음부터 지금까지 더불어 걸어온 묵상의 시간이 요구된다.

마가복음의 긴 느린 템포의 14장에 들어서는 것과 비교하여 누가복음은 전체 24장에 걸쳐 가장 긴 설명을 하고 있는 곳은 첫 장80절이다. 즉, 누가복음은 예수 탄생의 의미와 그 서론적 배경이 실존적 '시작'헬. 아르케에 있어 중요함을 암시하고 있다. 누가는 독자와 청자들이 그 시작의 징조와 그 의미를 알지 못하면 전체 흐름의 본질에 착시 현상을 갖게 됨을 그의 저술 의도를 통해 밝힌다. 먼저 그 뜻을 밝혀서 그 실마리를 재확인하며 나아간다.

반면에 마가복음은 사전 정보 없이 즉, 그 어떤 전제 없이 복음의 시작이라는 팡파레를 불고서 한 인생을 주목하게 하며 서서히 그 의도와 의미가 밝혀지는 과정적 자각의 방식을 취한다. 누가에는 적극적인 신성한 실재의 자비에 대한 연결이 계속해서 주조음으로 깔리며 진행되는 반면에, 마가에 있어서는 길 가기의 복병과 장애가 '하늘을 가리키는 별'이 되어 여행자의 길잡이로 조금씩 비추는데 그 복병과 장애는 바로 복음의 팡파레가 '수난사'로 연결되는 과정이었다는 점에서 큰 당혹감을 가져온다. 이는 그와 함께 길을 동반한 제자들 그리고 심지어 시대를 뛰어넘어 지금의 기독교인인 나에게도 그대로 미치는 실존적인 뒤흔들림이다.

우리는 예루살렘 입성 후 '성전'을 중심으로 펼쳐지는 도전과 배척들, 견고한 지배 체제의 자기 강화와 신념적 경직성은 개인이 아닌 체제와 시스템이 얼마나 견고한지를 예수와 성전 엘리트들 간의 논쟁 속에서 깨닫게 된다. 예수는 그 성전 체제로부터 물러 나와 그 장엄한 이미지에—언제나 권력은 신비화하는 종교적 상징을 통해 자신의 지배를 정당화한다— 관하여 '다 무너지고 말 것이다'는 말로 성전의 탈유효성을 선언한다.13:1-2 당연히 이로부터 재난이 예고된다. 13장의 재난의 징조는 사실상 단순한 외부의 전쟁, 기근, 그리고 군사적 억압과 착취에 대한 보고가 아니다. 오히려 기존의 성전 체제에 근거를 둔 개인의 영혼 안에 일어나는 거룩함에 대한 '무근거성' 혹은 '절대 무無'의 충격의 여파에 대한 내적인 지진을 말하고 있다.

그러기에 이러한 종말론적 계시는 어느 특정 시대의 일시적인 사회적 흐름이 아니라 현대 인간이 지닌 세속화라는—세속화란 영어의 'profane'은 '거룩함에 앞에 있음'이란 뜻으로 거룩함에 들어가지 않은 영역에 거주하다는 말이다— 거대한 물결의 미로라는 덫에 갇힌 총체적인 내면성을 확인해준다.이에 대한 예언자는 '이방인'과 '성'을 쓴 카프카이다. 그는 거룩에 초대는 받았으나 그곳에는 들어가지 못하는 현대인의 심성을 가장 예리하게 쓴 작가이다. 인간의 거룩함에 대한 무근거성, 혹은 마가가 본 적절한 거래와 타협으로서 거룩함의 상업화—성전뜰에서 상인들의 물건을 뒤엎음에서 나타나 있다— 그리고 특권층의 상징적 지배의 이데올로기화라는 '더러운 영'의 작동에 대해 마가의 길열기는 매우 치열하게 전개된다. 그가 묘사한 길 가기 내면 작업은 시대를 넘어선 탁월한 경지에서 '정화된 영혼'으로서 예리하게 예수의 생애를 관찰하고 증언하고 있다.

마가의 길 가기 내러티브가 수많은 장애물과 숨겨진 지배체제를 폭로하는 방식으로 전개되면서 음울한 어둠의 깊이는 그 농도와 극렬함의 점진적 강화를 보여주고 있지만, 마가는 그러한 비극적 현실의 견고함에 대해 손 놓고 있는 방관자는 아니다. 예수의 생애가 그를 그토록 주목시킨 하나의 실마리는 계속해서 실망스럽고 좌절스러운 응답들, 특히 제자들의 무지와 배신에서 결정적으로 나타나는 '더러운 악령'의 역사에도 불구하고 14장 앞부분에서 성찰한 것처럼 새로운 건설적인 작업들을 세팅하고 있었다는 '은폐된 흐름'이 있다.

물론 이는 두 무화과나무의 교훈에서 극명하게 대비되어 예고로 나타난다. 무화과나무의 저주, 11:12-14 및 13:28-31 마가의 내러티브는 지금까지 여러 차례 곳곳에서 2번의 반복이라는 방식을 통해 '보여줌'과 '명료한 확인'의 심층적 자각의 방식을 위해 반복화법을 사용함으로써 제자들과 독자들에게 이해의 지평을 넓혀왔다. 그 예로 무화과나무 교훈도 마찬가지이며, 남은 결론부에서도 이러한 이중 반복의 심층화 화법이 계속 나타날 것이다. 2중의 반복화법의 변형으로서 14장 전반부 이야기도 두 에피소드로 설정되어 있음은 이미 지난 모임에서 언급되었다.

그것은 외부의 예수 살인 모의의 상황에서 또 다른 건설적인 사회적 기획이 펼쳐지는 데 그것은 '대사제들과 율법학자들'이 본래 해야 할 기능인 '머리에 기름부음'의 새로운 왕/통치자에 대한 은폐된 등위식이다. 우리는 민중으로써 작은 자인 한 여인의 소중한 전 재산인 나르드 향유 옥합을 깨어 은폐된 왕위 대관식을 가장 소외된 자인 '나병환자 시몬의 집'에서 새롭게 전개하는 '거룩함'의 성전 체제 전복과 대안적 실천이라는 에피소드를 보게 된다. 물론 이 이야기는 '카이사의 것/몫은 카이사에게, 하느님의 것/몫은 하느님께'라는 은폐된 방식과 마찬가지로, '내 장례를 위함'14:8라는 표면적 명분을 세우고 있으나 은폐된 메시지는 확연히 다르다.

두 번째 에피소드는 제자들이 예수의 배반이라는 앞, 뒤의 도입과 후렴 이야기 속에서 전개되고 있는 제자들과의 마지막 만찬 에피소드이다. '만찬' 즉 함께 떡을 뗌은 마가 신학의 중요한 샬롬 체제의 핵심 상징이며, 새로운 정치·사회적 대동大同 질서로서 함께 먹음에 있어 '배제없는 포함'의 돌봄 정치의 핵심이기도 하다. 그것이 두 번이나 나오는 '무리들을 먹이심'에서 가장 극대화되기도 하였다. 또한 이는 제자직에 있어서 '하나의 빵'에로의 건너감8:14-21에서 예고된 실천 공동체의 의미에 대한 예고이기도 하였다. 여기서는 2번 반복 기법을 통해 가장 극명하게 빵의 의미를 생활과 심장에 심어넣는 '보편적 성육화'의 예시를 보여주고 있다. 즉, 이제 빵을 나눔은 그것it의 나눔이 아니라 존재성His Presence을 나누는 것으로, 몸과 피라는 존재의 분급分給, sharing

이 펼쳐진다.

이 두 에피소드는 향후 미래에 있어 자신들이 물리적 성전처럼 무너져 버리고 나서 다시 무언가를 세우기 위해서 자신들의 경험을 '회상'하고 '기억'하면서 다시 걸어야 가야 할 대안의 근원적인 스토리이다. 이것의 공유야말로 살아있는 전승이 될 것이며, "이 여자가 한 일도 알려져서 사람들이 기억하게 될 것이다"14:9의 은폐된 의미이자, 무너져 배신한 제자들에게도 확연하게 다시금 일으켜 세우게 될, 그분이 '한 일'헬, 호 에포이에센 ho epoiēsen을 '기억하게'헬, 에이스 네모시논 eis mnēmosynon= for a remembrance offering, 문자적으로 '상기시키기 위하여'라는 뜻임 하기 위한 에피소드이다.

아이러니는 가룟 유다의 내부 스파이 역할로서 공모의 이야기와 수석 제자의 한번이 아닌 세 번의 배신 예고 배경 사이에 제자들과의 만찬이 몇 가지 의미소意味所로 겹겹이 그 에피소드를 양파껍질처럼 두껍게 싸서 스승 배신의 두 스토리 가운데에 있다는 점이다. 그 첫째는 예수께서 제자들을 위해 몸소 미리 마련한 '과월절 음식의 준비'16절이다. 예수의 제자들에 대한 배려와 과월절 음식이라는 의미 부여가 암시되어 있다. 둘째는 '한 그릇에 빵을 적시는 사람'20절의 배신에 대한 예고와 그 알고 있음에도 불구하고 수용과 자각의 여지를 남겨놓음이다. 셋째, 빵을 들어 축복하고 떼어주심 및 몸과 피로의 인격적 연결과 존재의 분여分與; sharing of self-giving이다. 이렇게 하여 새로운 사회적 기획이 그 제자들이 기획하고 노력하지 않아도 저절로 '싹트고 잎이 나는 여름이 가까워지는 것'13:28이 될 것이다. 자신들이 행한 실패의 견고한 비난이 '연해지고' 기억에 의한 새로운 희망의 '잎이 돋으면' 미래의 가능태로서 이 두 에피소드는 예수가 그들에게 그리고 실존적으로 현대의 나에게 '한 일'로 내 심장을 움직이는 에너지원이 될 것이다.

본문 속으로 들어가기

인류에게 있어서 수난과 죽음은 거대한 도전의 영원한 이슈이다. 수난과 죽음은 사랑만큼이나 우리를 뒤흔들어 놓는다. 그러나 대개의 일반적인 문화는 이것을 직면하기보다는 피하는 것에 익숙해 있다. 그 피하는 방법은 장식裝飾하는 것이다. 기독교에 있어서 죽음은 지체 없는 빠른 전환으로서 '부활'의 영광으로 장식한다. 죽음보다 부활의 메시지에 희망을 걸게 만든다. 수난은 '그분' 혹은 '그들'의 안타까운 비극적 경험으로 관조하게 하고 자신을 분리시켜 자신에게 침범하게 하지 않고 심리적으로 피해서 돌아가게 만든다.

그러나 마가 내러티브의 14장 하반부는 다시 한번 매우 느린 템포로 스토리 전개를 펼치면서 그 이야기를 청중과 목격자로 하여금 공시성共時性의 소통을 시도하고 있다. 이는 아웃사이더로서의 관찰을 허락하지 않으며, 시대와 장소를 불문하고 제자/독자/청자로 하여금 이 스토리에 참여하도록 요구하고 있다는 점에서 공시성의 특성을 갖는다는 말이기도 하다. 즉, 이 이야기는 '홀로 있음'의 그 사람의 이야기와 더불어 '함께 있음'의 제자직의 의미상관적인 맥락을 갖는다. 이를 탐구하는 것이 지금까지 대부분 기독교인이 설교를 통해 듣는 '그분에게 일어난 일'에 대한 예수의 신성화와 그분에 대한 재-주목과 헌신의 신격화 이데올로기로부터 길 가기에 대한 나의 참여라는 실존적인 여지의 공간으로 들어갈 수 있는 여지를 마련할 수 있게 한다.

이미 앞서서 진술한 대로 예수의 예루살렘 입성 후에 보여준 거룩함에 대한 새로운 사회적 기획은 외부의 종교 권력에 의한 살해 음모와 내부 스파이 만들기에 의해 그리고 내부 제자들의 몰이해와 배신 예고에 의해 최고조의 강력한 장애와 방해의 국면으로 들어간다. 예수는 이에 대해 새로운 전망의 실마리가 되는 두 에피소드를 보여주었다. 이는 외풍과 내풍에 비교하면 희미한 '겨자씨'의 실마리이지만 장차 '심어 놓으면' 자라나 '공중의 새들이 그 그늘에 깃들일만한'4:30-31 에피소드이다.

그러나 '겟세마네의 기도' 에피소드는 그러한 에피소드를 다시금 심화하고 강화하여 새로운 미래의 전망에 대한 올곧은 흐름을 세워 놓는다. 이 말은 무슨 뜻인가?

예수는 타자에게, 그리고 제자들에게 보여준 태도인 '새로운 평등의 돌봄과 일치의 사회적 비전이라는 샬롬 사회 건설'에 있어 자신은 어떠한지를 몸으로 직면하고 있다는 점이다.

'사람의 아들'로서 그는 자신에게 온 죽음의 도전 앞에서 '공포와 번민에 싸여' 있었고, 자신도 '마음이 괴로워 죽을 지경'에 도달한, 스스로 체험한 심연의 공포를 몸소 느꼈다는 점이다. 그런 점에서 그도 우리와 똑같은 인간성의 경험을 길을 가면서 '통과한' 혹은 철저히 경험하여 그것을 통하여 나아간 분이다. 그는 몸소 경험을 하였고 그것이 공포와 번민을 일으키는 실존적인 과정임을 뼈저리게 안다. 즉, 그분은 그 어떤 지지나 도움 혹은 심정적인 이해 없이 홀로된 자로서 최저의 궁극적인 심연the ultimate abyss 속으로 들어갔고, 마가의 언어로 말하면 악령의 심장 속에 떨어져 있었으며, 종교적 비유로 말하면 지옥의 경지를 실존적으로 체험하였다는 것이다. 우리는 먼저 길을 가신 그도 그러한 심연 속으로 들어가는 실존적 궁지를 철저히 맛보셨다는 점에서 상기시키는 기억을 공유한다.

길가는 자는 유일한 궁극적 표준은 '아버지의 뜻'에 대한 분별에 있다.

'아버지의 뜻'뜻의 헬라어, 델로 thelō는 '최선의 것을 주는'best-offer것에 대한 의지와 바람을 의미한다은 이미 씨뿌리는 자의 비유로부터 시작해서, 안과 밖의 형제자매됨의 구분의 표징 3:35이자, 제자직 훈련에 있어서 섬김으로 표현되는 길 가기의 핵심 근거이자 최종 목표이다. 마가의 '기쁜 소식'복음의 핵심인 길 가기는 이 '아버지의 뜻'에 대한 분별과 그 역량부여의 온전함을 체화하는 것, 즉 성육화하는 것이다. 제자들에게 악령추방과 질병치유에 대한 기도와 믿음의 힘에 대해 언급한 것도 '아버지의 뜻'과의 접속함으로 이해할 수 있다. 예수는 '내 뜻대로 마시고 아버지의 뜻대로 하소서'라는 기독교 신앙의 살아있는 전통의 핵심 영성을 겟세마네에서 스스로 몸소 확인하고 재확인한다. 이 문장을 통해 내 뜻이라는 자율성의 이탈과 타율성이라는 '아버지의 뜻'에 대한 맹목적 신뢰가 아니라 이 자율성과 타율성이 상호교류하는 신율성폴틸리히의 용어이라는 상호주관적 동시성의 체화라는 명증한 주체성으로 제자직의 영역을 올려놓게 된다. 이 창조적 긴장과 역설의 성숙된 상호교류가 대극對極의 차이에도 불구하고 일치의 고양이라는 차원에서 개인의 죽음과 실존적 허무함 그리고 사명의 미완성에 대한 '성취와 일'의 한계를 넘는 존재의 자유를 부여한다.

조심하여 깨어있으라는 제자직의 핵심 수행에 대한 그 중요성이 재확인된다.

악마화된 현실과 비극적 삶의 경험이라는 거센 폭풍우 속에서 우리는 어떻게 건너감을 살아갈 수 있는 것인가? 현실로 보이는 여러 참혹하고 비극적인 고통의 현상과 무기력과 무가치의 넘쳐나는 내면의 종말론적인 '끝장남'의 현실 인식에서 가장 인생에 도전적인 것은 마가가 보기에 외부의 위협이나 그 무언가의 결핍이 아니다. 이 사회의 모든 더러운 악령의 시스템, 구조, 문화의 역병 현상에서 그 핵심은 우리가 잠자고 있다는 사실에서 벗어나지 않는다. "깨어있음"은 위기에서 가장 중요한 실천 요강이며, "유혹에 빠지지 않도록 깨어 기도하라"38절는 인간 실존이 기댈 수 있는 최후의 양심 보루이자 새로운 가능성의 터전이다. 예수는 뒤따르는 자로 하여금 그리스도교라는 종교 체제의 성곽을 완성하라고 지시한 것이 아니다. 오히려 더러운 악령의 유혹에 빠지 않도록 깨어 있기라는 내밀한 영성의 길하느님 뜻과의 연결을 자각시키고 있다. 이것은 성 프란체스코가 꿈에 내 성전을 세우라고 지시받은 것을 일시 오해해서 성당을 짓는 데 일조하였지만, 실상은 자기 삶이 자비와 사랑의 실천을 육화시키는 생활 성전을 세움으로 점차 이해해 나간 것과 같다.

마가의 탈지배적 돌봄의 비전은 성전 체제의 몰락에 대해 일련의 대안적인 전망과 그 실천에 대한 구체적인 실마리들이 되는 상징적 실천들을 다음과 같이 은밀히 진술한 것들로 펼쳐 나간다. 거룩함에 대한 대안으로서 거룩함이라는 성전의 세움은 '나병환자 시몬의 집'에서 민중의 그리스도에 대한 기름부음, 이제 물질적인 빵이 아닌 예수의 정신인 몸과 살을 소통하는 커뮤니티의 재건, 그리고 '하느님의 뜻'에 대한 철저한 긴장과 수용으로 다시 갱생되어 몸성전, 생활성전으로 펼쳐진다. 그것은 마음의 성전이자, 하느님 뜻에 대한 무제약적 책임성의 투신에서 이루어지는 성전이다. 이렇게 겟세마네원뜻은 '기름을 짜는 곳 an oil press'이란 뜻이다는 새로운 성소가 되어 우리의 마음에 하느님의 뜻과 일치되려는 의지와 헌신이 이루어지는 거룩함으로 성소는 옮아 간다.

마가의 내러티브에서 새로운 통치자로서 왕위 등극, 그 새로운 통치자에 대한 거룩한 커뮤니티로서 몸과 피의 실존적 교제, 그리고 겟세마네라는 '하느님의 뜻'을 짜

내기라는 의지의 전적인 투신으로 이제 이 겟세마네의 내면 경험이 모아지면서 장엄한 예루살렘의 물리적 성전은 무너져 내리고 새로운 성전이 완성된다. 이렇게 만들어진 거룩함의 새로운 마음 성전으로 인해 다시 몰아치는 거친 파도에 항해의 능력이 생긴다. 이를 통해 공동체라는 거룩한 배가 띄워질 것이다. 아직은 그것이 파도를 헤치고 나갈 기미는 보이지 않아도 이제 그 전조들이 몰려온다.

그 전조에로 나가기 전에 한 가지 제자직에 있어 깊이 생각해야 할 내부의 악령화 혹은 질병화에 대해 삼가 조심해야 할 것이 있다. 그 교훈은 "지금 나와 한 그릇에 빵을 적시는 사람" 중 하나가 배신하여 스승을 잡도록 내어주는 스토리에서 온다. 그 스토리는 함께 동고동락의 길 가기 여행을 한 제자들 내부에서 온다는 사실이다. 그 배신의 심볼은 다시금 역설적이게도 키스를 통해 배신을 이룬다. 유대 문화의 스승에 대한 존중과 예의를 갖춘 의식인 "인사하며 입을 맞춤으로"46절 스승은 넘겨진다. 그리고 마가는 그 사람이 가룟 유다만이 아님을 명시한다. "그 때에 제자들은 예수를 버리고 모두 달아났다." 마가의 의도가 알송달송하지만 덧붙여서 "삼베를 버리고 알몸으로 달아난" 한 청년도 언급한다.51-52

이와 더불어 신앙의 유사 환경도 만만치 않게 적대적으로 될 것이다. 이에 대한 표징은 대사제로부터의 심문이다. 여기에는 "다른 대사제들과 원로들과 율법학자들도 모두 모여" 있었고, 베드로는 멀리서 관저 안뜰에 경비원들 틈에 끼어 사태를 보고 있었다. 이들이 모두 모인 이유는 종교개혁자 마틴 루터에서도 그랬지만 모인 이유는 단 하나이다. 종교적 권위에 도전하는 자를 심문하여 '사형에 처할 만한 증거를 찾기'55절이다. 그들은 구실을 찾고 있었고 그 구실의 핵심은 '신성모독죄'의 증거이다. 종교재판이 언제나 그래왔듯이 종교 권력의 관심은 구실의 증거찾기를 통한 위험인물의 제거와 특권유지에 있다. 이를 확대하면 지배 체제라는 통치 권력의 핵심이 보인다. 이 세상 통치자는 엘리트 지배의 유지를 위해 '헌정질서를 어지럽힌 자'에 대한 낙인의 증거를 찾아 처단을 위해 공적인 심문 의식을 연다. 사람을 사냥하기 위해 모임을 연 자들은 그 먹잇감을 놓치지 않으며 어떤 구실이라도 씌워서 그것이 거짓 증거이든 무엇이든 간에 목적을 수행한다.

종교권력자들의 마녀사냥식 왜곡과 심판의 선언은 또한 볼거리를 찾는 일반 민중들의 가슴에 불을 지른다. 예루살렘 입성에서 예수에 환호의 태도를 보인 민중들은 예수에게 침을 뱉고 주먹으로 치면서 순식간에 조롱의 군중으로 바뀐다. 권력의 주인이 사냥감을 목표로 설정하면 사냥개가 된 민중의 일부는 선동자로 나서서 주인에게 충성 하며 먹잇감을 향해 돌진하는 것이다. 그러한 미쳐가는 광풍 속에서 한 개인으로서 베드로는 이제 스스로 장담했던 "배신 안 하기"의 의지가 꺾인다. 누가 이 광풍을 감당할 수 있겠는가? 베드로의 체면을 더욱 구긴 것은 종교 권력의 심판대 앞에서 떳떳하게 심문받는 상황에서가 아니라 대사제의 여종 하나와 구경꾼들의 말에 의해 흔들렸다는 점이다. 그는 그들에게 두 가지로 스승을 배신하는 모범?을 보여준다. 첫째, 거짓말이라면 천벌이라도 받겠다는 맹세가 그것이고, 둘째, "나는 당신들이 말하는 그 사람은 알지도 못하오"라는 자기 부인과 배신이다. 결국 예수의 경고가 떠올라 "땅에 쓰러져 슬피 우는"72절 처지가 된다.

이렇게 길가는 모범을 보여준 예수가 권력의 손으로 넘겨짐과 민중들의 모욕과 '손찌검'65절이 몰아치고, 수석 제자인 베드로도 "땅에 쓰러져 슬피 우는" 어두운 심연이 마가 내러티브 절정에서 벌어진다. 더러운 악령이 권세를 부여잡고 미친 바람을 불어대며 예수, 제자들 그리고 민중들을 그 광풍으로 넘어뜨리고 있다. 제자들과 관객인 청중들도 이제 깊은 어둠의 심연으로 들어가 '공포와 번민'33절 이라는 광풍의 지배 속으로 내몰리고 있다. 풍전등화의 위기가 이에 해당하는 말일 것이다.

성찰과 여운

비폭력 실천가로 살아오면서 탈지배적 사회체제로의 비전과 그 구축에 대한 가장 큰 도전은 그 초기에 있어서는 국가폭력을 포함한 폭력의 악마성과 그 작동 구조의 견고함이라는 철옹성의 장벽이었다. 우선은 자신이 폭력의 문화에 찌들어 있어서 두려움과 결핍에 의한 영혼의 왜소함을 느끼면서 어떻게 해야 할지 모른다는 자괴감과 폭력이 만연한 현실에 대한 당혹감이 제일 컸다. 자신은 계란으로 보이고 상대는 바위로 보이는 현실 그 자체가 큰 무거움이었고 무력감을 일으키는 원인이 되었다.

그러나 사회적 기획으로서 작은 시도들이지만 서클로 진행하는 여러 모델을 접하고 훈련 과정을 만들고 곳곳의 영역인 교육과 갈등해결 등의 영역에서 실천가들이 나오고 역량들이 서서히 조금씩이나마 갖춰가며 지역과 부분에서 리더십들이 형성되어 가면서는 다른 어려움이 뒤따른다. 그것은 '한 그릇에서 빵을 적시는 사람'들의 분열과 길 가기의 선한 동기에 대한 길잃음, 그리고 그 소명에 대한 무감각이다. 서클 대화의 전도자인 케이 프라니스는 〈서클로 여는 힘〉이란 책에서 서클의 핵심 신념 중에서 마지막 7번째 핵심 가정으로 다음과 같은 말을 하고 있다. "우리에게는 핵심자아로부터 살아가는 습관을 만드는 연습이 필요하다." 선하고 지혜롭고 강력한 핵심자아에 의존하여 자기 삶을 재형성하는 습관을 일상화하는 실습, 곧 예수의 경우는 길 가기에 있어서 겟세마네라는 영혼의 기름짜기라는 절대적 심연의 상황에서 '하느님 뜻'에 대한 전적인 투신으로 영혼을 세우는 것에 대해 우리가 앞으로 어떻게 '조심해서 깨어 있을 수 있을까?'에 대한 실존적 질문을 하고 있는 것이다.

광풍이 몰아치고 있는 한국의 현대사 물줄기의 한가운데를 관통하는 시기에 살면서 과거 권위주의 체제 속으로 함몰하는가 아니면 코로나시기 이후 새 시대로 들어서는가 하는 결정적인 중요시기에 자신의 길 가기는 어떻게 되고 있고 어떤 어둠의 시기를 자각하고 있는지를 예수의 겟세마네, 종교 엘리트들의 처형을 위한 심문의 직면 그리고 베드로의 '땅에 쓰러져 슬피 우는' 광경들이 중복되어 우리를 흔들고 있다. "아직도 자고 있느냐, 아직도 쉬고 있느냐? 그만하면 넉넉하다. 자, 때가 왔다…일어나 가자."41-42절 "일어나 가자"는 예수의 말은 강요가 아니다. 기독자로서 그대가 지닌 최소한도의 지성과 휴머니티에 대한 의미 물음과 권고로 던져지는 것이다.

**본문에 따른
성찰질문**

막 14:32-72

1. 편안한 자세와 호흡을 고르게 한 후 거룩한 영의 안내를 요청한다. 그리고 오늘 새롭게 만나지는 문장, 단어에 주목하며 그것이 나에게 말걸어 오기를 기다린다. 지적인 사고가 아니라 가슴이 울리는 단어에 집중한다. 본문의 문장이나 단어가 당신의 영혼, 삶을 비추어 주는 것이 있다면 영에 의지하여 그것이 자신을 바라보게 한다.

2. 겟세마네 광경을 기억하면서 자신의 신앙 여정을 성찰해 본다. 예수의 권고가 자신에게 들림에도 불구하고 잠이 몰려오거나 깨어날 수 없게 만드는 자기 삶의 조건들은 무엇인가? 비난없이 그것의 타당한 이유들을 열거해 보라. 신앙의 각성이 일어나기 어려운 타당한 이유와 근거는 무엇인가?

3. 당신은 제자직과 관련하여 어느 정도 '그분과 한 그릇에 빵의 적시는 사람'으로 있어 왔는가? 적어도 당신이 그분과 함께 하는 빵의 종류와 분량/몫은 어떠한가? 그리고 이어서 묻는다. 내가 그분께 "인사하고 입을 맞추는" 시도가 있음에도 불구하고 예수를 따를 수 없고 넘겨주는등을 지는 가능성을 지닌 나름의 타당한 이유가 있을 수 있다면 그것은 무엇인가? 내가 예수에 동의하지 않을 타당한 이유이자 내 독자 노선을 걸어갈 수 있는 이유

4. 당신이 권력자의 앞에 서 있다고 상상해 본다. 그는 당신의 삶에 의심을 갖고 당신을 심문하고자 한다. 당신이 증언할 수 있는 무엇이 있겠는가? 혹은 어떤 태도를 취하겠는가? 당신은 증언의 핵심이 무엇이기를 원하는가?

악마화된 현실에서 길 가기에로의 초대 | 371

영혼의 심연에서 새 성소의 재건

막 14:32-72

우리는 마가복음이 다른 복음서에서 그 스토리가 대부분 인용되어 마가복음 자체의 독특성이 없어 보이고, 또한 지루한 수난사의 긴 스토리를 지닌 비극적 광경에 대해 그다지 호감이 안 갈 것이라는 예상과 달리, 지금까지 여정을 통해 보면 그 자신만의 중요한 신앙-행동의 도식이 들어있음을 간파해 왔다. 특히 마가만의 독특한 이중 반복의 스토리텔링과 은폐와 감추임의 시각 전환 기법은 주목하지 않으면 드러나지 않아, 마치 커튼 쳐진 내밀한 밀실과 같은 비밀의 의미구조가 설정되어 있다. 그래서 밖에서 들여다보는 것만으로 놓치기 쉽고 직접 들어가 봐야 하는 경험 없이는 그 내밀한 영역이 쉽게 알려지지 않는다.

이를테면, 판화의 음각법처럼 악령과 질병으로 시작되는 어두운 삶의 전경들을 드러내면서 마가는 길 가기에 있어서 점차 어둠으로 들어가는 방식으로 스토리 전개를 하고 있다는 점에서 거룩함에 대해 전혀 다른 색깔로 그 본질을 드러낸다는 것도 매우 주목할 만한 특징이다. '어둠'은 점차 시간적 구조와 맞물려 무리를 먹이심의 스토리에서 '저녁 때'6:35 그리고 갈릴리 바다의 건너감에서 '날이 저물었을 때'4:35; 6:47의 언급처럼 어둠과 광풍의 이중적인 중첩은 제자직 훈련에 중요한 계기를 선사한다.

날씨와 시간의 '어둠'은 더욱 가속도로 사회체제의 권력과 연관되어 그 강도와 깊이가 서서히 강화된다. 그것은 '이 세상 통치자'들의 권력의 내리누름10:42-45과 성전 엘리트들의 지배질서와의 공모를 통해 정치적인 상황만 아니라 정신적이고 영적인 차원도 어둠의 깊이를 증가시킨다. 결국 이 어둠의 깊이는 이제 밑 모를 심연을 맞게 된다. 그것은 웅장한 성전의 무너짐이라는 예고와 종말론적 시기로서 '끝'이라는 흉측함과 무서운 재난의 도래로 이어지는 심연의 것이다.

마가의 내러티브는 음각법의 예술적 감각에 따른 점차적인 어둠의 노출과 그 강도의 깊이로 들어가는 스토리를 전개하면서 내러티브의 표면적 내용apparent content 이면에 점차 잠재된 내용latent content을 서서히 드러내는 방식으로 전개된다. 그러한 어둠과 심연 속에서 새 징조가 만들어지며, 두 번째 무화과나무 스토리 예시처럼 새로운 징조로서 '가지가 연해지고 잎이 돋는'13:28 분별의 징표로부터 지배질서와 체제의 전복과 새로운 미래로 향한 철저한 변혁의 실마리 증상들을 이끌어 가고 있다.

마가가 진술한 새로운 변혁의 증상들이란 예루살렘이라는 권력의 중심으로 들어가면서도 예수는 로마에 굴복하거나 성전 엘리트들의 함정에 빠지지 않았다는 사실이었다. 또한 성전이 아닌 나병환자 시몬의 집에서 대사제가 아닌 한 여인이 행한 예수께 기름부음이라는 숨겨진 왕위 등위식과 제자들과 유월절 음식 대신에 살과 피로서 존재의 분여分與 이야기는 거룩함에 대한 새로운 기초를 놓는 사회적 기획이 그러한 심각한 어둠 속에서도 놓치지 않고 전개되고 있음을 마가는 증언한다.

그러나 어둠의 무서운 심연이 거기서 끝난 것은 물론 아니었다. '한 그릇에서 빵을 적셔 먹는 사람'인 제자들의 배신과 도망감은 최종적으로 그 어둔 심연의 나락 속으로 떨어진다. 그 어둔 나락의 깊이에서 이제는 겟세마네에서 홀로된 예수는 그 어둔 심연의 절대적 근저根底에로 내몰리게 되었다.

잠시 이쯤에서 우리가 깊이 생각해 봐야 할 것이 있다. 수 세기 동안 제의적, 신학적 재생산에 길들여진 우리는 마가가 전하는 예수의 '마지막 만찬'을 당국의 권력에 의해 결속이 무너진 채 숨어있는 도망자 공동체 집단의 갈등으로 가득한 마지막 시간이 아니라 고상한 성찬의 순간일 것으로 생각한다. 또한 우리는 겟세마네를 전복적 실천의 결과를 받아들이기 위한 한 지도자의 깊은 내면적 고뇌로 보기보다 예정된 구속사의 섭리에 대한 순종으로 본다. 그래서 이 어둔 심연의 절대적 무the absolute nothingness의 체험을 종교적인 교리의 화려한 장식으로 가린다.

마가의 "수난극"은 정확히 이러한 비극과 현실주의, 그리고 풍자로 가득한 정치적 정경을 포함하고 있다. 마가는 예수의 비폭력적인 샬롬 실천 행위와 권력자들의 정보기관 사이의 공모에 대한 최후 대결, 혁명적 열정으로 가득한 반군, 그리고 유대와 로

마의 법정과 감옥과 피고석이라는 현실 극장에서 상영되고 있는 '권세들의 전쟁'을 극적으로 그려낸다. 이 수난극에는 이야기의 중심부에 위치한 '제자도를 위한 예수의 부르심'8:34 이하 귀절에 나타나는 억제할 수 없는 정치적 요소가 상세히 진술되며, '자기부인'과 '십자가를 짐'과 '목숨을 잃는 자가 구원을 받는' 현장이 최종적으로 무대에 오르고 있다. 우리는 이곳에서 벌어질 체포, 재판, 고문에 대한 내러티브가 오늘날 세계 곳곳에 존재하는 정치적 현실과 종교 권력의 무감각에서 똑같이 재현되고 있다는 사실을 잊어서는 안 된다.

마가 진술에서 길 가기 모범을 보이시는 예수는 이제 스스로가 심연 속에 혼자가 되는 상황으로 내몰리게 되었다. 그렇게 잔인한 이 세상 권력과 종교 권력 간의 야합과 공모에도 불구하고 탈지배의 대동사회와 돌봄의 공동체적 비전으로 향한 예수의 발걸음은 멈추지를 않는다. 그러나 그러한 걸음에도 '실족'실패-알아듣지 못함의 가능성이 언제나 존재한다. 길 동반자로서 제자, 청자나 독자에게는 알아듣는 자와 알아듣지 못하는 자의 역할에 안전한 보장이 없다. 실존적인 자기 생의 투신 없이는 '깨닫지 못하는' 방식으로 전개되고 있기에 제자직이 아무나 할 수 있는 것이 아닌 반투명의 경계선이 쳐져 있다. 길 가기는 그러한 경계선을 자각하며 내면으로 돌파하는 개인의 헌신을 요구한다.

마가의 내러티브를 뒤따름에 있어 '실족의 가능성'을 강화시키는 것은 그 시작을 '하느님의 아들 예수 그리스도에 관한 복음의 시작'1:1이라는 웅장한 팡파레가 모욕과 수치, 팔아넘김과 배신, 무력성과 홀로됨이라는 내러티브의 클라이맥스 간극 간의 부조화에 대한 큰 충격과 이해할 수 없음의 '이편'에서 어떻게 '저편'으로 건너감을 시도할 수 있는가에 대한 실존적이고 궁극적인 물음에 있다. 물론 이 물음은 그 당시의 제자들 각자에게 혹은 시대적 장벽을 넘은 지금의 독자나 청자인 개인에게도 똑같이 걸려있는 '실족인가 아니면 도약인가'키에르케고르의 용어에로 우리를 직면시킨다.

길 가기에 있어서 가장 궁극적인 것은 거룩함에 대한 '터득'이 단어도 키에르케고르의 용어임이다. 터득은 머리로 이해하는 것이 아니라 생으로 만나지고, 자기 심장으로 공명되며, 그로 인해 길 가기 소명이 자기 생명이 되어가는 실존적 전회轉回-뒤집고 자리바꿈라는 환골탈태의 과정을 통해 일어난다. 지적인 동의 정도나 교리화 혹은 대중의 인정이 아닌 개인 내면의 실존적 각성에서 펼쳐지는 빛의 조명과 실재 안에 자기 전 존재의 포섭됨이라는 일치와 연관되는 것이다.

어둠과 심연은 실족하기에 가장 어울리는 길 가기의 장애물이다. 게쎄마니에서 예수는 '공포와 번민에 싸이고' 또한 "내 마음이 괴로워 죽을 지경"이라는 심연의 궁극성에 도달한다. 그러한 궁극적인 심연에서 전라의 영혼이 된 예수는 13장에서 두 번째로 제자들에게 말한 종말론적인 가르침 부분에서 강조한 '깨어 있음'14:34에 대한 실천적 권고를 세 번씩이나 하며 잠자고 있는 세 제자를 일으켜 세우려 시도하고 있다. 사람의 아들인 예수가 시도하는 것은 자신에게서나 제자들에게서나 그 깨어있음의 핵심 내용인 '하느님의 뜻'에 대한 주목하기와 그 뜻에 대한 연결이다. 그분의 뜻에 대한 연결은 실족의 가능성에서 추락이 아닌 도약으로 갈 수 있는 핵심 열쇠가 된다.

'하느님의 뜻'은 이미 '누가 내 어머니이며, 내 형제인가?'3:31-35에서 확인된 새로운 관계의 중심과 경계선으로서 제자나 새로운 가족의 기준이었다. 기도와 믿음을 통해 '산을 들어 바다에 빠뜨리는'11:23 능력의 그 기반도 하느님의 뜻에 대한 충실함으로 일어나는 것이었다. 게쎄마네에서 예수의 기도는 '하느님의 뜻'의 분별과 그에 대한 복종surrender에로의 자기 위임과 연결된다. 예수가 이미 입으로 들어가는 것이 아니라 마음에서 나오는 것이 인간을 더럽힌다고 밝혔듯이, '깨끗한 마음'과 '하느님의 뜻'의 분별과 그에 대한 자기 헌신이야말로 궁극적인 심연의 분리됨을 넘어서는 신앙의 터전이자, 새로운 몸성전, 생활성전, 즉 마음 성전의 중요한 중심이 되는 것이다.

이렇게 '기름짜는 곳an oil press'의 의미를 지닌 게쎄마네는 자기 영혼을 전력투구하여 하느님의 뜻을 밝히는 일관성과 충실성이라는 무제약적 자기 책임성이 현존하는 공간으로 밝혀지며, 마가는 그러한 실존적 마음의 장소를 새로운 성소로 지정하고 있다. 이것이 대사제들과 원로들과 율법학자들이 있는 의회 앞에서 거짓 증언으로 채택하는 시도의 숨겨진 함축 의미였다. "우리는 이 사람이 '나는 사람의 손으로 지은 이 성전을 헐어 버리고 사람의 손으로 짓지 않은 새 성전을 사흘 안에 세우겠다'하고 큰 소리를 치는 것을 들은 일이 있습니다."14:58 하느님의 뜻에 연결된 무제약적 자기 책임성의 현존이라는 인간 개인 심장의 치열한 마음내기로 표현되는 영혼의 '기름짜기'라는 신실성이 신성의 무제약적인 현존을 재생시킨다. 새로운 성소의 가능성이 이곳에서 열리는 것이다.

겟세마네에서 예수는 아버지에 대한 아들의 친숙한 어조로 기도한다. "아버지, 나의 아버지"14:36의 부름은 그 어떤 심연에서도 분리없는 관계와 그분의 뜻에 대한 연결을 의미한다. 죽음의 위협보다 그러한 연결이 더 강하고, 죽음의 무화無化시킴과 의미상실의 무근거성에도 불구하고 놓칠 수 없는 유일하게 궁극적인 것이 바로 아버지의 뜻에로의 투신이다. 게쎄마네라는 어둔 심연에 홀로 내버려짐이라는 절대적 무근거성의 상황에서도 '아바, 아버지'에 대한 신뢰와 그분의 뜻에 대한 전적인 자기 위임은 이제 거룩함의 중심을 물리적 공간인 성전이 아니라 인간 개인의 내면의 중심에서 '하느님의 뜻'에 대한 자기 개방과 헌신으로서 성전의 성격과 본질이 갈음전복하게 된다.

자기 심장에 지성소라는 공간을 마련함으로써 우리는 이제 그 어떠한 악령과 힘의 권세에 대해서도 두려움없이 일어나 길을 열며 나갈 수 있다. "일어나 가자"14:42라는 예수의 결단과 용기는 그렇게 심장에 성소를 세움으로써, 즉, 깨끗한 마음과 심장에 하느님의 뜻에 대한 연결고리를 놓치않음으로 자발적인 용기가 분출하도록 하게 한다. 이렇게 하여 영혼의 진실이 어둠을 가르게 하는 능력으로 발산되도록 한다. 심장이 하느님의 뜻에 조율되면서 심장은 두려움을 일소한다. 악마화된 권력이 최후의 무기로 갖고 있는 '죽임'에 대한 위협에 대해 예수의 "일어나 가자"는 길가는 자의 궁극적인 방향에 대해 자기 내면에 있는 심장의 목소리와 하느님의 뜻에 대한 무제약적인 책임을 스스로 지는 자유인의 행동인 것이다.

길은 있고 보이기에 장벽에도 불구하고 가는 것이다. "일어나 가자." 마가 복음에서 가장 큰 기적이 여기에 있다. 일어나 가는 것이야말로 무엇이 궁극적인 것인지를 알려준다. 그리고 그러한 길을 선택한다는 것은 진정한 의미에서 기적이기도 하다. 이제 선택이 숭고한 운명the divine destiny이 된다. 자신의 길이 운명이 되는 것은 기적을 사는 것이다.

어둠의 심연 속에 숨겨진 전복과 갱생

막 15:1-47

회상과 배경

마가가 예수의 정체성과 길 가기에서 펼쳐지는 삶의 가능성에 대해 나타내는 방식은 어둠을 드러내는 음각법의 방식으로 전개되어 왔다. 그 어둠은 시간이나 시기에 있어서 '날이 저문 때'에 전개되는 사역의 스토리들만이 아니다. 정치 당국자들의 폭력과 억압, 그리고 종교당국자들의 모의와 공모라는 특권층의 예수운동의 반대와 주동자 체포라는 활동을 통해 강화되고 있었다. 그리고 내부적으로는 제자들의 배신, 스승을 넘겨줌 그리고 모두 다 도망감이라는 스토리에 의해 결정적인 심연으로 들어간다.

그러한 마가 내러티브의 흐름은 처음에 공포한 '하느님의 아들 예수 그리스도 복음의 시작'1:1에서 독자·청자들의 일반적인 기대와는 전적으로 180도 다른 방향으로 흘러간다. 즉, '하느님의 아들, 그리스도'에 대한 그동안의 이데올로기가 전복되며, 이는 묵시문학인 다니엘서의 사람의 아들에 대한 이해와 이사야서의 고난받는 종의 흐름 속에서 철저히 영광과 승리의 메시야관은 아니다. 게다가, '기쁜 소식복음'의 내용도 나중에 밝혀지는 것은 섬김과 십자가 지기라는 삶의 방식에 대한 '하느님의 뜻'에로의 일치에 둔다는 점에서 현장에 있던 제자들이 그 복음을 알아듣기보다는 계속적으로 깨닫지 못하는 방식으로 전개된다. 이런 점에서 기대에 대한 '전복'이 계속해서 일어난다.

사실상 인식의 전복은 '이편'에서 '저편'으로 건너가기 그리고 '위'에서 '아래'로 꼴찌의 우선성과 섬김의 리더십을 통해 여러 차례 이야기 전개들 속에서 나타난 것이다. 그러나, 더 근본적인 흔들림은 성스러움·거룩함에 대한 의미와 그 장소에 있어 '전복'

은 우리의 인식을 차단시키고 당황시키며 결국 실존적 어둠의 심연으로 던져넣는다는 점이다. 장엄한 성전의 이미지와 성전체제의 예복의 권위, 그리고 명문화된 율법과 신념체제에 대한 '무너짐'은 제자들을 더욱 당혹스럽게 만든다. 정치권력의 횡포와 종교권력의 힘에 대한 은밀한 공모에 습관화된 제자들은 다가오는 위협이—스승이 권력자에게 넘겨져 재판받고 처형될 것임— 바로 앞에 압박하며 다가옴을 느끼면서 한동안 결속되었던 그들은 이제 위기를 맞이한다.

이러한 심각한 위기의 현실에서 마가의 내러티브는 명확하거나 드러내지는 않지만 예수가 은밀한 다른 대안의 가능성을 마련하고 있음을 진술하고 있다. 그것은 기적과 비유에서 보여준 은폐와 노출의 역동적인 역설과 이중 배치의 기법을 통해 눈에는 쉽게 안 띄는 대안의 사회적 기획들이 전개되고 있다는 점이다. 그 예들은 이미 살펴본 대로 다가올 재난의 종말론적인 상황에서 잎만 무성한 무화과나무의 뿌리가 말라버림이라는 저주와 가지가 연한 잎이 돋는 무화과나무의 새로운 가능성의 출현이라는 대비 속에 숨어 있다. 예수는 어둠의 심연에서 제자들은 이제 '조심해서 깨어 있기'라는 실천을 통해 황폐함의 시기를 통과할 것을 제안한다.

어둠의 시기, 황폐의 흉측함이 권세를 부리는 시기에 예수는 자신의 '끝'에서 세 가지 새로운 미래 가능성의 공간을 열고 있다. 그러한 미래 가능성은 '성령'의 하시는 일 13:11에 따라 그리고 '성서의 말씀이 이루어지기 위한 것'14:49에 대한 절대적인 의존에서 전개됨이라는 자기 인식에서 일어나는 것들이다. 이렇게 마가의 예수 이야기는 성령과 성경에 대한 철저한 급진주의 관점에서 다가오는 권력의 내·외부 압력에 새로운 징조들을 심어 놓고 있다. 그 첫째는 나병환자의 집에서 한 무명의 여인에 의한 새로운 메시야됨으로의 왕위 등극이다. 장면이 구체적이면서도 여인의 이름을 의도적으로 밝히지 않는 이 무명의 여인이 예수의 머리에 기름을 부으며 그의 길 가기 권위를 세운다. 둘째는 제자들과의 마지막 순간에서 세우는 '계약'헬, 디아데케스 diathēkēs, 마가에서 유일하게 나온 용어임이다. 이는 당사자들 간에 인격적인 동의로서 몸을 주고 피를 흘리는 전적인 자기—줌self-giving으로써 존재의 커뮤니티에로의 신실성을 요구한다. 물론 이것은 당시에는 실패로 끝나는 것처럼 보여도 미래의 가능성을 여는 핵심적인 제자도의 토대가 될 것이다. 셋째는 겟세마네에서 벌이는 공포와 번민 앞에 깨어있음이라는 '기름짜기'겟세마네의 원뜻의 홀로섬이다. 예수는 그 어떤 어려운 심연에서도 '하느님 뜻'에 대한 일치와 실천의 일관성에 대한 자기 위임 앞에 선다. 이것이 바로 '사람의 손으로 짓지 않은 성전'14:58인 생활성전, 마음성전의 건설이다.

마가에게 있어서 종말론적 시간인 어둠과 심연은 역설적인 곳이며, 하느님 나라의 길 가기에 대한 참된 본성이 드러나는 곳이다. 비록 명시적이고 표면적인 측면에서는 지배와 억압이, 더러운 악령과 그것의 인간화인 강제의 권력이 힘을 쓰고 있는 것처럼 보이나, 숨겨진 곳에서는 작은 징조로 하느님 나라의 생명은 쉬지 않고 이어지고 있었다. 비록 제자들이 다 실패하고 도망갈지라도 머리에 향유를 부은 여자나 삼베를 버리고 알몸으로 달아난 젊은이14:51-52 혹은 15장에서 나오는 '키레네 시몬'15:21처럼 누군가에 의해 새롭게 제자로 채워지고 있다는 진술도 주목할 필요가 있다. 세상에는 그러한 열두 제자들만 아니라 숨은 제자들도 여전히 있다는 점에서 비극과 파국의 현실에서도 희미한 연결끈이 존재한다. 그러나 이 이야기들은 매우 위험한 전복의 이야기이다. 강한 자들의 권세와 권력 부림 속에서 끊이지 않은 샬롬통치에 대한 계승자들이 나타나고 있다고 진술하는 것은 지배자와 그들의 공모자들에게는 상당히 위협을 주는 이야기인 것이다.

본문 속으로 들어가기

예수에 대한 두 심문 이야기는 순식간에 빠르게 전개되는 일련의 흐름으로 전개되지만 그에 대한 마가의 스토리는 매우 자세하게 전개된다. 불과 이틀 사이에 체포와 재판이 밤에 일어나고, 다음날 저녁에 죽어 장사 지내는 속전속결의 스토리이다. 산헤드린의 대사제 앞에서의 심문14:53-65과 로마제국의 분봉왕 빌라도AD 25-36 재위에 의한 심문15:1-15은 대략적으로 같은 스토리의 흐름을 갖는다. 그것은 권력자들이 항상 어느 곳에서나 사용하는 패턴이다. 적대자를 합법의 이름으로 일단 '심문하기'로 시작하고, 그 심문의 의도는 야수의 이빨인 죽이려는 증거찾기로 전개된다. 권위를 세우기 위해 그럴듯한 조작된 증거 제시하기가 그 뒤를 잇고 그 결과 판결과 짧은 고

문혹은 더나아가 감금이나 처형이 결과로 이어진다. 이것은 한국 현대사 그리고 2023년 현재 정권에서도 똑같이 일어나는 시대를 넘어선 보편적인 패턴이다.

예수의 두 공식 재판이 심연으로 이끄는 것은 두 보조 장면을 통한 극대화다. 첫 장면은 대사제 재판 과정에서 수석제자인 베드로가 '뜰 아래쪽', '대문 옆' 그리고 '옆에 서 있던' 여종과 사람들의 의심에 의해 스승을 세 번이나 부인하는 것이 첫 재판 바깥에서 일어나고 있다. 두 번째 장면은 재판과정에서 대사제의 선동에 의해-기대되는 역할을 고려해 본다면 이는 놀라운 일이 아닌가!- 군중들이 '십자가에 못박으시오!'라며 예수를 버렸다는 점이다. 이렇게 제자와 무리에 의해 예수는 완전히 버려짐으로서 심연의 깊이를 확대한다.

그 심연을 더하는 것은 여러 분류의 무리에 의한 조롱이다. 대사제의 예수에 대한 신성모독죄 판결 후 유대의 경비병에 의한 조롱14:65, 로마군에 의한 조롱15:16-20 그리고 십자가 밑에 모인 무리들의 조롱15:29-32이다. 통치자인 주인이 사냥감이라는 목표를 세우면 사냥개들은 이에 따라서 사냥감 몰이를 하는 역할을 하는 것과 같다. 이렇게 하여 지배 질서에서 무리들은 더러운 악령에 휩쓸린다. 군중들이 '소리를 지르고15:13, "더 악을 써 가며 '십자가에 못박으시오!'라고 외치는"15:14 것은 앞서 보았던 회당에서 악령 이야기와 군대 귀신 이야기의 연장에서 나오는 재표현이다.

흥미로운 점은 예수가 맞이하는 심문의 태도이다. 우선, 체포에 있어 그는 불법성을 확인하면서 "칼과 몽둥이를 들고 잡으러 왔으니 내가 강도란 말이냐? 너희는 내가 전에 날마다 성전에서 같이 있으면서 가르칠 때에는 나를 잡지 않았다"14:49고 지적한다. 이미 '강도'란 말은 앞서 성전에 들어가 장사꾼의 물건을 엎으면서 한 성전체제의 핵심 요약이었다. 이는 더 나아가 지배체제 권력자들의 정체와 역할이 수탈 경제에 놓여있다는 암묵적 암시이기도 하다. 그럼에도 권력자들은 자신의 힘을 이용하여 끝까지 과제를 관철한다. 십자가 처형 과정에서 양쪽에 '강도'를 다시 배치해 놓은 것이다. 이는 매우 해학적인 전경이다. 제자들이 예수의 양쪽 자리를 원했음에도 결과적으로는 그들이 아니라 '강도'가 차지했다는 점에서 그렇다. 그 해학의 뒤편에는 예수의 정체성을 끝까지 왜곡시키고자 두 강도를 배치함으로써 예수에 대한 인기몰이를 잠재우려 했다는 점이다. 우리는 여기서 원래 강도였던 권력자들이 권력을 통해 예수를 강도 중의 한 사람으로 이미지화하는 권력의 악마성을 본다.

두 의회에서 심문자의 핵심은 각각 예수의 정체성에 관하여 "하느님의 아들 그리스도"인가 그리고 "유대인의 왕" 신분인가에 대한 것이다. 예수는 초기 심문에 관해서는 침묵하며 결정적인 질문에 있어서는 "그렇다. 사람의 아들이 전능하신 분의 오른편에 앉아 있는 것과 하늘이 구름을 타고 오는 것을 볼 것이다"와 "그것은 네 말이다"로 심문관에게 응답한다. 어차피 정치적 재판을 위한 자리이므로 응답하지 않았지만, 자기 정체성과 관련된 질문에 대해서는 물러서지 않고 응답을 한다.

예수에 대한 예정된 죽음 선고의 심문과정에 있어서 마가 진술의 중요한 점은 예수의 적극적인 해명이 아니라 적대자들을 통해 드러나는 진실의 음각법 방법이다. 심문의도의 불순함에도 불구하고 드러나는 것은 이들의 심문을 통해 스스로 밝혀지는 진실이 있다는 점이다.

- 그것은 예수의 가르침과 행동이 권력자에게 위협이 되는 진실과 대안적인 비전의 힘을 그들이 느끼고 있다는 점을 드러낸다. 예수의 길 가기는 한 영혼의 마음과 의지의 것이기는 하지만 그 영향력은 정치·사회적이고 정신적이고 영적인 면에서 권력자들의 주목을 받게 한다. 그것처럼 창조적 소수의 길 가기는 사회에 영향력을 미치는 법이다.

- 권력자는 심문하며 그 진위를 겉으로는 확인하는 것 같지만 그들의 유일한 힘은 심판과 처형이라는 더러운 영의 역할이다. 소유와 자기 보존에 대한 감각은 지닐 수 있어도, 진리에 관한 질문은 기껏 할 수 있어도, 그들이 얻고자 하는 것은 사실 진리가 아니라 체제 안정과 질서 유지뿐이다. 이는 스스로 권력에 소유된사로잡힌 자로서 진리를 들을 수 있는 능력이 결여된다는 점에서 비극적이다.

섬김이servant로 온 이는 자기를 방어하지 않은 온유함과 자신을 권력자에게 증명해서 인정받아야 할 이유는 없다. 이미 "많은 이들을 위해 목숨을 바쳐 몸값을 치르러 온 이"10:45는 이 모든 일에 관해 철저히 "오늘 이렇게 된 것은 성서의 말씀이 이루어지기 위한 것"14:49임을 알아 그것에 자신을 내려놓는다. 그 한 예시는 스가랴 9:9-11의 성서 말씀의 성취이다.

> 수도 시온아, 한껏 기뻐하여라. 수도 예루살렘아, 환성을 올려라. 보아라,
> 네 임금이 너를 찾아오신다. 정의를 세워 너를 찾아오신다. 그는 겸비하여
> 나귀, 어린 새끼 나귀를 타고 오시어 에브라임의 병거를 없애고 예루살렘
> 의 군마를 없애시리라. 군인들이 메고 있는 활을 꺾어버리시고 뭇 민족에
> 게 평화를 선포하시리라. 이 바다에서 저 바다까지, 큰 강에서 땅 끝까지
> 다스리시리라. 너는 나와 피로 계약을 맺었으니 나 그 피를 생각하여 사로
> 잡힌 너희를 물 없는 굴에서 건져내리라.

어린 나귀 선택부터 십자가, 자기-부정, 겸손한 섬김 그리고 왕국을 위해 모든 것을 포기하는 길은 이 세상 왕국에 대한 완전히 180도 바뀐 '전복된 왕국the upside-down kingdom'이기에 이 세상 권력자와 접촉점이 없다. 빵과 잔을 같이 들기와 섬김의 친교는 하느님의 뜻을 신뢰하며 생명을 걸고 복종하는 방식이기에 예수는 이에 대해 소통이 안되는 권력자에게 자신에 대해 긴 설명을 필요로 하지 않으신다.

결국 선동가들의 뜻대로 처형 선고를 받은 예수의 길 걷기는 '십자가 지기'로 이어진다. 그가 제자들에게 한 말8:34을 이제 스스로 실천하게 된다. 그리고 그 십자가의 길비아 돌로로사에서 시골서 올라온 키레네 시몬이 '억지로 예수의 십자가를 지고 가게'15:21되었다. 여기에서 제자직에 대한 의미 전환이 일어난다.

> – 그것은 마가 신앙공동체에서 널리 그 이름이 알려진 키레네 사람이자
> 알렉산더와 루포의 아버지 시몬을 통해 하느님의 말씀을 듣기와 사역에

대한 목격자에서 '십자가 지기'의 제자직 실천에로 전환되고 있다는 뜻이다.

– 베드로 시몬은 수석제자이고 안 떠난다고 세 번이나 부정했으나 결국 실패했다. 하지만 시골에서 온 다른 시몬이 수석 시몬의 실패를 대신하여 십자가를 지고 가는 모범을 보여준다. 그렇게 하여 그 어떤 연고가 아닌 하느님 뜻에 대한 참여가 제자직의 정통임을 말해주고 있다. 이는 이미 누가 내 어머니요 형제자매인가에서 확인된 하느님 뜻과의 연결과 그 실천이 제자직에 있어 언제나 기준이며 제자직은 권리가 아닌 열린 멤버십임을 보여준다. 또한 기존 제자들로 하여금 언제나 익명의 제자들이 존재할 가능성을 보여주며, 위로가 되기도 하고, 하느님 뜻에 대한 살아있는 연결의 긴장감도 부여한다.

해골산에서 예수의 십자가 처형 사건은 가장 비극적이면서도 또한 역설적인 장면을 포함한다. 비극적이란 모두가 도망가 버리고, 밑에서 지나가는 사람들과 종교당국자들에 의한 조롱의 대상, 즉 수치와 모욕의 대상이 되었다는 점이다. 역설적인 면은 적대자의 입을 통해 진리가 드러난다는 점이다. 즉, "남을 살리면서도 자기는 살리지 못하는구나"라는 판단의 조롱이 사실은 예수가 전한 힘을 지니지 않은 섬김으로써 자기 정체성과 역할에 대한 노출이다. 십자가에서 내려오면 믿겠다는 조롱자의 말이 지닌 역설적 진리는 십자가 지기의 충실성을 확증하는 표징이 된다. 이것이 숨겨진 하늘의 기적 징표8:11-12이다. 초자연적인 기적이 아니라 사람의 아들의 길 가기가 십자가 지기로 연결되는 그 충실성으로 인해 하늘의 징표를 대체하게 된다.

예수의 십자가 위에서 죽음의 현상은 우주의 초자연적인 개입이라는 한 현상과 인간의 응답을 가져온다. 우주의 초자연적인 개입이라는 신화적 스토리는 '성전 휘장이 위에서 아래로 두 폭으로 찢어짐'이다. 이렇게 하여 성전체제는 끝장이 나고, 반면에 예수의 생활성전, 마음성전은 새로 세워진다. 이 언급은 매우 파격적인 언급이다. 더 이상 인간의 손으로 세운 성전이 그 기능을 하지 못하며, '인간이 손으로 짓지 않은 성전'이 이제부터 활동한다는 뜻이기도 하다.

십자가 처형에 대한 인간의 응답은 세 가지이다. 이방인 백부장의 예수에 대한 고백 "이 사람이야말로 정말 하느님이 아들이었구나!"이 첫 번째 응답이다. 둘째는 아리마대 요셉의 '예수의 시체를 내어 달라고 청하기'와 그 시체를 베로 싸서 무덤에 모심이다. 그리고 세 번째 응답은 예수 처형과 그 시신이 묻히는 것을 세 여인이 '지켜 보고' 있음이다. 지금까지 이 세 응답은 신앙과 신학적인 의미에서 각각 매우 긍정적으로 포장되어 나름의 신앙적 태도의 교훈으로 알려져 왔다.

먼저, 백부장의 고백을 살펴보자. 제자들이 다 도망가고 나서, 이방인 백부장이 십자가 처형을 목격하며 예수의 정체성인 '이 사람이야말로 정말 하느님의 아들'이라는 고백이 이루어졌다는 점에서 그동안 이방인 백부장의 고백에 대한 긍정적인 신학적 진술이 있어 왔다. 사실, 회당에서 악령의 언급과 시몬 베드로의 언급에서 보듯이 예수의 정체성에 대한 고백은 의미가 있으면서도 그것으로 완결되지 않는다. 예수의 정체성은 실천과 관련되며, 조롱하던 로마군의 백부장이자, 빌라도에게 예수 죽음의 확인을 알린 사람으로서 여전히 긍정적이지 않은 부분이 남아있다.

둘째로, 아리마대 요셉의 예수 시신을 모신 선한 일에 대한 긍정적인 평가이다. 부자 청년의 이야기가 부자청년에 대한 예수의 부드러운 시선과 안타까움이 동시에 있었듯이, 이 사람은 부자이고 명망있는 산헤드린 의회의 한 의원이며 하느님 나라를 열심히 열망하고 있다는 점에서 긍정적인 기여를 했다. 그러나 '안식일 전날'이어서 안식일을 더럽히지 않기 위해 그들 의회가 한 십자가 처형의 부정한 시체를 빨리 치우는 정도의 마음 내기였기에 제자직에 들어갈 수는 없는 것이었다. 그러한 속전속결의 처리는 결국 유대법에 따라 제대로 된 의식을 하지 않아서 세 여인이 향유를 몸에 발라 드리려고 나중에 다시 찾게 한 동기가 된다.

셋째로, 페미니스트 관점에 의해 세 여인인 막달라 마리아, 야고보와 요셉의 어머니 마리아, 살로메에 대한 긍정적인 평가이다. 이 여성들은 도망간 남성 제자들과 달리 단순히 끝까지 남아 현장에서 '모신 곳을 지켜 보고 있던' 사람들로 있는 것만이 아니다. 그녀들은 초기 갈릴래아 공적 사역 때부터 "따라 다니며 예수께 시중들던 여자들"41절이다. 그 밖의 여자들과 함께 예루살렘까지 따라 올라온 여인들이다. 예수의 가르침인 섬김을 몸소 실천한 여성들로 십자가 처형 순간에 끝까지 남은 제자로서 이 여인들의 역할에 대한 새로운 제자직에로 이동의 가능성을 이야기하기도 한다. 그러나 사후에 관해 누가가 쓴 사도행전에서 보듯이 제자직이 넘어가지 않았으며, 다음 장에서 예수 부활에 대한 최초의 목격자로서 나타나지만 마가의 참된 제자직에 대한 승계 여부는 아직 불확실하다.

마가복음 공동묵상 진행자로서 제시하는 예수 처형에 관련한 이 세 응답은 제자직에 대한 새로운 진전이 있음에도 불구하고 여전히 그 제자직의 정체성 승계가 불분명하게 남아있다는 것을 확인하려는 것이다. 이는 영생을 구하던 부자청년과 첫째가는 계명 질문을 하던 대한 율법학자의 흡족한 행위와 이해에도 불구하고 여전히 마가는 참된 제자직의 의미에 못미친 사례를 언급한 것과 유사하다. 제자직은 그렇게 증언, 표면적인 선한 행위 또는 목격으로는 완성되지 않으며 마지막 장에서 다시 언급되어야 할 것처럼 더 남은 차원이 존재하는 것이다. 마가는 아직 더 숙고해야 할 제자직의 의미를 여전히 남겨 놓고 있다는 점에서 끝까지 스토리 전개 전체를 통과해야 한다. 마가에 있어서 제자직은 이렇게 열리면서 닫히고, 닫히면서도 열린다.

성찰과 여운

15장은 무언가 암시적인 단어로 시작해서 그런 종류의 단어로 마친다. 그것은 "의논한 끝에 예수를 결박하여 빌라도에게 끌고 가 넘기었다"15:1,15는 말, "십자가형에 처하라고 내어 주었다" 그리고 "큰 돌을 굴려 무덤 입구를 막아 놓았다"46절가 그것이다. '넘기었다'와 '내어 주었다'는 같은 헬라어 파라디도미paradidómi란 단어로서 이는 넘기다와 배신하다를 뜻한다.

일반적으로 넘겨준다는 것은 힘이 약함과 실패의 신호이다. 예수의 친척들이 "예수가 미쳤다는 소문"이 돌아서 잡으러 찾아왔을 때, 예수는 강한 자를 결박하여 그 집을 털기3:27로 말한 베엘세불을 물리치고, 성령을 모독하지 않기를 이야기했다. 그러나 이제 예수는 오히려 강한 자인 권력자들에 의해 결박당하고 그들의 집은 안전하게 지켜지며, 오히려 예수가 미쳤던 소문이 맞는 듯하다. 그리고 성령의 모독은 괜찮은 듯 보인다.

게다가 예수는 결국 시체가 되어 베로 싸여 무덤에 놓이고, 큰 돌이 무덤 입구를 막아 놓았다. 무덤 입구가 봉인되었다는 것은 뒤따르는 자들에게는 인도자를 잃었다는 뜻이고, 눈에 실제로 느껴지던 것이 사라졌다는 뜻이다. 무덤이 봉인되었다는 것은 한때, 한 훌륭한 지도자를 만나 청춘을 불사른 열정과 삶의 지향이 이제는 현실로 되돌아가서 추억의 기억으로 사라진다는 뜻인가? 정오의 어둠은 세시까지 계속되다가 멈추긴 했지만, 제자들의 어둠은 이제 시작되었다. 이제는 두려움과 상실감의 심연 속으로 들어갈 때이다. 정작 함께해 온 제자들은 도망가고 뜻밖에 이방인과 낯선 이가 예수에 대해 호의적인 반응을 보이며, 그동안 섬겨온 여제자들은 끝까지 남아 '지켜보고' 있지만, 이들 제자 모두는 거기서 더 나아갈 수가 없다.

권력과 죽음이 모든 것을 삼키고 어둠으로 잠가버린 모두에게 엄습해 오는 무서운 심연이 그들을 덮치고 있다. 예수의 말을 기억해 내는 것보다 이 현실의 비참함과 비극적 상황이 너무 커서 아무것도 할 수 없는 상황이 되었다. 심연이 모든 것을 삼켜버린다. 이 절대적인 무無의 경험 속에서 그 어떤 새로운 징조가 어떻게 가능할 것인가? 그동안 듣고, 보고, 경험한 것들도 아무 효험이 없어져 버린 신기루로 사라졌다면 무엇이 궁극적인 힘·권능을 갖고 변화의 징조를 허용할 수 있을 것인가? 이제 자신의 궁극적이고 최종적인 터전에 대해 다시 확인해야 할 결정적인 때가 되었다. 그런 점에서 예수의 사라짐은 실족인가 도약인가에 대해 중요한 카이로스성숙한 때를 제공한다. 이제 남은 자들에게 고치 속에 들어가 그대로 죽느냐 아니면 생명으로 다시 나오느냐는 결정적인 순간이 도래했다.

24
본문에 따른
성찰질문

1. 편안한 자세와 호흡을 고르게 한 후 거룩한 영의 안내를 요청한다. 그리고 오늘 새롭게 만나지는 문장, 단어에 주목하며 그것이 나에게 말걸어 오기를 기다린다. 지적인 사고가 아니라 가슴이 울리는 단어에 집중한다. 본문의 문장이나 단어가 당신의 영혼, 삶을 비추어 주는 것이 있다면 영에 의지하여 그것이 자신을 바라보게 한다.

2. 당신은 그 어떤 종교권력이나 정치권력 앞에 불리워 가서 자신의 정체성이나 하는 일에 대한 것에 질문을 받는다고 상상해보라. 이 순간 그 대답으로 뭔가 결정적인 결과를 가져올 것이라는 예감 속에서 당신은 자신에 대해 무엇을 자기 정체성과 하는 일로 표현할 수 있겠는가? 그것을 진술하고 나서 그 진술이 당신에게 어떤 의미를 갖는다는 생각이 드는가?

3. 당신이 행한 것중에 스스로에게 가장 명예롭게 느껴진 일은 무엇이었는가? 만일 당신이 행한 명예로운 일에 대해 주변 사람들이 무관심하거나 심지어 조롱을 한다고 생각해보라. 당신이 자연스럽게 가질 수 있는 생각이나 느낌은 무엇인가? 당신이 그 자연스러운 응답을 좀더 섬김의 입장에서 다르게 할 수 있는 생각, 느낌, 태도, 행동은 무엇이 있는가? 그 두 차이를 깊이 생각해보라. 그 차이는 자신에게 어떤 성찰을 주는가?

4. 당신은 키레네 시몬처럼 예수가 지나가는 것에 대해 흥미를 갖고 우연히 예수의 걸어가는 것을 보게 된다고 그 장면을 상상하라. 예수가 하는 일에 관해 억지로 기대하지 않게 붙들려 나와 뭔가를 하게 된 일이 있었다면 그것은 무엇인가? 그

것이 당신에게는 어떤 변화나 회상을 남기고 있는가?

5. 십자가 처형에서 예수가 부르짖은 "나의 하느님, 나의 하느님, 어찌하여 나를 버리셨나이다"라는 유사한 실존적 동일성의 경험을—정도의 차이는 있을지라도—한 것이 있으면 떠올려보라. 그것을 결국 어떻게 처리했고, 지금 어떤 차이가 남아있는가?

'사람의 아들'로서 예수의 자기 정체성

막 15:1–47

앞선 본문 가이드나 진행자 노트를 통해 보여준 대로 예수의 십자가 처형은 '어둠의 심연'에 대한 절대적 무화無化의 근저에 이르는 부분이다. 그리고 그 속에서 또 다른 대안이 가능성이 펼쳐지는 곳이기도 하다. 마가가 진술하는 예수의 십자가 처형 이야기를 제대로 혹은 새롭게 만나기 위해서는 여러 장애물을 거쳐야 한다. 대부분 영웅에 관한 스토리가 그러하듯이 그의 죽음에서 갑작스러운 도약을 통한 그에 대한 미화美化로 향하는 경향성과 고통과 죽음에 대한 그 심리적 출구로서 다른 단계로의 도약을 정지하기가 쉽지 않다는 어려움이 있다. 신앙에 있어서는 오랜 전통으로 십자가–부활의 도식하에 수단으로서 십자가와 그 열매로서 부활로의 교리적인 추상화와 교훈으로 박제화되는 것을 넘어서야 할 필요도 있다.

다른 장애물은 예수의 수난과 죽음에 놓여있는 자기–희생의 논리다양한 전통적인 속죄설와 중세 시대의 그 무거운 정신적인 유물을 어떻게 제거할 것인가이다. 여기에는 물론 그러한 초인적인 자기 희생의 감내와 인내를 통해 예수의 신성과 영광됨에 대한 성삼위 2격에 대한 증명과 그에 대한 지적 승인의 프레임도 포함한다. 신앙이 지적인 동의로서 '예'아멘에 근거하는 것으로 이해된다면 마가복음의 철저한 비폭력 급진주의를 이해하지 못한 것이다. 키에르케고르가 신앙의 도약에 대해 말하면서 자신이 죽은 후에 벌어질 실존주의에 대한 철학적 사변의 위험성에 대해 경고했던 것처럼, 마가는 이미 제자직 훈련에 있어서 '고백confessio'과 '뒤따름imitatio'의 이슈의 차이를 예리하고도 철저하게 구분해 놓고 있었다.

마가 내러티브에 따르면 제자직에 있어서 고백은 이미 예수 공생애 초기에 회당에서 악령이 예수를 알아본 것1:24-"당신은 하느님께서 보내신 거룩한 분이십니다"에 대해 침묵명령을 내린 것"입을 다물고 이 사람에게서 나가거라"으로부터 그 한계를 기억해야 한다. 마가의 디다케 구조 부분에서 예수의 정체성에 대한 베드로의 고백은 어떠한가? "선생님은 그리스도이십니다"8:29에 대해 예수는 똑같이 침묵명령을 '단단히 당부'8:30하며 내리셨고, 더 나아가 그 올바른 대답?을 한 베드로에게 바로 고난 이야기를 하면서 '사탄아, 물러가라'는 꾸짖음이 있었다는 것도 염두에 둘 필요가 있다. 그러기에 로마 군대의 이방인 백부장의 고백인 "이 사람이야말로 정말 하느님의 아들이었구나!"는 예수 정체성에 대한 어느 정도 진척이 있어도 그 고백이 신앙과 제자직에 있어 결정적인 위치를 차지하는 것은 아니다. 이는 지금까지 대부분 전통적인 성서 주석가들과는 다르게 마가의 길 가기 주제를 다루는 마가복음 공동묵상 진행자로서 필자의 다른 해석이다.

즉, 마가복음에 있어 돌봄과 평등의 탈지배적인 샬롬 통치의 새로운 비전에 자기 길을 걸어가신 예수의 참된 제자직은 십계명을 다 지키고도 결정적인 국면에서 안타깝게 생각한 부자 청년 이야기10:17-27 사례처럼 그 프락시스가 더 중요한 것에 대한 철저한 이해가 콘페씨오로서 부족한 측면을 확인해주고 있다. 콘페씨오고백가 제자직의 중요한 모멘텀을 주기는 하지만 '길 위에서' 고백 자체는 미흡한 것이며, 결국 '길 위에서'의 질문은 길 가기라는 이미타치오의 영역에서만 확인되는 것이다. 따라서 수치와 조롱 그리고 죽음의 예수에 대한 십자가 처형에 응답한 백부장의 고백, 아리마대 요셉의 선한 행동, 그리고 세 여인의 도망가지 않고 멀리서 '지켜보기'라는 응답들은 새로운 신학적인 의미를 어느 정도 부여할 수 있다고 쳐도, 마가가 생각하는 급진주의적 제자도의 의미에는 도달하지 못한다.

이는 마가의 제자직은 콘페씨오고백에 의존하는 것이 아니라 이미타치오뒤따름라는 실천성에 근거하고 있기 때문이다. 뒤따름의 프락시스는 지금까지 함께 "한 그릇에 빵을 적시는 사람"14:20으로 있었던 '안'의 제자들의 제자직 실패에도 불구하고 '바깥'에 있던 향유를 부은 무명의 여인14:3-9이나 예기치 않게 십자가를 진 키레네 시몬

15:21-22처럼 '지금 여기서' 행해지는 프락시스에 의해 새 제자로 받아들여지는 '인-아 웃'혹은 포함-배제의 역동적이고 살아있는 관계의 실천에서 이루어지는 것이다.

십자가 지기는 예수의 겟세마네기름짜기라는 뜻에서 보여준 '하느님의 뜻'을 보고 있 는 현상에서 짜내기라는 깨어있음과의 일관성을 나타낸다. 물론 인간의 심정에서 죽 음의 고통에 대한 시편의 고백처럼 "나의 하느님, 나의 하느님, 어찌하여 나를 버리셨 나이까?"시편 22:1의 상징적인 서두의 절망적인 외침에 대한 인간적인 심정을 나눌 수 있지 만, 결국 시편 22편의 자기 위임처럼 "왕권이 야훼께 있으리라"시 22:28하는 시편 기자 와의 최후의 동일성의 헌신이기도 하다. 그렇듯이 '하느님 뜻'의 실천으로서 이미타치 오의 최종 국면인 죽음에서 십자가 지기는 희생의 이슈가 중심이 아니라 길 가기의 최 종 목적인 하느님의 뜻에 다다름에 있는 것이다. 이는 죽음조차 막을 수 없는 길 가기 의 헌신의 일관성에 대한 자기 신념과 자기 행동의 일치에 그 의미를 둔다. 목표에 도 달했다고 하는 것이 아니라 길 가기 과정 그 자체의 성실성과 그 모든 상황의 장애에 도 불구하고 자기 발걸음을 멈추지 않음이라는 길 가기즉, 길 위에 있는[on the way] 존재성에 대한 확인이 십자가 처형에서 극명하게 노출되는 것이다.

이 세상의 지배체제에서 적절하게 살아가기에서 길 가기라는 존재성을 자각하며 살아가는 데 있어 콘페씨오의 단계도 나름은 아름다운 것이기는 하다. 그러나 콘페씨 오의 단계를 넘어서 마가가 제시하는 철저한 탈지배 체제로의 비폭력 실천성으로서 이미타치오에는 또 다른 차원의 제자직이 포함된다. 그것은 '사람의 아들'헬, 호 휘오스 토우 안쓰로포우에 대한 마가의 예수 칭호에 대한 사용에서 더욱 구체화된다. 마가가 진 술하는 예수는 이 '사람의 아들인자'이라는 명칭을 사용하는 데 있어, 다니엘서에 나오 는 구약의 전통과의 연결과 더불어 그 핵심 사상의 비틀기전복를 통해 자신의 신앙공 동체가 뒤따라야 하는 '사람의 아들' 예수의 정체성을 새롭게 소개하는 것이다. 사람 의 아들의 정체성과 그분의 역할에 대한 세 번에 걸친 수난 예고 그리고 그에 대한 과 정적 결과로서 '십자가 처형당하심'은 의미맥락에서 같이 묶여 있다.

마가 내러티브에서 구약 전통과의 연결점은 다니엘서에서 "사람의 아들"은 "하늘 에서 구름을 타고 오는 이"로서의 "주권과 영화와 나라"가 그에게 맡겨짐에 있다. 다니엘서와 마가복음의 '사람의 아들'에 대한 언급을 살펴보자.

　　다니엘서:
　　나는 밤에 또 이상한 광경을 보았는데 사람 모습을 한 이가 하늘에서 구름
　　을 타고 와서 태고적부터 계신 이 앞으로 인도되어 나아갔다. 주권과 영화
　　와 나라가 그에게 맡겨지고 인종과 말이 다른 뭇 백성들의 섬김을 받게 되
　　었다. 그의 주권은 스러지지 아니하고 영원히 갈 것이며 그의 나라는 멸망
　　하지 아니하리라. 7:13-14

　　마가복음:
　　이제 땅에서 죄를 용서하는 권한이 사람의 아들에게 있다는 것을 보여 주
　　겠다. 2:10

　　그 때에 비로소 예수께서는 사람의 아들이 반드시 많은 고난을 받고 원로
　　들과 대사제들과 율법학자들에게 버림을 받아 그들의 손에 죽었다가 사
　　흘 만에 다시 살아나시게 될 것임을 제자들에게 가르쳐 주셨다. 8:31

　　그 재난이 다 지나면 해는 어두워지고 달은 빛을 잃고 별들은 하늘에서 떨
　　어지며 모든 천체가 흔들릴 것이다. 그러면 사람들은 사람의 아들이 구름
　　을 타고 권능을 떨치며 영광에 싸여 오는 것을 보게 될 것이다. 그 때에 사
　　람의 아들은 천사들을 보내어 땅끝에서 하늘 끝까지 사방으로부터 뽑힌
　　사람들을 모을 것이다. 13:24-27

　　마가복음은 다니엘서의 '사람의 아들'에 관련한 신의 주권성과 왕권에 대한 전통
을 이어받는다. 신의 통치인 하느님의 주권성으로서 권한, 영광, 영원한 지배의 궁극
성에 관한 다니엘서의 전통을 이어받는다는 점에서 "성서의 말씀이 이루어지기 위한

것"14:49에 대한 연속성을 이어받는 것이다. 또한 사람의 아들 권한이 이 세상의 왕권이라는 흉측한 짐승들의 통치 종료에 있어서 세상 권세의 무효화에 대한 다니엘의 비전도 이어받는다. 그러나 그 연속성은 어떻게how라는 방법과 그 의미에 있어서는 전환, 곧 비연속성이 존재한다. 그것은 다음과 같다.

– 권력으로서 권위와 승리의 모습이 아니라 고난, 죽음을 통한 새로운 권위와 십자가 지기로서의 사람의 아들에 대한 새로운 이해이다. 다니엘의 사람의 아들 언급은 초자연적인 기적과 권위에서 나타내는 신화적인 표현에 있지만, 예수의 사람의 아들에 대한 그러한 언급은 종말론적인 실존적 궁극성의 상징적 의미이며, 오히려 하늘의 징표로서 초자연적인 것이 아니라 이 세상에서의 실존에서 '하느님의 뜻'을 향한 궁극성이 지닌 힘과 권위에 기초하고 있다. 이는 정복으로써 승리나 힘이 아니라 고난과 억압에 대한 자기 개방성과 그 고난과 억압의 독소를 용해하는 권위와 힘에 대한 인격적인 참여를 의미한다.

– 예수는 자신이 다윗의 왕가를 잇는 메시야 전통이 아니라 '사람의 아들'로서 휴머니티에 대한 동일성을 지킨다. 그것은 초자연적인 권력으로서 특권적 지위의 타이틀이 아니라 '작은 자'와 평범한 인간과의 연대로서 인간성과 그 어떤 상황에도 불구하고 하느님의 뜻에 대한 신실한 계약의 인격성으로 사람의 아들이라는 호칭을 스스로에게 사용한다. 사람의 아들로서 그는 '공포와 번민'14:33 그리고 '온 땅이 어둠에 덮힘'15:33이라는 심연의 경험을 통과하며 맛본 신실한 인간성을 드러낸다.

– 영광과 권한에 대한 초자연적이고 신화적인 해석을 넘어서서 억압과 지배의 사회적 상황에서 윤리적 실천의 관점에서 보이는 새로운 해석으로서 영광과 권한의 차이가 있다. 이는 놀라운 전환적인 해석이기도 하다. 다니엘에서의 "사람의 아들"은 하늘의 구름을 타고 오는 신성한 존재로서 권위와 영광, 영원한 지배권을 지닌 초자연적인 모습을 띤다. 마가는 그것을 상징적이고 실존적으로 받아 하느님의 뜻이라는

자유와 해방의 궁극성에 대한 신화적 표현으로 받아들이며 그것을 변모시킨다. 즉 억압과 지배에 대한 대안으로써 필요에 대한 돌봄과 섬김 그리고 '꼴찌'로서의 탈지배적인 리더십을 취한다는 점에서 영광을 스스로 내재하는 것이 아니라 타자에게 전적인 자기-증여self-giving를 통한 변모된 의미로 나타낸다. 여기서 권한도 '지배'와 억압의 '다스림'이 아니라 능력부여em-power-ment로서 권한이라는 새로운 의미 차원을 확인한다.

마가 내러티브의 '외부'에서의 예수 살해 공모의 지배체제 엘리트들이 지닌 맹수의 발톱이 가져오는 상처와 '내부'에서 배신과 도망감이라는 어둠의 심연이 절대적인 궁극성의 차원으로 집중된다. 이 어둠의 심연에서 길가는 존재인 예수는 이제 홀로 모든 것을 감당하며, 심장을 파열시키는 '십자가 처형'은 흥미롭게도 마가가 처음 선포한 '하느님의 아들 예수 그리스도에 대한 복음의 시작'1:1이라는 선언에서 기대한 모습과는 완전히 역전된 모습이다. 그 기대의 역전은 일반 유대인들의 기대인 '하느님의 아들, 그리스도메시야'에 대한 역전이 그 첫 번째이다. 힘과 통치에 대한 패러다임이 완전히 바뀌는 것이다.

두 번째는 '복음'에 대한 역전이다. 복음을 기쁨이 지닌 즐거움과 사적인 안전을 넘어서 '십자가 처형'이라는 끝에서 보여주는 하느님의 뜻과 작은 자들의 섬김을 위한 자기를 내어줌이라는 일치의 신실성이 복음으로 제시된다.

따라서 십자가 처형은 억압적인 권력 구조와 그 정체를 노출시켜 '조심하여 깨어있음'을 실천하는 그 시대적 상황에서 길 가기이다. 그 십자가 처형은 작은 이들과의 연대와 해방에 대한 심오한 실존적인 상징이다. 이는 지배 엘리트들의 특권의식과 폭력의 집단적인 무의식적인 체제의 본질을 드러낸다. 또한 희생양 메커니즘을 계속 순환시키는 체제의 더러운 악령화를 노출시켜 우리로 하여금 정의를 향한 연대로 깨어있게 한다.

예수의 정체성에 대한 침묵 명령과 그분의 자기 정체 노출에 대한 마지막 순간까지의 보류는–사실 이는 십자가의 죽음을 넘어 16장 에필로그에서 그 의미가 드러난다–자신의 삶이 죽음에 이를지라도 개인 내면의 진실에 대한 민감성과 사회의 탈지배의 대동사회에 대한 변화로의 길 가기에 대한 이미타치오의 실천과 연결되지 않는 한 아무런 의미가 없다는 것을 보여준다. 16장에서 보듯이 십자가 아래나 멀리서 떨어져 지켜본 자들은, 여전히 그 죽음의 무덤 안까지 들어가 경험하지 않은 자들에게는 예수의 정체성이 쉽게 드러나지 않는다. 이렇게 십자가의 죽음은 종교적 의례에 기초한 고백을 넘어 철저히 길 가기 프락시스를 위한 전복적 담론이다.

마가는 이스라엘의 메시야 희망에 침투한 폭력의 전통을 취해서 십자가의 길이 보여주는 자기 증여self-giving를 통해 오는 하느님의 뜻에 대한 구현으로 그 폭력 전통들을 변화시킨다. 길 가기의 약속의 땅으로 들어가는 것이 하느님의 뜻과 그분의 통치 영역에로 들어감에 있다는 것이다. 그 방식은 악을 분별하여 제외나 강제가 아닌 섬김과 연결의 돌봄이라는 비폭력을 통해 온다. 병든 자를 치유하고, 사탄의 손아귀에서 사람들을 해방하며, 겸손한 섬김의 길을 가르치고, 다른 이들을 강제로 다스리는 지배의 정신 구조mindset & system를 해체한다. '밖'으로 제외된 타자들the Others에 대한 포함과 지지의 관심을 확대하고, 죽음의 면전에서도 신의 궁극적인 인도에 대한 신뢰를 예수의 십자가 죽음에서 드러내는 것이 마가의 진술이다. 즉, 자발적으로 죽음에 이르기까지 섬김이로서 악의적인 죽음의 독소를 용해하고 변형시키는 연금술적 변형으로서 십자가의 죽음이 있는 것이다.

마가가 제공하는 예수의 정체성과 그분의 십자가 처형에 대한 진술은 '사람의 아들'로서 하느님의 뜻이 지닌 진실의 힘에 기초한 신성한 휴머니티의 잠재적인 가능성을 연다. 그것은 형이상학적인 특권으로서 신앙의 대상이 아닐지라도 적어도 보편적 인간성의 고양된 위치로서의 자기 실존의 가능성에 대한 비전과 투신에 대한 문을 연다. 그것은 형이상학적인 영광과 권위의 높이에서가 아니라 인간의 절망과 억압의 깊이라는 심연 속에서 하느님의 뜻에 대한 겸손한 연결과 헌신에서, 우리의 한 형제나 한 존재로 남아있다는 점에서 우리를 갱생시키고, 뜻을 세워 자발적으로 일어서도록 우리의 영혼을 노크한다. 우리의 불멸성을 말하는 것이 아니다. 필멸할 한 존재에게 있는, 끝까지 길 가기의 여정이 우리의 메마른 영혼을 두드린다. "그대의 인생에 이는 아무런 상관이 없는 삶의 모습인가?"

누가 기자가 실재의 자비로움에 대한 계시의 장소를 마구간의 바닥이라는 '먹이통 구유'에서 그 징조를 보여주었다면, 마가는 끝에 도달한 존재가 여전히 '길 가기'의 여정을 '십자가 죽음'의 궁극적인 심연의 장소에서 길을 내고 있다는 점에서 기적을 살게 한다. 그 기적은 초자연적인 그 어떤 성취나 성공이 아니라 겉으로의 실패처럼 보이는 현실에도 그 내면이 끝까지 길가는 영혼이었다는 점이다.

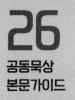

회상과 배경

지금까지 마가 내러티브를 '신앙인으로서 길 가기'에 대한 인간 실존의 의미실현 여정으로 그 초점을 맞추어 왔다. 노자의 도덕경이 길 가기로서 도道라는 한자가 머리와 발을 연결하여 의식consciousness과 그 실천의 무애한 실천 경지를 나타냈듯이 마가기자는 길 가기를 커뮤니케이션과 권력에 있어서 예민한 민감성agility을 갖는 것에 연결시켰다. 그것은 각각 '하느님의 뜻'에 대한 소통 능력분별이요 다른 하나는 인간의 상호관계속에서 일어나는 영향력에 있어서 탈지배적인 연결 능력권능, empowerment에 대한 것이다. 마가 내러티브가 갖는 중반부의 디다케 구조부터 이에 대한 상징적 실천은 '십자가 지기'에로 그 길 가기의 모범이 모아진다.

마가복음이 집중적으로 그의 전체 복음 이야기의 절반을 할애하고 있는 '십자가 사건' 이야기는 원시 기독교공동체 시대를 지나 로마 박해의 지하교회 시대를 거쳐 중세 시대를 지나면서 그리고 현대에 오기까지 그 핵심이 완전히 바뀌게 되었다는 것이 마가복음 공동묵상 진행자인 나의 견해이다. 즉, 기존의 전통적인 해석은 십자가 지기를 '희생'의 입장에서 보고 여러 속죄atonement설을 만들어 냈다는 것이다. 십자가와 부활의 연결을 통해 인과적인 과정을 만들어 부활의 종교로서 기독교를 최종 장식하는 성과로 그리고 타종교에 대한 우위성의 근거로 삼아 선교적 전략의 이데올로기를 구축했다는 점이다.

그러나 이미 지금까지 마가 내러티브를 따라왔듯이 마가는 십자가를 지는 것이 희생이 아니라 길 가기의 완성으로 이해해 왔으며, 희생이 아닌 길 가기 소명에 대한 자기-인식의 운명destiny, 세 번의 예고, 성서의 말씀을 이루고자 함의 예수의 해석, 그리고 마가의 길 가기와 건너감의 예표들의 증거들이 보여주는 길 가기의 자기 신실성의 증거들에 기준하여임을 증언하고 있다는 점을 이해해야 한다. 제도권의 기독교가 마가의 진술과 다른 해석의 프레임을 가져온 것은 당연히 예수를 신앙의 신적 대상화라는 모든 종교의 창시자를 신격화하기의 보편적인 경향성 안에서 이루어진 것이기도 하지만, 기독교가 박해받다가 로마의 국가종교로 바뀌고 교황제도가 일어나면서 그 체제의 정당성을 유지해주는 이데올로기 기능 때문이기도 하다.

기독교 역사를 다루는 것은 광범위한 시간과 내용을 이해해야 하는 이슈이기에 우리는 본문을 다루기 위해 앞 장인 15장에서 남긴 분위기를 이어가며 확인해야 할 것들을 요약할 필요가 있다. 첫째는 외부 세력의 살인 모의와 내부의 배신과 다 도망감이라는 어둠이다. 이는 십자가 처형 순간에 보여준 3시간의 '온 땅이 어둠에 덮힘'15:33라는 심연深淵 −분리의 궁극적 경험−에서 극대화된다.이를 다르게 『최후의 유혹』으로 사명으로부터 인간적인 것에 대한 갈망의 최종 목소리로 묘사한 소설가는 크레타 섬의 영혼인 니콜스 카잔차키스였다 둘째는 성전 휘장이 위에서 아래까지 두 폭으로 찢어짐헬, 에쉬스데 에이드 뒤오 eschisthē eis dyo의 목격이다. 이는 커뮤니케이션의 분리/장벽와 특권으로서 성전 권력의 무너짐에 대한 최종적인 확인이다. 앞서 예수가 예고한웅장해 보이는 형상인 성전의 돌들은 다 무너지고 말 것이다. 13:2 것이 이제는 목격되는 셈이다. 사실 이는 유대인들에게는 엄청난 전복적인 메시지이다. 이는 더 나아가 우리의 사고체제 안에 숨은 기존 신념으로서 성전/거룩함/삶의 궁극의미 모두의 전복에 관한 이야기이기도 하다. 더 이상 유지할 수 없는 끝장남의 표현인 것이다.

셋째로, 예수 옆의 강도 두 사람의 배치에 대한 이슈이다. 이미 앞장 본문에서 살펴보았듯이 이는 기존 주류 해석인 강도에 대한 예수의 애긍심은 지나친 설교적인 교훈이며 오히려 강도인 당사자들이 정치 엘리트와 성전 엘리트들의 거룩성에 대한 조롱과 권력의 본질인 진리의 왜곡이라는 인간 마음이 꾸민 '더러운 것'에 대한 철저한 경종권력에 대해 조심해서 깨어있기의 예시인 것이다. 그 예는 이미 예수가 말한 특권계급들이 지닌 마음의 더러운 생각들7:20-23과 마음의 경직성10:5에 대한 경고에서 보여진 사실이다. 지배로서 힘·권력은 이렇게 진실을 조롱하면서 죽어서도 연민이 일점도 없는 잔혹함의 현실을 보여준다는 점에서 십자가 지기의 보상 없는 전적인 자기 헌신성의 필요를 보여주고 있다.

네 번째로 십자가 지기십자가 처형는 목격자의 응답을 요구한다는 점이다. 정작 그것을 실행할 내부의 사람인 제자들은 다 도망을 쳤다. 정확히 말하자면 자의식적으로 제자로 불림을 받았다고 '사도'3:14로 지명된 제자들이 그러했다. 베드로는 모른다고 세 번이나 부인했고, 유다는 배신하여 예수를 '넘겨주었다.' 넘겨주다라는 헬라어 파라디도미paradidómi는 배신의 뜻도 있지만 마가는 광범위한 의미에서 권력과 어둠에 무력해짐의 신화적이고 상징적인 표현으로 적용하고 있다.

그러나 이런 심연 한가운데로 가면서도 마가가 처음에 진술한 "그곳에 계시면서 사탄에게 유혹을 받으셨다. 그동안 예수께서는 들짐승들과 함께 지내셨는데 천사들이 그분의 시중을 들었다"처럼 들짐승의 위협 속에서 숨은 천사들의 작동이 이어진다. 향유를 부은 무명의 여인, 십자가를 대신 진 키레네 시몬이 그들이다. 이들은 우연일지라도 부재한 익명의 제자직을 대신한다. 십자가 처형 아래에서는 제자들이 못한 고백과 일들이 일어난다. 예수의 정체성에 대한 로마군대 백부장의 고백, 아리마대 요셉의 자발적인 시신 모시기 그리고 갈릴리 사역 초기부터 뒤따라 예루살렘에 올라온 여인들의 끝까지 지켜봄이 그것이다. 비록 그러한 보고는 충분하고도 일관된 제자직 역할을 수행하지는 못해도 그 나름 희망의 불꽃은 잠재적인 가능성으로 남겨져 있다.

지금까지 진술에도 불구하고 15장의 핵심 흐름은 '내어 주었다'파라디도미; 15:1,15가 의미하는 것처럼 잔치는 끝났다는 파장罷場의 분위기일 것이다. 그동안 열정과 비전의 특별한 순간이 이제는 종결되었다는 목격이다. 파라디도미는 단순히 역할자가 그 역할을 못하게 되었다는 뜻에서 끝남의 의미만은 아니다. 주인공이 그토록 저항하고 다른 꿈을 꾸던 대적자에게 힘이 넘어갔다는 역설의 표현으로서 그동안에 행한 것들이 대적자들에게 넘겨져 물거품이 되었을 뿐만 아니라 오히려 대적자의 행동이 시작되는 전환점으로 바통이 넘겨진다는 뜻에서 더욱 부정적 결과의 강도가 심각함을 암시하고 있다. 여기에 더해 결정적으로 큰 돌로 무덤이 봉인됨15:46의 지켜봄은 결정적인 끝장남의 증거를 확인한다. 예수는 결국 시체가 되어 행동할 수 없는 자가 되었고, 이제는 큰 돌로 무덤 입구를 막아서 입구가 봉인되었다. 행위자가 행동할 수 없음으로 그리고 길을 낼 입구조차 막혀버리는 완전히 끝장남이 지켜 본 자에게 남겨진다.

본문 속으로 들어가기

마가의 본문은 그렇게 시체의 무덤에 눕힘과 무덤 입구의 봉인이라는 상황을 지켜보고 있었던 세 여인의 다시 '길 가기'로부터 시작된다. 마가 내러티브의 마지막을 장식하는 이 에필로그 이야기는 매우 흥미로운 전환을 이중으로 겹쳐 놓아서 일반적인 기독교인들의 성서읽기 방식이 쉽게 놓칠 수 있는 부분들이 담겨 있어서 매우 세심하게 읽어야 할 부분이다. 여기서 전환이라 말한 것은 이미 앞서서 전복이라고 말한 것의 부드러운 표현이기도 하며, 전환이 부드러운 표현이라 해서 마가의 진술 내용은 간단하지 않다는 것을, 마지막 장에서도 대단원에 대한 종결 시나리오에 대한 관객으로서의 예측을 내려 놓아야 제대로 보인다는 점을 밝히고 이제 전환에 관해 이야기하려고 한다.

첫 번째 전환은 시체에 대한 무덤의 봉인 과정과 유사한 그러나 전적으로 반대인 방식으로 전개된다는 점이다. 아리마대 요셉의 예수의 무덤 봉인은 다음과 같은 과정으로 이루어진다.

* 시기는 안식일 전, 날이 저문 때였다.
  그의 행위는 왕인 빌라도가 백인대장에게 예수의 시신확인을 한 후였다.

1. 베/세마포를 사서
2. 예수의 시체를 부당한 방식으로 싸서 그 내용은 여성들의 행위를 통해 이해된다
3. 예수를 한 무덤에 넣어 두고
4. 돌을 굴려 무덤 문을 막는다

세 여성들의 행동에 대한 진술은 똑같은 방식으로 180도 방향이 바꾼 상태로 진행된다. 그 내용은 위의 방식에 따라 다르게 진행된다.

* 시기는 안식일 후, 날이 시작하는 미명 때이다.
  그녀들의 행위는 산헤들린 위원인 요셉이 행동을 마친 후였다.

1. 향료품을 사서
   이것이 뜻하는 바는 예수가 유대교의 적절한 장례절차를 따르지 않았다는 반증이다.
2. 예수께 정당한 방식으로 향료품을 바르기 위해
3. 그 무덤으로 향해 가서
4. 누가 무덤 문에서 돌을 굴려 줄 것인지 의논한다

즉, 여인들의 이야기는 아리마대 요셉이 행한 정치권력과 종교권력의 마무리종결짓기를 거꾸로 하는 전복의 이야기이다. 큰 돌로 무덤 봉인한 것을 지켜보았음에도 불구하고 그녀들은 무덤으로 가서 어떻게 무덤 입구를 열 것인가에 상의한다. 무덤 봉인이 아니라 무덤 개방인 것이다. 이렇게 함으로써 지금까지 마가의 내러티브의 상당수를 차지한 베드로와 다른 남성 제자들의 이야기가 종결되고 그녀들이 돌봄과 감싸안음의 제자직 수행의 길을 다시 열어 그 길을 잇는다. 그렇게 하여 제자직의 처음을 열고 과정을 이끌었던 제자들과 마지막에 있었던 제자들의 초점 전환이 일어난다.

두 번째 전환은 목적과 기대에 대한 것이다. '무덤에 가서 예수의 몸에 발라 드리려고 향료를 샀던'16:1 세 여인은 존경하는 이에 대한 적절한 장례 치르기가 그들의 목적이었다. 그러나 그녀들이 목격한 목적은 예수는 살아나셔서 여기에 있지 않고 갈릴리에 먼저 가실 것이니 갈릴리로 가서 그분을 만나기라는 내용으로 바뀐다. 그녀들의 마지막 존중의 행동과 마무리 기대가 갈릴리로 가서 그분을 만나는 다시 길 가기라는 점에서 삶의 목적과 기대가 완전히 바뀌어 버린 것이다.

에필로그 본문인 16:1-8의 세 여인들의 목격 이야기는 많은 것들이 무덤 봉인 정반대의 방향, 목적, 내용, 기대로 전개되고 있다. 그래서 전자의 이야기를 심화시키고 변형시킨다. 그리고 이 이중화법의 이야기 속에는 귀있는 자로 하여금 감추어진 의미가 드러나 발견되기를 고대한다. 이것이 마가의 내러티브 진술 방식이다. 결코 명목적으로 그는 내용을 서술하지 않으며, 그렇다고 자기 영혼을 열고 있지 않은 자가 함부로 대응하기를 기대하지도 않는다.

흥미로운 반전은 무덤을 막고 있는 큰 돌에 대한 염려와 달리 입구는 열려 있었다는 것과, 또한 시체 대신에 흰 옷을 입은 웬 젊은이를—예수는 아니다. 물론 천사도 아니다— 무덤 안에서 목격하고 그의 목소리를 들었다는 점이다. 여기서 더 큰 반전도 있다. 그것은 먼저 갈릴리로 가신 예수를 거기 가면 만나게 될 것이라고 전하라는 메시지에 대한 그녀들의 반응이다.

> 여자들은 겁에 질려 덜덜 떨면서 무덤 밖으로 나와 도망쳐 버렸다.
> 그리고 너무도 무서워서 아무에게도 말을 못하였다. 16:8

그녀들은 그 흰옷의 청년으로부터 받은 메시지에 대한 감동과 기쁨의 응답이 아니라 무서움과 도망침 그리고 아무에게도 말하지 않음이라는 반응으로 있었다. 이것이 마가가 진술한 제자들의 마지막 상태였다. 그리고 신뢰할 만한 성서학자들은 여기서 원래의 마가복음이 끝난다고 대체로 시인하고 있다. 아마도 그녀들이 기대하며 무덤 안으로 온 기대와 실제 목격한 경험의 큰 차이가 침묵으로 빠뜨리게 했을 것이다.

무덤 속의 충격으로 여인들은 예수가 세 번이나 예고한 넘겨져서 처형당하고 다시 살아나리라는 예수의 말을 기억하지 못하고 대신에 강력한 두려움의 현실들로 인해 그 약속이 잊혀져 있거나 침묵이라는 상태로 끝난다는 것이다. 갈릴리에서 만나게 될 것이라는 청년의 메시지에도 불구하고 그녀들은 놀라움과 침묵으로 있다. 그리고 마가복음 기자의 진술은 이것으로 끝난다. 그 첫 시작이 '하느님의 아들 예수 그리스도의 복음'의 시작으로 알린 그의 내러티브는 팡파레 없이 침묵으로 끝난다.

성찰과 여운

마가복음은 일반적으로 지금의 기독교인들이 알고 있는 바와는 달리 극명한 여운으로 끝난다. 그 종결의 문장은 '겁에 질려 덜덜 떨면서...도망쳐 버렸다. 그리고 ...아무에게도 말을 못하였다'라는 충격적인 결말이다.

현대의 독자들은 과연 무슨 일이 어떻게 벌어진 것인지 더 알고 싶어도 마가의 내러티브는 뜻밖에도 여기서 종식을 하며, 9절 이후 문장들은 그의 후계자들에 의해 덧붙여진 후기들이다. 원래 복음서로는 마가가 가장 먼저 써졌기에, 후기는 누가와 마태의 이야기를 보면서 첨삭된 응답들임을 알 수 있다. 다른 복음서 기자들이 부활에 대한 이야기를 집어넣고 있지만 마가 기자가 여기서 멈춘 것은 매우 절제된 목격과 진지한 길 가기의 일관성 속에서 중대한 이유로 인해 멈춘 것이라 볼 수 있다.

그렇다면 그 이유는 지금까지 길 가기의 마가 진술이 지닌 자신의 진실성과 일관성에 대해 그것으로 충분하다는 내적인 신념의 표현이 반영되었다는 점을 알 수 있다. 게다가 최소한 제자들의 갱생과 부활에 대한 감동이 직접적이고 확연히 드러난 것이 아니라 어느 정도 뜸이 들여진 과정적인 시간이 걸렸다는 해석도 가능하다. 그리고 예수의 부활 신앙 교리에 익숙해 온 대부분에게는 충격적이고 에필로그로는 무언가 부족하다는 느낌을 지울 수가 없을 것이다. 그래서 9절 이후의 후기가 기록되어 그 부족감을 채우려 했지만 그 후기로 가기 전에 여기서는 잠시 충격에 대해서 깊이 맛보아야 할 때이다.

두려움에 무덤을 나와 도망치기와 아무에게도 말하지 못한 것에 잠시 머물러 봐야 할 때이다. 과연 무덤 속의 경험으로부터 두려움으로 인한 침묵은 당사자들과 관객인 우리에게 무엇을 말해주고 있는 것인가? 침묵은 언제 풀려서 말을 하게 되는 것인가?

그리고, 이 에필로그가 지금까지 마가의 내러티브 여정을 함께 걸어온 나에게 있어서는 무엇을 가져오고 있는 것인가? 지금까지 마가가 진술한 예수의 길 가기 여정을 걸어오면서 이제는 자신과 어떤 관계가 있다고 생각되는가? 나는 이제 어떤 태도와 입장 그리고 행동을 하기로 남겨졌는가?

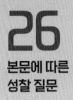

26

**본문에 따른
성찰 질문**

막 16: 1-8

1. 몸과 호흡을 편안히 한다. 자신의 신앙에 있어 십자가와 부활은 어떤 의미를 차지해 왔었는가 숙고하라. 어느 정도의 영향으로 자기 삶에 미쳐왔는가?

2. 무덤 속의 경험으로 인해 두려워 아무에게도 말하지 않았다라고 마가복음이 끝났다는 것을 전제로 그 침묵의 이유가 무엇이라 생각되는가? 더 나아가 그 침묵은 어떻게 해제될 것이라 전망하는가? 이 최종적인 침묵이 당신에게는 어떤 영향을 주고 있는가?

3. 흰옷의 청년이 말한 예수께서 먼저 갈릴래아로 가시니 거기서 그분을 만나게 될 것이라는 말이 마가복음 묵상을 다 끝내가고 있는 당신에게는 어떤 의미나 요청으로 들리는가?

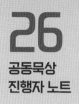

에필로그: 다시 갈릴래아에서 길 가기

막 16:1-8

마가가 아무런 출생의 기원이나 계보라는 사전 정보 제공 없이 그 시작을 알렸던 '하느님의 아들 예수 그리스도에 관한 복음의 시작'1:1은 여러 장벽과 탈선의 유혹 공간의 수많은 사건을 경험한 후 세 번의 예고대로 '넘겨짐'과 처형 그리고 무덤문의 봉인으로 그의 스토리는 끝났다. 그리고 갈릴래아 사역 시절부터 예루살렘까지 따라와 예수 시체의 무덤 봉인을 끝까지 남아 '지켜 본'15:47 세 여인이 무덤 속으로 들어간 경험의 마지막 행동은 다음과 같다.

> 여자들은 겁에 질려 덜덜 떨면서 무덤 밖으로 나와 도망쳐 버렸다.
> 그리고 너무도 무서워서 아무에게도 말을 못하였다.16:8

이미 본문 공동묵상 가이드에서 진술한 것처럼 이것이 마가복음의 마지막 절이다.9절부터는 후계자들이 첨부한 내용들이다 십자가와 부활 도식에 익숙한 현대 그리스도인들은 대부분 이 문장으로 마가복음이 끝난다는 것이 충격적일 수 있다. 그러나 마가 기자의 내러티브 전체 진술에 보면 '십자가 지기'와 '십자가 처형됨'은 '길 가기'의 일관성과 충실성에 대한 자기 운명으로 받아들인 것이다. 즉, 희생이 아닌 하느님 뜻의 성실한 자기 수행으로서 그 당시의 사회적 조건에서 자기 정체성과 소명의 피할 수 없는 길로 받아들여졌다.

예수 안에서 무엇이 일어났건 간에 마가 기자가 실제로 중요하게 여기는 것은 남은 자들에게 무엇이 일어날 것인가이다. 무덤 속에서 본 것에 대한 경험의 결과가 두려움, 도망감, 그리고 침묵이라는 것을 끝까지 남은 세 여인의 경우에도-수석 제자인 베드로의 실패, 그리고 제자들의 도망감에 더하여— 그러하다는 것을 남긴 이유는 무엇인가? 위대한 인물에 대한 대부분 전기 작가는 마무리에서 다시 한번 그 영웅의 훌륭한 점을 돋보이려 하지만 마가는 그동안의 대중 인기와 달리 마무리는 매우 당혹스러울 정도로 뒤끝이 개운하지 않게 끝난다.

오히려 복음의 이해보다 현실에 대해 재빠르게 이해된 쓰디쓴 교훈이 남겨져 있다면 그 첫째는, 숨은 '강도'가 되어 있는 정치권력과 종교권력에 의해 예수는 오히려 '강도' 중의 한 사람으로 신성모독자로 이미지화되어 처형되었고 '예수운동Jesus Movement'의 가담자는 범죄자로 헤아림을 받을 만큼 진지해져야 한다는 것이다. 세상은 변할 수 있을지 모르나 권력자들은 결코 변하지 않는다는 이 생생한 교훈을 얻었다.

둘째로 얻은 현실적인 교훈은 또한 '두려움'의 항존성이다. 어둠 속의 바다 건너기에서 '두려워하지 말라, 나다'6:50라고 했던 예수, 황폐의 종말 때에 '미리 걱정하지 말고'13:11 삼가하여 깨어있으라라고 말한 그 현실인 두려움이 그들을 덮쳤다. 앞으로도 이 두려움은 지배체제하에서는 그 본성상 계속될 것이다. 그것이 통치의 본성이기 때문에 그렇다.

종교권력의 핵심인 산헤드린 의회의 한 구성원인 아리마대 요셉에 의해 서둘러 처리된 예수의 시신에 대한 무덤의 봉인은 끝까지 그 광경을 지켜본 세 여인에 의해 무덤문이 열려져 있는 현실과 그 속에 들어가 본 경험으로 인해 가느다란 희망은 열려져 있으나 그녀들의 공통된 경험의 결과는 두려움과 아무 말을 못하는 침묵이었다. 그러나 이 침묵의 시기는 아무것도 일어나지 않은 기간은 아니다. 즉, 중요한 해산의 시기이도 하다.

예수가 차려준 만찬이라는 파티는—이는 누가복음만 아니라 마가에 있어서도 중요한 사회적 비전의 상징이다— 끝났다. 거기에 초대받아 그 소중한 시간을 함께했던 남은 자들은 무엇을 어떻게 해야 하는지를 결정할 차례이다. 즉, 그분의 이야기His-story는 종식되었으며, 이제 당신의 이야기My story가 침묵 속에서 남겨져 있다. 예수가 말한 씨앗이 떨어졌으되 길가, 돌짝밭, 가시덤불, 옥토의 실존적 가능성 속에 나의 선택이 남겨져 있다.

마가가 철저하게 고백과 증언에-당신은 살아계신 하느님의 아들입니다- 관련하여 그것을 매우 소중히 생각하지만, 그것으로 만족하지 않은 것은 실천성을 제자직의 핵심으로 두었기 때문이다. 수석 제자인 베드로의 고백이나 이방인 백부장의 고백에도 불구하고 마가 제자직에 흐르는 것은 고백이 아니라 '길 가기'의 근본됨과 그 철저성이다. 십자가 지기의 중요성과 더불어 그 행위의 결과로 처형당한 시신을 멀리서 지켜본 이들이 그 분의 '무덤 안으로 들어 간헬, 에이셀도우사이 에이스 토 네메이온 eiselthousai eis to mnēmeion; 마가의 길 가기 행보는 지형학적인 의미를 담고있음에 유의' 후에야, 그들의 기대는 반전이 된다. 즉, 예수 시신에 대해 당시 유대교 장례 의식에 따라 놓쳤던 향유 바르기를 목적으로 들어간 세 여인은 흰 옷 입은 청년의 메시지를 듣게 된 것이다. 예수는 다시 살아나셔서 갈릴래아로 먼저 가니 거기서 그분을 만나게 될 것임을 듣는다.

겁내지 말라.
너희는 십자가에 달리셨던 나자렛 사람 예수를 찾고 있지만,
예수는 다시 살아 나셨고 여기에는 계시지 않다.
보라. 여기가 예수의 시체를 모셨던 곳이다.
자, 가서 제자들과 베드로에게 예수께서는
전에 말씀하신 대로 그들보다 먼저 갈릴래아로 가실 것이니
거기서 그분을 만나게 될 것이라고 전하라

예수의 무덤 속까지 들어가 본 자에게 들려지는 이 메시지는 하나의 가능성이다. 인간 실존을 위협하는 희생, 죽음, 무덤이라는 악순환 사이클이 지닌 실존의미의 궁극성이 무화無化되는 그 실존적인 무근거성에 도달하면서 생긴 뜻밖의 도약 지점이 생겼다. 그 무덤 속에서 인간의 예측과 통제의 모든 효험성이 정지되어 사라지고, 흰 옷 입은 청년과의 만남 사건은 보고 들은 현실을 넘어서는 실재reality로 향한 새로운 도약의 가능성을 열어 둔다. 그리고 이것은 사실fact이전에 진실truth의 세계이다.

앞선 본문들 여러 곳에서 진술하였듯이 마가 기자는 비유로서 이야기만 아닌 사건을 다룬다. 그리고 그 비유를 알아듣게 하려고 두 번의 유사 사건들을 병치시킨다. 비유는 은폐와 노출의 역할을 하며 청자의 알아들으려는 노력을 수반한다. 오천 명과 사천 명의 대중을 먹이심, 두 번의 항해, 그리고 무화과 나무의 두 번의 등장의 예처럼 첫 사건은 은폐된 것을 암시하고, 두 번째 사건은 그것의 의미 영역을 노출시킨다. 이는 기적 이야기도 마찬가지이다. 기적miracles 이야기는 악령축출이나 질병치유에 관련하여 거꾸로 그러한 행함노출에 의해 그 이면에 있는 의미은폐의 차원을 연다.

그리고 여기서는 예수의 변모된 모습9:2-8 이야기에 대한 여운을 깔고, 도망간 청년14:51-52과 흰옷 입은 청년의 이야기를 배열해 놓고 있다. 고대문화에서 실재, 환상, 현실의 경계없는 상황에서 그러한 신화적이고 상징적인 진술은 가능성을 연다. 물론 고대문화의 특성만은 아니다. 구스타프 칼 융의 원형 심리학archetype pschology에서 적극적 상상력에 따른 꿈 작업은 현실과 꿈의 상징이 어떻게 인간의 무의식 영역에서 살아 있는지를 여실히 보여준다.

두 청년의 연결에로 돌아와 보면, 누군가는 도망간 청년이 마가 자신일 것이라는 해석을 달아 놓았다.물론, 이 구절은 마가복음에만 있는 독특한 구절이다 은폐와 노출에서 도약이 있듯이 여기에도 연속성과 비연속성이 존재한다. 무화과 나무의 연속성과 비연속성 스토리가 말해주듯이 이 이야기에서 연속성은 물론 삼베를 두른 젊은이가 사람들에게 붙들리게 되자 그 삼베를 버리고 알몸으로 달아난 것이 여기서는 흰 옷을 입은 청년으로 '오른편에'16:5 앉아 있다는 점이다. 이는 그토록 제자들이 탐내던 영예로운 제자직의 자리이기도 하다. 물론, 그 비연속성은 도망침과 무덤에서 예수의 메시지를 끝까지 지킴의 차이이다.

이는 제자직을 인격화한 것이기도 하고, 아니면 마가 공동체의 인격화이기도 하다. 그러한 해석은 여전히 미묘한 해석의 여운을 남기며 여전히 불확실하게 그 정체를 가리고 있어서 앎knowings의 논리로서는 접근이 어렵다. 종종 마가는 제자직에 있어서 '앎'보다는 '신뢰'의 중요성을 말했으므로 사실 '앎'의 그 어떤 접근도 사실상 여기서는 불가능하다고 봐야 한다. 키에르케고르가 말한 존재로서 존재로의 전달이라는 도약이 필요한지도 모른다.

그런데 이 에필로그에서 다시 한번 생각해 봐야 할 것은 예수의 '침묵 명령'이다. 그의 생애에 여러 군데에서 자기 정체성에 대해 엄하게 비밀로 붙일 것을 명하신 장면들이 있었다. 그리고 마지막 결론 이야기에서도 명령이 아니라 저절로 강하게 진행된 '침묵'이 형성되어 이야기가 마무리된다. 그 침묵은 언제 해제가 될 것인가? 그 침묵이 해제되어 말하기 시작할 때 무엇이 말해지게 될 것인가? 이는 마치 여호수아가 가나안 땅의 입구에 있는 여리고성의 함락여호수아 6:1–27에 있어서 40년간 광야생활의 끝에서 이제 막 가나안 입구에 들어선 이스라엘 백성들은 6일 동안 침묵으로 성을 돌았던 장면을 생각나게 한다. 그리고 제 7일에 일제히 함성을 지르자 그 성이 무너져 내렸다는 이야기이다. 침묵 행진을 통해 그들은 내면에서 어떤 약속을 상기하고 하느님의 것에 대한 분별과 그 책임에 대한 마음 새기기 작업을 하며 "작은 소리커녕 한 마디도 입 밖에 내지 않고"6:10있다가 일제히 소리를 지르게 된다.

그렇다면 이 젊은이의 응결된 말하기로서 '예수는 살아서 갈릴래아로 가실 것이니 거기서 그분을 만나게 될 것이라'는 예언을 가슴에 침묵으로 품고 새긴다는 것은 무엇이 일어날 것임을 예고하는 것인가? 공동묵상 진행자로서 나의 추측과 이해는 다음과 같다.

다시 살아나심은 예수의 몸에 대한 것이 아니라 그분의 영, 즉 그분의 정신에 대한 살아있는 감각에 대한 것이다.

갈릴래아로 가서 그분을 다시 만난다는 것은 지금의 육체적 접촉과 함께 있음의 경험을 다시 지속한다는 것이 아니다. 갈릴래아로 가서 그분을 만난다는 것은 그분의 초심의 영과 정신에 접목되어 그분의 영과 정신을 다시 살아나게 함과 연관된다는 뜻이다.

다시 살아나심으로 표현되는 부활은 그러므로 '그분 자체'에게 일어난 것을 넘어 '우리에게' 일어날 미래의 사건을 말한다.

그분은 갈릴래아로 먼저 가실 것이고 우리는 그곳에서 다시 그분을 만나게 될 것이라는 미래형은 '어떻게how'의 문제가 아니라 사건의 진실에 대한 미래 예고이다. 그것은 실패한 제자직의 경험을 통해 다시 이제 뛰어들어 새롭게 시작함으로써 경험되어야 할 경험의 질quality이지 경험의 형식form은 아니다. 미래 가능성으로서 부활의 약속은 이제 제자들이 실제로 갈릴래아로 가는 '길 가기' 행위를 통해 그 잠재적 가능성인 은폐는 정말로 진실이 된다. 그런 점에서 제자직의 재회복이 부활의 핵심이며, 초점은 '건너감'이라는 전이transition에 있다.

'갈릴래아로 가서 만나기'에서 갈릴래아는 마가가 언제나 사용하는 드러냄과 감추임의 내러티브 방식처럼 단순히 지정학적 공간이 아니라 관계의 차원을 말한다.

갈릴래아는 길 가기의 비전이 시작되고 길 가기의 사역이 민중을 대상으로 일어난 초심의 장소이다. 제자로서 부름과 뒤따름이 형성된 곳이기도 하다. 예루살렘이 우주의 중심이었다면 갈릴래아는 주변으로 있었던 곳이다. 예루살렘의 성전 중심을 몸성전과 생활성전으로 탈중심화했던 사역을 통해 다시금 탈지배체제-마귀와 병, 죄와 괴로움, 빈곤과 사회적 소외, 착취와 폭력의 통치체제의 해체-를 향해 비전을 꿈꾸었던 곳이다. 거기로 되돌아감으로써 마가는 제자직의 실패에 대한 그동안의 끊임없는 진술들을 회복할 다른 가능성을 제시한다. 예수와 함께 배를 항해했던 경험이 재차 제자들만의 항해로 '재촉한'헬,에난카센 ēnankasen; 6:45 두 번째 항해의 역풍 만남 사건의 연장으로서 제대로된 재시도의 기회가 갈릴래아로 가기라는 초대에 의해 주어진다.

갈릴래아에로 가기는 내부에 있어서는 그동안 제자들이 실패한 길위에서의 꼴찌로서 섬김과 돌봄으로서 다스림에로의 새롭게 회복된 제자직 실천에로의 시도를 말한다.

마가의 내러티브의 디다케 구조8:27-10:52에서 치열하게 제자들을 다르게 훈련시킨 힘·권력의 의미를 작은 자의 돌봄과 포함, 섬기는 자로서 꼴찌와 종되기, 소유에 대한 자발적 가난, 십자가 지기라는 고난의 세례와 고난의 특권으로서 예수의 오른편과 왼편의 자리에 대한 가르침은 제자직의 핵심이었다. 제자들의 실패와 다 도망감이 갈릴래아로 가서 다시 시작함으로써 그 분열과 실패는 견고한 신앙의 기반이 될 것이다. 일반적으로 예루살렘의 성전 정치는 삼각형의 착취형 지배구조 속에서 힘을 행사하지만 갈릴래아에서 힘의 행사는 능력부여empowerment와 연결을 통해 다르게 전개될 것이다.

갈릴래아는 원어로는 본래 '고리ring' 그리고 '원circle'을 의미한다. 이는 예수의 원뜻이 하느님이 우리를 구원한다라는 뜻처럼 그 자체가 가진 의미이다. 마가는 장소의 지명이면서 서클이 함유한 평등한 파트너십 체제의 제자직과 그에 의해 통치되는 관계적 정의로서 사회적 평등성에 대한 혁명적인 비전을 갈릴래아로 돌아가 예수를 만나기라는 제안에서 비전으로 제시하고 있다. 서클로서 통치는 작은 자들인 민중의 위대한 자조, 자립, 자치의 혁명적인 비전 곧 샬롬의 통치에 대한 비전이다. 이는 이미 선주민들이 15,000년 전부터 그들의 전통에서 지켜온 살아있는 사회구조와 상호관계의 비전이기도 하다.

디다케 구조에서 제자들에게 명료하게 말했던 예수의 설명처럼 이 세상의 일반적인 정치 권력과 종교 권력의 힘의 행사는 항상 '통치자로 자처하는 사람들은 백성을 강제로 지배하고 또 높은 사람들은 백성을 권력으로 내리누르는'10:42 방식으로 진행되어 결국은 죽음과 무덤의 결과로 몰고 가는 것이 그 핵심 패턴이다. 이렇게 삼각형의 착취형 구조에서 서클로 통치 형태를 바꿈으로써 비폭력적인 평등과 돌봄의 통치에로 초대하기는 매우 래디컬하고 혁명적인 비전인 것이다.

흰 옷의 한 청년에 의한 메시지 전달은 하나의 가능성으로 제자들과 이야기를 들은 관객인 우리 앞에 펼쳐져 놓여있다. 예수는 두 번째 수난 예고의 디다케에서 '누구든지'에 해당하는 말로서 이것이 누구에게나 펼쳐지는 가능성으로 제시하는 것이다. 갈릴래아로 가는 사람은 누구든지 앞서가신 예수를 만나게 될 것이다. 그는 그분의 존재 경험을 그 어떤 질적인 경험을 통해서든 자기 생으로 만나면서 예수의 길 가기를 이어 갈 것이고, 그것은 누구에게나 아래의 암시처럼 열려져 있다.

9:37-누구든지 내 이름으로 이런 어린이 하나를 받아들이면;

9:41-너희에게 물한 잔이라도 주는 사람은 누구든지;

9:42-이 보잘 것 없는 사람들 가운데 누구 하나라도 죄짓게 하는 사람은;

10:11-누구든지 자기 아내를 버리고 다른 여자와 결혼한다면;

10:15-누구든지 어린이와 같이 순진한 마음으로 하느님 나라를 받아들이지 않으면;

10:29-누구든지 나를 위하여 또 복음을 위하여 집이나 자매나 어머니나 아버지나 자녀나 토지를 버린 사람은

10:43 너희 사이에서 누구든지 높은 사람이 되고자 하는 사람은

혁명적인 길열기와 길 가기 실천만이 십자가에 지기까지 자신을 헌신하는 이들에 의해 지배적 질서를 무너뜨리고 새로운 질서 창출하게 될 것이다. 마가 진술에 따르면 이는 예외 없는 실천이며 영광중에 다시 올 사람의 아들이 '그들을 모을 것이다'13:27라는 약속의 보증이다. 거기서는 하느님의 뜻이 살아있는 실재가 되고 그분의 뜻이 실현되는 하느님의 나라를 경험하고자 하는 실천 커뮤니티 건설과 샬롬의 통치가 핵심적인 관심이 될 것이다.

이렇게 갈릴래아로 가는 것은 길 가기에로 가슴을 다시 여는 여정이다. 예수를 본받아 또 다른 예수 혼이 되어 하느님의 뜻이 자기 운명이 되는 것을 사는 존재로 변모하게 된다. 두려움이 통치하지 않게 가슴과 머리가 재합일되면서 일체성의 진실을 서로 일깨우게 될 것이다. 갈릴래아로 되돌아가는 비전을 다시 무덤이라는 인생 종착지의 끝에 세움으로써 그들은 환상을 넘어 진실의 비밀, 하느님 나라의 비밀을 알게 된다.

그것은 바로 "예수는 움직임 속에 있다"16:7-He is going ahead of you into Galilee. There you will see him NIV역는 것이다. 길 걷기의 움직임을 통해 우리는 예수를 육화incarnate시킨다. 누군가 어떻게 손으로 짓지 아니한 성전을 짓느냐고 물어보거든 그들은 아마도 이렇게 대답하리라. 예수는 길 걷는 자의 움직임속에 있다고. 이것이 진정한 부활이다.

우리가 길 가기의 움직임 속에 있을 때
예수의 현존의 영이 그 속에 있게 된다.

삼각형의 착취형 권력구조가 아니라
서클의 비폭력적인 파트너십 구조가 제자직의 실천의 모형이다.

이를 통해 예수의 들혼이 사방으로 번지며
율법학자들의 누룩이 아니라 세상이라는 빵을
이제는 제자들의 움직임과 서클 통치가 누룩이 되어
세상을 변화시킬 것이다.

길 가기 뒤에 남은 것들

막 16:9-22

배경과 회상

마가 내러티브의 시작에서부터 그 끝인 16장 8절까지 읽어오면서 어쩔 수 없이 한 개인으로서 그리고 공동체로서 응답을 꼭 해야만 하는 예수의 두 질문의 여운에 서게 된다. 그것은 마가 내러티브 전체 길이의 꼭 절반인 8장 27절과 29절에서 주어진 것이었다.

"사람들이 나를 누구라고 하더냐?"

"그러면 너희는 나를 누구라고 생각하느냐?"

"길을 가시는 도중에"8:27에 튀어나온 이 질문들은 예수와 함께 길 가기 무대 위에 올라와 역할을 하는 제자들만 아니라 이 무대의 전개 과정을 지켜보고 있는 관객청자와 독자들에게도 피할 수 없는 '성찰reflection' 질문이기도 하다. 이것은 마가의 내러티브 중간부터 우리 모두에게 실존적인 질문으로, 키에르케고르가 말한 '하늘의 사냥개'처럼 우리의 의식을 파고드는 거룩한 추적자의 영원한 질문이다.

프락시스행동가 이야기 무대에서 전개되어 가고 있고 그 무대 제목이 '하느님의 아들 예수 그리스도의 복음'1:1이라고 소개하면서 전개된 일련의 행동들에 대한 목격에 있어, 그 행동을 바라보는 성찰의 과정에서 불현듯이 다가와 목을 죄면서 '말해, 말해 봐'라고 다그치는 목소리를 만난다. 그리고 제자와 동일시 하거나 혹은 무대 아래서 거리를 갖고 떨어져 있는 관객으로서 나와 상관없는 행동들을 지켜보고 있더라도 그러한 다그치는 익명의 '실존적인 질문자'는 생생하게 자신을 '재촉한다'6:45, 헬, 아나그

카조 anagkazó =compell

그러나 그렇게 재촉하는 익명의 질문자 앞에서 우리의 의식은 매우 혼란스럽고 복잡하며 혼돈의 파도를 탄다. 왜냐하면 잠자고 있던 나의 의식이 마가의 내러티브와 길 가기 무대의 전개 속에서 편안히 있을 수 없게 만들며, 내 의식을 흔들고, 팽창시키며 때로는 압박하고 코너에 몰거나 절벽으로 내밀거나 하기 때문이다. 에케 호모이 사람을 보라로 출발한 그 목격이 내 의식에 무언가 전류를 공급하고 변화에 저항하거나 순응하거나 하는 나의 실존적 응답을 요구하고 있기 때문이기도 하다. 관객으로서나 익명의 제자로서 내 의식을 뒤흔드는 몇 가지 목격들은 다음과 같다.

첫째, 그분의 정체성에 대한 분명한 고백이 제시되지 않는다는 모호함의 충격이다.

그분의 질문에 대해 누구, 혹은 무엇이라고 해야 할 지에 대한 명확한 진술 사건이 드러나지 않는다. 고백콘페씨오이 악령, 베드로, 백부장 등에 의해 있어 왔지만 무덤 속의 예수 시신의 사라짐처럼 모든 것은 완결없이 불명확하게 남아있다. 이는 마가복음의 철저한 길 가기 수행에 있어 뒤따르기라는 행동이미타치오의 실존적인 응답 속에서만 그 개인의 내면에서 밝혀지는 것이기 때문이다. 따라서 마가의 진술은 교리와 고백의 정당성과 객관성을 허문다. 살아있는 실존적인 그 어떤 연결 없이는 추상적인 진술로 그 만남과 발견이 허락되지 않는다는 사실을 전한다. 신앙의 전통은 삶의 프락시스 전통과 연결되지 않는 한 아무런 의미가 없다. '길 위에서on the way' 자기 실존을 프락시스와 일치시킬 때 일어나는 철저한 존재의 자기-증명이기 때문이다. 이는 '건너가고'4:35 '이르렀던'5:2 자에게 그리고 '먼저 가고'6:45 '길을 떠나는'8:27 이의 존재 안에 내면이 '올라가서' '변모하는'9:2 차원이 형성된 이에게서 길이 생명이 될 때 가능한 것으로 예감된다.

둘째, 이미타치오라는 실천에 있어 마가의 제자직은 철저히 그리고 끝까지 실패로 귀결시켰다는 충격이다.

일반적으로 제자직 형성은 두 가지 면에서 가능성이 있다. 첫째는 자신이 따라야 할 대상을 신성화하는 방식으로 이루어지는 것이다. 그러나 신앙의 모범이자 대상으로서 예수는 철저히 그간의 유대문화가 지닌 '승리의 메시야' 사상의 복구를 전복시킨다. 자신을 사람의 아들로 고난의 종과 연결하기 때문이다. 둘째로, 창시자이자 스승인 예수에 의한 제자들 의식과 태도에 있어 거룩함에로의 상승ascending이라는 품격과 진리에 대한 고양된 품격을 통한 모범이 있을 때 가능하다. 그러나 마가의 내러티브는 '안'과 '밖'의 도치倒置의 전개 과정을 보여주면서 내부인들의 실패와 외부인의 우연한 제자화—예, 향유를 부은 여인, 십자가를 진 키레네 시몬— 그리고 제자들의 도망감과 제자직의 실패로 귀결된다.

그렇다고 마가에 있어 제자직에 대한 훈화와 모델이 되는 행동이 없었던 것도 아니다. 악령축출과 질병치료의 기적 사건들, 두 번에 걸친 제자들에 대한 비유와 교훈들 4장의 비유, 8장에서 10장까지의 디다케 구조이 있었다. 매우 치열한 가르침이고 생생한 길 위에서의 가르침이었다. 비유에 대해 따로 해석까지 있었던 가르침이기도 하다. 그러나 제자들은 실패하고 만다. 마가의 평가는 단호하다. 그 한 예가 이것이다. "그들은 마음이 무디어서 군중에게 빵을 먹이신 기적도 아직 깨닫지 못하였던 것이다."6:52 '마음이 무딤'헬, 페포로메네 pepōrōmenē = 심장이 돌이라는 뜻임과 '깨닫지 못함'은 예수의 최후인 무덤 속까지 들어간 제자들에게까지도 일어난 사건이다. 흥미로운 마가의 진술은 무덤에서 '돌이 굴려져 있음'16:4에도 불구하고 제자들 심장 안의 돌은 굴러서 없애지는 못했다는 점이다.

셋째, 예수의 길 가기 모범이 지닌 철저한 그리고 사회문화적인 맥락에서 전복적인 특성의 충격이다.

길 가기는 지형학적인 의미에서 '이쪽'과 '저쪽'의 분리에서 '저쪽'의 포함이자, '안쪽'에서 '위'와 '아래'의 전복에 관여한다. 전자는 분리와 배제로 인한 단절의 커뮤니케이션 이슈이고 후자는 권력에 있어 강제와 억압의 탈지배체제의 이슈이다. 분리와 배제라는 권세를 하늘의 스크린에 투영해서 다시 일상으로 가져온 형상들은 바로 악령과 질병, 사회적 소외이다. 땅의 권세로서 통치는 과부, 어린아이에로 재초점화된 돌봄과 포함의 통치로 변형된다. 이것의 한 극명한 예시가 바로 겨자씨의 비유이다. 그것은 '어떤 씨앗보다 더욱 작은 것'이지만 '큰 가지가 뻗어서 공중의 새들이 그 그늘에 깃들일만큼 된다'4:30-32는 것은 소유와 힘에 대해 땅에 뿌리를 내리지 못한 채 유리하는 자들에 대한 돌봄으로서 새로운 리더십의 의미를 예시하는 것이다. 꼴찌와 섬기는 종으로서 이러한 통치 방식이 지배체제에 대한 해독제가 된다.

이렇게 길 가기는 고상한 종교적 행위나 신념belief이 아니라 삶의 의미, 정치적 효용성, 사회적 권력, 경제적 안전에 대한 기존의 전략적 실천을 뒤엎는다. 그렇기에 기독교 전체 역사에 걸쳐 가장 받아들이기 어려운 사상이다. '세상에 있되 세상에 속하지 않는' 이러한 저항과 전복적인 방식을 공적인 소명으로 살아갈 수 있는 자가 그리 많지 않다. 왜냐하면 이는 행위 이전에 '의식의 혁명'이 일어나야 할 근본적인 이슈이고, 간디의 비폭력 전통이 말한 먼저 '죽이는 것에서 죽는 것'을 뜻하기 때문이다. 이 점에서 마가가 왜 예수의 모든 행동을 서서히 그리고 극명하게 내러티브의 초점을 '십자가 지기'에로 놓고, 그 이야기를 길게 풀어갔는지 일부 이해할 수 있다.

길 가기의 '내면성'인 '하느님의 뜻'의 실천은 일상의 권력에 직면해서 '공동체의 작은 자들을 위한 헌신'이라는 공적 소명과 연결되어 있다. 거의 하느님 나라에 가까이 왔던 율법학자의 '하느님 사랑'과 '이웃 사랑'의 인정12:28-34과 부자 청년의 괴로움10:17-27의 이야기가 바로 내면성과 공적 소명과의 연계를 보여주는 장면이다. 이렇게 마가의 길 가기는 탈지배계급구조형 공동체의 복구 프로그램에로 연결된다. 경제적 계층의 지배적 질서는 하느님의 뜻이 아니면 우리의 내면성에서 다시 인식해야 한다는 예수의 교훈에 제자들이 놀라는 이유이기도 하다.

마가는 예수의 이미지를 이 세상에서 악의 힘과 그 현상들에 머리를 숙이지 않는 평화활동가peacemaker로 묘사한다. 오히려 악의 힘에 대결하고 사람들을 억압적인 힘으로부터 해방시키는 길 가기에 몰두하는 모습을 보여준다. 그리고 자발적으로 죽음에 이르기까지 섬김이의 일관성과 충실성을 보여줌으로써 지배권력의 형이상학적 권세인 죽음과 무덤의 무효화를 보여주신다. 그것의 극명한 최후의 메시지가 '무덤 속에서 오른편에 있던 흰 옷 청년'의 '그분은 살아 나셨고 여기[무덤]에는 계시지 않으며 먼저 갈릴래아로 가실 것이니 거기서 그분을 만나게 될 것이다'16:6-7라는 최종적인 메시지이다.

이 메시지는 '기쁜 소식'으로서 복음을 연결하고 죽임과 무덤의 권세로부터 길 가기의 효력을 재생시킨다. 이미 밝힌 대로, 갈릴래아라는 원뜻이 '고리ring'이자 '원circle'이라는 사실은 탈지배체제 하에서 연결ring과 파트너십circle의 공동체 사역을 통해 그분의 현존을 영으로 경험하게 될 것임을 예표하고 있는 것이다.

본문 속으로 들어가기

예수의 공생애부터 여러 군데에서 자신의 정체성에 대한 침묵 요청1:25; 1:43; 3:12; 8:30은 이제 '무덤 속으로' 들어가 본 경험을 지닌 제자들에게서도 자발적으로? 일어난다. '너무나도 무서워서 아무에게도 말을 못하였다'16:8라는 마가복음의 최종적인 문장이 지닌 침묵은 긴 여운을 가지며 그동안 일어났던 것의 진공상태를 표현하고 있다. 그러나 그러한 침묵의 진공상태는 하나의 매트릭스모체가 되어 시간이 얼마 지나지 않아 무언가가 발생한다.

무언가가 발생했다는 것을 진술하기 전에 9절부터 마지막 절은 원 마가 저자의 것이 아니고 후계자들의 첨삭임을 다시 한번 밝힌다. 예를 들어 12-13절은 누가복음의 이야기를 요약하여 진술한 것으로 보이며, 마가 원저자의 메시지인 갈릴래아로 먼저 가니 거기서 만나리라는 요소와 달리 갈릴래아에 대한 지정학적인 언급이나 실존적 의미맥락을 잇는 지속성에 대한 언급이 없다는 점에서 원저자의 내러티브와 9절 이후의 내러티브에는 비연속성도 보인다.

마가의 마지막 본문은 3개의 똑같은 문장으로 반복되며 무덤 속의 사건의 결과인 '아무도 무서워서 아무에게도 말을 못하였다'와 연결시킨다. 그것은 '말을 듣고도 믿으려 하지 않았다'11절와 '그 말도 믿지 않았다'13이다. 그리고 이 두 같은 문장은 '마음이 완고하여 도무지 믿으려 하지 않는 그들을 꾸짖으셨다'14절와 연계된다. 그렇게 하여 '분명히 본 사람들의 말도 믿지 않았던 것이다'14절로 연결된다. 그리고 이야기가 갑자기 반전되어 예수의 직접적인 선포가 뒤따르며 이어서 마지막으로 예수의 승천 기록까지 적히게 된다.

이들 본문의 진위어 부가 어떠하든 간에 그럼에도 불구하고 후기로 들어있는 본문에서 가장 눈에 띄는 것은 다음의 문장이다.

> 그 뒤 제자들 가운데 두 사람이 시골로 가고 있을 때에
> 예수께서 다른 모습으로 그들에게 나타나셨다.16:12

마가복음의 원 저자와 사건의 진실에 있어 의미론적인 연결이 될 수 있는 이 문장은 매우 흥미로운 문장이다. 두 가지 측면에서 이 문장을 새기고자 한다.

첫 번째는 '두 사람이 시골로 가고 있을 때'에 대한 언급이다. 물론 마가복음 기록보다 10년 이상 뒤에 기록된 누가복음의 24장 엠마오로 가는 길 이야기13-35의 긴 내용을 불과 한 줄로 표현한 것으로 보이지만 흥미로운 점은 이것이다. 한 사람의 환영이 두 사람의 목격이라는 객관성에 관련하여, 그리고 마가 제자직의 "둘씩 짝지어 파견"6:7이라는 대안적인 파트너 리더십과 관련한 언급이다.

그리고 마가의 관점인 기존의 예루살렘 '중심the central'에서 갈릴래아라는 '주변the marginal'에로 제자직의 재-방향화에 관련한 암시적인 언급이 지정학적으로 표현되어 있다. 마가 기자는 제자직에 있어서 예루살렘 교회의 정통성을 인정하지 않는다는 점에서 누가와 달리 매우 파격적이다. 이는 예루살렘에 머물러 있는 제자직의 연결에서 사도들의 활동이 번져가는 누가·행전의 기록과 달리 민중성과 갈릴래아라는 의미의 상징성이-즉, ring & circle의 메타포가 의미하는 대안적인 통치체제- 마가의 신학적인 선택과 섬김 전략이기 때문이다.

또한 길을 가고 있음에 대한 마가의 길 가기 제자직에 관련하여 마가 원저자의 마음을 후계자들이 잇고 있다는 점을 보여준다. 길 가기는 마가에 따르면 예수의 존재와 행동의 근거이고, 예수의 정체성에 관한 질문이 일어나는 적절한 장소이다. 예수는 움직임 속에 있었고 건너감이라는 항해에서 예시된 것처럼 움직임/건너감에서 자

신의 정체를 –"나다. I am"– 드러내신다. 여기서 사용된 헬라어 원어는 페리파테오 peripatéō이며 이는 영어로 'walk around' 혹은 'going full circle'을 뜻한다. 이 단어는 마가의 은폐/노출의 내러티브 방식은 엠마오 식탁이야기를 통해 지형학적인 의미에서 길 가기만이 아니라 나눔과 연결의 의미론적 맥락까지 포함하고 있다.

두 번째는 다른 모습으로 예수가 나타나셨다는 증언이다. 이 진술은 후계자들이 매우 신중하게 선택한 두 단어를 포함한다. 그 하나는 무엇보다도 '나타나셨다'는 진술에 있다. '나타나심'헬. 에파네로데 ephanerōthē의 헬라어의 원뜻은 '보이게 하기 make visible'이자 '명료히 하기 make clear'이다. 이 단어 에파네로테는 사실 예수의 부활을 보여주심이라는 예수의 자기-현현의 객관성에 대한 진술의 의미보다, 제자들 입장에서 그들의 수용과 확신이라는 인지적인 측면이 강한 단어이다. 즉, 예수 부활의 객관성에 대한 진술이 아니라 스스로 제자라고 생각한 이들에게 자신에게 무엇이 일어나고 있었는지를 알리는 사건화의 자기 경험적 진술에 초점이 가 있다는 점이다. 그런 점에서 모두에게 나타나심이 아니라 일부에게 선택적으로 실존적 연결과 수용에 관련된 에파네로테가 일어나고 있다는 점에서 이는 객관성보다 주관적인 상호성의 의미가 강하다.

또한 '다른 모습으로'에 대해 주목할 필요가 있다. '다른 모습으로'헬. 엔 헤테라 모르페 en hetera morphē = in other form라는 진술을 통해 예수의 나타나심에 대한 목격이 제자들마다 다르게 경험되고 있음을 암시하고 있다. 나타남의 장소와 나타남의 대상들 그리고 나타남의 의미에 있어 분화가 일어나고 있음을 노출/은폐의 진술방식으로 암시한다. 또한 몸body라는 형태form와는 다른 방식으로 그분의 현존을 경험하는 것에 대한 진술이기도 하다.

여기서 '다른 모습으로'는 향후 기독교사에 중대한 영향을 미치는 고백과 동의의 긴장을 불러오게 되었다. '다른 모습으로'의 긍정성은 각자의 실존에 적합한, 더 나아가 문화에 적합한–예, 토착화신학과 상황신학– '적절성'의 모습을 취함이라는 유연성의 개방을 열어놓는다. 다른 한편으로는 마가의 원저자와 후계자 사이의 긴장과 후대 교의신학자들 간의 긴장도 내포하고 있다. 그것은 마가가 전한 '갈릴래아로 먼저

간 예수 그리스도를 거기서 만나리라'는 말씀에 대해 이탈과 변형이 가져온 결과 때문이다. 즉, 이는 개인 실존에 있어서 나타나심의 자유로운 개방성과 장소의 열려있음의 선택과 갈릴래아로 가기라는 소명의 일치와 목표에 대한 헌신 사이에 오는 해석의 갈등과 긴장이 있게 되는 셈이다.

주목하는 것과 이해하는 것이 다른 것처럼, '나타나심'에 관해 보는 것과 알아차리는 것은 다르다. 부활 이야기가 평범한 일상생활에서 분명한 현존을 확증하는 것으로서 '나타나심'에 대한 개방성도 성사sacrament의 보편성으로 존재하지만 다른 모습으로 나타나심의 그 이면에 그분이신 현존의 동일성으로서 어디서 그분을 어떻게 만나는가에 대한 마가의 갈릴래아 체험의 근원성은–탈지배적인 연결ring과 파트너십의 평등과 돌봄의 커뮤니티circle 형성– 여전히 남는 중대한 이슈인 것이다. 나타나심의 개방과 보편성 속에서 미션의 '특수성의 스캔들'이, 즉 양보할 수 없는 헌신의 의미와 목적이라는 근원성이 참됨의 실존적 의미 영역과 제자직 영역에 여전히 남겨진 것이다.

이 중차대한 과제의 되살림이 부활의 의미와 맞물려져 기독교의 미래는 이 해석에 의존하게 된다. 그러나저러나, 8절의 '그들은 무서워 아무에게도 아무 말도 못하였다'는 종식은 새로운 '나타나심'의 이야기 후에 뒤로 밀려서 종식 부분에서 그 아무 말도 못하였다는 것을 풀어낸다.

아래의 결말은 후계자의 아쉬움을 보충하고 마무리하지만 그렇다고 마가의 원저자의 침묵 종결을 얼마만큼 설득력있게 잇고 있는지는 개인의 응답에 달려있다.

> 그 여자들은 베드로와 그의 동료들에게 가서 그들이 들은 모든 것을 간추려 이야기해 주었다. 그 뒤 예수께서는 친히 제자들을 해가 뜨는 곳에서 해가 지는 곳까지 보내시어 영원한 구원을 선포하는 거룩한 불멸의 말씀을 전하게 하셨다. 아멘.16:21-22

후계자가 나서 진술을 덧붙일 만큼 침묵은 무겁고 버거운 짐이었을 것이다. 신앙공동체의 요구와 필요가 마가진술 후에 당연히 나왔을 것이기도 하다. 비록 오늘날

이러한 신화적인 진술이 그다지 실존적 의미에서 효과가 별로 없을 것임에도 불구하고 대중의 심리는 이러한 객관적인 선언을 필요로 할 수 있고 침묵 종언으로부터 오는 불안에 대한 심리적 안전의 요구가 선교 목적을 위해 결과적으로 문장이 보충되어야 할 수도 있었을 것이다. 이들 후계자의 첨삭을 마가 저자가 동의할지는 의문이다. 왜냐하면 그는 자신의 진술의 일관성과 자족성을 나름대로 최선을 다해 진술해 놓았기 때문이다.

각설하고, 예수께서 '친히' 그리고 '보내시어' '전하게 하셨다'는 이 문장으로 인해 수많은 서양 선교사들이 과거에 동양과 타 종교 영역에 그리고 한국선교사들이 그동안 타국에서 예수를 위해 무언가를 하였다. 여전히 '적절함'이란 '다른 모습으로 나타나심'의 의미와 '갈릴래아로 먼저 가신 주를 만나기'라는 의미를 상실한 채로.

성찰과 여운

마가복음의 이해하기 어려운 결말은 우리를 당혹시킨다고 이미 진술해왔다. 이 당혹감은 오히려 우리의 의식을 각성시킨다. 추상화된 교리라는 '이쪽'과 '안'이라는 곳의 안주에서 벗어나 길 가기로서 어디에 있는지 우리를 뒤흔들어 놓는다.

마가의 길 가기 제자직은 우리로 하여금 분별discernment에 대한 끊임없는 삼가 깨어 있음의 실천을 요청한다. 그것은 관계로서 하느님의 뜻과 동료 이웃인 '작은 자들'에 대한 주목하기와 관심을 불러일으키며, 더러운 악령의 권세와 그 기능인 통치체제의 변혁에로, 지배와 억압에서 평등과 돌봄 체제로의 커뮤니티 건설이라는 사회변혁 프로그램의 실천에로 각성시킨다.

갈릴래아로 예수는 먼저 가실 것이니 거기서 만나자는 최후의 메시지는 예수의 정체성과 삶의 실존적 의미의 중심이 된다. 그것의 의미 연결을 위해 그동안 예수의 스토리His-story가 필요했던 것이다. 그리고 이제 그 메시지에 대한 응답인 나의 작은 스토리my story가 응답할 차례이다. 그것이 예수의 현존이라는 '나타나심'을 가능하게 하고 그 나타나심이 어떤 종류의 것인가에 관해 '갈릴래아'와 어떤 연결점이 있느냐에 따라 '적절성'의 정도가 부여된다. 그 점에 있어서 예수의 정체성은 스토리 무대에 있는 역할자들인 제자들과 그 이야기 전개를 지켜보고 있던 관객인 우리의 응답 몫으로 넘겨졌다.

'넘겨졌다'는 예수의 심문과정에서 전이|transition는 결국 우리 관객의 몫으로 넘어온 과제를 포함한다. 이는 예수가 뿌리 뽑은 것과 무너뜨린 것이 무엇인지 온전히 이해한 소수에게 이제 종말론적인 시기/때의 도래에 대한 자기 수용 속에서 스스로 그 스토리를 살아낸 이들로 인해 '나타나심'의 출현을 증명할 때까지 이 마가의 스토리는 끝나지 않고 침묵으로 자신의 스토리를 정지시킨다.

그 침묵의 여운 속에서 우리는 다시금 본다는 것과 귀를 연다는 것에 대한 시작을 다시 할 수 있다. 성스러움the sacredness은 이제 그렇게 다시 보고 다시 귀를 열고자 하는 심장에 놓여있게 된다. 오랜 내면의 침묵이 이제는 자기 영혼의 목소리를 얻어 소리가 움터지면서 그 되찾은 목소리에 의해 심장이 다시 불꽃으로 점화되기를....

1. 예수님께서 '길 위에서' 걸어가시며 질문한 다음 두 질문을 이제 다시 마가복음 공동묵상 모임이 끝나는 시점에서 생각해보라. 어떤 차이가 발생하였는가? "사람들은 나를 누구라 하느냐?" "너희들은 나를 누구라 생각하느냐?" 자기 증언으로 기록하기

2. 마가복음 공동묵상을 끝내면서 당신의 소감은 무엇인가? 통찰, 배움, 도전, 소명

   – 통찰강력하게 다가온 것:

   – 배움내 영혼에 빛을 던지는 깨달음:

   – 도전극복하고 싶은 것들:

   – 소명내가 가서 만나야 할 갈릴래아와 과제:

3. 모임 과정에 대해 그리고 함께한 동료들 그리고 인도한 영께 감사하고 싶은 것은 무엇인가?

막 16:9-22

마가의 내러티브 중간 부분에서 '길위에서' 던져진 '남들은 나를 누구라 하느냐?'와 '너희는 나를 누구라 하느냐?'는 질문은 마가의 제자직에 있어 핵심 질문이다. 그리고 이 질문은 마가 내러티브 후반부에서 예수가 요구한 십자가 지기와 갈릴래아로 먼저 가고 계신 그분을 거기서 만나기라는 마지막 초대의 핵심 기조를 이룬다.

그 질문이 실존적으로 자기 내면에서 그리고 인간의 관계 구조인 사회정치적인 측면에서 중요함에도 불구하고, 마가에 따르면 예수 정체성의 노출은 극도로 자제되어 예수 자신으로부터 침묵하기를 요구받는다. 여러 결정적인 공생애 스토리들 −1:25; 1:43; 3:12; 8:30− 속에서의 침묵 요청은 마가복음 끝 절인 '무덤 속으로' 들어가 본 경험을 지닌 여제자들에게서도 일어난다. 두려움으로 아무 말도 못하는 침묵으로 마무리 되는 것이다. 이는 이미 본문 가이드에서 설명된 내용이기도 하다.

이 침묵은 예수께서 살아나심과 제자들에게 '나타나심' 그리고 그들의 새로운 미션인 '갈릴래아'헬라어 원뜻, ring, circle로 가서 거기서 그분을 만나기라는 새로운 과제와 연결된다. 마가의 비유와 기적이 주는 그 본래적 성격인 드러남노출/감추임은폐의 역설적 진술을 통해 여전히 그분의 정체성 본질은 복잡하게 삼중 구조로 얽혀져 드러나지기를 기다리고 있다. 그 삼중 구조란 예수 자신의 '길 가기'의 자기 내면성, 제자들과의 관계성 그리고 시대적인 상황에서의 응답이라는 구조적 역동성 속에서, 고백을 넘어 프락시스에서 그 감추어짐과 침묵의 껍질이 벗겨지는 것이다.

이러한 자기 정체성의 침묵과 노출의 역동적인 긴장과 삼중 구조의 상호성 요청은 예수의 길 가기라는 프락시스에서 시작하여 존재로서 자기 정체성과 구체적인 역사와 시간의 조건안에서 실존 가능성의 실현이라는 스펙트럼을 통해 역동적인 전개 과정을 지닌다. 그 전개를 예수는 길 가기라는 길위에서on the way, 그리고 움직임 속에서 in movement 또는 건너감의 행위 속에서in passing-over 그러한 자기 정체성과 실존 가능성을 노출한다. 그리고 사회·정치·경제적 맥락 속에서 기존의 분리와 특권의 사회체제 전복을 통해 평등과 돌봄이라는 연결 속에서 자신의 정체성과 실존 가능성을 드러낸다는 점에서 정체성에 대한 이해는 자전거 페달 밟고 나아가기처럼 그러한 움직임 속에서 드러난다.

그러나, 표면적으로 프락시스 중심의 행동성에 초점을 둔 명시적인 마가 내러티브의 빠른 템포의 진술들 속에서도 그 행동들이 곳곳에서 멈추어 쉽게 드러나지 않은 내면성 혹은 존재성의 은폐가 보이기도 한다. 행동 뒤에 어둠에서 홀로 기도하러 이야기 속에서 잠시 사라짐이 그 예시이다. 마가복음 공동묵상의 진행자로서 필자는 너는 나를 누구라 하느냐라는 질문에 대해 개인적으로 마지막으로 나의 응답을 위한 탐색을 하면서 기독론에 대한 객관성이 아니라 나에게 무엇이 살아남아 있는지, 마가복음을 통해 나에게 '나타나신' 그 분의 상을 그리며 나의 이해와 응답으로 지금까지 해온 마가복음 탐구를 마치려 한다.

이미 계속 수없이 진술해 온 길 가기는 예수의 자기 정체성의 본질이다. 이는 그의 소명 인식과 더불어 적대자들악령, 질병, 성전 엘리트들과의 대립적 상황과 그 관계의 응답 속에서 그리고 추종자제자들과의 관계 속에서 역동적으로 그 정체성의 본질을 드러내고 있다. 즉, 내가 누구이고 무엇을 가졌으며 무엇을 할 수 있는 존재인지는 자기 내면의 중심, 적대자들에 대한 대응과 뒤따르는 자들에 대한 자기 해석이라는 관계의 역동성 속에서 '살아있는' 것의 드러남이지 추상적인 관념으로 정의될 성질의 것은 아닌 것이다.

예수의 길 가기는 성서의 예언적 전통의 맥락에 대한 자기 인식 속에서 출발한다. 이사야의 '주의 길을 닦고 그의 길을 고르게 하기'1:3와 고난받는 종으로서 기존 예루살렘 전통인 '승리의 메시야 사상'을 전복시키면서 예언자 전통과 더불어 성령의 내주화1:11라는 사막에서의 영적인 세례 경험이 길 가기의 영적 터전으로 자신의 내적 중심을 세운다. 변혁적인 영적 전통과 하늘로부터의 세례 체험 그리고 성령의 안내하심에 대한 인식이 그의 심장을 뛰게 만드는 자원인 것이다.

그의 내면에 채워진 3중의 가이드-성서의 변혁적인 전통, 영적 체험, 성령의 안내-는 악령, 질병, 사회적 소외와 단절의 관계로 인한 비인간화의 사회적 현상과 형이상학적 권세들에 대한 직관적인 인식과 그 본질을 꿰뚫어 볼 수 있는 지성을 주게 된다. 길 가기의 만나는 사건들 속에서, 관계속에서, 논쟁속에서 그는 자신의 본질적인 직관을 통해 문제의 본성을 간파하고 이를 온전한 자아와 온전한 관계로의 치유와 갱생에로 돌려놓는다. 흥미로운 점은 그가 '하느님 나라의 도래'라는 직접성의 실재 의식을 갖고서 현상적 지각과 인과율을 넘어서 본질로 돌리는 자각 행위를 부여한다는 점이다.

즉, 그는 초월적인 신성의 신분으로서 "내 마술적인 능력이 너를 치유했다. 내 종교에 가담하라"가 아니라 악령, 질병, 소외 관계와 지배 구조의 현실 조건들에 대해 본질에 대한 분별과 이로 향한 내적인 여정을 만나는 각자에게 촉발시킨다. 그래서 악령을 축출하여 온전한 정신으로 휴머니티를 되돌리고, 희생자 논리의 인생들로 하여금 "네 죄가 용서받았다," "네 믿음이 너를 구했다. 평안히 가라" 등의 치유 사역을 통해 자기 실존의 주체로 회복시키며 자기 삶에 대한 온전성과 방향감각을 되찾게 해준다. 본래 있었던 것을 본래대로 되돌리는 것이 그의 사역이고, 이는 자신의 초자연적인 능력이 아니라 수단이자 통로로서 역할을 했던 것이다.

악령을 축출하면서 회당·성소의 정화와 내면의 새로운 가능성의 부여, 질병에 걸린 자의 소외와 죄인 의식에 대해 신체적 치유를 넘어선 자신의 신성함과 올바른 관계로의 전환, 추상적인 신념과 율법의 경직성에 대한 새로운 감각에로의 마음의 완고함에 대한 정화, 힘과 지배의 통치 이념에 대한 해체 등은 예수의 길 가기에서 보여준 새로운 영향들이다. 길 가기는 '하느님의 뜻'과의 내적인 연관성 속에서 그리고 이웃과 동료들과의 섬김과 돌봄의 사회적 관계성 속에서 구체화되고 그 진실의 힘을 얻는다. 각 사건들은 본래성으로 재-방향 설정되는 것이다. 그 예가 군대귀신 들린자의 치유 5:1-20와 악령에게 사로잡힌 아이의 치유9:14-29처럼 온전한 정신으로서 본래적인 휴머니티에로 돌려놓는다는 점에서 온전성과 삶의 진실에 대한 감각으로의 초대이다.

우리가 보고 경험하는 것들이 거짓의 환영들이고 권력에 중독된 거짓의 체제들 속에서 어린아이, 과부라는 '바늘의 구멍'으로 세상을 다시 새롭게 보는 온전한 귀와 눈의 회복, 돌로 된 마음의 정화와 같은 진실의 경험이 길 가기의 지혜와 힘이다.

예수가 자기 정체성의 본질을 재확인시켜 주는 것은 그의 세 번에 걸친 가르침에서이다. 첫 번째 비유는 열두 사도의 선택 후에 주어진 씨뿌리는 자의 비유와 등불의 비유이다. 인간의 내적인 조건과 사회적 조건이 어떠하든─길가, 돌짝밭, 가시덤불, 옥토─ 무제약적으로 주어지는 실재의 자기 증여가 존재한다. 즉 우리의 삶의 환경은 그러한 신적인 자기 증여로 풍성하며, 그분의 신실함은 영원하다. 옥토로서 영혼이 기능하는 방식은 '누구나 등경 위에 얹어'4:21 놓기만 하면 작동한다는 점에서 박탈되거나 손상되지 않은 자체의 힘과 지혜의 빛이 누구에게나 주어져 있다는 보편성이다.

또한 디다케 내용8:27-10:52에서 보았듯이 길 가기는 사회적 경제적 구조에서 어떤 관계로 자신을 자리매김하고 어떤 영향들을 주고받는가에 달려있다. 그것은 꼴찌, 섬기는 이, 어린아이와 같은 작은 자에 대한 돌봄의 자리매김에서 온전한 자아와 온전한 삶에로의 치유와 본래적 가능성의 현실화로 구현된다. 이는 행위 이전에 눈뜸과 관련된 의식의 철저하고도 근본적인 변혁이 요구되는 것이다. 예루살렘의 성전체제 중심을 '강도'의 시스템으로 확인한 예수는 종말론적인 '끝장남'의 불안 속에서 그 시대의 누룩에 오염되지 않고 '삼가서 깨어있음'이라는 실천 수행을 제시한다. 십자가 지기는 악마적인 사회체제의 독성을 녹이는 대안적인 길 가기 수행이며 그것에 대한 신실함은 사람의 아들이 다시 올 때 그들을 불러 모을 것이라는 미래의 약속과 연결된다. 그렇게 하여 '이 세상에 있으나 이 세상에 속하지 않는' 새로운 영적 실재의 중심에 우리가 놓이게 될 것이라는 종말론적 전망을 얻게 된다. 이것이 길 가기의 위로이자 힘이며 지혜이다.

그분의 몸은 사라졌어도 이제 새로운 '다른 방식으로' '나타나심'의 경험은 남은 제자들과 이를 주목한 스토리 무대 아래의 관객인 우리의 심장과 삶 속에서 재현의 씨앗이 된다. 이렇게 해서 그분의 길 가기는 나의 길 가기라는 새로운 무대로 전환시켜 새로운 스토리의 시작을 열어놓는다. 제자들과 관객을 자기 자신의 본래됨으로 되돌려

놓으면서 예수 자신에 대한 의존성 대신 이제부터는 자기 안에 있는 영에 의존하기내적인 그리스도의 영에 신뢰하기라는 소명의 연결로서 나타나심부활 사건이 있는 것이다. 그러한 나타나심에 대한 개인의 경험을 통해 각자가 새로운 소명이 부여 되는 것을 선물로 증여한다. 그것이 현실화되는 것은 어디까지나 목격자의 자기 개방과 수용에 달린 문제이다. 예수는 자신의 삶을 길 가기라는 일관성을 통해 사셨고, 이제 그 다음은 그의 스토리를 들은 나의 차례가 되는 셈이다. 따라서 '나타나심'은 예수의 소생에 대한 객관성이 중심이 되는 것이 아니라 나의 주체성과 실존적인 응답이라는 상호관계성이 그 핵심으로 자리잡고 있다.

길 가기는 움직임과 방향성을 내포하고 있다. 길 가기의 변형인 바다 건너가기 항해에서 예수께서 재촉하여 '먼저 가게 하심'6:45과 마가의 마지막 진술인 갈릴래아로 '먼저 가심'16:7의 동일성은 그러한 길 가기 소명의 움직임과 방향성을 함축한다. 먼저 가심이란 헬라어 단어인 프로아게인Proagein= "to go before"은 움직여 나감만 아니라 또한 길을 안내함to lead the way을 포함하는 말이다. 앞서 가는 자10:32, 11:9는 '길 위에서' 있는 자이며, 그 길을 안내하는 자이다. 그분은 이제 중심에서 주변으로, 예루살렘특권의 지배체제인 삼각구조에서 갈릴래아평등의 연결ring과 돌봄의 평등circle 구조로 앞서 길을 인도하시며 가신다. 그러한 움직임의 여정이 길을 만들고 인생에 길을 낸다.

마가는 회당에서 악령축출, 성전 청소와 강도의 집에로의 규정과 그 무너짐의 예언을 통해 새로운 성소이자 거룩함의 새로운 의미를 몸 성전, 생활 성소로 그 패러다임을 전환시켰다. 그리고 그러한 성소가 민중들과의 관계속에서 섬김이라는 살아있는 과정속에 용해되어 있다는 점에서 일하는 장소working place를 성소sanctuary로 전환시킨 급진적인 평화활동가이시다. 이것이 성전 휘장이 두 폭으로 갈라짐의 미래적 전망이다. 길 가기는 이러한 새로운 소명에 대한 뜻 세우기를 통해 새로 시작된다. 그러한 새로운 소명에 대한 가슴 열기가 길 가기를 다시 잇고, 길 위에서 출발하고자 하는 이의 첫 번째 작업이 된다.

나는 갈릴래아원뜻, ring, circle로 그가 가니 거기서 그를 보리라는 약속에 관련하여 나의 소명을 재정위하고, 그 말의 의미를 현대의 제자직이란 탈지배체제의 돌봄과 평등성의 리더십으로 받아들이며 그것이 나의 소명이 됨을 고백한다. 그분의 나에게 나타나심에 대한 자기 증언은 이제 금년2023년 가을부터 일년 과정으로 진행될 '서클 거버넌스'의 수행과 그 실습으로 나를 안내하고 있다. 새로운 제자직의 형성을 비종교적이고 영적인 실행 방식으로 존중, 평등, 협력 그리고 대화의 탈지배적 조직문화 형성과 소통의 리더십 형성을 위해 서클형태의 거버넌스자율과 협치의 조직경영를 실험하기 위한 새로운 시작을 다시 걷는 길 가기 과제로 내 인생 길위에 세운다. 이것이 마가가 마지막으로 흰 옷 입은 청년의 예수 메시지인 갈릴래아로 가기에 대한 나의 실천적인 응답이다. 이를 내가 70세 되기 전까지 실현해야 할 '서클에 대한 통합적 비전'을 실천하는 마지막 소명의 하나로 받아들이고자 한다.

'먼저 갈릴래아로 가실 것이니 거기서 그분을 만나게 될 것이다'16:7와 '시골로 가고 있을 때에 예수께서 다른 모습으로 그들에게 나타났다'16:12라는 두 계시적인 전망을 가슴에 품고 이제 마가의 예수 스토리에서 나의 스토리의 응답으로 그 중심을 옮긴다. 다른 모습으로 그분이 내게 나타나실 것이라는 종말론적 기대야말로 길가는 나의 삶에 중요한 복음이 될 것이다. 이것이 전통적인 기독자의 걸음을 반복해서 걷지 않아도 되는 나의 낯선 길 가기의 근원 에너지이자 빛이 될 것임을 내면으로 받아들인다. 서클로 진행되는 거버넌스의 새로운 실험이 비폭력 평화 실천의 현장에서 다른 모습으로 나에게 나타나실 것이라는 약속을 신뢰하며 내 가슴을 이제 그 소명에로 연다. 먼저 가시는 그분이 길을 인도해 주시기를 기대하며 그 소명이 통찰과 열정으로 내 가슴에 살아서 신실하게 지속되기를 간구하며 지금까지 9개월 넘은 긴 여정의 마가복음 공동묵상을 이것으로 마친다.

2023.7.9